"十四五"国家重点出版物出版规划项目

国家出版基金项目
NATIONAL PUBLICATION FOUNDATION

中国
课程史

杜成宪

著

上海教育出版社

目录

第四章　"科目"时期：近现代学科课程　　329

一

　　教育工作的核心是学校课程，教育改革常常体现为课程改革。从古至今，历史上的教育改革基本上或以课程改革为先导，或围绕着课程改革展开，没有哪一次成功的教育改革离得了相应的课程改革。在当代中国教育发展进程中，课程问题越来越受到各方面关注，成为教育理论研究与实践探索的热点和焦点。近年来，出于现实中的学校课程改革需要，有关课程、教材、教法的研究成果层出不穷。然而，在所有数量庞大的课程研究成果中，课程历史的研究明显缺位。因此，撰写一本能够贯通古今的中国课程史，以为当今的课程理论和实践研究者提供参考，就有其必要。

　　中国学术界对本国学校课程历史的研究，起步于20世纪20年代。徐雉著《中国学校课程沿革史》（上海太平洋书店1929年版）是所见最早的中国课程史著作。全书六编，除第一编为诸论外，其他五编为古代三编、近现代两编，顺序论述从虞夏到作者撰写当时的中国学校课程沿革。此书篇幅十分简略，但论述却很精练，约三万字的篇幅，基本上涉及了中国学校课程历史的主要史实，可以说是一本极简中国课程史。

之后，有盛朗西编的《小学课程沿革》(中华书局1933年版)。此书按照清末学制颁布和实施时设立的小学课程各科目，梳理出这些科目到1932年时的发展演变过程及阶段，提供了建立近代学制三十余年间小学各科课程的变革轨迹。全书设一个小学教科目沿革总表，然后按公民训练科、国语科、算术科、社会科、自然科、体育卫生科、美术科、劳作科、音乐科等分科课程沿革展开，共九章。在每一章中，顺序阐述本学科科目名称、教学目标、教学时间、教学材料、教学方法等方面的演变，并尝试探索其变革特点。表面上看，其书似以资料见长，实际上却处处体现作者对课程变革的思考，这可以从每一章的标题看出。如第一章"从修身科说到公民训练科"，第二章"从读经、字课、作文、习字等科说到国语科"，第四章"从史学、舆地等科说到社会科"，第五章"从格致科说到自然科"，第六章"从体操科说到体育科、卫生科"，等等，已经大致概括出小学课程各科目的演变及其阶段性特点。

陈侠著《近代中国小学课程演变史》(商务印书馆1944年版)探讨自1902年《钦定学堂章程》颁布至1941年间小学课程的演变。其书将四十年间小学课程的发展分为草创(1902—1911)、因袭(1912—1921)、改进(1922—1928)、革新(1928—1941)四个时期，分章说明小学课程演变的经过。每一章都分别就教育宗旨、小学教育目标、课程演变、课程特色、课程实施、成效检讨等问题展开。最后设专章从总体上检讨彼时小学课程制度。与盛朗西所编课程史属于各学科专门史不同，陈侠所著课程史从总体结构上看属于编年体，二书恰好形成互补，完全可以结合起来阅读。

1949年后，中国全面学习苏联教育经验，长时期里，中国教育界只讲教学和教学论而不讲课程和课程理论，有关课程的问题只是作为"教学内容"附属于教学论，也就谈不上中国课程史研究，甚至连教学内容的历史考察也难得一见。20世纪80年代末，以泰勒（Ralph W. Tyler）为代表的现代课程理论重新被引入中国，教学内容概念逐渐为课程概念所取代，而不再从属于教学。课程理论的地位得到认定。课程作为理论和实践问题受到关注，成为研究重点，至今方兴未艾。

在此背景下，先是陈侠出版了《课程论》一书（人民教育出版社1989年版），其中第二章题目为"中国学校课程的演变"，篇幅占全书的近1/5，从内容看，堪称一部中国学校课程简史。与之相应的还有"西方学校课程的演变"和"国外课程理论的各科流派"两章，可视为西方（国外）学校课程史。由于"中国学校课程的演变"是出现在这样一本论著中的，就凸显了作者对中国本土课程历史的重视程度，格外具有意义。综观"中国学校课程的演变"，可以看到作者对中国学校课程发展及其独特性有自己的把握，对中国的学校课程传统及其价值也是予以肯定的，对中国学校课程在近代的转型有深入的认识和评价，对中国社会主义的学校课程建设及其源头根据地学校课程表现出充分的重视。

在此稍后，杨玉厚主编出版了《中国课程变革研究》（陕西人民教育出版社1993年版）。这是一项集体研究成果，其书虽未在结构上形成严格的体系，而是一本专题研究成果的汇集，但从专题的选择和确定看，有着比较专业的思考。全书分为"中国古代课程研究""中国近代课程研究"和"中国当代课程改革研究"三部分，形成了一个论述中国课程历史的基本架构。尤其是从各部分所设的研究专题看，力图覆盖各个历史阶段的主要课程问题。如古代课程部分包括：孔子课程思想、德育课程、社会形态与课程、官学与私学课程、学校课程与科学技术、经学课程、书院制度与课程、蒙学课程、考试制度与课程等。这些专题确实是中国古代课程发展中的主要问题。全书不拘泥于体系，而是更关注要点，成为其显著特点。

1994年，吕达《中国近代课程史论》（人民教育出版社1994年版）

问世。全书探讨了从鸦片战争至 1922 年期间中国近代中学课程的形成、改革历程及时代背景，讨论了中国近代中学课程发展中的重要事件，包括：鸦片战争后革新课程问题的提出、早期教会学校课程与西学东渐、洋务运动与我国近代课程的萌芽、维新运动与我国近代课程的雏形、近代学制建立后普通中学课程的沿革，包括清末普通中学课程短暂的文实分科、民国初年的普通中学课程、1922 年新学制前后的普通中学课程（"三三"分段下的课程、分科选科等）。著作中还讨论了中学课程的性质、课程改革的背景、历史经验及启示等中国近代重要课程问题，其研究深度迄今未被超越。但该书是中国课程史断代研究，且主要论述中学课程。

之后，中国课程史研究渐趋兴盛。迄于今，所见论文五百篇以上，出版相关论著近十部。涉及的主题有学前教育课程、基础教育课程、小学课程、中学课程、大学课程、职业教育课程，语文课程、数学课程、历史课程、音乐课程、自然课程、体育课程，课程政策、课程标准、课程目标、课程价值、课程内容、课程设计、课程改革等。涉及的时期为"近代""近现代""清末民初""20 世纪""百年""新中国""改革开放"等，又以"20 世纪""百年""新中国""改革开放"的时间段研究成果为多。可以看出：

其一，研究成果集中在近代、现代和当代，古代课程史几乎很少有人做专门、系统的研究。如张建文《基础教育课程史论》（人民出版社2011 年版），全书只有第一章中的第一节述及中国古代学校课程（但该书对新民主主义革命时期的基础教育课程和社会主义建设时期的基础教育课程有比较充分的论述，成为重要特点）。

其二，多为专题研究，尤其是具体的学科课程研究、某一学段的课程研究，缺乏一般论述中国课程史的论著。由此也反映了由于中国课程史的古今差异较大，古代课程史研究的困难程度更高，对研究者是极大的挑战，所以难得中国古代课程史成果，也不易见到贯通古今的中国课程史成果。

在一些教育理论著作和教育史著作中，也有涉及中国课程和教材史研究的内容。如王伦信著《清末民国时期中学教育研究》（华东师范大学出版社 2002 年版）中第二章"中学课程设置与实施"，从课程设置演变的基本脉络、课程设置和实施的基本趋势两方面，论述了清末民国时期的中学课程，所论富于启示，是将课程理论运用于教育史研究的范例。王炳照主编《中国教育史专题研究》（北京师范大学出版社 2009 年版）中，有施克灿所撰《中国古代课程改革及其经验教训》一文，论及中国古代三次课程改革，即从"六艺"到"五经"、经学改革与理学课程兴起、经学复古与实学课程兴起。这是很有价值的讨论，触及了中国古代课程发展史的几次重要变革。熊承涤著《中国古代学校教材研究》（人民教育出版社 1996 年版）是一本古代教材研究的有得之作，书中偏重阐述历史上的著名教育人物与古代教材发展变迁的相互关系。如孔子与"五经"，孔颖达与《五经正义》，阮元与《十三经注疏》，以及董仲舒、郑玄、王安石、朱熹、王守仁等教育人物对教材内容改革的影响。熊承涤的研究触及了中国古代课程发展中的一个重要现象，即教材与课程呈现出一种特殊的相互关系。

除此之外，一些有关中国古代、近代、现代学校研究的论文和著作中，也或多或少会论及课程问题。

二

课程是现代教育学中的一个基本概念，几乎所有的教育理论书籍都会涉及课程概念。课程是伴随近代学校制度的产生而形成的概念。19

世纪中叶，英国教育家斯宾塞（Herbert Spencer）在其《教育论》（1861年）中最早使用"curriculum"一词表达课程这个概念，意为"教学内容的系统组织"。1880年日本学者在翻译《教育论》时，将这个英语词语译作"教育课程"。之后，在兴办近代学校和译介外国教育理论著作（主要从日本转译入）时，"课程"又回传入中国，并在西方本来意义上使用，逐渐传播开来。可见，对于中国来说，"课程"是个外来的教育概念。然而，在中国的历史上，是否存在类似的概念？尤其是中国在历史上是如何表述西方近代"课程"一词所指称的教育活动的？

本书不以讨论课程概念的定义为任务，但认为如要展开中国课程历史的考察，必须先确立一个能够为多数学者接受的有关课程概念的界定，尤其是这个界定还要能够适用于中国古代的课程状况，而不仅仅适用于近代课程实践。中国课程史专家吕达的说法不失为一种选择："课程的基本含义是指学校课业内容及其进程。"[1]

汉语中"课程"一词由来已久，论者多以为最早见于唐。《诗·小雅·巧言》有句："奕奕寝庙，君子作之。秩秩大猷，圣人莫之。"唐人孔颖达为之疏曰："以教护课程，必君子监之，乃得依法制也。大道，治国礼法，圣人谋之，若周公之制礼乐也。"《汉语大词典》引用孔颖达疏"以教护课程，必君子监之，乃得依法制也"句，解释其中"课程"二字的含义为"有规定数量和内容的工作或学习进程"，并由此义引申为"特指学校的教学科目和进程"。[2] 这也就是近代教育理论中课程概念的基本含义。但这样的解释很可能是有问题的。因为此处孔颖达疏中的"课程"还算不上是个词，而且含义也与"有规定数量和内容的工作或学习进程"相去甚远。孔颖达疏中所说的"教护课程"似应读

① 吕达.中国近代课程史论［M］.北京：人民教育出版社，1994：2.
② 罗竹风，主编.汉语大词典：第11卷［M］.上海：汉语大词典出版社，1995：280.

作"教、护、课、程",是四个并列的动词,分别表示建造寝庙时的计量、监视、督促、考核,使合于建造法式,以示工程的严格和郑重。因为寝庙是宗庙的寝和庙的合称,是古代宗法制度下君主国家最为重要的建设工程之一,建造之事一点都马虎不得。据《礼记·月令》仲春之月"寝庙毕备"句郑玄注:"凡庙,前曰庙,后曰寝。"孔颖达疏曰:"庙是接神之处,其处尊,故在前;寝,衣冠所藏之处,对庙为卑,故在后。"由此看来,不是古代凡用到"课程"这一词语时,都是可以作教育意义上的理解的,尤其是在宋代以前。因此,上述这一流传既广且久的说法非常需要得到澄清!

然而,也必须指出,即使在唐代频繁出现的"课程"与后来(例如朱熹等人)所说的"课程"含义也不同,但这两个字所包含的一些原始含义,如考试、督促、衡量、度量(程度、距离)等,与后世在学业及其进度意义上理解课程,也并非毫无关系,甚至可以说是在逐渐接近后来的"课程"含义了。①

"课程"一词频繁出现在唐代话语中,应该不是偶然的。一是上古汉语以单音节词为主,而到了唐代(尤其是宋代),双音节词大量涌现。二是科举制度的实施和官学体系的完善,促进了课程概念的发展。科举的本义就是分科取士,使得相应的教学不得不在内容上分科,在进度安排上分段;同时,由于唐代学校的高度发展,尤其是在以国子监为核心的中央官学所制订的课程要目里,已经体现了对课程的明确理解——课程是课业内容及其进程以及考试评价——必然要求学校课程实践与课程观念的进一步成熟。

最早在"功课或者课业的进程"意义上使用"课程"这一词语的,

---

① 章小谦,杜成宪.中国课程概念从传统到近代的演变[J].华东师范大学学报(教育科学版),2005(04):65-74.

可能是在南宋朱熹这里。他说："书宜少看，要极熟。……人多看一分之十，今宜看十分之一。宽着期限，紧着课程。"①这里，"宽着期限"是指完成特定学习任务的总时间应当尽可能多给一些，"紧着课程"是指按照教学计划在规定时间内应当完成的每一部分学习任务必须按时完成。朱熹又说："论读书之法。择之云：'尝作课程，看《论语》日不得过一段。'"②其中，所看的《论语》是课程内容，"日不得过一段"则是课业进程。对"课程"这一词语的如此使用，已与近代西方课程概念在所要表达的意义和所要反映的对象上颇为相近。朱熹之后，课程观念更加成熟。有的学者虽然用了其他词语，但表达的也分明是课程。如深受朱熹影响的元代程端礼，在其所著《程氏家塾读书分年日程》中，提出了一个从识字启蒙到读经作文，再到有能力应举的逐年课业日程。虽未用"课程"，用的是"读书日程"，却分明是在说课程。明代王守仁在《牌行委官陈逅设教灵山》一文中说："亦或时出经书策论题目，量作课程；就与讲析文义，以无妨其举业之功。"③是说，根据科举考试科目出题，作为课业准备，不耽误举业。这也是在课业及其进度的意义上使用"课程"这一词语。

宋明之后，中国古代课程概念的使用明显地集中于学校教育，成为一种制度化的实践。如清人唐彪《父师善诱法·教法要务》："唐彪曰：先生教童子之法，其根基全在正二月间。此时宜屏绝外务，专心致志，开导督责，令学生读书字句分明，课程悉循法度。此后训诲工夫俱易为力矣。"④唐彪是在说"教法要务"，其所谓"课程"，含义就十分清

① 黎靖德，编.朱子语类［M］.王星贤，点校.北京：中华书局，1986：165.
② 同上：434.
③ 王阳明.王阳明全集（新编本）［M］.吴光，钱明，董平，姚延福，编校.杭州：浙江古籍出版社，2010：671.
④ 赵伯英，万恒德，选注.家塾教学法［M］.上海：华东师范大学出版社，1992：10.

楚了。又如清代《钦定国子监则例·六堂训课》□规定了国子监学生各种课程的学习、考核要求，所述课程有"经义课程""制义课程""书体课程"，即"五经"课程、"四书"课程和书写课程，正对应了科举考试的主要场次及其内容、形式和书写要求。此外，还明确规定有"课程登记"的要求，即记录课程完成情况，作为检查依据。由此来看，至少在清代，传统课程概念与近代课程概念已经非常接近了。由此似乎可以说，在中国传统教育中已然逐渐形成了课程概念及其相应的表述。

中国最早在近代意义上使用"课程"一词，或是在1876年（光绪二年）京师同文馆订立的八年课程表。这份课程计划在逐年列举了教学科目后说："以上课程，惟汉文熟谙、资质聪慧者可期成就，否则年数虽加倍，亦难望有成。至西语，则当始终勤习无或间断……"① 从这份课程计划可以看出近代课程概念与传统课程概念之间存在的差异。传统课程概念虽也是在"课业的进程"这一意义上加以使用，但在教学内容的选择、分类、组织、实施等众多方面都与近代课程概念不同，有学者归纳为："一是课程设置还没有完全科学的分科；二是课程内容特重人伦道德教育，占的比重过大；三是'劳心'与'劳力'相分离，脱离生产劳动；四是从安排形式上一般是单科独进，……而不是各门课程齐头并进；五是对在学年限、年级、年龄和程度，还没有严格的规定，没有建立起在课程上相互衔接的学校制度。"② 五方面差别可以归结为两个方面：一是教学内容，即课业；二是教学内容的安排，即课业进程。

从上述可见，中国历史上没有西方近代的课程概念，但也存在事实上的课程观念、思想和实践，否则就不能解释中国历史上的教育是依据什么来实施，又如何实施。西周为了培养"执干戈以卫社稷"的武士，

---

① 缪荃孙，辑.艺风堂杂钞［M］.杨璐，整理.北京：中华书局，2010：91.
② 吕达.中国近代课程史论［M］.北京：人民教育出版社，1994：11-12.

所以以"六艺"为教；汉代以儒术治国，讲究德治，所以以"五经"为教；宋代理学兴起，培养"学以为己""明体达用"的君子，所以以"四书"为教。所有这些以之为教的都是课程。何况，找到汉语词汇中的"课程"用来对译西方的"curriculum"，也说明这一词语本身已经具备的内涵与"curriculum"存在着一定的对应性。所以，可以用"课程"来论说中国古今学校课程的发生发展以及相关的理论和实践问题。当然，我们今天既用"课程"指称近代课程，也指称古代课程，然而古今课程概念内涵差异很大，如不注意区别，会导致"以今铸古"，造成理解上的混乱。本书尝试对比传统与近现代课程概念内涵，讨论中国学校课程由传统到现代的历史演变。

根据上述分析，提出本书的若干假设。其一，可以在课程概念下讨论中国历史上不同时期的学校课程实践与思想；其二，可以依据课程的基本内涵将中国历史上自古至今的课程思想和实践展现出来；其三，说课程是个外来概念，并不表示中国历史上不存在课程思想和实践，而是表示这是一种有异于西方的课程历程；其四，"'课程'是出现在西方的一个近代概念"，这是指课程是在近代出现的，而在此之前，中国和西方事实上都存在学校课程的思想和实践；其五，由于中国自身有着悠久的课程历史，课程概念进入中国，并在中国实行近代课程，对于中国而言并非纯粹移植、被动接受，可以看成是一个嫁接和融合过程。

三

如要撰写一部贯通古今的中国课程史，首先的挑战就是如何在把握中国课程发展线索及其总体特征和阶段性特点的基础上，进行分期。既往的研究者对此问题的处理各有不同。民国学者徐雄将中国学校课程的沿革分为五期，即学校时期之学校课程（虞、夏、商、周时期），选举时期之学校课程（秦汉、三国至南北朝时期），科举时期之学校课程（隋唐、五代及宋辽金西夏、元、明、清初时期），新旧教育过渡时期之学校课程（近世学校发轫至清末学制建立），新教育时期之学校课程（科举废止之后）。这是尝试依据教育的性质和历史时代进行分期。改革开放后的20世纪80年代，学者陈侠则将中国学校课程的演变分为四期，即中国奴隶社会的学校课程（先秦）、中国封建社会的学校课程、中国半殖民地半封建社会的学校课程、中国新民主主义革命时期根据地的学校课程和中国社会主义时期的学校课程。由于新民主主义革命时期根据地存在于半殖民地半封建的中国，所以是在同一时期，陈侠的论著将中国课程史分作五段来论述，实际上是分为四期。这是依据社会形态和社会性质进行分期。进入20世纪90年代，杨玉厚等人将中国学校课程史分为三期进行研究，即中国古代课程研究、中国近代课程研究和中国当代课程研究，在每一个断代之下又以专题形式展开相关的课程思想和实践研究，如古代部分的"孔子课程思想剖析""经学课程变迁史略"，近代部分的"1922年中学课程改革及其反思""陶行知的课程教育思想"，当代部分的"学科中心课程在我国的历史命运""对中小学五次教改实践的反思"，等等。这是依据历史时代的划分来分期。上述有关中国课程史的分期虽然都有所依据，但除了徐雉是从学校教育的本身发展去寻找分期依据来进行分期，其他两种课程史分期都是借用一般历史分期的做法，甚至未能顾及教育本身的变化，更不论依据学校课程变革来作判断了。过去由于缺乏对中国课程与教材史的系统研究，所以分期问题可能还未成为研究者十分关注、必须解决的问题。今天如要撰写一部完整的中国课程史，所面临的首要问题之一就是如何对中国课程历史进行分期；分期不只是对历史划分出时期和阶段，更重要的是，不同的分期意味着对历史的不同把握和评价。

由于中国近现代教育是西学东渐促成的结果，所以中国古代课程与中国近现代课程当然就呈现出具有很明显区别的两部分。很多学者认为这是截然不同的两部分，可以按照既往研究历史的分期做法来分期，即古代部分按历史年代（如先秦、汉唐、宋元明清等）或社会形态（如原始社会、奴隶制社会、封建社会等），近现代部分按时代（如近代、现代等）或社会形态（半殖民地半封建社会等）。但这样的分期，其依据是外部的，即未按教育（课程）发展自身过程，去寻找教育和课程方面的标志性事件作为分期的依据；这样的分期所展现的课程历史，还是有可能会存在中国古代课程与近现代课程的断裂。人们在评判课程问题时，常常会注意到课程内容和课程形态的不同给教育带来的根本性改变，或者教育变革带来课程内容和课程形态的根本性改变，那么，是不是可以尝试依据课程形态的历史变迁来进行中国课程史的分期呢？本书梳理出的中国课程史，就是出于这样的思考而作的尝试。

本书把中国从古至今的课程发展划分为四个时期，即古典分科课程时期、古代文献课程时期、古代文献课程的重构时期、近现代学科课程时期，与之相对应的四个时期的代表性课程就是"六艺"课程、"五经"课程、"四书"课程和学科课程。

古典分科课程指以西周为代表的"六艺"课程，即礼、乐、射、御、书、数。这是西周贵族出于培养统治人才的需要，在继承前代文化和教育遗产的基础上发展形成的课程体系。因每一种课程都出于一定的教育和训练要求，围绕着某方面素养的形成设计出学习的内容要点，并作为考核依据。所谓"五礼""六乐""五射""五御""六书""九数"，是指礼、乐、射、御、书、数六门课程分别需要学习的内容及其考核要求。如礼的课程内容和考核要求有五项，乐有六项，射有五项，御有五项，书有六项，数有九项。由于"六艺"课程的形态与近代以来以学科为单位的分科课程颇为相似，所以称之为"古典分科课程"。而以西周"六艺"为代表性课程的先秦时期为古典分科课程时期。古典分科课程时期始于夏商西周，迄于西汉初年，是中国课程历史发展的第一个时期。

古代文献课程指古代依据文献典籍开设的课程。它是中国近代以前，除了西周"六艺"之外，学校所开设课程的主要形态。在"六艺"课程实行的时代，以文献典籍为课程也是存在的。由于"学在官府"，书籍保存掌管在官府，成为官府中专门的职事官员尤其是其继承者需要学习的材料，就此而言，这些书籍可以称为课程，但这是一种不具有普遍意义的课程，属于专门学术的世代相传。孔子出于德治理想和培养治国理政人才的需要，整理编纂出后世称为"六经"的六种代表性古代典籍，即《诗》《书》《礼》《乐》《易》《春秋》，形成体系，用作讲学授徒，成为教材，也逐渐确定为课程，其较之官府的学术世传，更具有教育的普遍意义，也就更具备课程意义。由于此类课程的表现形态为文献典籍，而非知识与技能的集合，所以称其为古代文献课程。孔子的创造性改革开启了文献课程取代古典分科课程的进程，这一进程到战国中期已经取得显著成效，为私人讲学者所广泛接受，经历秦代的挫折，到汉武帝确立尊儒方针，设立五经博士，将"五经"开设为太学课程，才算真正完成。自此以后，中国传统学校的课程尤其是占主导地位的经学课程就基本上是文献课程。这种情况一直延续到中国近代引入西方学校制度，建立起分科目的学科课程时止。从此时起，中国学校中的主要课程形态就为分科课程，文献课程基本退出学校舞台。

从中国传统学校教育中完全确立古代文献课程的地位，至其为近代的学科课程所取代，经历了漫长的两千年。其间，发生过一次重大课程变革，即从北宋早期酝酿，最终由朱熹完成的"四书"课程编集，形成由《论语》《孟子》《大学》《中庸》四种儒家经典构成的一套新经学课程，与"五经"一起构成新的经学课程体系。这是宋代学者依据"明体达用"观念重建社会意识形态和教育目标，以期造就既能坚持儒家道德和政治理想，又能以之致用于世事的人才而推出的课程和教育改革。这次改革的导向，是使个体从既往偏重对经典的遵循，转为在理解和把握经典基础上的自觉意识与行动。"四书"被选择出来，最初是为了配"五经"的，然而后来逐渐变成"五经"配"四书"了。中国传统学校课程的核心在经历了从"六艺"到"五经"的转变后，又经历了从"五经"到"四书"的转变。中国传统教育的核心课程由此定型。虽然儒家核心典籍被重新选择和扩容，但文献课程的形态并未改变。如果说从孔子整理"六经"到汉代确立其核心地位，意味着以儒家思想为价值导向的文献课程的建立，那么从北宋早期学者提出"四书"概念，到朱熹编集完成"四书"，可以说是这种文献课程的重构。

文献课程的特点是：文献在成为课程之前，先是被选择为教材，又经过长期使用而被确定为课程；被确定为教材、课程的经典文献都经历了人们长期学习、研究和生活、社会实践的检验，这是一个自然选择的过程。这些文献具有原始性、经典性，具有很高的教育价值，成为人们学习经验、训练思维、培育精神、养成人格的极佳材料。由于文献课程的形态是书本，学习这种课程的方式主要就是读书；又由于文献典籍多为历时长久的前代书籍，与学习者生活的时代存在着"时距"，就可能造成课程的内容和形式与学习者生活脱节的情况，因此而招人批评，近代以来表现尤甚。文献课程因为是古代著名学者留存下来的典籍，其中内容多是专门问题的论述，因此基本上很难提供系统的知识，对于学习者而言存在知识面偏窄、效率不高的问题。中国古代教育中文献课程的特点是存在两面性。

本书就是按照这样的逻辑，将中国传统学校课程的发展分为三个时期，即古典分科课程、古代文献课程、古代文献课程的重构，由此形成三章。

中国进入近代社会以后，早期改良派思想家冯桂芬在其成书于1861年的《校邠庐抗议》中主张"采西学、改科举"，其所谓"西学"包括算学、重学、视学、光学、化学、舆地等西方近代自然科学。1862年京师同文馆成立，1876年同文馆按八年和五年两种学制制定了两份课程方案，其中作为常规方案的八年计划包括外语、数学、格致、化学、天文、地图、各国公法、各国史略等学科，被认为是中国近代学习西方，在新式学堂开设分年课程和分科课程的开始。1902 年颁布"壬寅学制"，第一次完整地对一个国家各级各类学校课程及其实施要求作出明确规定。其中规定的蒙学堂、小学堂、中学堂的课程，奠定了中国中小学校课程架构的基础；1904 年颁布并实施的"癸卯学制"，虽在指导思想上更为保守，但在课程开设方面主要是对"壬寅学制"的延续。清末学制是依照西方模式开设学校课程的，这些课程由一定数量的不同学科组成，是依据一定教学理论组织起来的知识和技能体系。这一课程体系中也包含需要借助传统经学材料进行教育的"修身"和"读经讲经"课，但已经与传统经学教育中直接将"四书""五经"设为课程并占据全部课程的首要位置不同了，尽管"修身"和"读经讲经"课时占比甚大，但毕竟也已经是以学科的形式出现，且只是众学科中的一科。就此，古代文献课程从学校教育中消失。民国建立后废除了"读经讲经"，经学课程（文献课程）彻底从新式学校中消失，学科课程在中国学校中完全建立起来。这就成为中国课程史的第四个时期，即近现代学科课程时期，简称"科目"时期，也就是本书的第四章。中国学校课程发展进入近代的过程，是以不断地加大对中国传统文化遗产的舍弃为特征的，非常值得反思。

上述这样的分期的优点在于：其一，分期的特征十分明显，概括出每个历史时期的课程特点。其二，分期的依据比较充分，对四个时期课程形态的表述，虽然有些是我们明确提出的，但事实上不少前人都有不同程度的论及。其三，特别重要的一点，我们的分期是将中国古代与近现代课程看成一个统一发展的过程的不同发展阶段，避免了古代课程与近现代课程之间的断裂。这代表了我们的一个看法：中国近现代课程的形成不完全是移植的结果，也有内生的性质，是内部原因与外部原因共同作用的产物。其四，这样的分期暗含了我们对中国课程历史发展规律的一个看法，即中国课程史的四个阶段是一个肯定—否定—否定之否定的过程。"六艺"课程是中国最早的课程实践结晶，形成了一套有效的课程科目，属于分科课程（古典），所以是肯定。"五经"和"四书"课程从形态上说是一类，都属于文献课程，只是在以什么文献为重并体现一定的价值导向上有所区别，所以可以将这两个阶段视为一个阶段。文献课程在形态上和内容上都与分科课程相去甚远，文献课程替代古典分科课程不只是课程形态的替代，更体现了内容的替代，尤其是折射了培养目标乃至国家、社会治理理念的替代，所以是否定。近代以来，中国引进西方学校的课程内容和形态，形成了以学科为中心、分科施教的课程模式，折射出培养目标及其理念是对文献课程的替代，从形式上又回到了分科课程，所以是否定之否定。肯定—否定—否定之否定，体现了中国课程发展的历史逻辑。这种逻辑，可以从多方面进行解读。如从培养目标上说，古典分科课程阶段，培养的是"执干戈以卫社稷"的贵族勇士，体现文武结合，偏于知识、品德、身体、技能的综合发展；古代文献课程阶段，培养的是"学而优则仕"的"君子"，要求德智合一，偏于政治、道德、伦理的人文要求；近现代分科课程阶段，培养的是德、智、体和谐发展的国家公民、社会成员。又如从课程实施上说，古典分科课程阶段，是个体学习研修与接受严格训练的结合；古代文献课程阶段，重在个体自主学习研修，接受教诲是其次的；近现代分科课程阶段，课程实施是以课堂教学为主。如此等等。

四

研究中国课程史，在一定程度上改变了我们对中国课程发展历程尤其是对中国古代课程发展的印象。以下试举一些认识上的收获。

（一）中国历史上不少教育改革是从学校课程改革开始的

本研究使得我们有机会完整接触中国从远古到 1949 年的学校课程发展过程，有一个发现令人印象深刻，那就是在一些重要的历史转折点，中国教育改革往往与国家、社会的改革相伴随，而教育改革往往又是从学校课程改革开始的。

春秋战国之际是中国社会的一次重要转折，通常认为是从奴隶制社会向封建社会的转变。在这一转变中，除了经济、政治、文化、社会生活等方面，教育的转变也是十分重要的方面。教育通过人才培养目标、内容、手段、方式等的调整和改变，造就出新型人才，以满足社会提出的需求。人们都称颂教育家孔子的教育业绩，他值得称颂的重要原因就在于他积极应对时代挑战，适应社会需要，培养了大批新型人才。所谓新型人才之新，就在于从仁义的立场出发，培养有理想、有品德、有智慧、有才干、有情怀的"贤才"，去实现德治。出于这样的目标，他兴办学校，讲学授徒，尤其是在当时书本媒介十分缺乏的知识传播条件下，整理古代文献典籍，形成了史称"六经"的六种教材。这六种教材选自浩如烟海的历史文献，是根据学习者未来从政理民的需要有针对性地选择出来的，具有多方面的代表性，体现了孔子对新型人才基本素养的设想。这六种教材，孔子不同程度地用于他的教育过程，逐步明确为他讲课的相对稳定的内容，实际上成为他所办学校的课程。由于孔子自己讲学的影响，加之其弟子、后学在其身后的发扬、传播，"六经"不断走出孔子的门户，走向社会，逐渐成为更多办学者的讲授内容，也就成为整个社会（尤其是邹鲁地区）共同接受的课程内容，受到广泛赞誉。《庄子·天运》中将这六种教材称为"六经"，说明至少在战国中期，这六种教材已得到社会充分认可，成为很多学习者的课程。事实上，细考先秦诸子书，可以发现战国时期大部分学派都或多或少从"六经"受益。尽管道家、墨家、法家都不同程度地批判孔子学说，甚至贬斥"六经"，但也折射出受到"六经"影响的事实。我们可以将孔子办私学培养"学而优则仕"的"君子"，看成是春秋战国之交一次重要的教育改革，而他整理《诗》《书》《礼》《乐》《易》《春秋》，以之讲学授徒，则是这次改革的入手处和关键性举措。

类似的情况在历史上屡屡再现。如据《汉书·董仲舒传》载，汉代董仲舒向汉武帝建议"独尊儒术"，具体措施是三条："推明孔氏，抑黜百家"；兴太学以养士；重视选举，任贤使能。与之相应，他提出的未来国家的人才标准就是"毋以日月为功，实试贤能为上，量材而授官，录德而定位"。三条举措和人才标准共同指向儒家的"五经"（因秦焚书而遗失《乐》）：要推明孔子学说，孔子的学说寄托于"五经"；兴太学养士，需要以"五经"为教；选贤使能，量才录德，标准是儒术，所以都离不开"五经"。这就意味着又一次课程改革的发起，那就是立五经博士，从当时的各种"五经"经说中进行选择，选择那些能够用于治国的经说，这样入选的"五经"经说不仅成为国定教材，甚而成为国家课程，新的教育体制就建立起来。这次课程改革改变了"五经"的内涵，"五经"不只是孔子整理的经，还有从战国到汉初学者们的注，而这些注还要能够有用于治，所以经不仅是经，还有说（注），还是术（可以治国），不仅奠定了汉代教育的基础，而且奠定了后世中国经学教育的基础。

再如唐代。唐代政权建立后，有鉴于隋朝国运的短促，并吸取秦汉的经验，主动选择以儒术治国。唐太宗即位之初的贞观四年（630年）就开始统一"五经"的工作，这项工作的根本目的是统一意识形态，改变众说纷纭、莫衷一是的局面，而具体工作则是从文字和经说两个层面来统一"五经"，最终形成《五经正义》向全国学校和民众颁布，事实上成为国家统一编纂的教材和正式公布的课程。之后唐代教育就是在此精神和物质基础上开展的，唐代教育维护了唐代封建国家的发展。所以，唐代也是从改革学校课程入手确立教育方针政策，改革教育的。

之后，宋代王安石变法，教育改革首先做的工作是从已经形成的"九经"中挑选出《周礼》《诗》《书》，为之编写新的注释，称为《三经新义》，作为太学教材，实际上也是课程。所以这又是一次从课程入手进行的教育改革，由此培养有用人才。王安石说："苟可以为天下国家之用者，则无不在于学。"[①]学校要培养有用人才，而培养有用人才靠合适的教材和课程。后代的朱熹一辈子孜孜不倦地编纂《四书章句集注》，也是意在从改革教材、课程入手来改革教育，实现他理想的社会。直到清末的几次教育改革，也都是从改革学校课程入手开展教育改革，使教育服务于政治改革和社会改革。

有一个现象十分耐人寻味，孔子的课程改革（编成"六经"）成为教育改革的先导，而之后时代的历次教育改革乃至政治改革，不仅是从课程改革入手，而且是从改革"六经"入手。直至民国建立，蔡元培领导的教育部也仍然是从改革课程入手，开始民国教育的建设，其中一项重要改革就是废除读经。从此以后，虽然有过短暂的读经回潮，但是整体的经学课程再也未能在学校实行。

（二）中国历史上有着丰富的课程实践和课程思想

很长时期以来，人们习惯于以西方传入的课程概念来讨论课程问题，包括中国历史上的课程问题，说起现实中的课程问题，往往会以现代西方的课程理论为依据和标准，比较而言，对中国传统的学校课程实践和思想关注不够，因此也就所知甚少。如果以现实需要而言，毫无疑

---

① 王安石. 上仁宗皇帝言事书［M］// 王安石文集. 刘成国，点校. 北京：中华书局，2021：644.

问，西方的课程理论应当成为我们今天课程实践和课程发展的依据，但一个民族、一个国家要建设自己当下的教育尤其是学校课程，不了解自己民族和国家历史上的学校课程，似乎会存在缺憾。有观点认为，课程本来是个外来概念，与之相关的一套理论也属外来学说，说起课程，当然应该说西方的有关实践和思想理论。通过对中国课程史的研究，我们形成了一个深刻的印象：中国历史上有着丰富的课程实践和课程思想，中国人的课程意识还是形成得比较早的。

在进行本研究，探讨中国历史上课程概念的形成问题时，我们还是不知不觉地沿袭了通常人们的思维窠臼——是不是有了"课程"一词？是不是在"课业及其进程"的含义上使用"课程"？因此，我们说不少唐人使用了"课程"，但还不是在学校教育意义上的使用。中国古代真正在"课业及其进程"含义上使用"课程"一词，可以朱熹为代表。就此说来，中国人的课程意识还是比较早的，也比较成熟。如果以"六艺"作为西周学校课程发展的代表，那么"六艺"课程产生在公元前1000年之前。（周武王伐纣，建立西周政权是在公元前1046年，实际上"六艺"教育的一些要素，殷商时期就已存在。）分析"六艺"，应当看到两点：其一，出于培养能够承担"祀与戎"职责的贵族年轻一代，非常有针对性地设计了三组六门课程，兼顾了道德、身体、知识、技能多方面的教育和训练；其二，这些课程是分科设立的，与近代以来的分科课程存在形式上的相似，所以我们称其为"古典分科课程"，不少研究者也有类似说法。通常的中国教育史著，都会将"六艺"作为中国古代早期的教育发展达到一定高度的象征，说明了对"六艺"作为学校课程所达到的完善水平的肯定。

培养能够承担"祀与戎"职责的年轻一代，这样的教育目标透露出的是以武力治民、以高压治国的统治方式。从那以后五百多年，孔子提出的治国理念已经与之大为异趣，推行仁义、以德治国是他的新倡导，而"贤才"则是实现这种政治理想的行动者，是一种之前未曾有过的全新的人，孔子称之为"君子"。于是，他放弃了"六艺"，推出了"六经"。"六经"与"六艺"在课程理念上已经大不相同，而这种理念又出自其政治、社会理想。我们在书中对孔子整理的"六经"教材和课程评论说："可以各用几个关键词将'六经'对人的教育和影响作用归纳如下：《诗》——知识、道德、情感、言谈；《书》——治国、理民、行政、经验；《礼》——仪貌、规范、礼制、家国；《乐》——艺术、才情、应对、品味；《易》——智慧、洞察、远见、通达；《春秋》——史事、是非、内涵、使命。孔子曾经提出教育目标上的'成人'的概念，表达了他对完整人格的设想，'六经'的作用大致可以与这种人格的诸素质相对应。"[①] 可以说孔子是中国古代文官政治的思想开创人，他提出的"六经"教材与课程奠定了这种政治的人才培养课程基础。中国历史上曾经有过多次突破学校经学课程的改革行动，但都未能获得成功，其原因就在于，支撑这种政治体系的人才造就是需要一套课程来保障的。

再说"课程"一词的出现。"课程"一词频繁出现是在唐代。过去的学者已经十分敏锐地发现了这一现象，所以在解释什么是课程时，会将"课程"一词溯源至孔颖达对《诗经》的疏。经我们的研究，已经确定包括孔颖达在内的数位唐代学者和官员，他们都不是在课程的意义上使用"课程"一词。虽然如此，在现实中唐代学校的课程实践水平却是不能随便轻视的。如，唐代课程形态变得丰富了。孔颖达领导编纂《五经正义》，为"五经"经文选配了最为精当的古注，又为经文和古注撰写了疏，这就形成了三个层次的经学课程——经—注—疏。三个层次的经学课程有一个如何实施教学的问题，大致上形成了几种方案。一种是循疏—注—经的顺序学，注疏成为读通经的台阶，疏—注—经的关系就

---

① 见本书第 77 页。

犹如阶梯，是谓直线式层层递升的学法。一种是先只读经，待学完所有经文后，再返回起点二度读经，此时须经、注、疏合读，是谓螺旋式上升的读法。不同的教学方法依据的是不同形态的课程。

又如，在国子监各学校中，根据不同的专业，采取的是专兼结合的原则，设计了专修课程、通修课程和兼修课程三种不同性质的课程。专修课程，可以理解为各个专门学校和专业的专业课程，如以经学专业而言，又将"九经"按篇幅大小划分为大经、中经、小经，规定三者的不同搭配和修业时限，由学生选择专经攻读，每个学生选择的专经组合各不相同，但要求完成的专经数量和课时数量是大致相同的，这就使课程学习的考核成为可比较的。通修课程，属于道德、政治、思想教育性质的课程，所有学生一视同仁，要求学生在道德、政治、思想方面达到共同要求。兼修课程，实际上是一些辅助性课程，对于完成不同专业的学习发挥不同的作用，如国子学、太学、四门学学生还须学习语言文字的学问、学习书写，为以后官员铨选时考试"身、言、书、判"（即形貌、表达、书写和判事）做准备，根本上是为今后从政处理政务做准备。这可以说明唐代官学的课程管理制度已颇为可观，体现了课程意识和课程实践水平的提高。

（三）中国古代课程是在不断尝试突破经学课程体制过程中逐渐走到近代教育的门槛边上

经学课程可溯源于孔子整理成"六经"，以之授徒。在孔子生前，就有不少人对其以文献为形态的课程体系提出批评。如《论语》记载，当时曲阜城里达巷地方的人批评孔子没有什么擅长的本领，"博学而无所成名"。孔子调侃着回应说：真是如此呀！那么，我拿得出手的是什么呢？是射箭吗？是驾车吗？那就算驾车吧！可见，孔子同时代有人并不认可他的那套课程及其育人目标。之后，战国时的墨家、道家尤其是法家，对孔子这套课程都极尽批评、讽刺、贬斥之能事。当时"六经"课程尽管已经流传很广，但也只是各家各派私学课程中的一家，尚未到一统天下课程的地步。事实上，即便在儒家内部，像孟子这样的学者，对孔子的"六经"课程也并不一味接受和认同，他曾经表示："尽信《书》则不如无《书》。"主张对"六经"中传递的前代经验要有鉴别、有选择甚至有批判地接受。突破经学课程体系是在"六经"占据课程垄断地位之后的事了。

董仲舒"独尊儒术"的建议为汉武帝所接受后，儒家的"五经"被确立为官办学校和私学的正式课程，占据了当时教育的主导地位，真正可说是一统当时官办学校的天下，尤其是因为通过这套课程培养的政府官员形成了强大的政治势力，又反过来维护和巩固了这套课程的地位。"五经"课程不仅是教育问题，还成了政治问题。尤其是学校只注重授经，社会所需要的大量的各种知识学问受到排斥，势必影响到社会发展。从此时起，中国教育发展历史上先后产生多次突破经学课程体系的尝试。

第一次是东汉灵帝光和元年（178 年）鸿都门学的创办。这是统治集团内部宦官与官僚激烈斗争的产物。宦官所办的鸿都门学以灵帝喜好的尺牍、辞赋、字画为课程。这所以新知识、新技能为学习内容的学校甫一诞生，即遭到士人的强烈抵制。有关鸿都门学之争固然是政治斗争在教育上的反映，其办学的主观意图确实无法称赞，却也反映了在经学知识及其课程主导天下学校的背景下，另一种声音和实践开始出现。而这种实践反映了社会的实际需要，也或多或少给后世相关的学校课程改革带来影响。

第二次是在南朝宋。宋文帝当政的元嘉年间有一个历时三十年的繁荣发展时期。宋文帝继承宋武帝"崇儒兴学"传统并有所发展，其重要贡献是在中央官学开设儒、玄、史、文四馆。这是汉代太学开设以来，第一次在儒学之外平列开设其他课程内容的学校。之后，其后继者宋明帝设立总明观，下设儒、道、文、史四科。虽然总明观是藏书、研究、教学合一的机构，教学授徒是次要活动，但其呈现一校之下分设四种科目的态势，使其下四科愈加具有分科性质，而四科实际上是四个专门的课程单位，形成了中国古代官学中分科设教培养人才的雏形，也使原来四个单科性质的大学发展为在多科性大学中实施分科教授的制度。

第三次是北宋初胡瑗在苏州和湖州府郡学校的改革实践。胡瑗理想中的学校课程包括三方面，即政治道德、文献典籍和社会应用，具体落实在其分斋教学中。经过在苏州郡学的实践，胡瑗任教湖州州学时，"立经义、治事二斋。经义则选择其心性疏通、有器局、可任大事者，使之讲明'六经'；治事则一人各治一事，又兼摄一事，如治民以安其生，讲武以御其寇，堰水以利田，算历以明数是也。凡教授二十余年"①。经义斋以培养高层次的政治人才为目标,治事斋则培养术业有专攻的各方面管理人才。这对中国传统学校以经学为主的课程体系又是一次重要的突破。胡瑗提出的治事各科相关课程，在知识的"达用"方面又更为拓展，尤其是这些课程不仅出于政府管理的需要，还出于社会生活的需要。

第四次是清初颜元的漳南书院的规划。近代课程与古代课程的主要区别在于，在传统的经学、史学、文学课程之外，有了有关自然、科学、技术和社会的内容；中国自身虽没有能够发展出近代学校课程，然而颜元规划的漳南书院的教育内容和科目设置，已经带有明显的近代特征。漳南书院分为六斋，各斋课程内容如下。

第一，文事斋：课礼、乐、书、数、天文、地理等科；

① 黄宗羲.宋元学案［M］.全祖望，补修，陈金生，梁运华，点校.北京：中华书局，1986：24.

第二，武备斋：课黄帝、太公以及孙、吴五子兵法，并攻守、营阵、陆水诸战法，射御、技击等科；

第三，经史斋：课"十三经"、历代史、诰制、章奏、诗文等科；

第四，艺能斋：课水学、火学、工学、象数等科；

第五，理学斋：课静坐、编著，程、朱、陆、王之学；

第六，帖括斋：课八股举业。①

这里所说的"课"主要是指"以……为课业"，又可以指课试。较之胡瑗的课程设计，颜元漳南书院的科目规划包括了更为广泛的知识内容，而且对知识的分类也有了更为丰富和深入的认识。颜元将大量科学技术知识列入课程范围，而将理学、帖括这两斋置于其他各斋的对立面，以表达对其中所包含学问的鄙弃，甚至意欲最终将其关闭。可以清楚地看出，科学技术类知识、生产应用类知识在其全部课程设计中已占据主导地位。耐人寻味的是，六斋之首的文事斋，虽以"文"名之，但已与传统教育中"文"的概念完全不同。传统教育中的"文"，多指文献典籍、考证训诂、诗文辞章。而颜元之所谓"文"，已是在近乎"科学"的意义上使用了；而其所谓"艺能"，则大体对应了"技术"。显然，其知识分类观念也已经与传统不同。因此，颜元教育思想中已经蕴含近代知识观和课程设置的萌芽。目前还难以考知颜元思想的由来，但既不能排除其思想受到明末清初传教士的影响，也不能否定在中国社会已经出现的资本主义萌芽的影响。很遗憾的是，漳南书院分斋设学的课程规划并未能真正得到实施。中国古代学校自发地走出传统社会的进程也就此十分可惜地戛然而止。

中国教育真正突破经学课程是在颜元之后近三百年了。但是，以这样的方式突破，得失之间颇值得今日思考。

---

① 颜元.漳南书院记［M］//颜元集.王星贤，等，点校.北京：□华书局，1987：413.

（四）中国建立起近代学校课程体系并非被动接受简单移植，而是一个嫁接和融合的过程

　　首先，中国学习西方建立起近代学校课程体系并非被动接受。中国教育历史上有着丰富的课程实践和课程思想。从实践上说，从古典分科课程"六艺"，到古代文献课程"六经"（"五经"），再到重构的古代文献课程"四书"——"五经"，表现出不断适应中国社会发展需要进行变革的意识。从思想观念上说，唐代频繁出现"课程"一词，而朱熹最早在"功课或者课业的进程"意义上使用"课程"一词。朱熹之后，课程概念更加成熟。有的虽然用了别的词汇，但也分明表达的是课程。如元人程端礼所著《程氏家塾读书分年日程》，提出了一个从识字启蒙到有能力参加科举考试的大约十五年的逐年课业日程。这个课程计划涉及长期安排（十五年）、中期安排（年度）、短期安排（逐日），可以看成中国传统社会后期课程理念和实践的一个样板。此后，古代的学者、教师、教育管理者能够娴熟地使用课程概念，可以说有了比较成熟的课程意识。清人唐彪在《父师善诱法·教法要务》中要求"课程悉遵法度"，含义就很清楚。又如清代《钦定国子监则例·六堂训课》中规定了国子监学生各种课程的学习、考核要求。清末王晋之著有《问青园课程》，将自己论述教育的文字以"课程"为名。书中的《学规·小学》规定的学习程序为"循规矩""精诵读""勤讲解""习艺能"。这实际上是一份儿童从启蒙开始的课程计划。陈惟彦更是编有《幼学分年课程》，提出"课分三级，以年为限"，课程意识已经十分接近近代学校课程的内涵了。上述种种，说明到了传统社会后期，中国的课程观念已经发展到与近代西方课程观念十分相近的程度，这就为用汉语"课程"对译英语"curriculum"一词做好了准备。

其次，在近代学校教育背景下使用"课程"一词表达课程概念。1862 年 6 月京师同文馆正式上课，这是中国官方所办第一所西式学校。京师同文馆最初只是一所外语学校，之后陆续开设了万国公法、天文算学、医学、生理学、化学等"西艺"课程。1876 年按八年制和五年制的构想，分别拟定了分年课程计划。在课程计划之下，有专门的说明："以上课程，惟汉文熟谙、资质聪慧者可期成就，否则年数虽加倍，亦难望有成。至西语，则当始终勤习无或间断。天文、化学、测地诸学，欲精其艺者，必分途而力求之，或一年或数年，不可限定。"[①] 从中可见，这已经是在完全近代意义上使用中文的"课程"一词了。《清会典》卷一〇〇中记录了同文馆各科课程内容的说明，包括文字（英、法、俄、德）、天文、舆图（地理）、算学、化学、格致等学科。其中既有分年的学科安排，又有关于各科教学内容的详细说明，还规定了教学方法和教学步骤，并有每日教学活动安排。凡是近代学校课程涉及的内容，几乎都已包含在内。京师同文馆在其八年课程计划中如此使用"课程"一词，很可能是中国近代文献中最早出现的，而在此时，可能有关教育理论的著作中还未曾有译介课程方面的作品，所以意义重要。如果我们的见解成立，那么使用"课程"一词就是一个主动的过程。

（五）在中国传统教育的语境里，课程、教材和教学呈现出独特的关系

考察中国课程史还须注意，在古代，课程、教材、教学三个概念的关系是十分紧密的，这与中国传统教育语境里三者的特殊关系有关。

首先，关于课程与教材。从孔子整理"六经"起，中国传统课程的

---

① 缪荃孙，辑. 艺风堂杂钞［M］. 杨璐，整理. 北京：中华书局，2010：91-92.

产生就出现了一种独特的方式，即由教材而课程。孔子整理的"六经"，原来只是六种典籍，孔子同时也以之授徒，就成了孔子私学的教材，后来逐渐取代了其他课程，成了孔子私学中稳定的传授内容，也就是课程。这种情况后来在不同的历史时期屡屡发生，成为形成中国传统课程的一种独特方式。如汉代独尊儒术，立五经博士，并为之设弟子员，五经博士所专长的经说（即著述），也就成为讲学的依据。由于五经博士是由国家认定的，其经说及其文本事实上成为太学课程。又如朱熹编《四书章句集注》，先是用作教材在其讲学的书院里讲授，成为课程，后影响日益扩大，为其弟子和更多办学者所采用，成为更多书院的课程，逐渐影响到官学乃至太学，经过激烈斗争，直至朱熹死后，最终被正式接受为中央和地方官学的正式课程。因此，在中国传统社会，教材往往又是课程，而课程又意味着是某种历经检验和选择的教材。

其次，关于课程与教学。中国传统教育语境中的"教学"与今天通常所说的教学有很大不同。今天所谓教学，基本上是指班级授课制下的课堂教学，而传统所谓教学，不存在近代以来这样的课堂、教师和教学活动。因为课堂教学以教师的教为主，学生的学多是一个被动的存在，所以才会将《学记》中的"教学相长"一语作"教师的教与学生的学互相促进"解。在传统的语境里，"教学相长"不可能作此解释。我们在研究中国历史上的教学时，所说的"教学"也同样是把近代才形成的概念反用到传统教育中去，同样也是名实不符的。除了少数时期，中国历史上的教学，其真实状态实际上就是学生自己学，或者是设法让学生自己学。正如程端礼《程氏家塾读书分年日程》的书名所标示的，他为其子弟整理出的这份课程计划，实际上只是一份读书计划，但用通常人们习以为常的话语表示，则会说这是一份教学计划。因此，在论述中国传统课程时，自然也就包含着教学的问题。

本书就是依据上述中国传统课程概念内涵的发展变化，去考察中国历史上的课程思想与实践的，希望能够如实反映中国课程发展历史。

五

撰写一部《中国课程史》是一个有些不自量力的想法，当时以此名义去申报课题的举动确实也带着些冲动，待着手进行时，才真正感到这项工作究竟是如何地困难了，但这时已经骑虎难下。本书是国家社科基金"十三五"规划2016年度教育学一般课题"中国课程史研究"的成果。原拟研究对象的时间范围，上起于学校产生，下止于1949年，包括古代与近现代两大部分。1949年后的中国社会主义学校课程史（即当代课程史），因学校课程之事还在延续，且七十多年的学校课程史内容非常丰富，拟另作专门研究。研究对象的空间范围为：古代包含官学、私学、书院的课程，近现代包含大学、中学、小学的课程，而以中小学校课程为主；涉及课程思想与课程实践两个方面。从目前成稿的情况看，有些问题的处理显得草草，甚至还有应当反映而未能反映的，最大的问题是课程理论的水平不够，因此留下的缺憾很多。由于约定的出版期限已至，再也不能拖延，只能勉强交稿，作为中国课程史只能说是聊胜于无，希望在不久的将来能够有机会加以完善。

本书的写作从前人和同行成果中受益良多，除在书中注明外，在此再致谢忱！书中有关教学的部分由陈祥龙撰写初稿，并从章小谦、王明建、陈祥龙、屈博、刘秀霞、孟祥庚、李想、阴崔雪等同学的博士学位论文中受到不少启发，他们的论文选题或多或少与本书相关，也向他们致谢！其他给予帮助的师友还有很多，也一并致谢，恕不一一。

在中国，如要追溯教—学内容的历史，人们往往会溯源至西周的"六艺"。其实，中国教育发展到西周，已经经历了漫长的时期，"六艺"教育不过是历史发展的结果。"六艺"作为西周学校的课程，从形态上分析，它与孔子用以授徒的"六经"不同，自然也与汉代立于学官的"五经"不同，也与宋代形成并延续至元明清的"四书—五经"不同。"六经""五经""四书—五经"这些课程从形态上说都属于文献典籍，并非知识与技能的集合，可称为"文献课程"；而"六艺"却不同，它是将某一领域或范围的知识、技能按一定的规范组织起来，以之授徒，培养年轻一代多方面的素质，类似于近代以来普遍实施的分科课程，姑且以"古典分科课程"称之。以古典分科课程为表征的"六艺"时期，是中国课程发展史上的第一个阶段。

第一章

『六艺』时期：古典分科课程

一、学校萌芽的传说与教学内容

如果课程的基本含义是指课业内容及其进程，那么，凡是存在教育活动的地方就应当有课程。中国古代课程的产生经历了漫长的历史时期，而学校的产生则是一个重要的转折。中华大地上的人类早期教育状况，由于史料不足，难言其详，只是从古代相关的神话传说中可以看出一些影影绰绰的情形。如《尸子·君治》："宓牺氏之世，天下多兽，故教民以猎。……燧人上观辰星，下察五木以为火。燧人之世，天下多水，故教民以渔。"又如《淮南子·修务训》："古者民茹草饮水，采树木之实，食赢蜓之肉，时多疾病毒伤之害。于是神农乃始教民播植五谷，相土地，宜燥湿肥烧高下，尝百草之滋味，水泉之甘苦，令民知所辟就。"再如《易·系辞下》："神农氏作，斫木为耜，揉木为耒，耒耜之利，以教天下。"教民以猎、教民以渔、教民播种五谷、教民耒耜等说法，反映了原始社会生产劳动教育的情形，也是教育处于起源阶段关于教育内容的基本表现，这种表现也反映了最初的教学内容意识。虽然人类最初没有文字，关于人类早期的一切只是以口耳相传的方式流传下来，上述材料是出自后人的追记，但其所述大致符合原始人群的生存情状。

学校产生后，教育的发展出现了飞跃，课程意识也随之得到加强。中国古史中多有关于学校萌芽的传说。《礼记·文王世子》郑玄注引董仲舒说："五帝名大学曰成均。"据宋王应麟《玉海》说，所引董氏之说出自其所著《春秋繁露》，而传世本已不见载。郑玄注对"成均"的解释是："均，调也。乐师主调其音。"均，可训为韵，"成均"即可解为"成韵"，以表示有声有韵。孟宪承也说："虞代之学称成均。均即古韵字。古代教民，口耳相传，重于声教，以声感人，音乐最善。乐官也即是重要的教师。"[1] 礼乐在古代氏族部落生活中有着重要作用，凡宗教活动和族群聚会都须有礼乐相随。这又需要有专人主其事、行其事，这些人就是乐师及其弟子，而他们授乐、习乐、演乐之地就被称为成均。成均已不是劳动场所，活动内容也与劳动无直接关系，乐师与其弟子也非生产劳动者，成均意味着教育的专门化过程。成均的传说记载了古代学校的萌芽及其相对专门的教学内容。

古代学校萌芽的传说还有"庠"。《礼记·王制》记载："有虞氏养国老于上庠，养庶老于下庠。"郑玄解释说："虞庠，亦小学也。"《礼记·明堂位》则称："米廪，有虞氏之庠也。"严陵方氏曰"米廪"为"藏养人之物"，即氏族储存粮食之所，既由老人看管，也成敬长养老之地，又成照护幼小孩童之处，渐成专门的教育场所。郑玄说虞庠为小学，似缘于此；庠兼有养老与育幼两方面含义，也与中国古代教育的特点能够相互映射。

关于学校萌芽传说时代的教学内容情况，虽然缺乏直接材料，但可以作一些推测。《易·系辞下》："上古结绳而治，后世圣人易之以书契。"许慎《说文解字叙》说："仓颉之初作书，盖依类象形，故谓之文；其后形声相益，即谓之字。字者，言孳乳而浸多也。著于竹帛谓之书。书者，如也。"书是写下来的文字，而契，郑玄《系辞》注："书之于木，刻其侧为契，各持其一，后以相考合。"刻木为契，所刻木也为契。唐兰认为，刻木是记下数字，作为交往双方的凭证。[2] 这一推测很可能反映了实际情况。似可推测，文字、数字当也是当时的教学内容。

① 杜成宪，主编．孟宪承全集·孟宪承讲录（一）·孟宪承讲录（二）·孟宪承谈话录［M］．孙培青，记录整理，张礼永，编校．上海：上海人民出版社，2022：42.
② 唐兰．中国文字学［M］．上海：上海古籍出版社，2005：47.

　　《易·系辞下》说"上古结绳而治，后世圣人易之以书契"，认为有一个从结绳记事到文字书写和刻画的转变，但所说的"后世"是在什么时候？目前已经获得的较早的大量文字材料，是商代甲骨卜辞。刻画于龟甲与兽骨的甲骨文字确可称为"书契"，已经是十分成熟的文字，而其所记述的时代也已是十分成熟的社会。可以确定，在中国，文字产生的年代应会较商代更早。事实是，半个多世纪以来，在多处考古发掘遗址中发现有刻画符号，有的被认为与后世文字发展有直接关系，有些已经可以视作文字。① 由此推论，夏代很可能已经进入文字记载的时代。

　　从传世文献来看，《左传》《国语》等先秦典籍曾引用《夏书》材料。《左传·昭公十七年》记载《夏书》中记录有最早的一次日食："辰不集于房，瞽奏鼓，啬夫驰，庶人走。"日被月遮掩了，引起官吏、百姓的紧张，尝试加以挽救。《礼记·礼运》也说孔子曾到杞地实地调查夏代历史，获夏代的历书："我欲观夏道，是故之杞，而不足征也，吾得《夏时》焉。"郑玄注说："得夏四时之书也，其书存者有《小正》。"《夏时》《小正》即《夏小正》。但关于夏代历史的直接文字材料十分缺乏，《论语·八佾》记载孔子的舌说："夏礼吾能言之，杞不足征也。"夏礼虽然能够叙说，却因缺乏传世材料而难以证实。近几十年来，随着考古发掘成果的不断出现，夏代文明越来越多地露出其真实面貌。如河南偃师二里头遗址出土的诸多陶器上有一些刻画符号，这些符号明显是陶器烧制成器后再用锐器刻上的，如果只

---

① 如河南舞阳贾湖遗址出土约距今八千年刻于甲骨的契刻符号，被认为"或已发展成文字，或至少已是文字前书写系统"。见：唐建.贾湖遗址新石器时代甲骨契刻符号的重大考古理论意义［J］.复旦学报（社会科学版），1992（03）：94-107.西安半坡村遗址出土距今约六千年刻于陶器的刻画符号，被认为是文字起源阶段的一些简单文字。见：于省吾.关于古代文字研究的若干问题［J］.文物，1973（02）：32-35.山东大汶口出土距今6 100-4 600年刻于陶器的刻画符号，被认为已经是文字。见：张文.大汶口文化陶尊符号试解［J］.考古与文物，1994（03）：73-80.

是出于装饰，应当在烧制前刻画。有学者因此推测，这些符号是一些标记符号，是为了公共的用途而将陶器相互区分。[①] 类似的刻画符号也出现在陕西商县（今商洛市商州区）紫荆遗址出土的二里头文化时期的陶器上。[②] 可见，这些刻画符号的流通和使用范围比较大。文字出现既是文化知识发展积累的结果，也使得知识的生产和传承愈加便捷。可推知，文字本身及其记载的天文历法一类科技知识也是夏代教学内容的重要组成部分。

传说中夏代学校还有序和校等名称。关于序，《礼记·王制》说："夏后氏养国老于东序，养庶老于西序。"《礼记·明堂位》也说："序，夏后氏之序也。"后人有说东序为大学，西序为小学。序是什么性质的学校？《孟子·滕文公上》解释："序者，射也。"是习射场所，后来也成为包含学校在内的公共活动场所。关于校，《孟子·滕文公上》说，"夏曰校"，"校者，教也"。《说文解字》："校，从木，交声。"本义是以木为栏，作为养马驯马之地。据此也可以推测，校是进行军事和生产训练的地方。可见，夏代学校教学内容有骑射。

《尚书·洪范》记载了周武王与箕子的一场对话。对话中箕子说道："我闻在昔，鲧陻洪水，汩陈其五行。帝乃震怒，不畀洪范九畴，彝伦攸斁。鲧则殛死，禹乃嗣兴。天乃锡禹洪范九畴，彝伦攸叙。"说的是禹与其父鲧不同的结局导因于是否遵循上天造物的规律去治水，禹因此而得到肯定，并获得上天所授大法，令臣民和睦，国治民安。类似的传说不绝于史载。2002 年保利艺术博物馆在香港购得一件西周中期的青铜器豳公盨，内底有十行九十八字铭文，开首即为："天命禹敷土，堕山浚川。"通篇讲述大禹理水、为政以德故事，支持了传世文

① 杨锡璋，高炜，主编.中国考古学：夏商卷［M］.北京：中国社会科学出版社，2003：125-127.
② 王宜涛.商县紫荆遗址发现二里头文化陶文［J］.考古与文物，1983（04）：1-2.

献所说。《洪范》文字，学者多认为产生于战国．也有认为原本出于商末，历西周、春秋、战国而有所增益润色。[①] 而对豳公盨铭文，也有研究者认为它是一篇真正的"古书"，其中所述"禹敷土"故事当有更古老的渊源，或出自史官所保存的典册，甚至是《夏书》的一部分。[②]如果我们相信大禹治水故事始于夏人的记叙与传播，那么此类材料又是被视为具有特殊教育意义而加以传播的，显然是被当成了教学材料。又据《孟子·滕文公上》记载孟子之言，夏、商、周三代之学"皆所以明人伦也"，所谓人伦，后人解释为"五伦"。这里所说的"人伦"也就是《洪范》所说的"彝伦"。可知，道德人伦是当时学校教育的主要内容。同时，《礼记·表记》说："夏道尊命，事鬼敬神而远之。"可知，宗教也是教学内容。

归纳以上所说，至迟到夏代，贵族教育中已经包含三大类教学内容：政治、宗教、伦理道德；军事训练（骑射等）；文化知识（书数、天文历法等）。而这些教学内容是出于夏代培养对内能够控制本部族民众，对外能够征服其他部族、能征善战的武士的需要。这三大类教学内容奠定了后世学校课程内容（如西周"六艺"）的基础，而后世学校的课程内容则在前代的基础上扬弃和发展。孔子在《论语·为政》中提出一个十分重要的历史发展观点："殷因于夏礼，所损益可知也；周因于殷礼，所损益可知也；其或继周者，虽百世可知也。"殷对于夏、周对于殷是一种继承与发展的关系，即所谓"损益"，孔子表达的就是这种认识。学校课程当然也存在这种相"因"和"损益"，即继承和发展的关系。

---

① 刘起釪.《洪范》成书时代考［J］.中国社会科学，1980（03）155-170.
② 李零.论豳公盨发现的意义［J］.中国历史文物，2002（06）：35-45.

二、"有册有典"的殷商学校课程与教材

商后期王都殷墟（今河南安阳小屯村一带）出土的大量甲骨文和青铜器，显示了这个三千五百多年前的古代国家的文明程度。尤其是为数不少的甲骨卜辞被释读，使今天的人们对当时的教育水平有所了解。

（一）殷商的学校

甲骨卜辞有不少关于殷商学校和贵族送子弟入学的记载，表明为维护统治，殷商贵族重视对年轻一代的教育和培养。甲骨文可以证明，传世文献中有关殷商学校的记载是可信的。《礼记·明堂位》说："殷人设右学为大学，左学为小学，而作乐于瞽宗。"《礼记·王制》说："殷人养国老于右学，养庶老于左学。"郑玄注认为，"右学，大学，在西郊；左学，小学，在国中王宫之东"。《孟子·滕文公上》说："殷曰序。"朱熹注："序以习射为义，皆乡学也。"甲骨文中关于学校则提到"学""大学""小学""庠"等名称。结合文献与卜辞观之，殷商已有专门的学校空间，表明学校的专门化程度提高；学校有大学与小学之分，有设在王城与乡遂之分；不同的学校名称表明学校具有不同功能。[①]

关于小学。《礼记·王制》说："天子命之教，然后为学。小学在公宫南之左，大学在郊。"郑玄注说："此小学、大学，殷之制。"按郑玄认为殷商已有小学和大学，分别设置在不同地方。据今人研究，甲骨文中有关于小学的材料。如《甲骨文合集》16406甲骨刻辞："乍学于入，若。"这是一则记载建立学校屋舍的材料。"入"即"内"，指国中，与

① 孙培青，主编.中国教育史［M］.4版.上海：华东师范大学出版社，2019：11-16.

《王制》所说"小学在公宫南之左"相合。有学者认为此"学"即为小学。①也有学者对此表示怀疑。关于殷商的学校，大学已被证实，小学存在争议，但据古人在讲说学校时好对举的习惯，如左学与右学、东学与西学等，大学与小学相对，似乎很自然，有大学，也就有小学；又据学校教育的规律，学校通常分为相关联的不同层级，有大学，自然就会有小学，尤其是对于贵族教育而言。

关于大学。《礼记·王制》中提到养国老的右学，郑玄认为右学就是大学。大学也为甲骨文材料所证实。如《小屯南地甲骨》编号60的卜辞，据考释是一片卜问献俘祭祖典礼是否要举行、举行的最佳时日、在哪个场所举行的卜辞。卜辞所列举出的备选场所有祖丁祭坛、宗庙中庭祭坛和"大学"，证明当时已有大学，大学同时也是举行祭祀等典礼活动的场所。甲骨文中已有"庠"，写作"𢽗"。《甲骨文合集》编号5770、5771、5772的甲骨上的卜辞，都提到"𢽗"，如5771上的"贞令罩𢽗三百射"。陈梦家认为，"𢽗"即为"庠"，用作动词，又假借为养或庠，是殷商时期的习射场所；所谓"三百射"，是指三百人一队的学射者。这片卜辞就可以解作：商王命令罩教三百人以射的技能。②这一说法为后来一些学者所认可。另外，甲骨文中还有关于"榭"的记录，已接近后世的"序"，以及关于"右学"的记录和辟雍之"雍"字的初形，等等。③传世文献所记载的西周大学的各种名目，不少已在甲骨文中出现。由此可见殷商学校的发展状况，学校的发展又意味着教育活动水平的提高和课程设置及内容的丰富。

---

① 王进锋.殷商史［M］.上海：上海人民出版社，2015：29.宋镇豪.从甲骨文考述商代的学校教育［C］//王宇信，宋镇豪，孟宪武，主编.2004年安阳殷商文明国际学术研讨会论文集.北京：社会科学文献出版社，2004：221.
② 陈梦家.殷墟卜辞综述［M］.北京：中华书局，1988：513.
③ 阴崔雪.基于甲骨文的殷商学校教育研究［D］.上海：华东师范大学，2019.

（二）殷商学校的课程

按孔子所说，"殷因于夏礼，所损益可知也"，表明殷商制度是对夏代制度的发展，学校制度亦然。殷商学校水平的提高，也意味着学校教学内容的丰富。《尚书·多士》说："惟殷先人，有册有典。"表明商代不仅有文字，也出现了典籍，前人留下的知识和经验有了有效的载体，成为重要的教育材料。殷商学校的课程内容包括思想政治教育、军事训练、礼乐和知识教育。

为维护长治久安，思想政治教育是殷商贵族学校教育的首要课程，包括鬼神、祖先崇拜和统治经验的教育。

其一，史载"商俗尚鬼"。《礼记·表记》说："殷人尊神，率民以事神，先鬼而后礼，先罚而后赏。"这可以从甲骨卜辞中得到证明。甲骨文中所见有关祭祀的名目十分繁复，有研究认为，可多达两百种以上。[1] 而祭祀祖先成为其中最为重要且甚为盛行的宗教活动。如《甲骨文合集》35530 就记载了商王卜问在一日里祭祀上甲、大甲的事。《甲骨文合集》26047 有关于"学衣"的记载，即教授和学习如何进行衣祭，衣祭是一种合祭。王国维、陈梦家等学者认为，衣祭也就是殷祭，是合祭诸代先王和王妣的重要政治和宗教仪式。崇拜祖先鬼神是为了更好控制活着的人，宗教迷信就成为重要的教育内容。

其二，由祖先崇拜自然推演出孝的教育，要求后代子弟秉承长辈意志，顺从听命。甲骨文中已出现了"孝"字，写作"𡥀"，并也有了"孝"的概念。不少战国典籍记载了殷高宗武丁之子名孝己。如《庄子·外物》："故孝己忧而曾参悲。"成玄英疏："孝己，殷高宗之子也，遭后母之难，忧苦而死。"事情的真实性虽有待商榷，但其中所表达的

① 李立新.甲骨文中所见祭名研究［D］.北京：中国社会科学院，2003.

思想内涵却是有影子的。花园庄东地出土了大量记录一个叫"子"的人物学习情形的甲骨卜辞。从卜辞看，"子"生活在武丁时期，是个贵族子弟，与武丁和妇好关系密切，身份重要。关于"子"的确切身份，研究者意见分歧很大，有认为即是武丁之子孝己。[①] 孝己在武丁中期之前为太子。甲骨文中还出现了"德"字，写作"㣥"，并初步具备了道德之"德"的含义。孝与德，中国传统教育□两个重要概念已开始形成，殷商贵族的思想教育中，伦理道德教育由此出现了一些新因素，也可证明孟子说夏、商、周三代以人伦为教的观点大致属实。

其三，殷商贵族始终在思考一个问题：强大的夏王朝何以一朝崩溃？答案是没有做好民众工作，这就成为殷商政权的前车之鉴，如《诗·大雅·荡》所言："殷鉴不远，在夏后之世。"统治经验因此成为重要的教育内容。统治经验包括：先王的业绩与精神；应当重视民众而非施以暴虐；重视民众意味着懂得从民众那里反观国家治理的善与否；做到有功于民、以宽治民和教民以德；尤其重视为君之道教育，包括道德修养、律己、使命感等方面。例如，《尚书·多士》记载，殷商从成汤到帝乙，无不努力实行教化，遵照上帝旨意施予民众恩泽。《尚书·无逸》也记载殷王中宗太戊"治民祗惧，不敢荒宁"；而高宗武丁，早岁在外行役，与小民一起劳作，即位后也不敢荒废政事、贪图安逸。正因为太戊、武丁能够如此谨慎，所以都执政长久。而后世几任商王"生则逸！生则逸！不知稼穑之艰难，不闻小人之劳，惟耽乐之从"，也就不能执政长久，长的十年，短者不过三四年。《孟子》中也记载了商朝建立之初伊尹管教新君太甲的故事，表明殷商统治者

---

① 杨升南.殷墟花东 H3 卜辞"子"的主人是武丁太子孝己［C］//王宇信，宋镇豪，孟宪武，主编.2004 年安阳殷商文明国际学术研讨会论文集.北京：社会科学文献出版社，2004：208.

十分注重统治经验教育的传统。①

殷商政权是靠武力来维持的，举兵征伐是常事，各级贵族必须是武士或者军队头领，训练作战本领就须有相应的军事教育，这是殷商学校的重要课程。当时的战争多靠车战，一车之上，御、射、持戈矛，各有分工。《诗·鲁颂·閟宫》有句："公车千乘，朱英绿縢，二矛重弓。"郑玄注说："兵车之法，左人持弓，右人持矛，中人御。"可以推知，射、御、使用戈矛等技能技巧是军事训练的重要内容。事实上，甲骨文留下不少殷商时期人们学习射、御的记载。

关于"射"。《甲骨文合集》的卜辞中出现"射"字的材料就有近四百条。而在《殷墟花园庄东地甲骨》中，可以见到不少"子"学"射"的材料。如第 37 号："甲午卜，在潍，子其射，若。"花园庄东地甲骨卜辞记载了"子"习射的完整过程以及繁复的射礼。据今人研究，卜辞材料中的"子"所学之"射"，在一个完整的习射过程中，不仅规定了逐日要求，还规定了在不同场合的不同形式与内容的射，还包含了各种射法和技巧的训练，如迟射、疾射等。② 西周"六艺"中的射有五项要求，按郑玄的解释，其中的第二项为"参连"。按唐人贾公彦的解释，"参连"的具体要求是先射出一箭，之后三箭连发而中，可以说也是有迟有速，与花园庄东地甲骨文记载的内容似乎相近。据研究者认为，花园东地的这组甲骨卜辞所反映的"子"习射礼，前后历时达二十一天。③ 开始和结束时都有向商王武丁献玉的仪式，以献礼的形式

① 据《孟子·万章上》记载，伊尹帮助汤建立商政权，汤去世，太甲继位后颠覆汤制定的法规，于是伊尹放逐太甲，使之悔过自省三年，能够"处仁迁义"，接受伊尹教训了，方使之回归亳州为天子。
② 宋镇豪.从新出甲骨金文考述晚商射礼［J］.中国历史文物，2006（01）：10-18.有关商代贵族子弟习射，参见：阴崔雪.中国最早的课程：六艺的起源发展研究［D］.上海：华东师范大学，2023.
③ 宋镇豪.从新出甲骨金文考述晚商射礼［J］.中国历史文物，2006（01）：10-18.阴崔雪.中国最早的课程：六艺的起源发展研究［D］.上海：华东师范大学，2023.

作为起始与完成的标志。① 在习射结束后，紧接着进行竞射，可以视为检验习射的效果。从举行仪式正式开始习射后，分别规定有习射之日、祭祀之日和休整之日，习射和祭祀活动分别在三个不同的地方进行，习射结合行礼，体现出循序渐进的特点，也体现出有张有弛的特点。② 如果上述解读是确切的话，那么可以说在武丁时期，射的训练已经显示出对内容和进程的明确要求，体现出明确的课程意识和射这门学科的课程组织情况。

关于"御"。如上文所引郑玄注所说，在实战中，御与射是紧密配合的，所以在训练中也会清楚体现这一实战要求。《甲骨文合集》24391 记载："癸未卜，王曰，贞有兕在行，其左射，获。"兕为雌犀牛。这条卜辞记录了将犀牛驱赶在战车左侧加以射获的实战训练过程，印证了上引《诗·鲁颂·閟宫》诗郑玄注所描述的"左人持弓"的车战实际情况，也与西周"六艺"中有关御的第五条要求——"逐禽左"相合。相似的情形还出现在《诗·秦风·驷驖》中："驷驖孔阜，六辔在手。公之媚子，从公于狩。奉时辰牡，辰牡孔硕。公曰左之，舍拔则获。"说的是秦襄公田猎，驾着四匹强壮的黑马，受宠幸的侍从跟随着狩猎。管理山林的虞人及时驱赶出强壮的公兽。秦襄公指令"往左射"，随即放箭而射获大兽。这也记录了往左驱驰野兽的御的训练。这些记载的区别只是在于一为追逐巨兽，一为追逐禽鸟。而训练的共同要求则在于御者须控制战车行驶的迅疾、灵活和稳定，为弓箭手和持戈者创造最佳的出击时机和位置。甲骨文中还有大量记载射鹿、麋、豕等兽类的材料。可见，御有明确的技艺训练目标，习御的手段则往往是通过田猎驾驭战车射获禽兽。可以想象的是，由于御也富有技术含量，要使受训者熟练地

---

① 韩江苏. 从殷墟花东 H3 卜辞排谱看商代学射礼 [J]. 中国历史文物，2009（06）：32-39，96.
② 阴崔雪. 中国最早的课程：六艺的起源发展研究 [D]. 上海：华东师范大学，2023.

掌握并能灵活运用，进而形成技能技巧，一定需要有系统、规范的习练，因此，有一套像射那样的训练的程式就是很自然的。同时也可看出，西周"六艺"中的射、御二艺，与殷商时期的习射、习御存在着继承和延续关系。

按《礼记·郊特牲》的记载，举行祭祀活动，有虞氏尚气，"血腥焖祭，用气也"。殷人尚声，"声音之号，所以诏告于天地之间也"。可知相较于前代，殷商更注重礼乐，文明有了进化。无论是祭祀、养老还是出征，都要有相应的仪式规范和音乐活动，礼乐就是年轻一代必须接受的另一方面重要课程。《毛诗序》认为，《诗·商颂·那》[1]是殷商的后代宋国祭祀商始祖成汤的颂歌，描绘出隆重而热烈的歌舞场面：击磬和乐，打鼓敲钟，跳起"万"舞。借此感念先祖的功业，遗后人以生长的土地家园。这种庄重的仪式活动，需要贵族年轻一代具有包括宗教、礼仪、艺术、军体等项要素的综合素养。元人马端临《文献通考·学校考一》认为"商人以乐造士"。郭沫若《殷契粹编》1126 片记载："丁酉卜，其呼以多方小子小臣其教戒？"此处的"戒"，通常的解释，一为持戈警戒，一为持戈舞蹈。[2]可以看出殷商学校礼乐教育的一般情况。甲骨文中记载殷人习礼习乐的材料还很多。《左传·成公十三年》说："国之大事，在祀与戎。"祭礼与军礼成为殷商贵族子弟教育中十分重要的内容。殷商时期祭礼的种类已经相当繁复，达两百多种，既有根据对象而定的，如上述的衣祭是对先王王妣的合祭，还有根据一定需要，选择若干或某一祖先祭祀。相应地，祭飨的规格也就有差异，体现为祭品和致祭的形式有所不同。所有这一切，都有着不厌其烦的规

---

① 《诗·商颂·那》："猗与那与，置我鞉鼓。奏鼓简简，衎我烈祖。汤孙奏假，绥我思成。鞉鼓渊渊，嘒嘒管声。既和且平，依我磬声。於赫汤孙，穆穆厥声。庸鼓有斁，万舞有奕。我有嘉客，亦不夷怿。"

② 孙培青，主编. 中国教育史［M］.4 版. 上海：华东师范大学出版社，2019：15.

定，成为贵族教育中十分重要的内容。军礼，是殷商学校礼乐教育的另一组成部分，同样占据十分重要的位置。由于军事行动事关重大，遇有戎事必占，以此作为决策依据，就成了殷商统治者的习惯性思维。甲骨文中有关军事的卜筮材料不在少数。如《甲骨文合集》7024："甲子卜，□贞，出兵若？"《甲骨文合集》7025："曰□，□贞，勿出兵。"军事行动之前、之中和之后的各种占筮活动成为一种规范，形成体系性的规定，这就是有关军事的礼。《礼记·王制》所记载的材料就堪称典型："天子将出征，类乎上帝，宜乎社，造乎祢，祃于所征之地，受命于祖，受成于学，出征执有罪反，释奠于学，以讯馘告。"正因为用兵是"国之大事"，所以需要得到上帝、社稷、父辈甚至出征部队在敌国的驻扎地等方方面面神灵的赞允和庇佑，以保证功成圆满。值得注意的是，出征前的决断谋划，得胜后的庆功献俘，所有的献祭仪式都在"学"中进行，所谓"学"，是一个具有多种功能的场所，但也包含着显著的教育功能。这样的情形，也得到甲骨卜辞的印证。《小屯南地甲骨》第 60 记载："弜寻，王叀癸寻，于甲寻，于祖丁寻，于庭旦寻，于大学寻。""寻"也是一种祭祀，如证之以上述《王制》材料，这种祭祀诸多先王（"于甲寻，于祖丁寻"）、在诸多场合祭祀（"于庭旦寻，于大学寻"），当也是一种关涉国家大事的祭祀仪式。传世文献《王制》与出土甲骨所记载的内容，都是排比句式的一连串祭祀，可以互相证明。可见，习礼的内容实际上已经形成体系，具有程式化特点。

《礼记·郊特牲》说："乐由阳来者也，礼由阴作者也，阴阳和而万物得。"强调了礼乐和谐的教育，但"以乐造士"显然也是殷商教育的特点。在礼乐教育中，乐的教育的重要性一点也不亚于礼的教育。《礼记·郊特牲》又说："殷人尚声，臭味未成，涤荡其声，乐三阕，然后出迎牲，声音之号，所以诏告于天地之间也。"认为殷人更重声教，通过祭祀仪式中的"声音之号"，来涤荡精神，诏告天地。由于当时所谓"乐",是合歌(诗)、舞、乐(奏乐)为一体,因此,学乐即意味着兼学(习)此诸端。如同《诗·郑风·子衿》郑玄注所说:"古者教以诗乐,诵之、歌之、弦之、舞之。"《周礼·春官宗伯》说,西周国学大司乐以乐德、乐语、乐舞教国子,乐舞中包括有商代的《大濩》,记叙汤灭夏后,命伊尹作《大濩》,歌颂开国功勋,后代商王以之为祭祀祖先的乐舞。对此,甲骨文也有相当丰富的记载。如《甲骨文合集》35499:"乙亥卜,贞,王宾大乙濩,亡尤?"35516:"乙亥卜,贞,王宾大丁濩,亡[尤]?"35681:"乙亥卜,贞,王宾且(祖)乙濩,[亡尤]?"卜辞中的"濩",即祭祀时演奏的《大濩》,这是在同一天占卜,卜问祭祀几位前代商王是否会有不妥。甲骨卜辞中还见有学习"万"舞的记载。"万"舞,即"干戚舞",是一种军舞。由于乐与礼往往合一,有关乐的教学和训练也具有体系性和程式化特点。

知识教育最为基本的是阅读和书写教育,这是其他教育的基础,因而受到重视。在殷商教育中,书数虽然排在礼乐射御之后,但也有十分重要的地位。就以干支学习为例,既是学文字,也是学知识,还与学计数(日期)有关。郭沫若曾经指出,用干支纪日最早而又最多见的当为甲骨卜辞,卜辞数万片,"几于无片不契有支干。更别有《支干表》多种"[1]。殷商甲骨中有不少用来练字的骨片,刻有笔画简单且大多可作为文字部首的干支。如《甲骨文合集》2440,上刻干支表,但刻写潦草,还有漏刻等错误。今人认为,此类甲骨文字当为习刻作业,当出自学生之手。与之相映成趣的是,还有一些刻写熟练的干支表。如《甲骨文合集》37986片上刻有完整的六十干支表,且字体精美,刻工精湛,并无错讹,因此被认为是由教师刻写,以供学生模仿练习之用,[2]实际上成

---

① 郭沫若.甲骨文字研究[M].北京:人民出版社,1952:2.
② 阴崔雪.中国最早的课程:六艺的起源发展研究[D].上海:华东师范大学,2023.

为习字刻字的教学材料。如果按照后世汉字"六书"分类，甲骨文已经基本具备象形、会意、形声、指事、假借等多种造字方式，已经需要相当复杂的思维过程和抽象能力，也需要专门的学习训练。文字学家唐兰指出："在《卜辞》里已经有大批的形声文字，……铜器文字也是如此。第一代商王的名字是'汤'，《卜辞》写作'唐'，就是一个形声字。形声文字的产生总在图画文字的后面。我把有了形声文字以后的文字，称为近古期，未有形声，只有图画文字的时期，称为远古期。那末，我们所见到的商代文字，只是近古期，离文字初发生时，已经很遥远了。"①从习字骨片和甲骨文字本身，可以推知读写即后世称作"书"的教育的情形。

与之相关，"数"的教育也受到重视，这与生产、生活、政治、宗教活动等方面的需要相联系。商代存在两套计数系统。一是干支系统，即将十个天干与十二个地支按固定顺序依次搭配，组成六十个基本单位，由此循环往复，组成计时、计日、计年的方法系统及一套名称。干支源于远古时代对天象的观测，本身最初并无数的意义，但被借用于计时，就逐渐成为计数系统。尤其是殷人尊鬼神而好占，日期的计数就在数字系统之外，形成干支系统并也十分盛行，这是殷人的发展。二是数字系统，即依据十进位制循序增值，从一到十、百、千、万的计数系统。这些数字都通过甲骨文字表达，而十以上则通过合文（即组合两个以上数字）形式表现数值，最大的数字是三万。这表明当时数量观念已经比较完备，能进行算术运算。有研究者认为，殷人虽然仍旧袭用从原始时代以来的一至十这些计数符号，"但在功能上已经进行了特别的开发"②。尤其是甲骨文中的具体计数，往往表现为将计数系统应用于

---

① 唐兰.中国文字学［M］.上海：上海书店出版社，1991：64.
② 王蕴智.甲骨文所见商代筮占［J］.黄河文明与可持续发展，2017（01）：65-77.

日常的具体计算，包括：与实物结合进行计算，如一羊、二豕、十牛、十五犬等；与货币单位结合进计算，如十朋、贝六百等；与年月结合进行计算，如十年、一月、十三月等。殷商在天文历法方面已经取得很大进步。如甲骨文中已见有大量"十三月"的记载。如《甲骨文合集》16645（4843）："癸亥卜，史，贞旬亡囚。十三月。"按殷商历法，以十日为一旬，以三旬为一月，以十二个月为一年，有闰之年则有"十三月"，即通过置闰来调节一年四时，表明调和阴阳二历已做得比较成功。[①] 天文历法的改进对数学发展也提出更高要求。可以推想算学已成为学校教学的重要课程，以及殷商时期有关数的教育在内容上所达到的广泛和复杂的程度。

（三）殷商学校的教材

文字产生后，极大地便利了知识的积累，知识的数量也快速增长，专门的知识传授活动成为必要，学校逐渐产生，教材也就应运而生。那些记载了过去岁月中各种事件的"书契"，很自然地成为最早的教学材料。

先秦典籍中常可见有关夏代文献的记载，如《夏书》《夏时》《夏刑》等。《论语·卫灵公》中记录颜渊向老师请教如何治国。孔子回答："行夏之时，乘殷之辂，服周之冕，乐则《韶》舞。"在孔子的时代，可能还能见到《夏时》一类夏代文献。《左传》中引用《夏书》就更多。如僖公二十四年引《夏书》"地平天成"，文公七年引《夏书》"戒之用休，董之用威，劝之以《九歌》，勿使坏"，襄公四年引《夏训》"有穷后羿"，襄公十四年引《夏书》"遒人以木铎徇于路，官师相规，工执

① 竺可桢. 中国古代在天文学上的伟大贡献［J］. 科学通报，1951（03）：215-219. 郭沫若. 甲骨文字研究［M］. 北京：人民出版社，1952：1-6.

艺事以谏"，襄公二十一年引《夏书》"念兹在兹"，昭公六年提到夏作《禹刑》，等等。既然春秋时代人们还能频繁引用夏代文献，说明这些材料还是以某种方式在传播，很可能是以口传方式，这些材料既是国家政令、法律文书，同时也是教学材料，只是作为整体的《夏书》已经佚失。保存下来一些有关夏代文献，如关于学校的记载，关于教材也有一些材料可以注意。《大戴礼记·夏小正》是一部历法、物候书，记载了从正月至十二月节令物候的变化和人们应当适时从事的生产劳作、生活作息的安排。其中也有关于学校、开学时间及其仪式的规定："二月：……丁亥，万用入学。丁亥者，吉日也。万也者，干戚舞也。入学也者，大学也。谓今时大舍采也。"《左传·昭公十七年》也引用了佚文《夏书》记载的一次日食，也是所知最早的一次日食："辰不集于房，瞽奏鼓，啬夫驰，庶人走。"意为日月交会，不安其舍，瞽师击鼓，啬夫（乡官）驰车，百姓奔走，有的祈祷，有的忙乱。当然，今日所见《夏小正》的真实性存有争议，但可以相信历史上存在夏历。《礼记·礼运》记载孔子曾经到杞地作历史调查，获得夏时。《史记·夏本纪》还说"孔子正夏时，学者多传《夏小正》"。夏商的教育具有传承性，上述历法、物候、天文之类材料，完全可能成为当时的教学材料，又对后世如殷商时期的知识传授产生影响。

殷商的历史已有文字记载。据传世文献《尚书·多士》记载，在平定武庚和三监叛乱后，周公在对殷民发布的文告中提到："惟尔知，惟殷先人，有册有典，殷革夏命。"历来认为，这可以说明殷商时期已经有书本、典籍，而且已经认识到从书籍中学习前人经验的重要性。甲骨文中也确实有了"册"字。有学者认为，从文献资料看，夏代似乎已有了典册。[①]事实上，文献中有关古代典籍不乏记载。《左传·昭公十二

① 张政烺. 张政烺文史论集［M］. 北京：中华书局，2004：522.

年》记载楚国的左史倚相"能读《三坟》《五典》《八索》《九丘》"。按孔安国《尚书序》的说法，这些都是"上世帝王遗书也"。孔子就是依据这些典籍整理出"六经"的。所以，到商代有了成熟的文字，也有了典籍；文字是教育的工具，而典籍则是重要的教育材料。

数量巨大的甲骨卜辞告诉我们，殷商贵族的日常生活越来越离不开教育，尤其是文化知识教育受到重视。从甲骨卜辞的内容可知，学习使用文字进行阅读和书写，成为教育活动的重要方面，而从广义上说，甲骨卜辞应当是重要的教学材料。甲骨中发现用于习字的干支表，可以看成是一些习字教材。有学者从契刻的笔画和字形推断，出土甲骨中有大量时刻甲骨，这些甲骨上的文字笔迹散漫，结构杂乱，字形不整，与另外一些笔画熟练、字迹美观的甲骨相映成趣，这些甲骨文字被认为是用作示范的，类似后世的书帖。近人郭沫若发现一片甲骨，其上重复刻有从甲子至癸酉十天的干支文字，然而其中有一行"字细而精美整齐"，"其余歪斜刺劣者"。他对此分析道：前者"盖先生刻之以为范本"，后者"盖学刻者所为。此与今世儿童习字之法无殊"。他还发现，在学刻者刻写的诸行稚拙文字中，也间杂有若干契刻熟练精美之字，与上述那行用作示范的文字无异。于是，推断这些字"盖亦先生从旁执刀为之"。他还指出教师手把着手教学生刻出的那几个字。郭沫若认为这片宝贵的甲骨"足征三千年前之教育状况, 甚有意味"[1]。有学者甚至更肯定地认为："殷墟出土商代甲骨上的六甲或有商代卜史习刻之作，可证自古以来，六甲为学童学写认字的第一课。"[2]

商代使用十进位制的计算方法，那些记录着一到十和百、千、万的数字甲骨，也可看成是教材。算学的发展是由于在其他领域人们认识

① 郭沫若. 殷契粹编 [M]. 北京：科学出版社，1965：734.
② 陈梦家. 中国文字学 [M]. 北京：中华书局，2006：211.

的进步，学习自然知识和生产劳动知识也成为重要的教育内容。如天文历法的进步，甲骨文中就有大量卜年、卜雨、卜日的记载。又如甲骨文中也有数量不少的农作物名，如禾、黍、麦以及蚕、桑等，反映了农业生产领域的进步。这些甲骨也可以被看成是学校教材，或者说可以折射出殷商时期教材的大致情形。如果说甲骨卜辞绝大部分是出于现实需要（占卜吉凶、祭天祀祖等）被制作出来，其主要目的不是为了特地编制教材，但还有一些甲骨刻辞却不同，它们被制作出来似乎就是出于专门传授知识的需要。如《甲骨文合集》14294 骨版上刻写的四方风名，其文曰："东方曰析，风曰协；南方曰夹，风曰微；［西］方曰夷，风曰彝；［北方曰］宛，风曰伇。"（据胡厚宣释文）这是说的四方神和对应的四方风神，又对应着春夏秋冬四季。胡厚宣认为其文可以与《山海经》相印证。[①] 显然，这片牛肩胛骨上的文字是有意识地刻制出来的，其目的分明是要将这些内容告知给他人。就此而言，这类甲骨似更可以视为教材。[②]

综上所述，借助文字的发展和成熟，殷商时期学校教学内容显著丰富，后世"六艺"课程的一些要素乃至部分都已出现。尤其是中国传统课程内容的一些特点，如注重对前辈政治和社会经验的传承，注重课程内容的伦理性，也已形成。但是，殷商学校课程内容也体现出实战训练的导向，因而也显示出文武结合、身心结合的训练特点。而知识教育中的书数兼求，显示了以书为表征的阅读、书写、写作等训练，以及以数为表征的天文历算等训练。

---

① 胡厚宣.甲骨文四方风名考［J］.责善半月刊，1941，19（02）：2-4.
② 阴崔雪认为《合集》第 14294 就如同商代'教科书'"。见：阴崔雪.中国最早的课程：六艺的起源发展研究［D］.上海：华东师范大学，2023.王蕴智也认为此版刻辞"是时人在整理或传授四方风名知识时特意刻写出来的"。见：王蕴智.殷商甲骨文研究［M］.北京：科学出版社，2010：521.

三、"六艺"：古典分科课程的成熟形态

中国学校课程发展的第一个高峰时期是在西周时期。经过夏、商时期学校教育的发展，以"六艺"为表征的古典分科课程在西周臻于成熟，成为这一时期课程发展水平的标志。有学者认为，周代近八百年的教育可以分为两个时期，"大抵春秋以前教育之系统在国家，春秋以后教育之系统在师儒"，[①] 指出春秋之前是由西周国家官府主导教育发展，而春秋以后是由民间私人讲学主导教育发展。与之相应，学校课程的发展也是如此。

（一）课程意识的形成与初步的课程计划

随着社会的进步，知识不断被生产出来并积累膨胀。知识的代际传承需求，就促成了更加专门化的教育活动和学校的发展，并强化对知识的选择和组织，这就产生了最初的课程意识和课程计划。从文献记载来看，这一切发生在西周时期。

1. 西周社会制度下教育的培养目标

西周的政治体制是建立在宗法制基础上的分封制，所有的土地和人民名义上都归周天子所有，并由他分封给诸侯，诸侯又将其领地分给卿大夫，卿大夫的采邑则由士帮助管理，由此形成严格的等级制度。而西周的社会经济形态则是建立在井田制基础上的农业经济。周人的思想意识形态较之商人有较大变化，《礼记·表记》说："周人尊礼尚施，事鬼敬神而远之，近人而忠焉。"虽然也敬事鬼神，但更为注重人伦关系和

① 徐雉. 中国学校课程沿革史［M］. 上海：太平洋书店，1929：15.

为维护合度的人伦关系而建立的礼制。如《礼记·曲礼上》所说："夫礼者，所以定亲疏，决嫌疑，别同异，明是非也。"据《礼记·明堂位》记载，西周政权建立后，周公姬旦"制礼作乐"，着手建设和完善周代国家的上层建筑，包括文献典章、国家制度、宗教信仰、礼仪风俗、文化教育等从国家体制到个人规范的整套规范，作为国家运行和社会生活的准则。《诗·大雅·文王》中说："周虽旧邦，其命惟新。"周制之"新"新在何处？用《左传·文公十八年》引用周公制《周礼》[①]时所说的话，就是"则以观德，德以处事，事以度功，功以食民"。据《尚书》的几篇周书所载，周公认为，夏商都曾受天立国，但又都灭亡了，原因在于夏商嗣君"不敬厥德"，可知上天是不会将大命授予"不明厥德"者。"敬德""保民"就成了天意，而遵守礼制又是遵天意的行动。西周教育的宗旨、目标都是由此出发的。

与之相应，西周文化教育制度的特征就是"学在官府"，即教育是贵族的权利，前代留下来的和当代形成的所有文献和礼乐形式，均由官府专门职事人员掌管，书籍、器具、技艺、学术都在官府，教学活动和教者、学者也在官府。也就是，"惟官有书，而民无书"；"惟官有器，而民无器"；"惟官有学，而民无学"。[②]清人章学诚在其《校雠通义·原道》中对"学在官府"的形成过程、特征和具体表现有精到的论述："古无文字。结绳之治，易之书契，圣人明其用曰：'百官以治，万民以察。'……理大物博，不可殚也，圣人为之立官分守，而文字亦从而纪焉。有官斯有法，故法具于官；有法斯有书，故官守其书；有书斯有学，故师传其学；有学斯有业，故弟子习其业。官守学业皆出于一，而天下以同文为治，故私门无著述文字。私门无著述文字，则官守之分

---

① 《左传》记载周公所制《周礼》，并非所见传世之《周礼》。
② 孙培青，主编.中国教育史［M］.4 版.上海：华东师范大学出版社，2019：17-18.

职，即群书之部次，不复别有著录之法也。"①

　　考察西周时期的学校课程，离不开对西周的政治制度、意识形态、文教体制的认识。基于贵族专政的需要，西周统治者提出培养适应贵族统治需要，具有较高政治道德水平、军事技能和文化修养的未来接班人，他们必须接受包括礼、乐、射、御、书、数在内的"六艺"教育与训练。此即西周学校课程制定的依据。但是，即使这样说，可能仍旧未能使人了然西周政权统治下的培养目标具体是怎样的。清华大学藏战国楚简《耆夜》②或许能够提供更多的感性认识。《耆夜》讲述武王八年戡耆凯旋，在文王太庙举行"饮至"典礼，以告成功，行庆赏。出席者有：统帅出征的毕公高，功劳卓著，为主宾，召公奭为辅佐，周公旦为主持，辛公甲为记录，作册逸为东堂之客，吕尚为监酒。先是主人武王举爵酬谢毕公，并作歌《乐乐旨酒》，夸赞毕公、周公兄弟同心，戡耆建功；继而酬谢周公，作歌《輶乘》，赞赏周公出类拔萃，战胜仇雠。武王酬毕，作为主献的周公接着敬酒，先敬主宾毕公，作歌《赑赑》，赞赏毕公威武善战，裕德是求；继而敬酒武王，作祝诵《明明上帝》，歌颂上帝降享，武王受命，高贵贤明，万寿无疆。正当周公秉爵欲饮之际，突然有蟋蟀跃于堂上，周公于是即兴作歌《蟋蟀》一首，诗歌中重点表述的意旨是"康乐而毋荒，是惟良士之惧惧"。当戡耆凯旋庆典之际，周公借一偶然到场的小小蟋蟀赋诗，显然是在借题发挥，意在告诫在座的西周统治核心成员不要被胜利冲昏头脑，应始终保持戒惧之心。传世《诗经》中的唐风里也有《蟋蟀》一诗，结构和主旨与周公所赋《蟋蟀》诗十分相似，甚至也有"好乐无荒，良士瞿瞿"的点题之句。关于《耆夜》反映的历史，学术界历有争议，质疑者甚多，但其中

① 叶瑛.文史通义校注［M］.靳斯，点校.北京：中华书局，1985：951.
② 清华大学出土文献研究与保护中心，编.清华大学藏战国竹简（壹）［M］.上海：中西书局，2012.

反映出的周代礼制及相应的观念，虽然难脱歌功颂德之窠臼，却也大致能据以判定当时的情形并非全然无由。《耆夜》刻画的这一群人，都有着很高、很全面的素养，体现了西周教育的最高水平，可从中透视和考察西周贵族培养未来接班人的理想目标：

首先，是能征善战的勇武之士，武艺高强，谋略出众，能够担负起征讨四方，戡平天下的大任。

其次，是具备很高个人修养之士，拥有过人的智慧，高贵的品格，并且富有才华，多艺能，擅礼乐。

再次，是擅长治国理民之士，饱读典籍，深知历史经验，懂得治国待民之道，并始终保持清醒的头脑，不骄不躁，勤奋自励。

在他们身上，集中体现了西周教育的最高目标。而这种目标需要借助被称作"六艺"的礼、乐、射、御、书、数这样全面系统的课程来实现。

2. 中国最早的课程纲要

可以相信西周已经有了成熟的小学和大学，并大体形成了两者之间的衔接关系；形成了都城学校和地方学校、两者之间还可能存在递升关系。传世文献中有关西周小学的记载甚多，又以《礼记》《大戴礼记》《周礼》等传统儒家核心典籍中的记载更为重要。而存世的西周青铜器上的铭文更是证实了西周小学的存在。西周早期周康王时大盂鼎上的铭文为："女妹辰又大服，余佳即朕小学，女勿剋余乃辟一人。"郭沫若认为，这是周康王告诫贵族子弟盂入小学认真读书去除蒙昧。[①]西周晚期周宣王师嫠簋上的铭文为："在昔先王小学，女敏可事，既命女夏乃祖考辞小辅。"同样是在告诫贵族子弟勤奋学习。这两段铭文的释读存有争议，但文辞中出现的"小学"，以及文中周王对子弟的谆谆告

---

① 郭沫若.两周金文辞大系图录考释［M］.上海：上海书店出版社，1999：34.

诚，勉励上进，应当与小学教育的情境十分吻合。传世文献中有关大学的记载更多，且名称繁多，并形成体系。主要是记载在《礼记》的《王制》《文王世子》《学记》《大学》，以及《诗经》《周礼》等先秦典籍中。对西周存在大学这一点少有质疑，但对西周大学一些名称的实际所指存在争议。实际上西周大学的各种名称并不代表西周存在如此之多种的大学，也不代表西周大学已经发展为一种功能专一的教育机构，而是反映出西周大学仍是保留着古代学校功能综合、名称混杂的原始性，还未进化为真正意义上的大学。

考察西周学校教育，明显感受到它对课程内容及其进程进行有组织、有计划安排的意识极大地加强。据前人研究，西周学校已经有了明确的课程学习程序意识，课程学习之程序，"有因年龄而异者，有因岁时而异者，有因朝夕而异者"。"因年龄而异"，是指逐年课程，如六年教之数与方名，九年教之数日；"因岁时而异"，是指一年课程，如春夏学干戈，秋学礼，冬读书；"因朝夕而异"，是指一日课程，如朝而受业，昼而讲贯，夕而修覆，夜而记过无憾。[①] 陈青之在其《中国教育史》中，还列出了一份"西周各级教育课程表"（见表1-1）。

表1-1　西周各级教育课程表

科　目	教育阶段		
	幼稚教育	小学教育	大学教育
修身科	练习动作，告以日常生活的一切常识	洒扫应对进退之节	正心诚意及修己治人之道
知识科		算学、诗歌、书记	致知格物及六艺之文
运动科		驰马、击剑、射御、跳舞	射御、跳舞等术

资料来源：陈青之.中国教育史［M］.福州：福建教育出版社，2009：26.

---

① 徐雄.中国学校课程沿革史［M］.上海：太平洋书店，1929：19.

陈青之所列课程表虽有所依据，却也颇多附会，并不完全符合西周教育的实际情况。但上述学者们的观点确也反映了西周教育中的一个显著变化，即周人已懂得依据一定的培养目标，有组织、有计划地安排课程内容及其进度，表现在如下方面。

第一，依据人的年龄成长和身份需要提出教育和教学要求。《礼记·内则》记载了一份贵族子弟①从出生直至成家立业完整的逐年课程纲要：

> 子能食食，教以右手。能言，男唯女俞（俞，然也）；男鞶革，女鞶丝（鞶，小囊盛帨巾者。男用韦，女用缯，有饰缘之）。六年，教之数与方名（方名，东西）。七年，男女不同席，不共食（早其别也）。八年，出入门户及即席饮食，必后长者，始教之让（示以廉耻）。九年，教之数日（朔望与六甲也）。十年，出就外傅，居宿于外，学书记。衣不帛襦袴，礼帅初（遵习先日所为也）。朝夕学幼仪，请肄简谅（肄，习也；谅，信也。请习简，谓所书篇数也；请习信，谓应对之言也）。十有三年，学乐，诵诗，舞勺，成童舞象（先学勺，后学象，文武之次也），学射御。二十而冠，始学礼，可以衣裘帛，舞大夏，惇行孝弟，博学不教，内而不出。三十而有室（室犹妻也），始理男事（男事，受田给政役也）；博学无方（方，犹常也。至此学无常在，志所好也），孙友视志（孙，顺也。顺于友，视其所志也）。②

---

① 至于贵族女子，又是另外一份"课程"了。《礼记·内则》又说："女子十年不出，姆教婉娩听从。执麻枲，治丝茧，织纴组纴，学女事，以共衣服。观于祭祀，纳酒浆笾豆菹醢，礼相助奠。十有五年而笄，二十而嫁。"这是为女子准备的课程纲要，显然是定位在"主内"的家庭角色和社会身份的培养。

② 本段引文中括号内的文字系郑玄注。见：阮元，校刻.十三经注疏［M］.北京：中华书局，1980：1471.

按这份课程纲要，婴幼儿阶段主要是生活和行为习惯的养成，也包括学习数数、辨别方向、计算时日，甚至还包括性别角色、社会角色的习得。而从十岁起出外上学后的教育内容看，依次展开的是写字、计算、礼仪、书写、言谈、学乐、学诗、学舞（先文舞后武舞）、学射御。从而冠之年起，学成人之礼，学交友立志，甚至学成家立业，履行一个男人的职责。整个设计体现出对教育内容深浅、难易和受教育者身心发展水平的考虑，甚至一天之内不同时间段的学习内容也有不同安排（如说"朝夕学幼仪"，早晚学习儿童礼仪规范，早晚之间的白日则主要安排有练习书写、练习表达应对等知识性、技能性内容），显得具有系统性，对学习进程也有更多的考虑。应当注意的是，这一课程纲要实际上以十年为一段分为三段，即"出就外傅"前（出生至十岁），"出就外傅"至"而冠"（十岁至二十岁），"而冠"至"有室"（二十岁至三十岁），整体地考虑了人的教育过程，暗合了孔子"三十而立"之说，体现了当时贵族子弟教育具有整体性和长远性设想的特点。

还应当注意的是，这一课程纲要的安排贯穿了小学和大学两个教育阶段，但未像当时人们习惯于将教育分成两截，并用小学与大学的名义进行论述。然而，细按其逐年课程的内容要求，又可以发现，这一课程纲要还是有明显的小学和大学之分，分界大致是在十三岁，之前为小学，之后为大学。在课程纲要中，孩童从六到十三岁，先后的学习任务是数与方名（六岁）、数日（九岁）、书记和请肄简谅（十岁），所学内容显然还是以书数和"履小节"为主，属于文化知识基础和初步道德规范的范畴，在"六艺"中被称为"小艺"。从十三岁起，所学内容就有了明显变化，陆续开始学乐、诵诗、舞勺舞象、学射御，以及二十岁开始的学礼，所有这些就是礼乐射御和"履大节"，属于相对高深的学问和道德修养，在"六艺"中被称为"大艺"。"小艺""大艺"既有区分，也循序而行，似难明确切分。

与之相关的是历来受人关注却又众说纷纭的小学与大学的年限与含义问题。关于小学起始年限，有八岁说（《大戴礼记·保傅》）、九岁说（贾谊《新书·容经》）、十岁说（《礼记·内则》）、十三岁说（《尚书大传》）等，而以八岁说为多；关于大学起始年限，有十三岁说（《礼记·内则》）、十五岁（束发）说（《大戴礼记·保傅》）、二十岁说（《尚书大传》）等，而以十五岁说为多。在古代农耕社会，学校教育的普及程度较低，自然难以形成相对固定且划一的入学和就学年限，学校教育的实施，一切因时、因地、因人而宜，在执行上并不严格，越是古远，越是如此，无法以今度古。所以，关于小学起始年限之说，最多可以相差五年，大学起始年限之说甚至可以相差至七年。这些不同的年限之说只是表示一个区间，在实施过程中都有可能存在。基于这样的认识，古代小学与大学的衔接关系与现代学制也并非相同的概念。有学者认为，西周的学制分为三个阶段，即在小学阶段之前主要接受家庭教育，然后是小学和大学。① 实际上此说可以商榷，因为家庭并非学校，其施行的教育就不应称作学校教育，也就谈不上是一个学制阶段。然而，由于中国古代学校制度不严格，又由于古代家庭行使了一定的教育职能，从文献记载的情况看，古代小学的部分职能实际上就可能由家庭来承担了。当考察中国传统社会的家庭教育与蒙学教育时，就会发现两者之间存在一定的重合情况。《礼记·内则》所说的"六年教之数与方名"，"九年教之数日"，应视为是在实施小学的教育了，但它又是在家庭中进行的。这种情况也可能发生在小学与大学衔接之处，即从年龄上看，尚处在小学阶段，而其学业程度可能已经进展至大学，反过来的情况也可能存在。因此，又不能固化地看小学与大学的划分和衔接，这份课程纲要也就不能作简单化的理解。

---

① 阴崔雪.中国最早的课程：六艺的起源发展研究［D］.上海：华东师范大学，2023.

可以将《礼记·内则》阐述的教育过程看成是中国教育史上第一个学校课程纲要。这一课程内容安排对后世产生了深远影响。最典型的实例，可以从元人程端礼所著《程氏家塾读书分年日程》中窥知。

第二，在大学教育中，不同课程内容安排在不同季节进行传授，不同的课程内容和活动都有确定的教师和教学场所。《礼记·王制》："乐正崇四术，立四教，顺先王诗、书、礼、乐以造士。春秋教以礼乐，冬夏教以诗书。"《礼记·文王世子》："春夏学干戈，秋冬学羽籥，皆于东序。""春诵夏弦，大师诏之。瞽宗秋学礼，执礼者诏之。冬读书，典书者诏之。礼在瞽宗，书在上庠。""凡祭与养老、乞言、合语之礼，皆小乐正诏之于东序。""大司成论说（课其义之深浅，才能优劣）在东序。"所说的东序、瞽宗、上庠分别又称为东学、西学、北学，与成均（南学）、辟雍（太学）并称为"五学"，都是西周大学。周予同对此解释说，西周大学的建筑群实际上可以看成是同一学而分为五院，即：东院——东序、东学、东胶；南院——成均、南学；西院——瞽宗、西雍、西学；北院——上庠、北学；中院——辟雍、太学。孟宪承认为，除了成均不知所解外，"其实所谓四学，就是四大教室"。又说，南宋王应麟《玉海·学校上》引北宋刘敞的话说："周立四代之学为一处，并建四学，辟雍居中，其北为虞氏之学（上庠或虞庠），其东为夏后氏之学（东序或称东胶），其西为殷人之学（瞽宗）。学干戈羽籥者就东序，学礼者就瞽宗，学书者就上庠，其辟雍惟天子养老及出师、成谋、受俘、大射等就焉。"[①]可以补充周予同之说。西周大学的如此设置，只是借用历代大学旧名，出于课程性质和内容的考虑，将有关器物分别陈列于各学，便于分别教学而已。这也从另一方面反映出西周贵族学校课程计划实施的情形。

① 杜成宪，主编.孟宪承全集·孟宪承讲录（一）·孟宪承讲录（二）·孟宪承谈话录［M］.孙培青，记录整理，张礼永，编校.上海：上海人民出版社，2022：44-45.

（二）"六艺"课程

"六艺"教育起源于夏，发展于商，而成熟于西周。"六艺"教育是西周学校教育的象征，包含礼、乐、射、御、书、数六门课程，是西周学校的主要教育内容和基本科目。作为学校课程，"六艺"涵盖了诸多教育因素，体现了西周贵族对下一代培养的全面要求。

西周的大学最初主要是一种军事学校，学习射御以培养"执干戈以卫社稷"的武士，而这种培养需要从幼时开始。这与周人凭武力征服殷商的历史有关。直至西周中期，学校教育依旧尚武成风。周康王时的麦尊、师汤父鼎和周穆王时的静簋，都记载了周王亲临学宫率学士习射获禽兽的事。如麦尊铭文："……在辟雍，王乘于舟，为大丰，王射击大龚（鸿），禽（擒）。"[①] 在西周王都设立的辟雍和诸侯都城设立的泮宫，其形制完全是出于实战训练的要求，都设在城郊，四周敞开，有水泽环绕，林地广阔，便于狩猎。随着西周政权的巩固和发展，人才的标准也在发生变化，从最初的偏重军事能力转向兼顾文化道德素养，进一步强调伦理道德、政事法制、文化知识的要求，这体现为"六艺"教育的形成。"六艺"教育有着深厚的历史渊源，但其真正形成，有学者认为是在西周政治稳定、经济发展、文化繁荣的"成康之治"时期。当时政局趋于稳定，经济文化获得发展，对受教育者的思想文化素养要求有了提高，教育中政治伦理内容逐渐增加，"形成了文武兼备的'六艺'教育"。[②]

多种先秦和汉代文献记载了西周已经形成国学与乡学、大学与小学的学校体制。与之相应，也形成了较前代更完整的学校课程体系。《周

---

① 杨宽.西周史［M］.上海：上海人民出版社，2019：715.
② 陈学恂，总主编，张瑞璠，主编.中国教育史研究：先秦分卷［M］.上海：华东师范大学出版社，2009：17.

礼·地官司徒》记载：师氏"以三德、三行教国子"。"三德"为："一曰至德，以为道本；二曰敏德，以为行本；三曰孝德，以知逆恶。""三行"为："一曰孝行，以亲父母；二曰友行，以尊贤良；三曰顺行，以事师长。"郑玄认为，"在心为德，施之为行"，德与行是内与外（思想观念与行为规范）的关系。其中，"至德"为"中和之德"，"敏德"为"仁义顺时"之德，"孝德"为"尊祖爱亲"之德。而保氏则负责"养国子以道"，教国子以"六艺""六仪"。"六艺"为："一曰五礼，二曰六乐，三曰五射，四曰五驭，五曰六书，六曰九数。""六仪"为："一曰祭祀之容，二曰宾客之容，三曰朝廷之容，四曰丧纪之容，五曰军旅之容，六曰车马之容。"在郑玄看来，所谓"养国子以道"，是指以师氏之德教谕国子，而后"教之以艺仪也"，即礼、乐、射、御、书、数六种知识技能和祭祀、宾客、朝廷、丧纪、军旅、车马六方面礼仪仪式。可见，国学的课程有德、行、艺、仪四方面，但行可以归入德，仪可以归入艺，实际上国学的课程又可以说是德与艺两方面。

乡学的情形也很类似。《周礼·地官司徒》说：大司徒"以乡三物教万民而宾兴之。一曰六德：知、仁、圣、义、忠、和；二曰六行：孝、友、睦、姻、任、恤；三曰六艺：礼、乐、射、御、书、数"。乡学课程也包括德、行、艺，同样可以归结为德与艺两方面。将乡学课程与国学课程作比较，也可以发现一些差异：其一，乡学规定"六德""六行"的教育，所要求的德目更多，也更具体，不似国学的要求更宏观一些，体现出对国子教育的更高要求；其二，乡学的德目更强调乡里生活中的道德准则，强调对父母、兄弟、本族、族外、朋友、贫弱者的道德行为表现，体现出乡里教育更多的教化意图；其三，乡学也一样提"六艺"教育，但未提及"六仪"，体现出国学在礼仪教育方面较之乡学也有更高要求，这与国子未来需要经历更多官私场面上的活动有关。

可以说，西周学校教育是德艺兼求的教育。无论是国学还是乡学、大学还是小学，都首先对德提出了要求，但国学与乡学在德的具体要求方面存在明显差异，表现出教育者对受教育者未来社会生活需要的认识，以及在这种认识基础上对其道德素养目标的确定。如乡学未设礼仪类课程，而德行类课程的要求却更多，这些课程与乡里生活的关系更为紧密；而国学所设礼仪类课程，则体现了对匡子在未来参与国家宗教、政治、军事等方面活动的要求。然而，国学与乡学在"六艺"的要求方面却完全一致，体现了对年轻一代智能要求上的共同标准。"六艺"主要是艺能教育，属于现代教育范畴中的知识和认知、技能和技巧的教育，是与德行培养相对的教育范畴。从方向上说，德行教育当然要重过艺能教育；从作用上说，则相反，艺能的教育要胜过德行的教育。在德行培养方面提出的"三德""三行"和"六德""六行"无法（也没有）体现为课程，只是提出了一些德目，提出了一些伦理道德修养的方面和要求；而"六艺"则是六门实实在在的课程，有着具体的内容体系和教学要求。从"六艺"的内容看，甚至德行的教育也要借助"六艺"课程来实现，换言之，"六艺"课程也包含着大量道德教育的内容。这从一个侧面反映了西周课程的政治、伦理性属性与特点。

应该如何认识作为课程的"六艺"？"六艺"是一种古典分科课程，六门课程构成了一个课程群。严格地说，分科课程是一种近代课程类型，它是以学科为中心组成的课程，要求每一门课程必须按照知识的逻辑顺序和学生的心理逻辑顺序加以组织编排，进行分科教学，特别强调系统的文化科学知识的学习。"六艺"从形式上看具备分科课程的某些特点。

其一，"六艺"也是以类似学科的单位为中心组成的知识内容体系。我们可以将礼、乐、射、御、书、数看成是六个学科，它们代表了当时贵族子弟智能发展的六个方面要求。

其二，"六艺"的每门课程的知识（技能）内容也是按一定的逻辑顺序加以组织的，具有一定的系统性。如礼有吉礼、凶礼、宾礼、军礼、嘉礼之分，乐有《云门》《大咸》《大韶》《大夏》《大濩》《大武》（内容）和诵、歌、弦、舞（形式）之别，[①]射有白矢、参连、剡注、襄尺、井仪之分，御有鸣和鸾、逐水曲、过君表、舞交衢、逐禽左之别，书有象形、会意、转注、处事、假借、谐声之分，数有方田、粟米、差分、少广、商功、均输、方程、赢不足、旁要之别，都是将同一类知识或技能组成一个体系。

其三，"六艺"的教学是按课程科目分别进行的。如《礼记·王制》所言："春秋教以礼乐，冬夏教以诗书。"礼乐与诗书分而设教，避免混杂和干扰。同时，根据课程内容的重要与难易程度，作了先后、主次的安排。最典型的为书数，历史上有学者将书数称为"小艺"，视之为文化知识教育。基础知识技能的传授，相当大的一部分是小学阶段的学习内容。

其四，"六艺"的每门课程都规定了考核要求，制定了明确的标准。如关于射御。据《周礼·地官司徒·保氏》郑玄注，教射须达成五项目标要求，即白矢，射箭透靶，见其镞白；参连，前射一箭，随后三箭连发；剡注，力量猛锐使箭贯物而过；襄尺，尊卑同射，卑者须后退一尺；井仪，射四箭中靶且呈井状。分别要求掌握射箭的控制度、速度、力度、准确度和风度。教御也要达成五项标准，即鸣和鸾，车辆驰动轻快有节奏；逐水曲，车辆沿水边曲折而行却不落水；过君表，驱车穿过模拟的辕门而无碰擦；舞交衢，车行于交衢回转疾速适度；逐禽左，驱

---

① 《周礼·春官·宗伯》中又有"乐德""乐语""乐舞"的分类：大司乐"以乐德教国子中、和、祗、庸、孝、友，以乐语教国子兴、道、讽、诵、言、语，以乐舞教国子舞《云门》《大卷》《大咸》《大磬》《大夏》《大濩》《大武》"。

车追逐禽兽，将其驱赶于车左，以便射手射猎。分别要求掌握驾驭的节奏度、灵活度、准确度、应变度、控制度。

需要指出的是，"六艺"首先是艺能教育，但也贯穿思想、道德、政治教育的意图，甚至可以说"六艺"课程作为载体，承载着政治、思想、道德教育的实施。

如学礼，要求既懂得有关制度、法律、礼仪、仪俗的知识，又熟稔揖让进退周旋之仪节；学乐，要求既知晓艺术知识和理论，又熟稔歌唱、奏乐、舞蹈。但礼、乐的教育不只是礼仪和艺术的教育，其实质正如《礼记·文王世子》所说："乐所以修内也，礼所以修外也。礼乐交错于中，发形于外，是故其成也怿，恭敬而温文。"所以，《周礼·春官宗伯·大司乐》记载大司乐教国子的第一条就是"以乐德教国子中、和、祗、庸、孝、友"，这是政治和道德要求。有学者认为，"礼乐之关于教育有二义：一则为学者自修之具，一则为学者用世之具"。① 射御教育也不只是为适应实战需要，学会射箭和驾车驱驰，也越来越多地体现出政治、道德要求。如《礼记·射义》所说射击的要求："其容体比于礼，其节比于乐，而中多者，得与于祭。"首先是仪容、仪节合乎礼乐规范，然后再要结合中靶的数量，才能算合格，允许参祭。只有书数教育比较单纯，可称为基础文化课程。书数之所以被视为"小艺"，除了因其基础性外，还在于它难以像其他"大艺"课程那样，大量承担政治和道德教育职责。所以，强烈的政治、伦理导向是"六艺"课程的重要特点，虽号称"艺"，但"六艺"课程的知能训练功能反倒落到从属地位。

西周的"六艺"教育除了体现强烈的政治和伦理导向外，还体现出

---

① 黄绍箕，柳诒徵.中国教育史［M］.福州：福建教育出版社，2011：141.

"渐主于文"①的特点，即从教育功能上看，逐渐脱离实战和实用；从教育内容上看，逐渐偏重文化知识；从教育方式上看，逐渐偏重书本和修身；从培养目标上看，从重武到文武兼求又到偏文。如以射的教育为例。据《仪礼·乡射礼》，射的最初要求是必须做到"贯革"的"主皮之射"，即箭矢必须穿透皮靶。西周中前期帝王幸学习射，通常是射鸟兽禽鱼，接近实战的环境。后来，实战的要求渐渐隐去，射的过程中政治和道德的要求不断凸显。射即如《论语·八佾》所说，成为"射不主皮"的"礼射"，箭矢是否穿透皮靶已经不再强调，注重的是射的动作符合礼仪规范。也如朱熹《论语集注·八佾》所说，强调的是"射以观德"。射的训练本义由此尽失。射的教育的形式化反映了整个"六艺"教育的形式化。这是随着学校发展而出现的学校教育的分化和专门化过程，其重要表现就是学校教育中的文化课程不断强化。"六艺"教育从最初的尚武到不断趋于尚文，古代学校逐渐成为学习文化的场所、读书的场所。这一变化既是中国古代学校教育的重大变化，也成为诞生孔子课程思想和实践的先导。

（三）体现"六艺"课程要求的教材

西周文化教育的重要特征就是"学在官府"，也如清人章学诚在其《校雠通义·原道》中所说："理大物博，不可殚也，圣人为之立官分守，而文字亦从而纪焉。……官守学业皆出于一，而天下以同文为治，故私门无著述文字。私门无著述文字，则官守之分职，即群书之部次，不复别有著录之法也。"②职掌、书籍、学术、传承被统一在一起，其中

① 孙培青，李国钧，主编.中国教育思想史：第一卷［M］.上海：华东师范大学出版社，1995：32.
② 叶瑛.文史通义校注［M］.靳斯，点校.北京：中华书局，1985：951.

重要的载体即是书籍。书籍既是职事官员职掌的形诸文字，也是专门学术的记载，更是职事传承的依据，同时也是教材。人们如要学习历代典制和本朝规章，只有求之官府，求之官司。与"学在官府"相一致的，是教材在官。

西周的学校都以"六艺"为基本课程，只是在程度要求上有所不同。"六艺"是六种艺能，也可以理解成六类课程，有没有对应的教材？应该都有，但教材的类型有所区别。

1. 礼乐教材

礼通常认为是"五礼"，即《周礼·春官宗伯·大宗伯》所说：吉、凶、宾、军、嘉。还有"六礼"的说法。《礼记·王制》："司徒修六礼以节民性。"孔颖达解释"六礼"为冠、婚、丧、祭、乡、相见。此外还有"六仪"，即如《周礼·地官司徒·保氏》所说：祭祀、宾客、朝廷、丧纪、军旅、车马之容。所有这些礼和仪都有阵仗、队列、动作、进退揖让、举手投足的规定，演练起来相当复杂，如果没有教材，实在难以想象。虽然难以确切判定礼的教材是哪一种或哪一些书，但可以大致推测，后来传世的《仪礼》以及《礼记》中的很多内容应当是礼这门课程的主要教材。

以《仪礼》论，《礼记·杂记下》记载了一件事："恤由之丧，哀公使孺悲之孔子，学士丧礼，士丧礼于是乎书。"郑玄对此注说，当时《士丧礼》已废失，"孔子以教孺悲，国人乃复书而存之"。鲁国的恤由死了，鲁哀公或许不知如何为之举丧，派孺悲去求教孔子，就此记录下《士丧礼》。而《士丧礼》为《仪礼》中的一篇，《仪礼》中还有多篇与之相关。由此可见，即使史传孔子以"六经"授徒，有关礼的教育也处在可阅读教材并不齐备、依仗口耳相传的状态。而当孺悲向孔子请教，就可以有所收获，说明有关仪礼的程式和规范的材料是成熟的，也是流传于世的，不过是缺乏简帛记载而已。这一事例十分典型地反映了西周礼乐教材的实际情况。

再以《礼记》论，其书不少篇目为传解《仪礼》的传记。孟宪承认为，《礼记》与《论语》《孟子》《孝经》等书的性质不同，倒不在于它是"经"，"而在于它是最原始的材料，是儒家之源"，是汉代博士之学的最高水平，也是当时学术之所在。[①] 虽然《礼记》成书是在汉武帝、汉宣帝时期，但其依据的材料是古代的官书。直到戴德、戴圣编定《大戴礼记》《小戴礼记》之前，并无其书，但其书的大量内容篇什流传于世，成为士人求学的教材。《礼记》作为教材的传播也反映出西周礼乐教材流传的实际情况。

乐的教育大致包括三方面，即乐德、乐语、乐舞。《周礼·春官宗伯·大宗伯》记载："大司乐掌成均之法……以乐德教国子中、和、祗、庸、友，以乐语教国子兴、道、讽、诵、言、语，以乐舞教国子舞《云门》《大卷》《大咸》《大磬》《大夏》《大濩》《大武》。"除了乐德教育之外，乐语、乐舞的教学和训练都离不开教材。"兴、道、讽、诵、言、语"的教学都要有所本，孔子整理传世诗作，形成《诗》三百篇本子之前的所有诗作品，都可能成为乐语教材。如《左传》中存在大量的逸诗，或许是为孔子编《诗》时所放弃的，但一定有一些诗篇是孔子所未见的，由此可见，诗会借助一定的载体而流传。而《云门》等六种大型歌舞，不仅有曲调、乐词，还有舞蹈、角色、场次，如此复杂的内容，也要有所本。就以颂扬周武王克商开国功绩的《大武》为例。据《乐记·宾牟贾》记载，全剧分六场，每一场称为一成。《诗·周颂》

① 杜成宪，主编.孟宪承全集·孟宪承讲录（一）·孟宪承讲录（二）·孟宪承谈话录［M］.孙培青，记录整理，张礼永，编校.上海：上海人民出版社，2022：285.

中的若干篇什，基本保存了其乐词。王国维《周大武乐章考》一文^①据以复原了《大武》的剧情。又据《仪礼·燕礼》中有"若舞则勺"句，"勺"即《周颂》中的《酌》篇，郑玄注："勺，颂篇。告成大武之乐歌也。……万舞而奏之，所以美王侯，劝有功也。"可见，《大武》堪称赞颂武王功德的大型歌舞剧，难以想象会没有一个本子。由此可以了解乐教教材的大致情形（见表1-2）。

表1-2 《大武》六成剧情及乐词篇目

场次	主要情节	《诗·周颂》篇章
一成	始而北出（周人由泛水渡河，向纣都进军）	《昊天有成命》
二成	再成而灭商（灭商时奋勇杀敌情景）	《武》
三成	三成而南（南下用兵，征伐未臣服之各族）	《酌》
四成	四成而南国是疆（南方小国服从，划定新疆界）	《桓》
五成	五成而分陕，周公左，召公右（自陕而东，周公治之；自陕而西，召公治之）	《贲》
六成	六成复缀而崇天子（演员复位，志气昂扬，显示国力强盛，高度尊崇武王）	《般》

资料来源：孙培青，主编.中国教育史［M］.4版.上海：华东师范大学出版社，2019：23.

2. 射御教材

射御是军事技术训练课程，重在技能技巧的掌握，实践性强。射，包括对射的力量、速度、力量掌控、礼让、准确度等要求。御，包括御的节奏、灵活性、准确度、仪态、方向控制等要求。这些要求实际上是有关射御的训练标准，即应当掌握的军事技能技巧，这些训练标准也可以看成是射御教材，这也是射御教材的特殊性。

---

① 王国维.观堂集林［M］.北京：朝华出版社，2018：97-100.

3. 书数教材

书，指文字读写。数，指计数算术。《汉书·艺文志》"小学"类中记载："《史籀》十五篇。"注云："周宣王太史作大篆十五篇。"后文又说："《史籀篇》者，周时史官教学童书也。"这是中国历史上最早的儿童识字教材，今已失传。但篇中文字多取用自秦时李斯《仓颉篇》、赵高《爰历篇》、胡母敬《博学篇》，只是字体已经不同，三人所作字书是用秦篆书写。不能断定《史籀篇》是否专门为识字所编，但它最早用于儿童习字，已可视为中国教材史上的重要事件。当时用作小学习字教材的自然不会只有《史籀篇》。东汉许慎在《说文解字叙》中说："周礼：八岁入小学。保氏教国子，先以六书：一曰指事……二曰象形……三曰形声……四曰会意……五曰转注……六曰假借。"按许慎的说法，西周学童习字是按照汉字造字方法而行，上述"六书"也应是学生学习识字和书写必需的材料。

学数与学书的过程差不多同步，并且有所交融。《礼记·内则》中有"六年教之数与方名"，"九年教之数日"，"十年……学书记"。学数字同时也是学汉字，学方向也是学方向名称，学数日也是学干支。所有这些数字、方向名、干支等，就都是当时的教材。学数也是一个由浅入深的过程。《周礼·地官司徒·保氏》提到"九数"，即出于实际生活需要的多种计算方法，成为后来《九章算术》的基础。所谓"九数"，郑玄注引郑众的说法，为："方田、粟米、差分、少广、商功、均输、方程、嬴不足、旁要。今有重差、夕桀、勾股。"

上述书数教材乃至射御、礼乐教材，几乎没有能够保存下来的，甚至绝大部分连名称都不知其详。但从教育的常情常理推断，"六艺"课程都会有相应教材。之所以难以传世，官府垄断学术、写作工具不便、传播方式落后等是主要原因。而口耳相传状态下最便捷的传播方式，一是"有韵有文"，二是"以数记言"。这些形式上的优点，成为极个别古代教材能够传递下来的重要原因。《左传·襄公二十五年》记载孔子的话说："言之无文，行而不远。"言语如果不能借助文字的记载，就难以流行久远。清人阮元在其《揅经室集·三集》卷二《文言说》中引用上述孔子的话，说明古代知识传授的特点："古人以简策传事者少，以口舌传事者多，以目治事者少，以口耳治事者多。故同为一言，转相告语，必有愆误，是必寡其词，协其音，以文其言，使人易于记诵，无能增改，且无方言俗语杂于其间，始能达意，始能行远。"①阮元认为，由于受媒介所限，在知识主要通过口耳进行传播的时代，为了更为有效地传承和播散，只能通过精练、谐音的办法使之便于记诵。然而问题相伴而来，这样的传播也带来内容的失真，尤其是因传承人的各种意外而使传承中断，使某种书籍就此失传。"六艺"教材不为后人所知，原因也大致如此。

（四）"六艺"课程背景下的教学

"六艺"课程形成与实施过程中的基本物质条件是"学在官府"，书籍（简册）为官府所拥有而且数量十分有限，民间想要求学也就成为十分困难的事。这种情形客观上强化了知识拥有者的作用和地位，课程的实施似乎主要依靠口耳相传，而书籍则处于辅助地位，教学以记诵为主要形式就是常态，以致到后来的春秋战国时期，竭力批评和抵制记诵，倡导启发式的教学，成为从孔子、孟子、荀子到《礼记》作者这批教育先行者所要努力的目标。然而，就在此种条件下，传世文献却显示，"六艺"课程背景下的教学，有一种强调"学"胜于强调"教"的主张。

---

① 阮元.揅经室集［M］.邓经元，点校.北京：中华书局，1993：605.

这一主张因其积极、正面的意义被古代文献记载并传之于后世，历代学人将其作为一种理想的教学加以提倡，由此奠定了中国传统教育中重"学"的思想根基，成为这一教学传统的重要历史渊源。

"教"与"学"两个字在甲骨文献中都已经出现，并有不同的写法，有关教学之间关系的阐释，可以追溯到殷商时期帮助武丁实现中兴的重臣傅说的"学学半"这一论述。孔子、子思、孟子、荀子等教育家都深刻论述了教学关系，阐述了教学过程中学、思、行之间的关系，发明了启发式的教学方法。《郭店楚简》的《性自命出》一文中写道："牛生而长，雁生而伸，其性使然，人而学或使之也。凡物无不异也者，刚之柱也，刚取之也。柔之约〔也〕，柔取之也。四海之内，其性一也。其用心各异，教使然也。"在此，"学"与"教"都具有了传承经验、知识的含义。在经典的教育学著作《学记》中，对教学和教学过程的论述达到了新的高度。

很多学者从语言文字的角度对"教"和"学"这两个字的内涵作出了解读。今人孙培青认为"教"字大多写成"𣪣"，左半"𡥈"即"孝"字，象征"子曲伏于父"，右边是"𢼒"（音扑），象征手执木棒的样子。教育的内容和方法从"教"字就可形象地表现出来。这说明当时是在棍棒的威胁下，教下一代尽"孝"。[①] 这一解读也是中国教育史学界常见的观点。

"教"与"学"并称最早可以追溯到《尚书·兑命》。《兑命》叙述了武丁与傅说之间君圣臣贤、勠力同心复兴殷商的故事。《兑命》也作《说命》，分上、中、下三篇，包含傅说进谏、对武丁的答问、武丁的文稿等内容。傅说在进言中提到"学学半"的概念，《礼记·学记》在阐述"教学相长"时引用说："《兑命》曰：'学学半。'其此之谓乎！"

---

① 孙培青，主编.中国教育史［M］.4版.上海：华东师范大学出版社，2019：15.

《学记》所引《兑命》只有"学学半"三个字，而在传世文献如阮元校刻《十三经注疏》中的《尚书·兑命下》中，却有"惟斆学半，念终始典于学，厥德修罔觉"一句。[1] 必须指出的是，《尚书·兑命》原文早已亡佚，现今所见传世《兑命》系东晋人所献伪书，"惟斆学半，念终始典于学，厥德修罔觉"这条材料中，只有"斆学半"和"念终始典于学"这两句为《学记》所引用，才是真的，其他都可能是伪作。2012年，清华大学出土文献研究与保护中心发布，上海中西书局出版《清华大学藏战国竹简（叁）》，其中有《说命》上、中、下三篇，然而遗憾的是，这三篇中均未见"学学半"这样的论述教学的语句。因此，至今仍旧只能依据《学记》所引《兑命》的"学学半"来分析和认识商周时期的教学观念。但是清华简《说命》三篇所述内容，却可以与传世文献所记载武丁与傅说君臣之间的故事相印证。由此可以证明傅说这一教育人物的存在，《学记》所引用《兑命》的教育论述也是由来有自。

清人段玉裁对"学学半"有一番解读："《兑命》上学字谓教，言教人乃益己之学半。教人谓之学者，学所以自觉，下之效也；教人所以觉人，上之施也，故古统谓之学也。"[2] 在此，段玉裁认为教与学是上施与下效的过程，教的过程也是学的过程。就教而言，教人的过程也是学习自觉的过程，这一过程又成为学生的仿效；教人的过程又是使学生获得自觉的过程，这一过程又取决于如何施教。因此，所有教学活动中的教、学两方面因素，都可以用"学"来概括了。这就是所谓"教学相长"，所谓"学学半"。值得注意的是"学学半"旳教学逻辑："教人乃益己之学半"；将教人称为学，是因为这种学是在学习自觉；这样的教人者又为受教者所仿效，就可以达到"所以觉人"的效果；这样的教与

---

① 阮元，校刻.十三经注疏［M］.北京：中华书局，1980：175.
② 段玉裁.说文解字注［M］.2版.上海：上海古籍出版社，1988：127.

学，就都可称为"学"了。东汉学者郑玄在解读"学学半"时，也认为"言学人乃益己之学半"。唐代学者陆德明在《经典释文》中认为："学学，上胡孝反，下如字。学人，胡孝反，又音教。"根据这些学者的解读，第一个"学"字应该读作"教"，指教学活动中施与的一方；第二个"学"字则应该读作"学"，属于教学活动中接受的一方。"学学半"则带有鲜明的辩证思想，表现出教与学相互影响、共同进步的过程。

段玉裁认为"教""学"两字本来并不作区分，都作"敩"，区别为两个字是在秦代以后的事，即将"敩"去掉"攴"（音扑），成为"学"字，单独表示学习的意思。这是在"教""学"二字产生的问题上持先有教、后有学的观点。有学者在考察"教"与"学"的源流时认为，最早表达教育概念和学习概念的甲骨文字"教"与"学"两个字里都有一个"爻"的部分。爻与占筮有关（一说与筹算有关）。这表明，最初的教学活动与占筮（或筹算）知识的传授有关。这个字后来又不断加上了一些文字要素，如加上了表示学习者的"子"，又加上了表示房屋（学习场所）的"冖"。再往后，随着教的意识愈益增强，又加上了表示教的因素的"攴"（以手持棍）。这一文字变迁的过程，反映了人们的教育、教学活动日益复杂化的过程，以及人们对教育、教学活动的认识不断深入和复杂化的过程。[①] 这是在"教""学"二字产生的问题上持先有学、后有教的观点。

从"学学半"观念的提出开始，我国传统教育就形成了重学的传统。从语言文字学的角度也可以说教、学同源，教源于学，是在"学"字上加上了一个部首（攴）而产生的新字。当学习活动逐渐发展得更为复杂，而且逐渐演化出教的意识和活动时，需要有一个字表达这种

---

① 杜成宪. 以"学"为核心的教育话语体系——从语言文字的视角谈中国传统教育思想的重"学"现象［J］. 华东师范大学学报（教育科学版），2010（03）：75-80.

意识和活动，于是产生了"教"。"学学半"展示出教、学是互相联系的相对的活动，也是相互联系的相对的字。这种相对的字还有买与卖、受与授、籴与粜等，都表示同一性质的两个相反动作。从字源上说，原来这两个相反的动作都用一个字来表示，即所谓"相反为义，施受同辞"。随着社会生产和生活的发展、认识水平的提高，人们觉得需要用两个字将这两种活动区分开来，于是就造出一个新字，这个新字的制造方式，就是在原有字上加上一个偏旁部首。"教"与"学"两个字就是这样被区分和发展而来的。就此而言，汉字演变反映了在中国，学的活动是比教的活动更为古老的教育活动。所以说，在中国，学习概念十分古老，关于学习的认识是早熟的，也是十分丰富的。[①] 在中国传统文化教育的语境里，学的含义具有丰富性、复杂性；教的活动（教育、教学）是在学的活动基础上发展出来的。于是，相对于学，教的内涵要贫乏得多，甚至所谓教，也只是教"学"，甚至教育的概念也往往由"学"字来表达。这些历史上对"学"的表述，从先秦时的教育论著《学记》《劝学》，一直延续到晚清教育改革时将新成立的中央政府教育主管部门命名为"学部"，都显示出学在传统教育中的核心地位。

四、从"六艺"到"六经"：古典分科课程向古代文献课程转型

春秋时期是周天子统治日趋衰败，各诸侯国势力日趋壮大的时期，

---

① 杜成宪.以"学"为核心的教育话语体系——从语言文字的视角谈中国传统教育思想的重"学"现象［J］.华东师范大学学报（教育科学版），2010（03）：75-80.

这一时期又可以说是中国奴隶制度崩溃而向封建制度转变的社会大变革时期。变革的根源在于社会经济的发展，即生产力不断提高，土地私有现象日趋普遍，奴隶主贵族土地所有制逐渐为封建地主土地所有制所取代，封建生产关系正在形成。经济的变革反映在政治上，表现为地主阶级与贵族阶级之间的新旧势力之争。体现于教育，就是为旧制度服务、由贵族垄断的"学在官府"的教育走向衰落，适应更广泛社会需要的私人办学制度开始形成。社会变革提出新的人才培养要求，要求学校课程以及教学方法作出相应改变，中国历史上一次意义重大的课程改革逐渐展开，这就是从"六艺"转变为"六经"，古典分科课程向古代文献课程转型，而孔子主导了这场改革，成为新课程最为重要的实践者。西周"六艺"（礼、乐、射、御、书、数）是兼顾政治和道德教育、军事技能训练、基础知识传授的课程体系，其中每一"艺"都是针对一定素养要求组织起来的知识和技能的体系，因其形态与近代以来以学科为单位的分科课程颇为相似，所以称之为古典分科课程。孔子整理的"六经"是依据文献典籍（教材）开设的课程，可称之为古代文献课程。古典分科课程主要存在于西周及春秋战国时期，而古代文献课程则始于春秋，流行于战国，确立于西汉前期，是从汉代至清末中国古代学校课程的主要形态。

（一）古典分科课程的形式化

春秋近三百年教育的建树不多，其重要原因在于世袭制度导致贵族不重视教育，缺乏上进愿望，逐渐失去学习动力。《左传·昭公十八年》记载，曹平公去世，一位出席葬礼的客人见到周大夫原伯鲁，与之交谈，原伯鲁表现得"不说（悦）学"，甚至公然声称："可以无学，无学不害。"此人回到鲁国后将此事告知鲁国大夫闵子马。闵子马评论说，周大概是要乱了！一定是（"不说学"这样的话）说的人多了，影响到了在位者。以无知为无害，因而不学，一切政务就会苟且应付，能不乱吗？所以，"夫学，殖也。不学将落，原氏其亡乎"！闵子马将教育看成是种植，认为不重视教育是国家动乱的根源，代表的是一种新兴的教育观念。曹平公逝于周景王二十一年、鲁昭公十八年（公元前 524 年），离春秋时期告终仅半个世纪。贵族不仅是"不说学"，而且事实上已经不须学了。《国语·鲁语下》记载了鲁国三桓之一季氏后人公父文伯之母敬姜的感叹："其母叹曰：'鲁其亡乎？使僮子备官而未之闻耶？'"三国吴韦昭注说："僮，童蒙不达也。言已居官而未闻道也。"敬姜说出了当时贵族中存在的普遍现象，即受教育未能完善，小小年纪已然为官！王权衰落、战乱动荡也造成学校荒废、教育失序。周天子的辟雍，诸侯的泮宫，都名存实亡，不闻弦歌之声。《诗·郑风·子衿》据毛序认为："《子衿》，刺学校废也，乱世则学校不修焉。"郑玄注也说："国乱，人废学业，但好登高见于城阙以候望为乐。"毛序、郑注揭示出当时学校情状。从之前的郑国子产不毁乡校到此时学校不修，形成鲜明对照。也如近人黄绍箕、柳诒徵所说："周室东迁，王纲解纽，学、校、庠、序废坠无闻。"[1]

上述这些现象，反映的是教育受到外部因素影响而发生的衰变。与之相关，教育自身内部也在发生重要变化，表现为原有的教育标准和要求逐渐松弛甚至丧失，留下的只是一些旧有的形式，徒有其表。这方面的变化，尤其体现于"六艺"课程。"六艺"大致可以分为三组，即礼乐（政治、道德教育）、射御（军事教育）和书数（文化知识教育），课程的目标是为培养既有较高道德、文化素养，又有娴熟军事技能技巧的贵族统治维护者，几乎每门课程都对实训实战能力和实际运用能力的培

---

① 黄绍箕，柳诒徵. 中国教育史［M］. 福州：福建教育出版社，2011：152.

养有很高要求。然而，到西周中后期，随着政权的稳定，以礼乐制度为核心的整个国家制度趋于完备，"六艺"教育中对"礼"的形式要求趋于烦琐，当初设计这套课程时的实战要求被忽视甚至废弛。可以说，教育中"武"的一面逐渐丢失，而"文"的一面则不断得到强化，甚至占据主导地位。近人黄绍箕、柳诒徵在所著《中国教育史》卷二中，一针见血地指出"六艺"教育中的这种背离现象："周代教育之宗旨在尚武，其教法则匿武而觊文。"[①] 此即为古典分科课程的形式化。

举例说，乐舞课程。最初大学里教国子习舞，更多是出于实战。如《大戴礼记·夏小正》记载了古代历书《夏小正》，规定二月份活动安排："丁亥，万用入学。""万"即万舞，万舞是一种军舞，用于"习戒备"。课程计划要求学生一入学就学习军舞，其用意不言自明。事实上，黄帝、尧、舜、禹、汤、武六代舞乐中，武王乐为《大武》，表现的就是周代政权建立者平定天下的过程及赫赫武功（参见表1-2）。然而，后代的教育中情况发生了变化，以习武为目的的乐舞越来越成为一种献给祖先的表演，而不是教育年轻一代的实训。从《周礼·春官宗伯》记述大司乐的职责中也可以看出这一趋势：大同乐"以乐舞教国子：舞《云门》《大卷》《大咸》《大磬》《大夏》《大濩》《大武》。以六律、六同、五声、八音、六舞大合乐，以致鬼神示，以和邦国，以谐万民，以安宾客，以说远人，以作动物。乃分乐而序之，以祭，以享，以祀……舞《云门》，以祀天神；……舞《咸池》，以祭地示；……舞《大磬》，以祀四望；……舞《大夏》，以祭山川；……舞《大濩》，以享先妣；……舞《大武》，以享先祖"。充满战斗气息的《大武》成为祭山川、享先祖、祀鬼神的乐舞，还"文之以五声，播之以八音"，成为表演。

① 黄绍箕，柳诒徵.中国教育史［M］.福州：福建教育出版社，2011：59-66.

再举例说，射的课程。如果说乐舞课程还兼有乐教（艺术与审美教育）的性质，不能排除表演，那么射的课程主要目的是教战（实战训练），似乎不宜表演。可以相信，这是射的课程设计的本义所在。《礼记·射义》说："古者，天子以射选诸侯、卿、大夫、士。射者，男子之事也，因而饰之以礼乐也。"很清楚，射是训练和选拔强者的，礼乐只是点缀。又说："天子将祭，必先习射于泽。泽者，所以择士也。已射于泽，而后射于射宫，射中者，得与于祭；不中者，不得与于祭。"最初，天子祭祀仪式举行之前都须先行射礼，以此作为一种资格测试，测试的结果又作为士人参加下一步祭祀的条件，可见对射的重视。射礼分两部分：泽射和宫射。先是在室外的水泽中举行泽射，泽射近乎实战，"泽"者，"择"也，通过泽射的结果来选拔武士，确定下一步参加宫射的资格，可见对士众实战能力的重视，可以说是实战能力为先。宫射在宫内靶场进行，宫射合格方可获得参与祭祀的资格，宫射考核的要求偏于礼仪。《尚书大传》说："泽之射，尚勇力；射宫之射，尚揖让。"[①] 这样的射的训练课程，兼顾实战和礼仪，而首重实战，具有决定性意义的也是实战。但是，情况也在发生变化。《穀梁传·昭公八年》又记载，周天子通过田猎射禽来练习武事，射禽之后又于射宫习射，决定士众谁可以得到已被猎获的禽鸟作为奖励。射的过程安排与《礼记·射义》所述类似，然而具体规则却是宫"射而中，田不得禽，则得禽；田得禽而射不中，则不得禽"。意谓在宫射时射中了，即使田猎时未射得禽，最终也能得禽；即使田猎时射得禽而宫射时却未射中，最终也不能得禽。这是十分可笑的规则，射的课程要求被完全颠倒了！突显了其中的礼仪，而轻视了其中的实战。理由是："是以知古之贵仁义而

---

① 朱维铮，主编.中国经学史基本丛书：尚书大传［M］.伏生，撰，郑玄，注，陈寿祺，辑校.上海：上海书店出版社，2012：47.

贱勇力也。"所以，《礼记·郊特牲》也记载："孔子曰：射之以乐也，何以听？何以射？孔子曰：士使之射，不能则辞以疾，县弧①之义也。"孔子的意思是，以礼乐的要求，在射时如何能使射的礼容与射的音乐节奏协调一致？要做好并不容易；如果做不到使射的礼容与射的音乐节奏相和谐，则有违为士之义，最好的办法就是应当称病请假，免得去现场丢丑，这样还能保全男人的脸面。本来，射的目的是专心致志射中靶心，而现在却成了专心致志耳听音乐节奏，手脚做好射的动作。"六艺"教育中的射就这样逐步走向"射以观德"的"礼射"，成为一种仪式，而以实战为目的的军事训练功能则变得越来越稀薄，乃至于可有可无。《论语·八佾》记载："子曰：射不主皮，为力不同科，古之道也。""主皮"即箭矢穿透皮靶，要求射手有强劲的臂力。孔子是在为射手的箭矢穿不透皮靶作开脱，说这是由于射手的力量（有大小）不在同一个级别上，不能强求一律，因此自古以来都是允许（射箭无须透靶）的。这显得十分可笑。东汉马融对此注曰："射有五善焉：一曰和，志体和；二曰和容，有容仪；三曰主皮，能中质；四曰和颂，合雅颂；五曰兴武，与舞同……言射者不但以中皮为善，亦兼取和容也。"②马融所谓"射有五善"，其中四"善"都与军事训练无干，唯有"主皮"（射透皮靶）尚保留了军事训练的意思，却也被孔子敷衍过去。

　　"六艺"课程的形式化在射御教育中表现得最为典型，这是因为射御的训练最应注重实战效果，最不应流于形式。射御科目的存在，使得"六艺"对人的教育作用更具有全面性，显出综合和平衡的特点。如同孙培青所说："六艺教育包含多方面的教育因素。它既重视思想道德，

① 县弧，即悬弧，古代尚武风俗。《礼记·内则》记载，古时家中生男孩，挂弓于门左，以喻意男子勇武，遍射四方。

② 阮元，校刻.十三经注疏［M］.北京：中华书局，1980：2467.

也重视文化知识；既注意传统文化，也注意实月技能；既重视文事，也重视武备；既要符合礼仪规范，也要求内心情感修养。六艺教育有符合教育规律的历史经验，可供后世借鉴。"① 而"六艺"课程的形式化，使得"六艺"教育失去平衡，尤其是忽视应用性知识、实际技能、身体训练等方面的课程内容，偏重政治、历史、道德、伦理、行为规范的教育，对后世课程改革的走向产生了或明或暗的引导作用。

（二）孔子的课程价值观与课程实践

法家学者曾经描述战国时代的特征是"争于气力"，认为始于春秋终于战国的诸侯争霸凭借的是政治、经济、军事实力。事实却是，人才越来越成为决定竞争成败的核心要素，这与当时生产力水平的提高、战争方式的改变、国家机器的加强、社会阶层的变化等因素有关。尤其是士阶层的出现和养士风气的形成，对教育提出了新的要求。春秋时代，中国社会发生的变革是全方位的，在教育二的表现就是私人办学的兴起，私学逐渐成为一种常态化的学校教育形式，相应地，人们的课程认识和实践水平有很大提高，孔子是其中的代表性人物。作为一个政治改良人物，孔子主张实行利民的德政，强调以教育作为施政的基本手段。施行德政，关键在得人，"举贤才"成为其政治诉求。贤才并非天生，而是出自教育；将平民中的士人培养成有道德、知识和才能的从政者，即孔子所谓"君子"。这是一种全新的人才标准和培养目标，需要相应的课程和训练予以落实。适应这种教育变革趋势，孔子在其办学过程中，充分展开实践探索，他继承以"六艺"为核心的前代课程遗产，采择其中对他有用的科目（内容），根据现实需要进行创造性改造，形

成了新的课程体系。

1. 孔子与"六艺"

通常认为，孔子晚年在周游列国后回到鲁国，集中精力整理古代文献和教书授徒，度过他人生的最后岁月。"六经"当是在这一时期最后整理完成的。整理"六经"是一个漫长的过程，在此过程中，孔子将其编为教材、设为课程教授弟子，完全是可能的事。不能说孔子只是在晚年才以"六经"授徒，而是说以"六经"为内容的教材和相应的课程在此时才比较成熟，孔子开始整理古代文献的时间会更早。《史记·孔子世家》记载："孔子不仕，退而修《诗》《书》《礼》《乐》，弟子弥众，至自远方，莫不受业焉。"司马迁说的"孔子不仕"而专心编书、授徒的这段时间，大致是在孔子三十七岁由齐返鲁到五十岁出任中都宰期间。① 那么，问题是从孔子中年开始设教授徒到晚年完成"六经"编纂，在这一相当长的时期，他除了用编纂中的"六经"授徒，还教什么？"六艺"作为西周以来的学校代表性课程，在孔子的私学里教不教？"六艺"在当时的学校教育中应当仍然具有很大影响，从孔子整理出"六经"，以之授徒，并在其身后流传为广泛为人接受的教材和课程，但人们仍习惯以"六艺"称之，可见"六艺"课程的强大影响力，或许"六艺"已成为当时学校课程的一个共名。查检《论语》得到的印象是，孔子是教"六艺"的，但又不是将"六艺"原样搬上自己的讲坛，而是有弃、有取、也有改造。

查检"礼""乐""射""御""书""数"六个词在《论语》中出

① 据《史记·孔子世家》，在孔子三十七岁返鲁至五十岁任中都宰期间，鲁国政治环境不佳。其间季氏僭于公室，阳虎陪臣执国政。鲁定公五年（公元前505年）孔子四十七岁时，季平子卒，阳虎乱政。所以孔子不仕。

现的频次，结果如下："礼"七十四次，"乐"四十六次，"射"五次，"御"三次，"书"五次，"数"四次。① 无论是"礼"，还是"乐"，在孔子师生的谈话中都属于高频词。通常，谈论某一词语的次数，应当是表示谈论者对某事物的关注之所在和关注程度。当然，由于词的多义性，某一词出现的多少又未必完全对应某一话题。事实上，《论语》中出现的这六个词也不是都关涉"六艺"。然而，谈话者是不是在"六艺"的意义上谈论这六个词，包括谈论的数量，毕竟还是可以说明一点问题。如出现七十四次的"礼"字，涉及礼意、礼仪、礼制、礼法等内涵，大致上都与通常人们对"礼"的理解相关，即都是在社会规则的层面讨论礼；出现四十六次的"乐"字，其内涵为音乐二十二次、快乐十五次、喜好九次，讨论音乐也就是在讨论礼乐的本义，而在快乐、喜好的词义上谈论乐，也多少与礼乐有关。所以，《论语》中谈及"礼""乐"二词，大部分是在"六艺"的本义上。

再来看《论语》里孔子是怎么理解、论述和对待礼乐的。孔子谈论礼乐，有些应属对"六艺"时代精神的延续，而有些则是自己的新创了。如《论语·为政》记载子张问："十世可知也？"孔子的回答是肯定的，理由是："殷因于夏礼，所损益可知也；周因于殷礼，所损益可知也；其或继周者，虽百世可知也。"意为，就制度的发展而言，后代对于前代总是有继承，也有革新，殷之于夏是如此，周之于殷也是如此。假如能够承袭周代的礼制，不要说十代，百代以后的礼乐制度也可以预知。在此，孔子高度肯定周代礼乐制度是一种理想的社会制度，即使延续百代也仍旧是一种善治，可以继承得更多，哪怕百代之后的治理情形也是可以想象得到的。再如《论语·八佾》中孔子表示："夏礼，吾能言之，杞不足征也；殷礼，吾能言之，宋不足征。文献

---

① 杨伯峻.论语译注［M］.北京：中华书局，1980.

不足故也。足，则吾能征之矣。"表明他对学习前代礼制应当持何种态度与方法的主张。那么，哪些西周礼乐制度应当毫无疑问地继承下来？首先，是国家政体。《论语·季氏》中孔子说："天下有道，则礼乐征伐自天子出；天下无道，则礼乐征伐自诸侯出。自诸侯出，盖十世希不失矣；自大夫出，五世希不失矣；陪臣执国命，三世希不失矣。天下有道，则政不在大夫；天下有道，则庶人不议。"他肯定西周政体，坚持礼乐征伐这类"天下"大政必须政出天子。其次，是名分秩序。《论语·八佾》中孔子严厉指责鲁国执政季氏"八佾舞于庭，是可忍也，孰不可忍也？"认为是违背礼制，是僭越，不能容忍。最后，是以德治民。《左传·襄公三十一年》记载，郑国执政子产"不毁乡校"，包容不同意见。孔子听闻后表示肯定："以是观之，人谓子产不仁，吾不信也。"《论语·公冶长》中孔子称赞子产"其行己也恭，其事上也敬，其养民也惠，其使民也义"，是"君子之道"。《左传·昭公二十年》又记载，子产病重时托付后事，告诫子大叔有德者治民须"宽猛相济"，被孔子赞为"古之遗爱"。这些方面都可以看成是孔子对"六艺"精神的坚持。

对于孔子而言，礼乐是前代遗产，是一个旧的课程概念，他赋予了礼乐什么样的新的时代精神？《论语·阳货》中孔子说道："礼云礼云，玉帛云乎哉？乐云乐云，钟鼓云乎哉？"表达了他对流于形式的礼乐及其教育的批评。孔子更为关注的问题是：礼乐的精神本质是什么？《论语·八佾》中林放请教礼的本质，孔子答道："大哉问！礼，与其奢也，宁俭；丧，与其易也，宁戚。"孔子又说："人而不仁，如礼何？人而不仁，如乐何？"孔子先是肯定林放的问题意义重大，继而表示，行礼不必在意于排场，宁可俭朴也不要奢华，重要的是行礼的人要有真情实意。又表示，人如果不讲仁的话，又会拿礼乐怎么样呢？（一定是无法期待的。）这就显示了对礼乐理解上的一个重要变化——礼乐的本质是人，是人的精神。《论语·八佾》中子夏问，"巧笑倩兮，美目盼兮，素以为绚兮"这几句诗是什么意思？孔子答："绘事后素（画花先要有洁白的底色）。"子夏又问："礼后乎（是不是说礼乐是在仁义之后的一步）？"孔子大加称赞："起予者商也！始可与言《诗》已矣。"说子夏启发了自己，并说可以与之谈诗了。在此，孔子提出了礼乐与仁义的主次轻重问题——首先是内在情感和品性，然后才是外在制度和仪范。《论语·泰伯》中孔子说："兴于《诗》，立于礼，成于乐。"更是将礼与乐的作用放在人的成长过程中加以认识的。可以认为，在孔子那里，礼乐的重心已不在于天地祖先，不在于仪式器物，而在于对人、对现世人生、对道德精神的关怀。注重礼乐，是孔子对前代"六艺"课程的继承，但他所作的改造也十分明显，尤其表现为对礼乐本质和精神的重新阐释。

《论语》中孔子又是如何谈论和对待射御的？《论语》中出现"射"五次，"御"三次，都按字的本义理解。从射御被谈论的频次看，"六艺"中的这两项似乎也并不怎么受重视。《论语·八佾》中记载孔子论射："子曰：君子无所争。必也射乎！揖让而升，下而饮。其争也君子。"如果出于实战，习射应当是分出高下、胜负的竞争，但孔子却倡导一种依礼登台而射，退下后行礼饮酒的"君子之争"。这是孔子在重新定义射，淡化了其实战内涵，强化了其礼仪意义，强化射的礼仪意义实际上是在追求射之礼对思想、政治、道德的影响。如《礼记·射义》所说："故射者，进退周还必中礼，内志正，外体直……持弓矢审固，然后可以言中，此可以观德行矣。"射的过程须体现礼的要求，礼的要求又是为实现培养德行的目标。《礼记·射义》还记载了一则著名材料："孔子射于矍相之圃"，"观者如堵墙"，射手们跃跃欲试。孔子先是让司射子路将无勇者、不忠者、贪利者排除掉，又让公罔之裘和序点排除掉射手中不孝悌、不好礼、从流俗、不修身、不好学等品行有瑕疵者，最终符合要求的射手所剩无几。①孔子举行的射礼是一次"选贤誓众"仪式，他衡量射手的标准甚少关乎射，更多关乎德行，射于是成为礼的工具。至于说"射不主皮，为力不同科，古之道也"，就更加偏离了射作为实战课程来开设的本义。

孔子对射（也包括御）本来含义的忽视，可以说是出于其主观用意。《论语·子罕》记载："达巷党人曰：'大哉孔子！博学而无所成名。'子闻之，谓门弟子曰：'吾何执？执御乎？执射乎？吾执御矣。'"达巷的一些人在议论，承认孔子是位伟大人物，但又批评他虽博学却拿不出足以使之成名于世的一技之长。孔子听闻后自我调侃道：我拿得出手什么呢？是驾车吗？是射箭吗？还是驾车吧。从谈话的语境推测，当时人们公认的一技之长究竟是什么？从孔子的反应看，射御显然还是当时人们普遍认可的足可赖以成名的本领，孔子提到的射和御，在当时显然不是什么旁门左道，而应该是通行技艺。从矍相之圃举行射仪的盛况，可见人们对射的热衷。然而，孔子显然对射本身不以为意。正因为他的不以为意，所以他似乎也未能以射御见称于世，也未必在其授课中将射御摆在重要位置。但孔子脱口而出"吾何执？执御乎？执射乎？吾执御矣"，可知他应擅射御，尤其是擅御，只是可能未必做到世人公认的出类拔萃而已。

那么，谈书数的情形又是如何的呢？《论语》中"书"出现五次，三次是说《尚书》，另外说书写和书籍各一次；"数"出现四次，与"六艺"毫不相干。但以孔子的博学，书数的内容他应该也是熟谙的，谈论

---

① 见《礼记·射义》："孔子射于矍相之圃，盖观者如堵墙。射至于司马，使子路执弓矢出延射，曰：'贲军之将、亡国之大夫、与为人后者，不入，其余皆入。'盖去者半，入者半。又使公罔之裘、序点扬觯而语……曰：'幼壮孝弟、耆耋好礼、不从流俗、修身以俟死，者不？在此位也。'盖去者半，处者半。序点又扬觯而语曰：'好学不倦、好礼不变、旄期称道不乱，者不？在此位也。'盖仅有存者。"

得不多，无非表明他的态度，或许是认为它们无非是些"小道"，"致远恐泥"，如要走得远，怕是会成为人的羁绊。

从以上分析可以看到，在孔子的办学中，对前代学校课程"六艺"的处理策略各有不同。对礼乐是重视、继承、改造和发展，对射御与书数却完全谈不上重视，甚至还显得有些轻慢，这就使得孔子的私学课程表现出与"六艺"完全不同的价值取向和形态特点。孔子对"六艺"的取舍与他的教育目标有关，他希望建立德政社会，这样的社会的治理者是"博施于民而能济众"的君子，这样的君子当然不能仅靠娴熟于一两项艺能就可造就。孔子理想中的君子，可以用他在《论语·为政》中说的"君子不器"来表达，也就是君子不应该成为某种器具（只有一定的用途），器具虽有用，但因此而受限制更多。由此看来，"达巷党人"批评孔子"博学而无所成名"并未说错，只是他们未必能理解孔子的用意。"博学而无所成名"正是"君子不器"的形象解释，也正是孔子的追求。《论语·述而》中记载孔子论学有一段精辟的话："志于道，据于德，依于仁，游于艺。"关于其中的"艺"，何晏注说："艺，六艺也。"后人通常也认可这一说法。何晏还说，"六艺"，'不足据依，故曰游'。邢昺疏曰："此六者所以饰身耳，劣于道、德与仁，故不足依据，故但曰游。"[1]孔子概括了人的素养及其构成，而在人的各种素养的排列中，他将艺置于末项，而以道、德、仁为先，这是他对"六艺"的扬弃，却是他的创新，也是历史性贡献，但也许可以说这也是孔子在课程选择上的一项失误。中国传统学校课程开始了从兼顾政治、道德、知识、军事技能的综合性分科课程，向偏重政治、道德、伦理的文献课程转型。以文献为课程，就使教育的主要方式变为读书，学校成为读书的地方。这是一次重要的课程变革，孔子主导了这一变革。

---

① 阮元，校刻.十三经注疏［M］.北京：中华书局，1980：2482.

2. "六艺"与"六经"

孔子以什么为教？《论语》中有一个频繁出现的词——"文"。《论语·述而》记载孔子弟子对老师以何授徒的说法："子以四教：文、行、忠、信。"弟子认为老师是以文献、品行、忠诚和信实教育学生。所谓"文"，是孔子私学教育中的一个重要的课程概念，是指传世的历史文献，而行、忠、信都是属于道德教育的要求。孔子所谓"四教"，其实只是两方面，就是德行与文献。即如《论语·学而》中孔子要求弟子的："弟子入则孝，出则悌，谨而信，泛爱众，而亲仁。行有余力，则以学文。"也将行与文对提。《论语·述而》中孔子还有个自我评价："文，莫吾犹人也，躬行君子，则吾未之有得。"意为文献的学问自己大概与人差不多，践行做一个君子却还没有做好。他依然是将文与行对举，可见这是孔子育人的两方面要求。尤其是文，已经成为一个固定概念，即其开设的文献课程。[①]孔子的"四科"中有一科为"文学"，就是历史文献，孔子弟子子游、子夏是该科的代表。行与文这二者虽不相同，但存在联系。两者的地位不同：首先必须成为一个品行合乎道德要求的社会成员，然后才是文化知识的提高。两者的实施不同：道德教育并无专门的课程，通常是贯穿于日常生活，尤其是承载于文化知识课程。可见，行依赖于文，而文是从属、服务于行的。孔子私学教育的首要目的是实现政治和道德目标，文化知识课程的基本任务是为实现政治和道德目标服务。这样的思想体现了前代教育注重伦理道德的传统特色，而在新的时代背景下愈加予以强化了。

孔子对当时和后世影响最大也是最重要的贡献，在于对称之为

---

① 陈侠认为，"孔子主张和实行的课程"包括"文、行、忠、信"。参见：陈侠.课程论［M］.北京：人民教育出版社，1989：31.

"文"的课程体系的创造性构建，并以之授徒，使之传世。所谓"文"，是指历史文献，但其所指究竟为何？历有歧说。

文献课程就是"六经"课程。孔子以"六经"授徒，相关文献中多有记载。《论语·泰伯》记载孔子告诫弟子："兴于《诗》，立于礼，成于乐。"《述而》也说："子所雅言，《诗》、《书》、执礼，皆雅言也。"可见，《诗》《书》《礼》《乐》这些古代典籍都进入了孔子私学的课程系列，但还未出现"六经"的名称。在孔子时代一百多年后成书的《庄子》中提到孔子与"六经"的关系，透露出孔子是以其整理的六种典籍教授弟子。《庄子·天下》说道："其在于《诗》《书》《礼》《乐》者，邹鲁之士搢绅先生多能明之。《诗》以道志，《书》以道事，《礼》以道行，《乐》以道和，《易》以道阴阳，《春秋》以道名分。"此处所谓"邹鲁之士搢绅先生"实为孔子后学，在孔子去世后一百多年，他编纂的六种典籍已经在以他家乡为核心的一个较大范围旦流传开来。但孔子后学口中依旧未出现"六经"的说法。"六经"之名最早见于《庄子·天运》，是假托孔子之口说的："孔子谓老聃曰：'丘治《诗》《书》《礼》《乐》《易》《春秋》六经，自以为久矣，孰知其故矣。'"这是"六经"名称的首次出现。可见，到战国中期，已经形成"六经"之名，这一名称及其书籍也在社会上广泛流行开来。也可以相信，孔子所谓"学文"，当是指学习以"六经"为核心的古代文献典籍。

传世文献记载得到出土文献的证明。1993年湖北荆门郭店一号战国楚墓出土的竹简《性自命出》篇说："《诗》《书》《礼》《乐》，其始出皆生于人。《诗》有为为之也，《书》有为言之也，《礼》《乐》有为举之也。"列举了《诗》《书》《礼》《乐》四种典籍。而在《语丛一》中更是完整论列了六种典籍及其意义："《诗》所以会古今之志也者，［《书》所以会］□□□□者也，［《礼》所以会］□□□□［也，《乐》所以会］□□□□［也］，《易》所以会天道人道也，《春秋》所以会古今之事也。"①

郭店楚简中的《六德》篇也列出这六种典籍,而《五行》《缁衣》《成之闻之》《唐虞之道》等篇还引用了《诗》《书》内容,尤以《缁衣》为多。②李学勤认为,郭店一号墓的下葬年代在战国中期偏晚,不迟于公元前 300 年,随葬书籍的抄写时间应该更早,"这是孔门七十弟子及其再传的时期,位于孔孟之间"。③郭店楚简诸多篇目涉及"六经",可见其传播范围已大大超出《庄子·天下》所说的邹鲁之地,辐射到千里之外的楚地,成为更多官私学校的课程与教材。

对此,司马迁的《史记·孔子世家》又有另外的说法:"孔子以《诗》《书》《礼》《乐》教,弟子盖三千焉,身通六艺者七十有二人。"是说孔子学校的课程主要有《诗》《书》《礼》《乐》,这些又都属于"六艺"。显然,孔子以之授徒的"六艺"已不同于前代,并非礼、乐、射、御、书、数六门分科课程,而是经他整理的六种古代典籍。"六艺"也就成为这些古代经典的另一种概括性表述。结合上述所有说法,似可认为,《孔子世家》中所谓"六艺",只是袭取旧名而已,孔子已经赋予"六艺"以新内涵,"六艺"的新内涵就是"六经"。但这"六经"与汉代儒学受尊后所称的"五经"之"经"还有不同,主要还是就书籍意义上言之,而非经典意义上。这就是孔子对古代课程的一次重要改革,使以分科为形态的课程改变为以文献为形态的课程,并在孔子自己所办学校中实施,取得实效,逐步传播开来。至于"六艺"是六门课程,"六经"也是六门课程,这是偶然巧合,还是孔子刻意为之,也是一个值得

---

① 荆门市博物馆,编.郭店楚墓竹简[M].北京:文物出版社,1998:194-195.
② 武汉大学中国文化研究院,编.郭店楚简国际学术研讨会论文集[M].武汉:湖北人民出版社,2000:111-127.
③ 李学勤.郭店竹简与先秦学术思想·序[M]//郭沂.郭店竹简与先秦学术思想.上海:上海教育出版社,2001:1.

探究的问题，但似不能排除孔子借"六艺"之数而比拟之的用意。

"六经"课程的形成有一个过程。《史记·儒林列传》记载："孔子闵王路废而邪道兴，于是论次《诗》《书》，修起礼乐。适齐闻《韶》，三月不知肉味。自卫返鲁，然后乐正，《雅》《颂》各得其所。"这是说孔子编次《诗》《书》《礼》《乐》的过程。《孔子世家》记载得更具体：

> 孔子之时，周室微而礼乐废，《诗》《书》缺。追迹三代之礼，序《书传》，上纪唐虞之际，下至秦缪，编次其事。故《书传》《礼记》自孔氏。……古者《诗》三千余篇，及至孔子，去其重，取可施于礼义，上采契、后稷，中述殷、周之盛，至幽、厉之缺，始于衽席，故曰："《关雎》之乱以为《风》始，《鹿鸣》为《小雅》始，《文王》为《大雅》始，《清庙》为《颂》始。"三百五篇，孔子皆弦歌之，以求合《韶》《武》《雅》《颂》之音。礼乐自此可得而述，以备王道，成六艺。

相对而言，"六经"中《诗》《书》《礼》《乐》整理较早，大致在孔子三十七岁至五十岁之间，最终完成是在他周游列国返回鲁国之后。而《春秋》与《周易》完成得相对较晚。

关于编纂《春秋》，通常认为孔子依据鲁国史记而作《春秋》。《孟子》中不乏记载。《孟子·滕文公下》说："世衰道微，邪说暴行有作，臣弑其君者有之，子弑其父者有之。孔子惧，作《春秋》。《春秋》，天子之事也。是故孔子曰：'知我者其惟《春秋》乎！罪我者其惟《春秋》乎！'"《孟子·离娄下》也说："孟子曰：'王者之迹熄而《诗》亡，《诗》亡然后《春秋》作。晋之《乘》，楚之《梼杌》，鲁之《春秋》，一也。其事则齐桓、晋文，其文则史。孔子曰：其义则丘窃取之矣。'"《孔子世家》记述得更为详细，还将孔子编写和讲述《春秋》的场景也生动反映出来："孔子在位听讼，文辞有可与人共者，弗独有也。至于为《春秋》，笔则笔，削则削，子夏之徒不能赞一辞 [①]。弟子受《春秋》，孔子曰：'后世知丘者以《春秋》，而罪丘者亦以《春秋》。'"师生边著边学边评说跃然纸上。

至于编纂《易》，《论语·述而》说："子曰：'加我数年，五十以学《易》，可以无大过矣。'"由于《鲁论语》此句中的"易"作"亦"，以致引起歧见，否定者认为此材料难以据信孔子学《易》。事实是孔子十分懂《易》。《论语·子路》记载："子曰：'南人有言曰：人而无恒，不可以作巫医。'善夫！'不恒其德，或承之羞。'子曰：'不占而已矣。'""不恒其德，或承之羞"是《易·恒》卦九三爻爻辞。孔子强调《恒》卦爻辞的道德教育意义，而对占卜倒不以为然，表现出他对这部古老卜筮之书的独到理解。《史记·田敬仲完世家》也说孔子不仅喜《易》，且精于《易》："盖孔子晚而喜《易》。《易》之为术，幽明远矣，非通人达才孰能注意焉！"出土马王堆帛书《要》篇提供了孔子通《易》的证据，文中记录孔子与子贡关于"夫子老而好《易》"的对话。问："夫子何以老而好之乎？"答："……察其要者，不诡其德。《尚书》多于（阙）矣，《周易》未失也，且有古之遗言焉。"又问："夫子亦信其筮乎？"答："史巫之筮，向之而未也，好之而非也。后世之士疑丘者，或以《易》乎？吾求其德而已，吾与史巫殊涂而同归者也。" [②] 对话透露出一些重要信息：孔子晚年好《易》，与传世文献记载相合；《周易》保存完好而《尚书》缺损较多，也与文献传世情况相合；孔子认为《易》保存了重要的社会、历史信息，透露了他之所以"好之"的原因；

---

① 卜商，字子夏，孔子晚年弟子，少孔子四十四岁，与言偃（字子游，少孔子四十五岁）同为长于文献的弟子。"子夏之徒不能赞一辞"，表明孔子编写《春秋》，推敲斟酌，子夏等后进弟子或在侧。

② 陈鼓应，主编. 道家文化研究：第三辑［M］. 上海：上海古籍出版社，1993：434-435.

孔子对《易》的理解与众不同，未必"信其筮"，而是"求其德"，也与《论语》记载相合。由于《易》历来被视为筮书，孔子自知对《易》的理解会招致他人质疑，但还是坚持以道德精神解《易》，指引了《易》的释读新方向，重要性不言而喻。

以"六艺"教人，并促成中国古代学校课程由分科课程向文献课程的转变，并非孔子凭空而为，很可能也是受到前人启发。[①] 实际上在孔子之前的时代就已经出现过类似的课程设计。《管子·山权数》记载，齐桓公询问管子，国家对民众的"教数"（教育举措）该有哪些。管子的回答说到三个方面：一是鼓励民众"明于农事"，使百业兴旺，谓之不失农时；二是认真听取智者之言，记录在官，并避免兵灾发生，谓之不失国策；三是鼓励六种专门的学问，即《诗》者，所以记物也；《时》者，所以记岁也；《春秋》者，所以记成败也；《行》者，道民之利害也；《易》者，所以守凶吉成败也；《卜》者，卜凶吉利害也"，谓之推行"五官技"[②]。管子认为，这些学问是"使君不迷妄之数也"。建议齐桓公对擅长此术者予以奖励："皆一马之田，一金之衣。"并使之于闲时教授之。管子还说，不失时、不失策还只是"末教"，而《诗》纪人无失辞，《行》殚道无失义，《易》守祸福凶吉不相乱"，才叫作"君橜"。此则材料反映出管子十分注重前代文化典籍的传承、研究和应用于现实政治。考虑到《管子》的内容十分庞杂，其中不少文章并非出自管仲，文章最晚的可为汉代作品，《山权数》能否代表管仲思想也是问题。但文章中提到"五官技"的六种古代典籍，这种思维方式反映的时代应该不会太晚，发生在春秋时期也有可能。

---

① 吴龙辉.六艺的变迁及其与六经之关系［J］.中国哲学史，2005（02）：42-47.
② 《管子·山权数》中称"五官技"，但所列方面却有《诗》《时》《春秋》《行》《易》《卜》六条，疑误六为五。

在孔子之前，出于明确的教育目的提出一套与"六经"颇为近似的课程方案，是在春秋中期的楚国。据《国语·楚语上》记载，在孔子出生之前的四五十年，楚庄王①的大夫申叔时就教育太子曾经提出过一份比较详尽的课程方案：

> 教之春秋，而为之耸善而抑恶焉，以戒劝其心；教之世，而为之昭明德而废幽昏焉，以休惧其动；教之诗，而为之导广显德，以耀明其志；教之礼，使知上下之则；教之乐，以疏其秽而镇其浮；教之令，使访物官；教之语，使明其德，而知先王之务，用明德于民也；教之故志，使知废兴者而戒惧焉；教之训典，使知族类，行比义焉。

这一方案表达了申叔时对要将太子培养成一个什么样的人的思考，包含太子需要修读的课程系列及相应的教材，体现出强烈的伦理道德导向和治术训练特点。其中开列的春秋、世、诗、礼、乐、令、语、故志、训典九门课程，几乎都是贵族教育的文献典籍，而与既有的"六艺"课程完全不同。尤其是其中的春秋、诗、礼、乐，已经涉及后来孔子开设的《春秋》《诗》《礼》《乐》诸课程；世（帝王世系）、令（律令）、语（前辈嘉言懿行）、故志（实录）、训典（训诫）似与《书》相关，②世也可能与后世的《世本》有关。至于申叔时的太子教育课程方案的实施情况，史书乏载而难以确知，但申叔时作为一位博学而明大义的贤者，是留名于《左传》与《国语》的，这一方案透露出春秋时期诸侯世子教育的一些重要信息和"六经"课程的思想渊源。

由此可见，至少在孔子出生之前半个世纪，在贵族教育中已经出现

---

① 楚庄王于公元前613—公元前591年在位。而公元前551年孔子出生。
② 《左传·文公六年》有"告训典"语。杜预注："训典，先王之书。"

以经典文献为核心的课程设想，可以说孔子是沿着这样的思路，将文献课程体系的建构向前推进了一大步。表现在：一是对前代文献课程（如申叔时的九种课程）作了认真选择和重新编排，使其结构更清晰，旨意更明确，内容更全面，类别和结构更清晰、合理，有利于未来德治人才的培养；二是对古代文献典籍斟酌笔削，编定了相应的教材，有利于阅读、理解和诠释，也有利于教学和传承；三是站在时代的立场，使原来贵族化的传统道德伦理和治术课程，改变为能够适应平民化的人才培养需要的修养和从政课程，显著增强了其社会适应性和个人完善功能；四是编定了一个能够代表中国思想文化传统的权威文本，为其进一步经典化奠定了基础，有利于促使文献课程取代古典分科课程的最终实现。有学者认为，孔子提出的以诗、书、礼、乐为科目的新课程体系与申叔时提出的九门课程一脉相承，不同的是，申叔时所说的课程乃是为高级贵族子弟开设的，应该是接受"六艺"教育之后的一种高级教育，而孔子的课程则是面向三千弟子而开设的。[①]且不说申叔时的课程方案是不是与"六艺"形成递升关系（因缺乏史料依据），但说孔子的"六经"课程是面向平民，有利于教育的下移却是事实。申叔时提出的九门课程明显局限于统治术的教育，而孔子提出的"六经"从内容和作用上看，则要丰富和广泛得多。《论语·宪问》记载了子路请教什么是"成人"（完美的人），孔子的回答是：智慧、无欲、勇敢、才艺、文采风度。[②]"六经"就是孔子为造就完美的人而设计的课程。

从楚国申叔时开列的太子课程设想，到孔子整理出"六经"课程，也可以推知春秋时代各诸侯国之间存在文化教育的密切交流，互有影

① 吴龙辉.六艺的变迁及其与六经之关系［J］.中国哲学史，2005（02）：42-47.
② 《论语·宪问》："子路问成人。子曰：'若臧武仲之知，公绰之不欲，卞庄子之勇，冉求之艺，文之以礼乐，亦可以为成人矣。'曰：'今之成人者何必然？见利思义，见危授命，久要不忘平生之言，亦可以为成人矣。'"

响，互有吸收，共同推动着学校课程的发展。

3. 为何以"六经"为教

可以将西周"六艺"称为古典分科课程，而将孔子的"六艺"称为古代文献课程。古典分科课程是以知识和技能为核心，而古代文献课程则是以某种文献为核心。这样的课程就意味着孔子私学成为一种以文献学习为主要目的、任务和内容的场所，这已与西周实施"六艺"教育的学校有很大不同，已经可以看出古代学校"弃武而就文"的演变趋势。

从《庄子·天下》提到邹鲁儒生所理解的"六经"功能看，"《诗》以道志，《书》以道事，《礼》以道行，《乐》以道和，《易》以道阴阳，《春秋》以道名分"，志、事、行、和、阴阳、名分之类概念体现的都是政治、伦理功能，属于道德人文范畴，相比较西周"六艺"课程具备政治道德教育、身体锻炼、实战训练等多方面功能，从课程已经可以看出古代学校对培养对象的素质要求逐渐窄化的演变趋势。

孔子为什么选择以"六经"为教？这与他"祖述尧舜，宪章文武"的政治理想有关。孔子的最高理想是实现"大同"社会，而现实的目标则是改良政治，努力恢复西周礼制。他在《论语·雍也》中有一个分步实现目标的设想："齐一变，至于鲁；鲁一变，至于道。"五霸之首的齐国代表着春秋强国，作为周公后裔的鲁国代表着礼仪之邦，而尧舜之世则代表着"大道"得行的理想境界。实现这样的理想社会必须通过实施德政，"为政以德"就会像北斗受到众星拱卫那样，受到人民拥戴。实现德政关键在于得人，通过"举贤才"，将平民中的贤德之才推举出来，在位理政，形成善政，得民信服。贤才并非天生，而是产自教育。孔子一再对学生提出将自己培养成"君子"的要求。如《论语·雍也》中孔子对子夏明确说过："女为君子儒！无为小人儒！"依据什么样的知识和学问才能够培养出实现这种社会理想的人才？答案就是：前辈经验，并站在"仁"的立场上运用这些经验，没有比"六经"更能体现前辈经验的教学材料了。《史记·滑稽列传》说："孔子曰：'六艺于治一也：礼以节人，乐以发和，书以道事，诗以达意，易以神化，春秋以道义。'"孔子关于"六经"中各经的教育价值论述颇多。

关于《诗》。《诗》中的风反映各国民风，雅、颂则是贵族对祖先丰功伟绩的歌颂和纪念，而且还可以兴、观、群、怨，用来抒发情感、考察兴衰、增进沟通、讥刺时政，有利于个人的品德修养、谈吐应对和人际交往。

关于《书》。《书》中所包含的夏、商、周各代历史文献，体现的都是先王之道，尤其是其中的文武之道，可以垂范立教，为后世法则。如《中庸》借孔子之口说道："文武之道，布在方策。其人存，则其政举；其人亡，则其政息。"

关于《礼》。《礼》即《仪礼》。作为人的行为规范，礼使人懂得如何立身于社会，其价值尤在于其中所蕴含的前代政治和伦理道德精神。如《礼记·礼运》借孔子之口所说："夫礼，先王以承天之道，以治人之情，故失之者死，得之者生。"

关于《乐》。《乐》包含各种艺术形式，其本质却并非艺术，而是承载了与《礼》相同的精神，人的成就寄寓于乐。《礼记·文王世子》说："凡三王教世子，必以礼乐。乐，所以修内也；礼，所以修外也。"孔子称春秋时代是"礼崩乐坏"，孜孜以求恢复西周礼乐制度。

关于《易》。《易》为卜筮之书，孔子深得其中所蕴含的阴阳变化之道，并据以领会世变，感悟人生。如《论语·子路》记载他从"恒"卦引申出"不恒其德，或承之羞"的道理。所以由《易》汲取智慧，化"鬼谋"而为"人谋"，知天道，明人事，察未来。

关于《春秋》。记载二百四十二年春秋历史的《春秋》堪称一部提纲挈领的社会生活教学大纲，包含了当时所涉及的政治、经济、军事、社会、风俗、伦理、自然等方面的历史材料，而其精神则在于维护名分、寓意褒贬、拨乱反正。孔子作《春秋》的用意尽在于此。

"六经"中的各门课程各有作用。《礼记·经解》曾记载孔子论"六经"的作用："入其国，其教可知也。其为人也，温柔敦厚，《诗》教也；疏通知远，《书》教也；广博易良，《乐》教也；洁静精微，《易》教也；恭俭庄敬，《礼》教也；属辞比事，《春秋》教也。"可以将孔子之言看成是他在课堂上对"六经"课程宗旨的纲领性讲解。这样的讲解不仅影响了其弟子，也深刻影响了后人对如何利用"六经"课程的理解。但《礼记》之书后起，其说是否足以据信？如以《礼记》之言结合前文所引《庄子》书中的论述，应当可以据信。从孔子对"六经"的论述和理解可以看出，他十分看重"六经"所包含的三代先王之道和前代圣贤之风，这是他对古代经典选择弃取和增删笔削的标准，他希望这些前人经验能够成为后世"君子"的行事准则和道德、智慧的来源。

4. "六经"课程的特点

综上所述，经孔子整理而形成的"六经"课程具有如下特点。

其一，重人事。孔子所选择的课程内容偏重社会历史、道德人伦、治国理民、为人处世，尤其是前辈的人生、社会、从政经验和智慧，注重现世人生，而非崇拜神灵。虽然在其课程中汇集了大量祭祀天地、祖先的内容，但也对鬼神持存疑态度，不谈"怪、力、乱、神"是其日常表现，"敬鬼神而远之"是其基本立场。从主流看，孔子的课程思想和实践开了中国古代非宗教性教育传统之端。

其二，重文献。不能说孔子的教育完全排斥传统"六艺"教育中射御和兵战一类的实用性内容，孔子要培养的是治国理民的"君子"，这是一种文武兼备的从政人才。他本人能射善御，常组织弟子和士众习射，也精通兵旅之学，并传与诸多弟子，但这些内容在其教育中确实不占主导地位，占主导地位的是其整理的古代文献。偏重书本和读书是其教育的基本特征，也开了中国传统教育偏重书本学习的先河。

其三，知识的窄化。由于孔子所要培养的是从政人才，而非农工商等劳动者，他眼中的有用知识是有关从政、修养和人伦方面的经验，生产知识和科学技术都不能与之相提并论。他认为有君子之事，有小人之事，甚至还轻视生产劳动者。[①] 按照这样的理念，与社会生产和生活联系更为密切的科学技术知识、生产劳动知识等在他的教育中都没有地位。在此方面，孔子的课程继承了前代贵族教育的旧传统，对后世教育与科学技术相疏离、与生产劳动相分离的传统的形成，产生了实际的历史影响。[②]

（三）伦理和政治本位的"六经"教材

鲁哀公十一年（公元前484年）冬，六十八岁的孔子回到阔别十四年的鲁国。周游列国多年，抱负未能施展，理想更未实现。回到故国，他把自己平生未遂之志寄托在整理文献典籍、培养贤德之才的事业上。孔子从周、鲁、杞、宋、楚等国的文献中，整理出后人称之为"六经"的经典系列，既将它们设为课程、作为教材用于人才培养，又将其作为存亡继绝的文献保存工作，给后人留下了民族文化的核心典籍。孔子以从政的"君子"为培养目标，这是一种有道德、有文化、有才干的新型人才。为此，他继承"六艺"教育传统，结合时代需要，确定了"六经"教材，以后又据以形成了相应的课程。周予同说："孔子既然设教讲学，学生又那么多，很难想象他没有教本。毫无疑问，对于第一所私

① 有学者概括孔孟时代学校课程的特点，其中之一为"脱离生产劳动"，具体表现是孔子反对樊迟学稼、学圃，孟子论证劳心与劳力的分离。参见：陈侠.课程论［M］.北京：人民教育出版社，1989：36-37.
② 孙培青，主编.中国教育史［M］.4版.上海：华东师范大学出版社，2019：36.

立学校来说，现成的教本是没有的。《论语》记载孔子十分留心三代典章，指导学生学习《诗》《书》及礼乐制度。因而，我以为，孔子为了讲授的需要，搜集鲁、周、宋、杞等故国文献，重加整理编次，形成《易》《书》《诗》《礼》《乐》《春秋》六种教本，这种说法是可信的。"①

1. 编集"六经"教材的指导思想

到孔子生活的时代，中国历史上留存下来的典籍已达到相当大的数量。如《史记·太史公自序》所说："夫儒者以《六艺》为法。《六艺》经传以千万数，累世不能通其学，当年不能究其礼。"史载楚国左史倚相能读《三坟》《五典》《八索》《九丘》，就成为当时一个值得称道的史官了。《左传·昭公十五年》记载了周景王批评晋国使臣籍谈不知礼法，籍谈高祖掌管晋国之典籍而为籍氏，籍谈身为司典之后却不知礼，所以说："籍父其无后乎！数典而忘其祖。"这是指责史官后人守着大量典籍却不能正确使用。那么多的传世典籍散乱于世，究竟拿什么来作为教材来教育和培养年轻一代？这就成为一个重要问题。孔子思考了这个问题，对教材的价值、体系、形式与内容都有斟酌，形成了编集"六经"教材的明确指导思想。

范文澜、周予同等认为，孔子编订教材的指导思想有三条：一是"述而不作，信而好古"；二是"子不语怪力乱神"；三是"攻乎异端，斯害也已"。②

第一，孔子整理"六经"依据的材料毕竟是去时已久的古代文献，

① 周予同."六经"与孔子的关系问题［M］//朱维铮，编.周予同经学史论著选集.上海：上海人民出版社，1983：801.
② 范文澜.中国通史简编（修订本第一编）［M］.北京：人民出版社，1964：210.周予同."六经"与孔子的关系问题［M］//朱维铮，编.周予同经学史论著选集.上海：上海人民出版社，1983：802-804.

必然要有所增删，但他恪守忠实于文献本来面貌的原则，基本保持文字、史事内容、表述方式等方面的原有风格，使之成为可以信赖且有很高价值的历史材料，使得现存的这些经书依然被当今的人们视为研究古代历史与文化的重要史料。

第二，人类早期的文字记录与上天鬼神观念糅合在一起，难免带有大量神怪迷信内容。孔子看到了这一点，尤其是他看到了时代变化带来的人们思想观念的改变，即由重神趋向重人。《礼记·表记》记载孔子说："殷人尊神，率民以事神，先鬼而后礼，……周人尊礼尚施，事鬼敬神而远之，近人而忠焉。"因此，他整理起源于祝、宗、卜、史，含有大量神怪迷信内容的文献，适应时代观念的改变，对文献材料作了筛选，对古代巫史文化作了扬弃。

第三，坚持鲜明的政治和道德立场，即坚持仁爱礼义的价值追求，对大是大非问题毫不含糊。如整理《诗》，总原则是"可施于礼义"，具体的做法是有褒有贬，旗帜鲜明。《史记·孔子世家》记载："古者《诗》三千余篇，及至孔子，去其重，取可施于礼义，上采契、后稷，中述殷、周之盛，至幽、厉之缺。"既褒扬"殷、周之盛"，也贬斥"幽、厉之缺"。再如整理《礼》。孔子整理"六经"中的《礼》，应当就是《仪礼》。如《礼记·杂记下》记载："恤由之丧，哀公使孺悲之孔子，学士丧礼。《士丧礼》于是乎书。"《礼记·杂记下》又记载："子贡观于蜡。孔子曰：'赐也，乐乎？'对曰：'一国之人皆若狂，赐未知其乐也。'子曰：'百日之蜡，一日之泽，非尔所知也。张而不弛，文武弗能也。弛而不张，文武弗为也。一张一弛，文武之道也。'"据孔子的意见，百姓以百日辛劳而得蜡祭的一日饮酒狂欢，对国君而言不过就是施以一日恩泽，这是一张一弛之道。这也表明了孔子明确的立场：礼对于民众也须一张一弛，张而不弛做不到，弛而不张不可做。又如整理《乐》。孔子整理《乐》是结合《诗》的整理进行的，《诗》可以看成是他所编《乐》的教材的文字部分。《史记·孔子世家》说："三百五篇，孔子皆弦歌之，以求合于《韶》《武》《雅》《颂》之音。"不仅诗与乐相合，乐与礼也为一体。孔子整理《乐》所强调的标准是合于《韶》《武》《雅》《颂》的艺术与精神，也就是他所评价过的：周武王乐"《武》尽美矣，未尽善也"；而舜乐"《韶》尽美矣，又尽善也"。显然，孔子对于《乐》的整理也坚持了政治和道德标准第一的原则。

上述原则之外，从孔子有关论述中还可以看出，他关于教材编纂还有一些指导思想。

其一，将仁的精神注入对"六经"的诠释过程。[①]《论语·八佾》记录了鲁定公询问孔子："君使臣，臣事君，如之何？"孔子说："君使臣以礼，臣事君以忠。"他强调君臣之间互尽责任的对等关系，而这种关系体现出礼的意义，显然丰富了君臣关系的内涵。《论语·八佾》又说："子曰：'《关雎》乐而不淫，哀而不伤。'"显然是重新解释了《关雎》，肯定了快乐和哀伤都是人的感情的自然流露，但也希望能够有所节制而不应过分。虽然"六经"的材料来自历史上的旧文献，但孔子在编纂"六经"时思考文献材料的思想内涵和现实意义，作出了新的理解、诠释、选择和编排。

其二，十分注重对前人政治和社会经验的总结与传授。在《论语·为政》中，孔子说："殷因于夏礼，所损益可知也；周因于殷礼，所损益可知也；其或继周者，虽百世可知也。"他认为朝代的更替、社会的嬗变是前后相续、难以割断的，同时又是有所变革、有所损益的，这就是社会的进步，也可以从中判断和把握历史发展的大势。孔子整理历史文献似乎是着眼于因革之道而使人获得教益，这样的教材编纂观念是与他培养从政贤才的目标相关联的。《礼记·中庸》记载："哀公问

① 孔祥骅.孔子新传［M］.上海：华东师范大学出版社，2009：262.

政。子曰：文武之政，布在方策。其人存，则其政举；其人亡，则其政息。"孔子认为，周文王、周武王的从政之道全都在简策上了。有人照着去做，政事就会建立起来；没有人遵照实行，那就完了。保存典籍是一方面，能够遵照实行才是最关键的。所以孔子整理"六经"，主要目的不是保存古代文献，而是给弟子提供教材，给自己和他人治国理政提供参考材料。由此又可以说，孔子编纂"六经"教材，眼光是看当前的，更是向前看的。

其三，依据尽可能充分的文献材料来编纂教材。孔子说话和写作都十分严谨，所作删述一定要做到文献足征。《论语·八佾》记载他自道："夏礼，吾能言之，杞不足征也；殷礼，吾能言之，宋不足征也。文献不足故也。足，则吾能征之矣。"孔子尽管能够讲述夏代和殷代的礼制，却仍到这两个朝代的后代之国杞和宋作过寻访，可惜收获甚少，只能留下遗憾，表现了其编纂教材时无征不信的学风。

其四，使用统一、规范的语言整理教材。《论语·述而》说："子所雅言，《诗》、《书》、执礼，皆雅言也。""雅"可以解释为正常的、标准的。《荀子·王制》说："修宪命，审诗商，禁淫声，以时顺修，使夷俗邪音不敢乱雅，大师之事也。"是说乐官大师的职责就是不失时机地修订宪令，审核诗章，禁止淫声，让蛮夷之声不敢乱了正声。这里视蛮夷之声为不健康、不规范，未必妥当。春秋时代各国的语言不能统一，而所谓"雅言"就是指当时通行的、规范的语言。说明孔子有使用通行话语的时候，那就是在读《诗》《书》和行礼的时候。重视用规范的、通行的语言来整理和传授"六经"，与孔子从各国文献中取材来编纂教材的实际情况有关，也与他的"天下"意识有关。

2. 如何编纂"六经"教材

有关孔子与"六经"的关系，历史上有不同说法。今文经学家认为，"六经"都是孔子"托古改制"之作。经书虽是前代典籍，但孔子通过笔削，将其微言大义寄予其中。而古文经学家则认为，"六经"原为周公旧典，包含典章制度与前代文献。孔子只是"述而不作"，有倡导、传播之功。20世纪二三十年代，中国的疑古学派则完全否定孔子与"六经"的关系。实际上，据《论语》记载，在孔子之前，除《春秋》外，其他五经都已出现。《论语·子罕》还记载了他甚至还明确自称："吾自卫反鲁，然后乐正，《雅》《颂》各得其所。"所以可以相信孔子整理编纂了"六经"，但他对"六经"教材并非同等对待，而是根据它们的不同情形、不同的教育作用，有针对性地进行处理。从孟子到司马迁，都肯定孔子整理"六经"所做的工作是删《诗》《书》，订《礼》《乐》，赞《易》，作《春秋》。

所谓删《诗》。其一，删定篇目。按司马迁在《史记·孔子世家》中的说法，孔子将古诗从"三千余篇"删至"三百五篇"。对此，有的学者并不认同，认为《论语·子罕》中记载："子曰：'吾自卫返鲁，然后乐正，《雅》《颂》各得其所。"孔子只是说"乐正"，是指调整《诗经》篇章的顺序，司马迁的说法不可信。[①] 但作为编者，孔子进行删选是完全有可能的。其二，编排类序。所谓"《雅》《颂》各得其所"，雅归雅，颂归颂，各有适当的安排。今日所见上博简《孔子诗论》可以证明，原本类序应为《颂》《大雅》《小雅》《风》，体现了孔子"从周"的原则。[②] 其三，合于弦歌。《诗》在当时不仅可诵，且可弦、歌、舞。孔子为《诗》作配乐，试作演奏。即如《孔子世家》所言："三百五篇，孔子皆弦歌之，以求合《韶》《武》《雅》《颂》之音。"其四，体现价

---

① 杨伯峻.论语译注［M］.北京：中华书局，1980：92.
② 马承源，主编.上海博物馆藏战国楚竹书（一）［M］.上海：上海古籍出版社，2001.孔祥骅.孔子新传［M］.上海：华东师范大学出版社，2009：272-273.

值。即如孔子在《论语·为政》中自道："《诗》三百，一言以蔽之，曰：思无邪！"编定篇目数量与类别、编排结构、合三诗的艺术特点，保证思想性，这是编纂《诗》教材所做到的。

所谓删《书》。其一，选定篇目。夏、商、周三代各有其《书》，篇目芜杂，数量较大，孔子"芟夷烦乱，翦截浮辞'，选择各种文体的文章百篇形成全书。其二，体现价值。历代的古《书》都是与治国理民有关的各种演讲、文告、政令、誓词，其价值就被明确定位在讲明"为政"之道。所要"垂世立教"的，也就是民本、德政精神。其三，选择文体。《书》收有与治国理政相关的各种文体，如典、谟、训、诰、誓、命、令从政者掌握最基本的执政工具。突出为政和治理的目的，掌握主要从政文体，这是编纂《书》教材所做到的。

所谓订《礼》。孔子所删定的《礼》，当为《士礼》，后世称为《仪礼》。其一，确定所本。孔子认为，三代之礼，以周礼借鉴了夏、商二代最为得当和完善，所以主张采取周礼。其二，明确目标。礼不仅是制度，是治国根本，还是士、君子的礼仪规范，不学礼，人无以立身。孔子是以"治人之情"和立身社会的目标，对礼制材料作出了选择。其三，构建体系。出于士、君子立足于社会的目的，构建了包括从冠礼、婚礼、相见礼、丧礼到聘礼、乡饮酒礼、乡射礼等在内的礼仪体系，涵盖了一个成人社会生活的方方面面。使礼成为经国家、定社稷、序人民、利后嗣的规范体系。明确礼的依据、内涵和目标、方面和类型，这是编纂《礼》教材所做到的。

所谓订《乐》。由于《乐》的佚失，秦以来人们难以知晓《乐》作为教材的详情，但可以从孔子诸多言论拼凑出他整理《乐》的情形。在重新认识和评价《乐》的基础上，孔子所做整理工作为：其一，确定标准。孔子推崇雅乐，推崇艺术的政治、社会、道德内涵和功能，提出在艺术形式上达到尽美，更在思想内容上达到尽善，达成尽善尽美之境。

其二，明确功能。一是乐与诗结合，乐是诗的载体，而诗是乐的内涵；二是乐与礼结合，乐是礼的调和，而礼是乐的灵魂；三是乐与诗、礼结合，以诗兴发，以礼建立，以乐完成。其三，分类编目。从孔子整理《诗》，可以部分看出他对《乐》的分类整理，即敬奉祭祀之乐（颂），崇尚宫廷之乐（雅），欣赏民间之乐（风）。确定乐的活动和评价标准、作用与功能，对乐作分类编排，这是编纂《乐》教材所做到的。

所谓赞《易》。孔子是否整理过《易》、整理到什么程度，历有争议。《史记·孔子世家》认定孔子序《彖》《象》《说卦》《文言》。《史记·仲尼弟子列传》还列出孔子传《易》于商瞿之后的传承统绪。可以大致确定孔子整理过《易》，其所做主要工作在于，将一部卜筮之书解释和使用为一部认识事物变化、人事兴衰之书。1973年长沙马王堆汉墓出土帛书中有《易》，书后附有佚书《要》，记录子贡问："夫子亦信其筮乎？"孔子答："我观其德义耳。"《论语·子路》记载孔子引用《易·恒》卦的话："不恒其德，或承之羞。"认为并非占卜之言，而是鼓励人们要持之以恒，避免蒙羞。从中似可以窥知孔子对《易》的处理。重新对《易》作出理解和定位，这是编纂《易》教材所做到的。

所谓作《春秋》。在"六经"之中，《春秋》确可以称得上是孔子"作"的，并着力很深，连长于文献的子夏、子游等弟子也不能置喙。在当时，各国史记可谓汗牛充栋，学者自是无从下手。孔子所做的整理工作主要为：其一，著成通史。各国史记记一国史事，《春秋》虽以鲁国编年为据，却顾及各国相关大事，基本上是一部春秋史；它超越"记"的范畴，真正成就了一部"史"。其二，确定宗旨。即明确著史目的，使人懂得如何评价历史上的人与事。即如《孟子·滕文公下》所记孟子之言："世衰道微，邪说暴行有作，臣弑其君者有之，子弑其父者有之。孔子惧，作《春秋》。"其三，形成体例。如编年之例（以时为经，以事为纬），序事之例（年、时、月、日），笔法之例（寓意褒贬），格局之例（所记涉及历法、地理、氏族、政制、战争、礼俗等）。著成一部时间与空间都贯通的史书，明确著史和评价人的标准，形成一套著史体例，这是编纂《春秋》教材所做到的。

"六经"作为六部教材，在实现孔子及其儒家学派提出的培养目标方面各有作用。孔子在整理和编纂这六种教材时意图颇为明确，对这六种教材的特点及作用方式也有深入的认识，并作了相应的处理，使它们的作用得以充分发挥。可以各用几个关键词将"六经"对人的教育和影响作用归纳如下：

《诗》——知识、道德、情感、言谈；

《书》——治国、理民、行政、经验；

《礼》——仪貌、规范、礼制、家国；

《乐》——艺术、才情、应对、品味；

《易》——智慧、洞察、远见、通达；

《春秋》——史事、是非、内涵、使命。

孔子曾经提出教育目标上的"成人"概念，表达了他对完整人格的设想，"六经"的作用大致可以与这种人格的诸素质相对应。

还需要指出的是，"六经"作为课程与作为教材是一件事物的两面，或曰"六经"在孔子私学中既是课程，也是教材。这种课程与教材的关系与近代学校课程与教材的关系似有所不同。《史记》说"孔子以《诗》《书》《礼》《乐》教"，意味着孔子所教的是书，弟子所学的也是书。既然如此，须先有书，才可教、学。孔子编纂"六经"就是一个创造出书的过程，当然，这个过程弟子们往往参与其中。如《史记·孔子世家》所说："至于为《春秋》，笔则笔，削则削，子夏之徒不能赞一辞。"尽管孔子也可以边编边教，但据孔子的教学，他的教往往就是教"学"——对弟子问难辩驳、"扣其两端"等，弟子在受其"教"之前或之后，往往还须努力地"博学于文"，多闻、多见、多问和多思，方能在受教时经得起老师的诘问，甚至得到老师像对子夏那样的夸奖（《论语·八佾》："子曰：起予者商也，始可与言《诗》已矣。"）。孔子所要求学生的"博学于文"，当即指博学于文献，甚或就是博学于"六经"。有了"六经"，孔门弟子就有了学的材料，孔子也有了教的材料，一代一代学生依样实施，这"六经"就成了孔子学校教学的固定内容，也就逐步稳定为课程。这就表现了"六经"形成过程的特点——先有"六经"教材，又由"六经"教材确定为课程，学校传授"六经"课程又逐渐为春秋战国时期诸多其他私学所仿效。这是"六经"由教材而成为古代学校课程的大致轨迹。

《史记·儒林列传》记载，孔子闵王路废而邪道兴，"于是论次《诗》《书》，修起《礼》《乐》"，希望能有所作为，结果却是"干七十余君无所遇"，只能慨叹："苟有用我者，期月而已矣！"然而，他以"六经"授徒却大显成效，"自孔子卒后，七十子之徒散游诸侯，大者为师傅卿相，小者友教士大夫"，如子路在卫，子张在陈，澹台灭明在楚，子夏在西河，子贡在齐。甚至如再传弟子田子方、段干木、吴起、禽滑釐等人受业于子夏，"为王者师"。正因为"六经"课程在人才培养方面成效显著，所以传播广泛，战国几乎所有私人讲学都受过"六经"滋养。儒家后学如孟子、荀子自不必论，墨家也通"六经"。《淮南子·主术训》说："孔丘、墨翟修先圣之术，通六艺之论。"只不过"取舍不同"。道家也深谙"六经"。《庄子·天运》中老子告诫孔子："六经"是足迹，先王的活动是步履；重要的是去关注步履而不是足迹，执迷于"六经"如同用过去的足迹来限制今日的步履。[1] 吸取"六

---

[1] 《庄子·天运》："孔子谓老聃曰：'丘治《诗》《书》《礼》《乐》《易》《春秋》六经，自以为久矣，孰知其故矣！以奸者七十二君，……一君无所钩用。甚矣夫！人之难说也！道之难明邪？'老子曰：'……夫六经，先王之陈迹也，岂其所以迹哉！今子之所言，犹迹也。夫迹，履之所出，而迹岂履哉！'"

经"营养长大的法家成熟后却反戈一击。《商君书·赏刑》中商鞅最先提出打击从事诗书礼乐者，《韩非子·和氏》中韩非提出"燔诗书而明法令"，以其不仅无益于耕战，还造成思想不统一。战国主要学派都曾受益于"六经"却又往往大反其道，既反映了"六经"作为课程、教材在培育思想争鸣和人才成长中的作用，也反映了"六经"还未能独步天下。秦统一后，秦始皇三十四年（公元前213年）下令"焚书"，"六经"被禁毁。几十年后，汉武帝建元五年（公元前136年）置五经博士，《诗》《书》《礼》《易》《春秋》五经教材得到国家承认；元朔五年（公元前124年）"为博士官置弟子五十人"，"五经"被设为国家课程。至此，以"五经"为代表的古代文献课程在学校中的地位才真正确立，距孔子去世差不多过去了三百五十年。

3.《论语》——"六经"的辅助教材

《汉书·艺文志》中班固认为："《论语》者，孔子应答弟子时人及弟子相与言而接闻于夫子之语也。当时弟子各有所记。夫子既卒，门人相与辑而论纂，故谓之《论语》。"东汉赵岐在其《孟子题辞》中也说："七十子之畴，会集夫子所言，以为《论语》。"由于孔子的身份和影响，他的思想言行自然格外受人关注，尤其是有幸入其门而得耳提面命的弟子，当然更在意老师的教诲。从《论语》中的记录可以看到，孔子的教学有随时随地施教和口耳相传的特点，弟子也常常是随手记下老师的教诲和神态举止，时而兼及同学之间的反应。《论吾·卫灵公》记载子张向老师"问行"，孔子答曰："言忠信，行笃敬，虽蛮貊之邦行矣；言不忠信，行不笃敬，虽州里行乎哉？"在孔子回答时，"子张书诸绅"，赶忙将老师的教诲直接记在腰间的大带上（或是因事发仓促，未能准备下记录工具；或是因子张觉得老师的回答很重要，非记下不可）。这生动地表现了孔子弟子是如何在意老师的只言片语的，以及孔子日常的教学场景。这样的情景在《论语》里寻常可见，如《论语·宪问》中有"宪问耻"的记载。孔子的回答是"邦有道，谷；邦无道，谷，耻也。"认为国家政治昏暗，做官食俸就是耻辱。宪即孔子弟子原宪。在当时，直呼其名多半是自称或同龄人互称，即《宪问耻》章记录者为原宪或同辈。《论语·先进》中的《子路、曾皙、冉有、公西华侍坐》章，也属当时在场者记录下来无疑。孔子弟子将老师的言行记录下来是为了什么？最初当是为了使老师的珍贵教诲不至丢失，也是为了自己今后能够经常"温故"老师教诲而能不断"知新"，后来也逐渐意识到这能让更多的人也受益，尤其是当这些弟子又有了自己的弟子时。

《论语》中的篇什最初当是众弟子各自的记录，可能弟子之间也会有所交流，但促使其结集，可能是孔子去世后的事。清人李塨说："尝疑《论语》多属圣手亲定，后学诸经，或可分读，惟《论语》宜人人熟诵也。"[①] 持类似见解的还有清人廖燕，他的理由是："此书为大圣人经天纬地之文，岂他人可能代笔耶？"[②] 说孔子在世时亲订《论语》未必是真，但说《论语》成为孔子门下"宜人人熟诵"的教材却完全有可能。当老师去世，再也不能面聆教诲，将记录下来的老师语录汇集起来以便学习诵读，就是一个自然而然的决定；而孔门后学都须熟诵孔子的教诲，也是一个容易形成的共识。于是，以有若、曾参、子夏、子游、子张等后辈弟子为骨干，[③] 开始了《论语》的编集。之后，这代弟子的后学如子思等人又接过了前辈的使命。可以相信的是，《论语》基本完成

① 李塨.李塨集［M］.陈山榜，等，点校.北京：人民出版社，2014：1274.

② 转引自：唐明贵.论语学史［M］.北京：中国社会科学出版社，2009：49.

③ 熊承涤认为，《论语》中的材料出于弟子各有所记。孔子死后，其门人加以编纂，"最后由仲弓、子游、子夏三人负责总编"。后来程颐认为《论语》一书成于有若、曾参的门人，依据是书中除孔子外，只有他们二人称"子"。参见：熊承涤.中国古代学校教材研究［M］.北京：人民教育出版社，1996：46.唐明贵认为，《论语》是由孔子之孙子思最后主持编纂成书，而子思又是师承孔子后期弟子曾参。参见：唐明贵.论语学史［M］.北京：中国社会科学出版社，2009：55-57.

结集、形成规模就是在这两代弟子手里。还可以相信的是，《论语》作为私家教材最初是在孔子后学中传播的，因为要求做到"人人熟诵"，以后逐渐在曲阜及周边地区慢慢流传开来。在流传过程中，邹鲁地区一些倾向于儒家思孟学派的学者即所谓"邹鲁之士"，又不断地加以补充和加工，或者运用于教学，既扩大它的影响，也在不断地完善它。我们可以从《孟子》中找到大量孟子直接引用《论语》中孔子的言论，而《荀子》中却甚少直接引用，可以看出《论语》在邹鲁地区传播的强势和在其他地区传播的相对弱势。也可以判定，《论语》在战国时流传区域似乎有所限定，主要在齐鲁一带，也还未形成今日所见的定本。今日所见定本直到汉初才出现。

作为教材，《论语》的价值体现在哪里？体现在它提供了一本古时为师者如何为学、为人和为政的鲜活教材。

其一，《论语》中有大量介绍孔子为学之道的材料。这些论述既涉及如何学习"六艺""六经"，也涉及一般的为学之方。如《论语·乡党》记载了孔子于日常生活中，在言语、服饰、饮食、祭祀、上朝等不同时间与场合如何恪守礼制，依礼而行："孔子于乡党，恂恂如也，似不能言者。其在宗庙、朝廷，便便言，唯谨尔……"尤其是孔子还创造性改造了礼，发展了礼，表现为对礼的精神实质的充分肯定和对礼的形式化的批评。《论语·八佾》记载了孔子的观点："祭如在，祭神如神在。"表达了他更加注重礼背后的实质性的内涵，而不在意礼的形式。这些给后学者提供了如何学礼、懂礼、行礼的样板。又如《论语·八佾》记载："三家者以《雍》彻。子曰：'相维辟公，天子穆穆。'奚取于三家之堂？"说的是当时鲁国权臣仲孙氏、叔孙氏、季孙氏这三家在祭祀后撤除祭品时，使用了《雍》这首乐歌。孔子不客气地指出，《雍》诗里有这样两句：助祭的是诸侯，天子庄严肃穆地主祭。在三家庙堂上使用《雍》诗，有什么意义呢？孔子的态度十分清楚，《雍》是天子祭祖时的乐歌，三家只是大夫，却妄用天子之礼，不是僭越又是什么？孔子是在引用一个现实中的实例来说《诗》解《诗》，指出《诗》的精神实质。

其二，《论语》中有大量介绍孔子为人之道的材料。勤学好思的孔子对人生问题有丰富而独到的深刻见解。如，如何处理道义与利益的关系？这是一个十分困扰人尤其是年轻人的人生问题。孔子的态度很明确，就是"志于道"。他在《论语·里仁》里说道："士志于道，而耻恶衣恶食者，未足与议也。"既然有志于道，却又以穿布衣吃粗粮为羞耻，那就不足以与他议事。为了道，可以舍弃其他，哪怕是吃粗粮，喝冷水，弯着手臂当枕头，也乐在其中。然而，人又不能一概排斥财富和地位，人有满足正当欲望的权利，只是追求物质享受必须以不违背道义为原则，所以孔子又说："富与贵，是人之所欲也，不以其道得之，不处也；贫与贱，是人之所恶也，不以其道得之，不去也。"甚至在《论语·述而》里还十分坦率地表示："富而可求也，虽执鞭之士，吾亦为之。如不可求，从吾所好。"如果财富是可以追求的，即便做个市场上看门的，我也干；如果不可追求，还是随我所好。可见孔子并不排斥财富，只是强调原则。甚至他还认为，如果在一个政治清明的社会，人未能致富也是一种耻辱。在《论语·泰伯》中孔子明确指出："邦有道，贫且贱焉，耻也；邦无道，富且贵焉，耻也。"孔子的言传身教成为后学最好的做人教材。

其三，《论语》中有大量介绍孔子为政之道的材料。孔子拥有政治理想，从不隐瞒从政入仕的抱负，也从不含糊自己办学以培养从政人才为目标。如《论语·为政》记载鲁哀公询问孔子怎样才能使民众服从，孔子的回答是："举直错诸枉，则民服；举枉错诸直，则民不服。"指出了用人以公的重要性。《论语·雍也》中记载，子贡请教老师"如有博施于民而能济众，何如？可谓仁乎？"孔子回答说："何事于仁，必也圣乎！尧舜其犹病诸！夫仁者，己欲立而立人，己欲达而达人。能近取譬，可谓仁之方也已。"孔子告诉子贡，广泛地给人民好处并帮助他们生活得好，不只是仁，更是圣了，连尧舜都还难以做到。重要的是要懂得按道理去做，这个道理就是"己欲立而立人，己欲达而达人"，从近处一步步去做，自然就是仁了（而不要一下子将目标定得很高大）。这是在告诫年轻人如何踏实地去从政理民。再如《论语·阳货》中记载的孔子与子游有关以乐教治民的对话，更可以看成是一个践行孔子思想来治国理民的典型案例："子之武城，闻弦歌之声。夫子莞尔而笑，曰：'割鸡焉用牛刀？'子游对曰：'昔者偃也闻诸夫子曰：君子学道则爱人，小人学道则易使也。'"孔子早先的教诲，子游遵从师教的践行，在现场孔子佯作不解的诘问，子游以孔子先前的教诲回复，是从政教育的生动教例。

《论语》作为以课堂笔记为基础整理而成的教材，最初应当是作为"六艺"和"六经"的辅助，但它却有着显著的优点，即时代性、实践性和生活化。时代性是指它所记载的人与事都发生在当下，都是应对和解决当下问题的；实践性是指其中大量记载了如何行、如何做的事例，可以非常便利地为人所学习和仿效；生活化是指所记载的人与事都是日常生活中经常和随时发生的，与人们的距离并不遥远，其中不少人物甚至与《论语》的阅读者相识、相熟或相闻。孔子整理的"六经"为当时人们提供了一套全新的教材，然而，"六经"里的人和事都是较为久远的老旧材料，或者是离读者有些距离的"旁人"故事，而《论语》却不同，其特点就是鲜活，人鲜活，事鲜活，道理也鲜活，拉近了读者与教材的距离。《论语》的优点在后来的年代越来越显示出来。以著名人物言行录作为教材，这是第一次，是一个开创，因其独特优势而逐渐成为教材的一种重要类型，尤其是成为以"六经"为核心的教材系列中的重要组成部分。正如赵岐在《孟子题辞》中所说："《论语》者，五经之辐辏，六艺之喉衿也。"

清人李塨猜测，在孔子门下，学生之于诸经（"六经"），或许是可以分别选择修读的，而唯有《论语》须人人熟诵。孔子弟子分别修读诸经，从情理上说是可能的，但说《论语》须人人诵读几无可能，因为孔子在世时尚无其书，至多只有一些未曾结集的孔子语录。李塨是以汉唐时期"五经"是专经课程（选修）、《论语》是兼经课程（通修）的后世之制度，去想象先世之制度。实际情况是，《论语》最初当是流传在孔子弟子中的一种辅助读物，后来成为其弟子及其后学中一种比较正式的辅助性教材，又逐渐在邹鲁地区广泛传播开来，形成不同的版本，说明这一地区的不少私人学校都接受将《论语》作为需要认真阅读的内容，可以认为《论语》已经成为一些学校的课程。在经过秦代焚书劫难后，当汉惠帝四年（公元前191年）废除"挟书律"，《论语》也像其他诸多古籍一样重见天日，并在汉武帝"独尊儒术"的文教政策之下，不仅成为官方认定的辅助性教材，后来也被列为"国家课程"。

（四）成熟的中国启发式教学

启发式教学是中国传统教育的重要发明，孔子是最早的提出者，体现了他对学习过程的深刻理解，这也是他为自己所编制的"六经"课程设计的教学方法。启发式教育强调激发学生的内在动力，培养主动学习、积极思考的习惯。《论语·子罕》中颜回曾赞叹道，"夫子循循然善诱人，博我以文，约我以礼，欲罢不能"，是说老师善于一步步引导学生，用大量文献典籍（包括"六经"）丰富见识，用礼仪规范约束行为，使人想不学都不可能。从这种描述也可以看出，孔子启发诱导的教学技巧已经达到炉火纯青的程度。

孔子启发式教学最著名的要数在《论语·述而》中提出的"不愤不启，不悱不发，举一隅不以三隅反，则不复也"的说法。朱熹解释说：

"愤者，心求通而未得之意。悱者，口欲言而未得之貌。"[①]形象地描述了教师在教学过程中要准确把握学生的心理状态和认知程度，从而进行合理引导。学生在这个过程也要积极思考，实现举一反三，甚至能够反过来回应和启发老师，达到教学相长；如果没有这种状态，教师就暂时不必多讲，因为学生的认知积极性没有激发，对于问题没有发自内心的思考，一味灌输知识，起不到有效的教学效果。

孔子的启发式教学还提到了"叩其两端""由博返约"等一系列方法。在《论语·子路》中子贡请教老师怎样去判断一个人："乡人皆好之，何如？"子曰："未可也。""乡人皆恶之，何如？"子曰："未可也。不如乡人之善者好之，其不善者恶之。"孔子的这种思想包含辩证思维，人的复杂性导致无法简单用好或者坏来判断一个人。孔子引导学生多从事物的两面去观察人和事，多视角地去评断一件事情，努力做到全面地看问题。所以在《论语·子罕》中他说："有鄙夫问于我，空空如也。我叩其两端而竭焉。"也就是运用反问等方式，引导提问者从正反两个方面思考问题，得到答案。孔子还提出了由博返约的学习方法，"博"是为了广泛地学习知识，扩大认知的深度与广度，"约"则是指通过归纳、分析实现知识的系统化，发现现象背后的规律，从而一以贯之，实现知识的迁移，能够推理和分析同类问题。

孔子的启发式教学是充分依据其所编教材"六经"来施行的。如《论语·学而》中记录了子贡向（与）孔子请教（讨论）《诗》的对话："子贡曰：'贫而无谄，富而无骄，何如？'子曰：'可也。未若贫而乐，富而好礼者也。'子贡曰：'《诗》云：如切如磋，如琢如磨。其斯之谓与？'子曰：'赐也，始可与言《诗》已矣，告诸往而知来者。'"子贡的提问原与《诗》无关，但他的思维显得有点跳跃，从老师的回答中马

---

① 朱熹.四书章句集注［M］.北京：中华书局，1983：95.

上联想到对曾经学过的《诗·卫风·淇奥》中诗句的理解，于是又提出对诗句含义的理解问题。至此，子贡提问的主题已经转移了。子贡问题的转移与他的提问有关，也与老师的答问有关。首先，"'贫而无谄，富而无骄'，这样的人如何？"这个问题可以说是一个不言自明的问题，做人能够如此，毫无疑问应当予以肯定。但子贡明知还要故问，显然是有备而来，对老师"另有所图"。老师果然在肯定"贫而无谄，富而无骄"这样的人之后，进一步指出还可以有更高的境界——"未若贫而乐，富而好礼"。聪明的子贡也许未曾想到老师会如此回答，但他从老师的答问中体会出老师的评价原则和思想方法，由此又联想到之前所学《淇奥》中的句子"如切如磋，如琢如磨"就是表达了老师的意思，于是以之再提问，得到老师的高度赞许，认为告诉子贡过去的事，他就能够知晓未来的事。孔子的意思是，人无论是道德还是学问都要提高一步去看，这是一种评价人的普遍标准。子贡不仅领会了老师的意思，而且还加深了对《诗》的理解。这是一个典型的举一反三的教学案例。《论语·八佾》中也记录了一个类似的案例，也是孔子利用《诗》的教材来教学，启发弟子思维。子夏向（与）老师请教（讨论）《诗》的对话："子夏问曰：'巧笑倩兮，美目盼兮，素以为绚兮。何谓也？'子曰：'绘事后素。'曰：'礼后乎？'子曰：'起予者商也！始可与言《诗》已矣。'"与上一案例有异曲同工之妙。

有学者认为，西方的启发式教学强调教师问、学生答，其教学过程是始于教师的设问，而终于教师的结论，具有"以教论学"的特征。孔子开创的启发式教学，则强调学生首先主动提出问题，再由教师在学生问题基础上予以诘问引导，由学生自己找到问题的答案，更注重教学的针对性，体现出"以学论教"的特点。[①] 孔子的启发式教学是一个以学

——————————

① 甘民. 回归孔子——欧美启发式教学发展的终极归宿［J］. 比较教育研究，2006（03）：19-22.

生独立地发现、分析、解决问题为主的过程，体现了学生的主体地位，能够开发学生的智慧和潜能，体现了一种以人为本的发展观。启发式教学反映了学习过程是学生主动认知、主动建构知识的过程，体现出先秦教育家对教学过程认知的成熟。

启发式教学是以学为中心展开的，教学的过程可以看成学生接受、理解并践行学问的过程。当代教学理论认为，教学是教师引起、维持或促进学生学习的活动。教学是师生相互促进、共同发展的过程。① 有学者认为，"为学之序"以"学、问、思、辨、行"为基本内涵，并在逻辑建构的过程中逐渐形成了以学为核心，以问、思、辨为基本方式，以行为归宿的关系构架。② 这一为学之序的形成经历了孔子、孟子、荀子数百年的完善。对于怎样学、思、行，孔子、孟子、荀子、《大学》《中庸》都有相应的论述。从孔子的教育过程来看，他重视教学的过程从感性认知开始，最终在实践中检验知识，表现为学、思、习、行四个环节。这一为学程序的设计最终在《中庸》中，通过"博学、审问、慎思、明辨、笃行"将学—思—行连为整体。

学是认识事物的起点，在《论语》中孔子多次提到学习的重要性。《论语》从《学而》开始，至《尧曰》结束，表明了孔子之学始于志学，终于成圣的逻辑路径。在《论语·公冶长》中孔子曾经自称："十室之邑，必有忠信如丘者焉，不如丘之好学也。"他评价自己"学而不厌，诲人不倦"，把学习看成成为君子的必要条件。对待自己的学生，他在《论语·阳货》中说："小子何莫学夫诗？诗，可以兴，可以观，可以群，可以怨。迩之事父，远之事君；多识于鸟兽草木之名。"《诗》《书》《礼》《乐》《易》《春秋》"六经"是孔子重要的教学内容。学是孔子为学程序中最重要一环，他

---

① 杜成宪，郑金洲，主编. 大辞海：教育卷［M］. 上海：上海辞书出版社，2014：124.
② 屈博. "为学之序"的逻辑建构及其方法论启示［J］. 现代教育论丛，2018（06）：2-7.

自己十五就志于学，通过学习获得感性知识。这些观点在后世儒家中都得到了继承，劝学、论学成为儒家教育的核心议题。

学习是一项非常复杂的活动，感性的知识需要通过思考来加工。在《论语·为政》中孔子说："学而不思则罔，思而不学则殆。"只读书不思考，就会迷惑而无所得；只空想不读书，就会精神倦怠而无所得。明清之际思想家陆世仪在《思辨录》中说："悟处皆出于思，不思无由得悟。思处皆源于学，不学则无可思。学者，所以求悟也。悟者，思而得通也。"[①] 通过学习获得感性知识，只有通过思维加工，将知识连接为有意义的组织，才能保证掌握知识。在教学过程中，学可以视为学习教材，思则是消化和吸收教材，将知识材料内化为自身的知识体系。孔子重视思的过程，《论语·季氏》曰："君子有九思：视思明，听思聪，色思温，貌思恭，言思忠，事思敬，疑思问，忿思难，见得思义。"思是孔子教学过程中强调的内容，反思成为孔门弟子重要的学习手段和习惯。

在《论语·学而》中孔子说道："学而时习之，不亦说乎？""习"指练习、复习，朱熹认为："习，鸟数飞也。学之不已，如鸟数飞也。"程颐也认为："习，重习也，时复思绎，浃洽于中。"[②] "六经"内容需要通过经常的重习来巩固，也要通过经常的重习来加深理解。习，还可以理解为实习，即将所学付诸行动，运用书中所学解决实际问题。如学《诗》，在《论语·子路》中，孔子说："诵《诗》三百，授之以政，不达；使于四方，不能专对；虽多，亦奚以为？"不仅应当读懂、记牢，还要能够应用于政治生活、社会交往，否则，学得再多，又能如何？钱穆解读《论语》的"习"时认为："人之为学，当日复日，时复

---

① 程树德. 论语集释［M］. 程俊英，蒋见元，点校. 北京：中华书局，1990：103.

② 朱熹. 四书章句集注［M］. 北京：中华书局，1983：47.

时，年复年，反复不已，老而无倦。"① 正是由于习的重要性，所以孔子弟子曾参表示"吾日三省"，孔子也会"三月不违仁"，通过各种方式的习，将认知内化为心性品质，这是教学过程的更高阶段。

（五）"六经"课程的代表性实践者

《史记·孔子世家》称孔子"退而修《诗》《书》《礼》《乐》，弟子弥众，至自远方，莫不受业焉"。孔子弟子是"六经"课程的最初一批受益者，也很可能是孔子之后"六经"课程最早的一批实践者，是他们将"六经"转授于人。《庄子·天下》说："其在于《诗》《书》《礼》《乐》者，邹鲁之士搢绅先生多能明之。"这些"邹鲁之士搢绅先生"就是他们的课程实践取得的硕果。当然，孔子的众弟子所起的作用应该各不相同。在孔子的后辈学者中，实践"六经"课程的代表性人物是孟子和荀子，他们形成了两种实施"六经"课程的实践模式。

1. 孟子"内发说"的课程观

孟子对中国早期教育形态似有所耳闻，"甚至比孔子所知还要具体"。② 在《孟子·滕文公上》中他说："设为庠序学校以教之。庠者，养也；校者，教也；序者，射也。夏曰校，殷曰序，周曰庠；学则三代共之，皆所以明人伦也。人伦明于上，小民亲于下。"详细列举之前各代学校，并归纳出前代学校的共同目的与特征。他还说："有王者起，必来取法，是为王者师也。"认为设学施教是"三者"治国应有之举，也是应有之义。出于这样的认识，据《孟子·梁惠王上》记载，他还屡

---

① 钱穆.论语新解［M］.北京：生活·读书·新知三联书店，2002：4.
② 陈桂生.孔子授业研究［M］.修订本.上海：上海教育出版社，2020：223.

屡告诫梁惠王"谨庠序之教，申之以孝悌之义"。这是从教育的必要性方面说的。从教育的可能性方面看，孟子强调人与动物之间存在着根本性区别，那就是人性本善。孟子在《孟子·告子上》中说，人生而具有"恻隐之心""羞恶之心""恭敬之心""是非之心"，即仁义礼智四种"善端"。如果懂得凭借这些"善端"努力加以扩充，从个人而言，"人皆可以为尧舜"，从国家而言，就足以"保四海"，否则，连父母都侍奉不了。在孟子看来，"人伦"是人类的本质表现，也显示了人类社会生活的特点。在《孟子·滕文公上》中，孟子将"人伦"概括为"父子有亲，君臣有义，夫妇有别，长幼有序，朋友有信"五对关系及相应的关系准则。孟子尤其重视父子（孝）、长幼兄弟（悌）这两对关系，视之为人伦关系的核心。据此建立了道德规范体系，即仁、义、礼、智、信"五常"。孟子设想将整个社会关系和统治秩序都建于其上。由此，孟子在历史上第一次明确将"明人伦"确立为学校教育的目的，也是学校课程的目标。孟子的思想对后世中国学校教育和课程的发展产生了深远影响。在后世中国的学校课程中，占据首要位置的是道德教育，这反映了孟子思想的实际影响。①

在培养目标问题上，孟子强调和扩充了孔子倡导的"君子"的精神追求，提倡一种有独立思想和意志的人格，也即他所说的"大丈夫"。为了实现其培养目标，孟子办学又是拿什么教给学生的？《史记·孟子荀卿列传》称，孟子希望从政而终不见用于世，于是"退而与弟子万章之徒序《诗》《书》，述仲尼之意"。可见，孟子也是以《诗》《书》等经典

---

① 参见：宋德民.德育在古代课程中的地位［M］//杨玉厚，主编.中国课程变革研究.西安：陕西人民教育出版社，1993：19-43.宋文认为，中国古代教育的培养目标，主要是德育目标的规定；德育贯穿整个教育过程；课程的最主要部分是德育内容；知识教育渗透德育内容；知识教育服从道德教育，评价知识教育社会效果的标准取决于道德要求；学生的道德养成是衡量教育成效的重要尺度；教师的首要职责在于促进学生道德的成长；等等。

文献以及士礼、古史、政事等内容授徒。[①] 这样的课程内容似未摆脱"六经"课程的窠臼。但孟子似乎更注重《诗》《书》之教。然而，作为性善论者，孟子在教育上持"内发论"，更强调依赖个人的内在素质和主观努力。《孟子·尽心下》记载他关于读《书》的主张："尽信《书》，则不如无《书》。吾于《武成》取二三策而已矣。"《孟子·万章上》记载他关于读《诗》的主张："说《诗》者，不以文害辞，不以辞害志，以意逆志，是为得之。"对于读《书》，孟子的态度是不能尽信，假如尽信，还不如没有《书》。孟子自述对其中的《武成》这篇，只认可其中几支简的内容而已。对于读《诗》，孟子把怎么读《诗》分为四个层面，即文字、词句、作者本意和读者理解，强调不能让文字妨害对词句的理解，不能让词句妨害对作者本意的理解，尤其重要的是以自己的体验去理解作者本意。两条材料都强调了学习中学习者的主观能动性。这两条材料虽是在说如何读《书》《诗》，但也可作为孟子的课程主张。在课程与学习者之间，他反对让课程主宰学习者，而主张课程应为学习者所用。他反复强调学习者个体的学习能动性，要求不能追随学习内容亦步亦趋。孟子的课程价值观在相当长的历史时期并未受到重视，汉唐的课程思想强调的是学习者对课程的正确把握，为了达到这一目标，在经学（"五经"）课程的基础上形成了新的经学课程形态，即对经的解释——注，后来又形成对注的注——疏。在这种课程形态下，学者对课程的追随是主要的。这是完全与孟子的课程观相背离的。从宋代起，孟子课程观的价值开始受到学者注重，教者和学者的主体意识被唤醒，从张载到程朱，不仅重建了经学课程体系，而且赋予这一新课程体系以时代的意义。甚至到了

---

① 陈桂生先生研究发现，《孟子》一书中记载孟子与其弟子的教学问答，以万章、公孙丑二人数量为最多。问答的主题包括问礼、问诗、问史、问政等，从中可以大致了解其所授课程内容。参见：陈桂生.孔子授业研究［M］.修订本.上海：上海教育出版社，2020：231-232.

陆九渊、王守仁那里，他们不仅不认为学者应当追随前代留下的典籍，而且主张这些课程应当成为当今人心的诠解。

清人戴震在比较孟子与荀子二人的为学取向时说过："荀子之重学也，无于内而取于外；孟子之重学也，有于内而资于外。"① 所谓"内"，是指学习的内部过程如思维活动；所谓"外"，是指学习的外部过程，如感知活动。"有于内"是指孟子对学习内部过程的偏重。偏重学习的内部过程，在孟子那里表现为强调学习者的思维。《孟子·告子上》称："耳目之官不思，而蔽于物，物交物则引之而已矣；心之官则思，思则得之，不思则不得也。此天之所与我者。先立乎其大者，则其小者不能夺也。此为大人而已矣。"孟子指出耳、目一类感官不会思考，容易受蒙蔽，一接触外物，便被引向迷途；心的功能是思考，思考就会有所得，这是天赐的。所以应当先将"心"这一重要器官"立"起来，耳、目感官也就不能误导人，而人就有希望最终成为"大人"。在此，孟子是"把'心之官'能'思'作为人类的一个重要特征"来看的。② 在《孟子》和孟子同时代的其他典籍中，似未见孟子倡导系统学习"六经"的材料，似乎可以证明孟子课程思想的特点——以发展人的思维能力为重，而未必在意认真、系统地学习书本知识。他自称读《书·武成》只取其中二三策而已，就表达了他的知识观和课程观。这种课程观我们姑称其为"内发说"的课程观。

2. 荀子"外铄论"的课程观

与孟子异趣，荀子在教育上是"外铄论"者，并以培养既有渊博学识又擅治国理政的儒士为目标。荀子身处由诸侯争霸走向天下一统的

① 戴震. 孟子字义疏证 [M]. 北京：中华书局，1982：32.
② 沈善洪，王凤贤. 中国伦理学说史：上卷 [M]. 杭州：浙江人民出版社，1985：185.

前夜，他看到了国家离统一已经为时不远，并认同这种趋势，进而思考教育在此进程中应当发挥什么样的作用。他批评孟子的性善学说无法获得社会生活的验证，认为人性谈不上善，相反是"恶"的，教育是一个"化性起伪"的过程，即通过个人的后天努力，在人身上不断地积累起善，使人逐渐远离初始的本性，即所谓"长迁而不返其初"。所以主张通过系统学习，不断积累起"礼义"，最终改变人自身，成为德才兼备、言行俱佳的人才。这是一个由外而内改变人的过程，而使人改变的依据同样是"六经"课程。

荀子对古代课程思想的发展在于，指出"六经"中的各门课程在学习时应当有先后顺序，课程内容的实施顺序又体现了培养目标的阶段性顺序。《荀子·劝学》曾经提出"学恶乎始？恶乎终？"的问题。这确实"是一个令人感兴趣的问题"，[①] 因为这是在尝试构想一个学习过程。荀子对此的回答是："其数则始乎诵经，终乎读礼；其义则始乎为士，终乎为圣人。""数"，即术，指学习的手段、依据；"义"，即意，指学习的宗旨、目标。开始于诵经，完成于读礼；开始于为士，达成于君子，最终成就圣人。前者是课程内容的进程，后者是课程目标的进程，两者是对应的。这是荀子描绘的学习顺序与个人完善顺序，可以视为一个比较完整的儒家经典文献课程大纲，也明确地说明了文献学习的一个个阶段的完成，最终完成学习，与之对应的是人思想、道德、人格上的不断成善。所以，"诵经""读礼"本身不是目的，目的是"始乎为士，终乎为圣人"；学之"数"可以有完成的时候，而学之"义"却是不可须臾放弃的。读经与人的成就就这样联系了起来，由此，荀子描绘出了一个儒者不断走向成就的一般道路，后世读经教育的精神由此露出端倪。孔子整理出"六经"，并未论说如何按顺序学习；孟子也以"六经"

---

① 陈桂生.孔子授业研究［M］.修订本.上海：上海教育出版社，2020：254.

为教，但似乎未在意以什么顺序去学习的问题；荀子则首次对"六经"学习的顺序作了思考和构想，并提出了建议。这是荀子对如何实施"六经"课程这一问题在认识和实践上的探讨，可以说，荀子从目标和进程两方面论述了"六经"学习，有了更明确的课程意识。

荀子主张"始乎诵经"之"经"究竟是指哪些？按戴震之意，孟荀都重学，但在如何实现学方面，却存在显著区别。荀子作为起点的所诵之经，主要是指《诗》《书》，还包括《礼》《乐》和《春秋》。《荀子·劝学》说："故《书》者，政事之纪也；《诗》者，中声之所止也；《礼》者，法之大分，群类之纲纪也。故学至乎《礼》而止矣……《礼》之敬文也，《乐》之中和也，《诗》《书》之博也，《春秋》之微也，在天地之间者毕矣。"有关孟子的课程，《孟子》中明确提到的只是《诗》《书》，而在荀子的课程中则明确提到了《礼》《乐》《诗》《书》《春秋》。因此有学者认为，说孔子以"六艺"（"六经"）教授学生的证据并不充足，"荀子才堪称'以《诗》《书》《礼》《乐》教弟子'的倡导者"。①这一说法可以讨论，但从荀子有关论述可以看出，他的主张对于儒家经典课程体系的确立产生了重要作用。

还必须指出，荀子对孔子奠定的儒家经典课程并非简单因袭，而是在继承和传承中有所发展。第一，荀子提出"始乎诵经"，强调人的学习和完善从读经开始，这就提出了一个学习起点的观念，因其要求十分明确，故而深刻影响了后世人们的学习起步观念。同时，他明确将学习《诗》《书》《礼》《乐》《春秋》称为读"经"，正式认定了孔子制定的文献课程"六经"诸书"经"的属性，也从观念上树立了儒家经典超乎寻常的地位，相较于孟子的"尽信《书》，则不如无《书》"，是一个巨大改变。第二，如上所述，荀子在诸经中尤重《礼》，

① 陈桂生.孔子授业研究［M］.修订本.上海：上海教育出版社，2020：257.

将《礼》视为经典课程的完成阶段，编制了一个由读《诗》《书》始，至读《礼》终的课程序列，虽然荀子并未改变"六经"课程体系，却通过重新论定"六经"的修学次序，对其价值重新作了解释，开后世教育中注重"礼制""礼教"的先河。第三，荀子在传授经典中有大量诠解和阐发，形成了重要的传播流派，影响了"六经"在后世的流传和其内涵的不断拓展。据清人汪中考证，《诗》到汉代有三家传者，即《鲁诗》（浮丘伯）、《毛诗》（毛亨）和《韩诗》（韩婴），其中浮丘伯、毛亨是荀子弟子，《韩诗》引荀子颇多，其传授或也与之有关。《春秋》有三传，荀子以《穀梁传》传浮丘伯，浮丘伯再传申公；以《左传》传张苍，张苍再传贾谊。《大戴礼记》的《曾子立事》内容又见于《荀子》的《修身》《大略》，《小戴礼记》的《乐记》《三年问》《乡饮酒义》等内容又见于《荀子》的《礼论》《乐论》等，成为荀子传《礼》的证据。所以，结论是："荀卿之学，出于孔氏，而尤有功于诸经。……盖自七十子之徒既殁，汉诸儒未兴，中更战国暴秦之乱，六艺之传，赖以不绝者，荀卿也。"[①]"六经"课程能够传世，有赖于荀子的传授。第四，较之孔孟，荀子教的意识极大地增强了。如《荀子·修身》中提出"师云亦云"的主张。甚至《荀子·大略》中还非常严厉地宣称，"言而不称师，谓之畔（叛）；教而不称师，谓之倍（背）"，背叛之人为人所不齿。荀子更强调教，强调师传，但对教育教学对象的重视和研究却不如孔孟，他"很少从学习者的立场去论述教"。这既是因为他的"性恶"学说——道德和知识是外铄的，自然就应该重教；也是因为他主张国家统一的政治主张——加强对人思想的控制，自然就应该以礼法治人；还因为当时的知识媒介——以竹帛为

---

① 汪中.述学补遗·荀卿子通论［M］.四部备要本.上海：中华书局，1936：5-6.

知识载体，自然就依赖师传。① 荀子的课程思想是时代的产物，是接通孔孟"六经"课程与汉代经学课程的重要一环。

（六）对"六经"课程的冲击和补充

儒家之外，春秋战国时期的其他学派也有自己的教育实践，出于各自的培养目标，也形成了各自的课程主张和实践。这些主张和实践，一方面对"六经"课程形成冲击，另一方面也是对"六经"课程的有益补充。

1. 墨家对"六经"课程的突破

墨家学派与儒家有着千丝万缕的联系，甚至可以说还受过儒家的滋养。《汉书·艺文志》概括墨家学派的诸多特征，如"养三老五更""选士大射""宗祀严父""以孝视天下"等，与儒家相近、相合处甚多。《吕氏春秋·当染》记载鲁惠公向周请郊庙之礼，周桓王派史角前往，事后鲁惠公将史角留在鲁国，"墨子学焉"。孔子也曾受史角影响。《淮南子·要略》说得更直截了当："墨子学儒者之业，受孔子之术。"事实是墨子确也精通"六艺之论"。墨子与孔子有一些共同关心的问题，如都赞许尧、舜、禹等前代圣贤，反映了他们以道德治天下的社会理想很相近。法家代表人物韩非在《韩非子·显学》中将儒、墨等量齐观，认为两家都是"明据先王，必定尧舜者，非愚则诬也"。也有学者将墨家视为"六艺教育思想的支流"。② 然而，这并非墨家与儒家关系的全部。

① 孙培青，李国钧，主编.中国教育思想史：第一卷［M］.上海：华东师范大学出版社，1995：80.
② 陈学恂，总主编，张瑞璠，主编.中国教育史研究：先秦分卷［M］.上海：华东师范大学出版社，2009：100.

墨家与春秋战国时期生产、经济发展的联系更为直接。春秋时期，随着生产力的发展，生产关系也发生相应改变。原有的井田制度和"工商食官"制度难以为继，农民和工商业者成为独立的社会阶层。墨家的兴起显然反映了这一趋势。史书记载墨子擅长木工器械制造，自称"鄙人""贱人"，可见是这一群体中的一员，并以之为核心，组成一个代表"农与工肆之人"的团体和学派。这样的团体和学派自然有其教育追求，墨家提出了自己的课程主张并付诸实践。

出于"兼爱"和"利人"的社会理想，墨家学派希望通过培养"兼士"来实现贤人政治。这样的人才应当是"博乎道术""辩乎言谈""厚乎德行"的，即在知识技能、思辨能力和道德品性几方面都提出高要求。根据培养目标，墨家的课程体系由四个方面组成：（1）政治和道德教育，包括一系列社会理念及相应的修炼，即所谓"十大纲领"，体现为《墨子》一书主干部分阐述的十个主题——"兼爱""非攻""尚贤""尚同""节用""节葬""非乐""非命""天志""明鬼"；（2）科学和技术教育，包括生产和军事技术教育和自然科学知识教育，涉及日用生产、生活器械和战争攻防器械的原理、制造与操作，数学、光学、力学、声学、心理学等理论领域；（3）文化知识教育，包括文献、历史，乃至部分"六艺"内容；（4）思维论辩训练，包括认识论、思想方法和形式逻辑。

墨家私学的课程同样坚持政治和伦理导向，虽然不甚重视文献知识教育和前代经验的传授，但也并不一律排除，表现出与儒家思想的若干共同点。而其创造性和个性是主要的，表现为：其一，强调对生产和生活切实有用的课程，无干生产与生活的课程内容则不应提倡甚至应当予以否定（如其"非乐"主张，就是认为"乐"无益于生产而应当禁止）；其二，强调个人实践和经验的课程，虽然不排除间接经验（如墨家倡导的"三表法"中的"有本之者"，即指依据前代经验），却更注重现实经验和实践检验（如"三表法"中的"有原之者"和"有用之者"，即指依据社会民众反响和政治实践效果）①；其三，强调科学和技术知识的课程，十分关注思维训练（如《墨经》所包含的知识及其表达方式）；其四，强调知识的创造和课程的更新（即《墨子·耕柱》所谓"古之善者则诛之，今之善者则作之，欲善之益多也"），反对墨守旧知。

尤其应当强调的是墨家学派在课程内容上的新创造。《墨子》中的《墨经》被认为是后期墨家的著作，而从《墨经》的内容及其表述方式看，表现出很明显的讲授特点，完全可以将其视为墨家的教材，其中涉及数学、力学、光学等自然学科，政法、经济、教育等社会学科知识和若干科学研究方法。②

关于科学知识。后期墨家对科学研究有很高造诣，通过朴素的科学名词及其定义和界说，表达对自然现象的描述和理解。如数学。通过对数学现象的定义，表达出丰富的数学概念、严密的逻辑推理和深邃的数理哲学思想，涉及部分与整体、有穷与无穷、同与异、虚与实、圆与方、加倍、相交、相比、相次、建位、极限等问题。如关于平行线。《墨经·经上》："平，同高也。"《经说上》解释说："谓台执者也。若弟兄。"意谓：平行线是同高的，指二线之间都相等，如同兄弟一般。如关于圆的定义。《墨经·经上》："圜，一中同长也。"《经说上》解释说："圜，规写交也。"意谓：圆，是对中心至周作同长的径线之形，是用规画一周线相交。再如力学。通过对各种力学现象所作定义，显示出对力学和机械学规律的探索已相当深入。如《墨经·经上》："力，刑之所以

---

① 见《墨子·非命上》。墨子认为，凡事必须确立标准，是非利害的论辩就可以"明知"，"故言必有三表"，建立三项标准："有本之者，有原之者，有用之者。"即"上本之于古者圣王之事"，"下原察百姓耳目之实"，"废（发）以为刑政，观其中国家百姓人民之利"。
② 谭戒甫将《墨经》中涉及的学科分为名言、自然、数学、力学、光学、认识、辩术、辩学、政法、经济、教学、伦理等12类。参见：谭戒甫.墨经分类译注［M］.北京：中华书局，1981.

奋也。"《经说上》解释说："力，重之谓。下，与（举）。重奋也。"意谓：力，是形体发生运动的根源，是有重量的说法。下坠，或上举，凡有重量的运动即是。又如光学，被认为是墨家科学教育中最出色的部分。如《墨经·经下》："景（影）到在午有端，与景长。"《经说下》解释说："景，光之人，照若射。下者之人也高，高者之人也下。足蔽下光，故成景于上；首蔽上光，故成景于下。"意谓影倒在于交点，而影像高低系于光线的长短。影，是光照人而成，光照如射箭一样直。底下的光线照人反高，高处的光线照人反下。人足遮蔽下光成影于上，人首遮蔽上光成影于下。影像上下颠倒是由于光线相交于小孔的缘故。

上述是自然科学，再说社会科学。如认识论。《墨经·经上》："知：闻、说、亲。"《经说上》解释说："知，传受之，闻也。方不㡣，说也。身观焉，亲也。"意谓：知识包括闻知、说知、亲知三种。由传受得来的是闻知，超越界限由推论得来的是说知，亲身观察得来的是亲知。指出了知识的不同性质及其来源。再如伦理学。既表现出与儒家的相似立场，也表现出自身学派的功利主义倾向。《墨经·经上》："仁，体爱也。"《经说上》解释说："仁，爱己者非为用己也。不若爱马者。"意谓：仁，是凭自己的体验去爱他人。就像爱自己不是为了利用自己。不像爱马是为了利用马。分明体现出孔子"能近取譬"的"忠恕之道"精神，但也表现出以利、用判定是非的思维习惯。《墨经·经上》又说："孝，利亲也。"《经说上》解释说："孝，以亲为芬（份）而能利亲，不能必得。"意谓：孝是利于父母。以奉养父母为本分才能做到利于父母。不必去博得爱亲之名。"爱亲有孝名，但利亲是实效。"[①]建立在利亲基础之上的爱亲才是真孝，而不必去在意是否有名。这就表现出与儒家孝道的明显差异。

---

① 谭戒甫.墨经分类译注［M］.北京：中华书局，1981：194.

在自然科学和社会科学知识、理论的传授过程中，墨家学派还贯穿了科学方法的教育。[①] 如分析和综合方法的教育。《墨经》的特色是给予研究对象以十分概括而简洁的定义，表现了对研究对象作细致分析的思维习惯。如上文所引对力的定义：是重量的称谓；是下坠，是上举；是重量的运动。既是在分析，同时也是在进行综合。再如辩证方法的教育。后期墨家运用事物的对立统一规律研究事物，批驳了公孙龙的"离坚白""白马非马"的诡辩。《墨经·经下》："于一，有知焉，有不知焉。说在存。"《经说下》解释说："于石，一也；坚、白，二也；而在石。故有智焉，有不智焉，可。"意谓：在同一石上，视而知白不知坚，抚而知坚不知白，但二者存于一石。看到了白石，同时也得到了坚石。只说有知有不知，就可以了。指出了白石的坚与白二属性是对立统一的，不宜夸大其对立，抹杀其统一。又如实验方法的教育。上述有关光的反射、小孔成像等著名实验都载于《墨经》，《墨经》事实上成为墨家后学的教材乃至课程。"墨家是科学实验方法的创始者，也是把科学实验方法用于教学的先行者。"[②]

墨家在课程内容上的另一创造是思维论辩的教育与训练。墨家认为，建立一种学说或判断一种理论都应当有衡量标准，也即"言必有仪"，因此是非可明。这种标准是客观的，有三条，即"三表"。第一条，"有本之者"，即以历史经验为准；第二条，"有原之者"，即考察百姓的实际经历；第三条，"有用之者"，即在社会实践中得到检验。墨家的"三表法"既是政治和社会实践的方法，也是学习和求知的方法，表现了尊重实践、尊重感性经验、尊重民众意愿的特点。进而，墨家要求

---

① 有关墨家以科学研究方法进入课程的论述，参见：孙培青，李国钧，主编. 中国教育思想史：第一卷［M］. 上海：华东师范大学出版社，1995：121-122.
② 陈学恂，总主编，张瑞璠，主编. 中国教育史研究：先秦分卷［M］. 上海：华东师范大学出版社，2009：111.

其弟子必须掌握思维和论辩的规则，掌握形式逻辑。《墨子·非攻下》记载，墨子在驳斥论敌时常会强调指出："子未察吾言之类，未明其故者也。"要求明白论题是哪一类事物，又有何根据。他提出"类""故"概念，要求学会"察类明故"，掌握类推与求故的思想方法，以战胜论敌。《墨子·公输》记载，当得知公输般为楚国造云梯准备攻打宋国时，墨子匆忙赶去阻止，与之辩，指出公输般口口声声说不无故杀人，而实际上为楚国造云梯以攻宋不啻在无故杀人。在墨子看来，事物之类是由事物之故——内在根据决定的，无故杀人和为楚国造云梯都是杀人，这是两者的内在根据，所以两者都是不义的，是同类。在墨子的雄辩批驳之下，公输般无言以对，楚国国君也自知理亏，于是罢兵息战。墨家学派注意逻辑学教育，长于论辩，确实胜过儒家学派。

墨家私学课程是对前代"六艺"课程和同时代儒家"六经"课程的突破，极大地拓展了课程内容的范围，也打破了以"六经"为代表的文献课程开始一统学校的局面，表现出极大的创造性，是古代学校课程发展的重要收获。然而，其唯"用"是尚的功利主义课程观则是缺陷。尤其十分遗憾的是，秦汉以后，随着墨家学说的不传于世，墨家倡导的颇具特色的学校课程也湮没不闻，事实上成为中华文化和教育发展中的一大损失。

2. 道家对"六经"课程的批判

班固在《汉书·艺文志》中分析道家的由来，认为从思想渊源看，"道家者流，盖出于史官，历记成败存亡祸福古今之道，然后知秉要执本，清虚以自守，卑弱以自持"。又据《史记·老子韩非列传》，司马迁也认为道家学派代表人物老子确是"周守藏室之史也"。作为史官，因记言记事，执掌典籍文书，熟知历史故事，通晓天文历法，博学广见成为其身份标志。因为见多识广，这个学派的学者确实最有可能成为洞悉宇宙天地、世事人生，旷达而通脱的智者。① 由此也可以想象一下，这样一个学派如要设帐授徒，会用怎样的课程来教学？答案差不多也是明确的——当然是一套自古及今、天地上下，内容涉及广泛、无所不包的课程。在《庄子·养生主》中庄子说："吾生也有涯，而知也无涯，以有涯随无涯，殆矣！"发出如此感慨的人，该是痴迷于求知、学问广博的吧？然而，恰恰相反，道家是一个表现出抵制一味广博求知的"反智"学派。

如果以社会化程度为衡量标准，被称为"道家"的各派学说之间相去甚远，但从作为道家主流的老子与庄子的教育思想中，可以概括出一以贯之的追求，体现为课程观念，就是批判传统，反对人为，鄙弃教条。

道家口头上经常菲薄知识和求知，但这种菲薄恰恰反映出他们对知识和求知的极大迷恋，《老子》中的智谋，《庄子》中见识的奇特、思想的发散，无不显示出这个学派的学者阅读和涉猎之广，只是他们丝毫不愿拘于"六艺"或"六经"课程的有限范围而已。何况，在他们看来，这些以"仁义"为主旨的课程内容并不能带给人任何益处，有的只是危害，包括对人自然本性的摧残，对质朴的社会风气的毒害。《庄子·骈拇》认为："自三代以下者，天下莫不以物易其性矣。小人则以身殉利，士则以身殉名，大夫则以身殉家，圣人则以身殉天下。故此数子者，事业不同，名声异号，其于伤性，以身为殉，一也。"虽然上述人等所为之牺牲奉献的对象不同，但"残生伤性"却是一样的。《庄子·天运》中表露出道家对儒家"六经"课程极大地不以为然的态度："孔子谓老聃曰：'丘治《诗》《书》《礼》《乐》《易》《春秋》六经，自以为久矣，孰知其故矣。以奸者七十二君，论先王之道而明周召之迹，一君无所

① 孙培青，李国钧，主编.中国教育思想史：第一卷［M］.上海：华东师范大学出版社，1995：131.

钩用。甚矣夫！人之难说也，道之难明邪？'"孔子感到困惑不解的是，自己研究"六经"那么长时间，造诣很深，并用书中道理向诸国君主阐述先王之道和周公、召公的事迹，却不为任何一国君主所用。不是太离谱了吗！这是为什么呢？是人难以说服，还是道理难以讲清？老子的回答是：你未遇到所谓"治世君王"是大幸！"夫'六经'，先王之陈迹也，岂其所以迹哉！今子之所言，犹迹也。夫迹，履之所出，而迹岂履哉！"意谓"六经"与人们的社会活动之间的关系是足迹与步履的关系，"六经"不过是前代君王活动留下的陈迹而已，脚步和足迹不是一回事。时光不可遏制，发展不可阻挡，今日再执迷于"六经"，如同用过去的足迹来限制今日的脚步。实际上，这是借老子之口在告诫孔子：重要的是应当去关注脚步，而非足迹；你所学的"六经"那套道理简直就是无用之术！因为，"时不可止，道不可壅。苟得于道，无自而不可；失焉者，无自而可"。

那么，该如何学"道"，又如何才能得"道'？从《庄子·秋水》所言——"井蛙不可以语于海者，拘于虚也；夏虫不可以语于冰者，笃于时也；曲士不可以语于道者，束于教也"——来看，道家似乎是主张内容广泛甚至无所不包的课程的，事实上，要把握道家所说的"道"，似乎也需要无所不知或尽量多知。然而，道家学者清醒地认识到，无限地求知是存在风险的，并不是解决问题的好方案。依道家之见，什么都想要不仅难以做到，甚至还会误事，因为存在一个知识与能力的关系问题。《庄子·秋水》中说道："计人之所知，不若其所不知；其生之时，不若未生之时。以其至小求穷其至大之域，是故迷乱而不能自得也。"试图以十分有限的认知能力去求得穷尽至大之域，只会造成自己的迷乱而难以自得。那么，究竟应该怎么办？道家并未提出一个课程上的解决方案，而只是笼统地以求"道"作为出路。但道家提出的问题极有价值，也极其重要：知识的增加如此迅疾，人们该学习什么为好？在课程问题上，道家的主张实际上表达了两方面问题。其一，认为反映前人经验和前辈教训的"六经"，其实并无太大价值。因为过去的经验、知识难以应对和解决当前的问题。这触及什么知识是有价值的问题。从整体上看，道家否定体现社会价值和前代经验的道德、伦理型课程，而肯定立足于个人需求和现实体验的理智型课程。其二，知识固然应当多多益善，但知识无边无涯，相比之下，人的学习能力显得那样渺小，人是否能够把握知识世界就成了疑问。道家指出，一味追逐知识，希望有一种无所不包的课程学习不是出路，出路是在知识学习中获取"道"，把握事物的本质、规律。什么样的课程内容能够帮助人们去获取"道"呢？道家只是提出了问题，却未能提出解决问题的对策，但其提出问题，甚至提出具有破坏性的批评意见，也是有价值的。《庄子·秋水》提醒我们："以道观之，物无贵贱；以物观之，自贵而相贱；以俗观之，贵贱不在己。"面对纷繁复杂的世界，保持自己的独立判断很重要，而要做到这一点，把握住"道"是重要的。在学什么和怎么学的问题上，也是如此。

3. 法家对"六经"课程的贬斥

严格地说，法家有关学习内容的思想，似难以称之为课程思想，却至少可以称为一种知识价值观或广义的课程文化。面对诸侯争强的现实，法家的基本判断是：争强并不是争于知识和文化，而是"争于气力"，即争于经济和军事实力；知识和思想不仅无助于竞争，还会造成人们认识的不统一甚至思想的混乱。法家治国的基本国策是最大可能地动员民众投身"农战"，为此，主张废除与之无关的其他所有社会活动，包括传统意义上的学校教育。商鞅在其《商君书·赏刑》中提出"壹教"，决然地说："所谓壹教者，博闻、辩慧、信廉、礼乐、修行、群党、任誉、清浊，不可以富贵，不可以辟刑，不可独立私议以陈其上。"

意谓，对那些博学诗书、长于谈辩、讲究信廉、论说礼乐、宣称修行、集结朋党、互相标榜、议人长短之类人等，都要予以坚决打击，毫不手软。很显然，法家矛头所指，包括从事道德、政治、社会、文化等事业在内的各家学派，尤其是儒家及其"六经"学说，更是首当其冲。在文化遗产中，除了有利于"农战"的生产、军事知识和维护劳动力再生产的知识外，所有历史、人文类的典籍就都在被禁之列。《韩非子·和氏》中记载了商鞅的主张："燔诗书而明法令。"韩非发展了这种主张，《韩非子·五蠹》提出了更严酷的文化教育政策："明主之国，无书简之文，以法为教；无先王之语，以吏为师。"后来的秦国执政者予以实行。普通文化知识被禁，取而代之的则是法律法令，《韩非子·难三》说："法者，编著之图籍，设之于官府，而布之于百姓者也。"所以，在禁止私人讲学和禁毁图书典籍的情况下，法家为全体百姓开列的"课程表"就是法律法令、生产和军事知识、生活知识。在学校教育问题上，法家显然是开了历史的倒车，但它充分肯定教育和学习内容要联系生产和生活，也并非一无是处。

4. 知识总量剧增与课程、教材的分类

墨、道、法家之外，春秋战国时期还有诸多学派也在进行各自的传承活动。春秋战国是教育大发展时期，知识急剧增加，著作也迅速积累，人们的学习材料数量激增。不少学者和教育家对此有所思考和应对。《孟子·离娄下》中提出："博学而详说之，将以反说约也。"博中取约，这是应对书本知识过多的一种方案。《庄子·养生主》中庄子也发出了感慨："吾生也有涯，而知也无涯，以有涯随无涯，殆矣！"当时书籍大量增加，而增加最多的又是诸子百书书。反映这种"道德不一""道术割裂"的变化局面，当时一些代表性学者开始形成"百家"概念。如《庄子·天下》说："百家往而不反，必不合矣。……道术将

为天下裂。"身处战国末期的荀子对此的意识尤其强烈，《荀子》中频繁出现"百家"一词。如《儒效》中说："百家之说，不及后王，则不听也。"《解蔽》中说："今诸侯异政，百家异说，则必或是或非，或治或乱。"《正名》中说："是故邪说不能乱，百家无所窜。"战国时期，诸子百家私学各擅其长，以他们各自的著述作为教材，开设相应的课程。所谓"百家争鸣"，除了是学说的争辩，还是著作的争现，课程的争设。所谓诸子百家书，是一个十分庞大的数量，数量庞大的诸子百家著述及其在教育中的应用——开设为课程，促成中国古代课程和教材发展的第一个繁荣期。

《汉书·艺文志》依据刘向、刘歆父子的分类，将到西汉末所见书籍分为六艺、诸子、诗赋、兵书、术数和方技六类，共五百九十六家，一万三千二百六十九卷。虽然其中大量是汉代书籍，但春秋战国时期的书籍也不少。就以《诸子略》而言，总共收入一百八十九家，四千三百二十四篇（卷），可以确定为秦汉前的著述约为七八十家，两千多篇（卷）。另有不少著述虽成书于秦汉，但其传播是在战国甚至更早。此外，经过秦的焚书，班固撰写《艺文志》时所见书籍已不能反映古时原貌了。《诸子略》之外，《诗赋略》《兵书略》《术数略》《方技略》甚至《六艺略》中的书籍也可以理解为广义的诸子百家书。因此，春秋战国时期的图书数量已经相当可观，这些书籍都可以作为教材使用，很多还开设成了私学课程。如班固《艺文志》在《六艺略》中叙述春秋类书目之后，在结语中说道，孔子为了"存前圣之业"，据鲁国史记作《春秋》，其中"有所褒讳贬损，不可书见，口授弟子，弟子退而异言。丘明恐弟子各安其意，以失其真，故论本事而作传，明夫子不以空言说经也"。《左传》之作是左丘明唯恐弟子们曲解了孔子的本意，而据《春秋》为之传，希望后学能够正确理解孔子思想。可见，《左传》实在是帮助人正确把握《春秋》思想精髓的教材，后来也成为一门课程。班固作《艺文志》著录古今书目，一个重要意图就是希望能够倡导古代的"六艺"典籍及其相应的学习方式，以改变当时学术和治学的烦琐冗杂，也说明了《六艺略》中各类书籍的教材性质，尤其是其中的古代书籍。

《汉书·艺文志》对图书的分类是依据刘向、刘歆父子的《七略》，《七略》的分类并非凭空而作，而是有前代的学术甚至是图书教材分类的渊源。如《六艺略》之下又分为九类，为《易》《书》《诗》《礼》《乐》《春秋》《论语》《孝经》、小学。前六种就是孔子在世时讲学的教材与课程分类；《论语》先是孔门的补充教材，后来成为孔子后学办学的课程。《庄子·天下》在阐述"六经"的旨意后说："其数散于天下而设于中国者，百家之学时或称而道之。""百家之学"即是对林林总总学说的粗略描述。因此，对图书作大致区分的观念应当是在秦之前就已形成，对图书的分类也就是对教材的分类，而很多教材也意味着相应的课程。

需要指出的是，从《汉书·艺文志》著录的图书及其分类，可以看出其涵盖的知识还是比较广泛而全面的，这些知识在秦以前都有传授活动，甚至成家成派，在各种"道术"中似乎也占有一席之地，在实现各种专门知识的传承和发展。然而，《汉书·艺文志》的知识分类及其排列也表现出一种知识评价上的主次轻重倾向，《六艺略》《诸子略》显然重于其他诸略，而《六艺略》又是重中之重。这样的评价虽然形成于刘向、刘歆父子到班固，但也与"六经"课程与教材在战国时期的实际影响有关。所以，先秦时期各家各派的课程思想与实践对儒家"六艺"课程产生的冲击，实际上并未动摇"六艺"课程的地位，"六艺"课程甚至在汉代占据学校课程之一尊。何以如此，值得深思。

令人欣喜的是，20世纪70年代以来出土的大量简帛古书，提供了为数不少的传世文献未录历史文本，极大地改变了《汉书·艺文志》构建的先秦书籍教材面貌。这些出土的汉、秦和战国简（帛）大大丰富了原来由传世文献构建起来的知识和思想世界。参照《汉书·艺文志》的框架，出土简帛文本涉及的学派有："六艺"和儒家类、道家与黄老学派类、墨家类、法家类、阴阳家类、纵横家类、兵家类、农家类、小说家类、术数类、方技类等。当今研究者将传世文献与出土简帛文书的子类进行比对研究，认为出土简帛文书中存在三种情形：（1）未录未传的佚籍，如郭店楚简《鲁穆公问子思》《成之闻之》《尊德义》《性自命出》等，上海博物馆藏战国楚竹书《孔子诗论》《民之父母》《从政》《容成氏》《周易》《仲弓》《季康子问于孔子》《孔子见季桓子》等，清华大学藏战国竹简《耆夜》《周公之琴舞》《赤鸪之集汤之屋》《心是谓中》等；（2）录而未传的佚籍，如王家台秦墓残简《归藏》，马王堆帛书《五行》，银雀山汉简《孙膑兵法》等；（3）录而传世的不同版本，如郭店简《缁衣》，银雀山汉简《晏子》《孙子兵法》《尉缭子》《六韬》等，郭店楚简《老子》，马王堆帛书《老子》甲乙本，上海博物馆藏楚竹书《周易》等。① 近数十年的出土简帛为今人展现了一个十分丰富的知识世界。大量未录未传的佚籍重见天日，使我们相信，春秋战国时的人们所拥有和阅读的书籍比今人所知的要多得多，当时有著录而后世未传的古籍具有很大的真实性，可以帮助我们了解传世古籍的不同版本及其流传情况，并由此对历有争议的作品真伪作出判断，进而在此基础上恢复更多的历史记忆。

5. 传之口耳与书之竹帛：先秦时期教材的传递方式

《汉书·艺文志》所记载的各家各派知识和学问的传承，主要通过两种渠道，即传之口耳与书之竹帛。受媒介水平的限制，春秋战国时期的教材呈现形式，主要可以分为口耳相传和书写于一定的载体传递，如

① 王中江.简帛文明与古代思想世界［M］.北京：北京大学出版社，2011：17-18.

书写于简帛之类，课程的传授亦然。从中国书籍发展的历史看，口耳相传的教材传承方式在当时应该相当普遍，而书写于竹帛的情形也日益增加，这也成为知识积累、教材不断增多的前提条件。

传之口耳现象是知识传承过程中某种客观条件使然。《汉书·艺文志》在《六艺略》叙述其中的《论语》类书目之后评点说："《论语》者，孔子应答弟子时人及弟子相与言而接闻于夫子之语也。当时弟子各有所记。夫子既卒，门人相与辑而论纂，故为之《论语》。"孔子的讲学内容最初多为传之口耳，也有一些是记录在各种介质上的（如上文所述"子张书诸绅"），弟子记录之后又加整理编纂，就成为书之竹帛了。《墨子》中被后人称为"十论"的十篇代表墨子社会政治思想的文字，即《尚贤》《尚同》《兼爱》《非攻》《节用》《节葬》《天志》《明鬼》《非乐》《非命》，原也各有上、中、下三篇，被认为是其三派后学相里氏、相夫氏、邓陵氏的传本。书之竹帛也就形成书籍，具备了开设为课程的条件。试想，连保存下来也做不到，又如何能够持续性地进行传授？可以相信的是，春秋战国时代，由于媒介手段的限制，即书籍的稀缺，传之口耳恐怕是一种十分普遍的现象。《汉书·艺文志》评论《诗》三百五篇为什么能够在遭遇秦火后得以保全时说："以其讽诵，不独在竹帛故也。"说的是《诗》的传承特点——讽诵，反而成全了它的传承。但不是所有典籍都适于讽诵，其他一些不宜讽诵的典籍就极易失传。不管怎么说，实际上在当时的知识学问传授中，传之口耳是主要方式。汉代初年，在遭遇秦火之后，为什么诸多经典能够不断被一些民间学者恢复出来，就是靠回忆，即当年的背诵。传之口耳具有两面性，一方面它并非知识和思想积极、有效的传承方式，另一方面它又是特定时代条件下古代书籍的有效传承方式。唐人徐彦《春秋公羊传疏》引戴宏序，描绘了《春秋公羊传》的传承脉络："戴宏序彐：子夏传与公羊高。高传与其子平。平传与其子地。地传与其子敢。敢传与其子寿。至汉景帝时，寿乃与齐人胡母子都著于书帛。"① 由子夏至汉景帝时公羊寿的弟子胡母子都，基本上是在父子之间代际传承，经七代，历三百余年，主要是口耳相传，十分艰难。无论其说是否可信，可以相信的是，像《春秋公羊传》这样的战国典籍能够存世，是十分侥幸的事。至于"六经"的传世，尤为难能。孟宪承曾经深有感触地说："传授《诗》《书》靠口授，讲其意义，要背诵熟记并能理解，也是非常不容易的事。直到汉代，还是口授章句，因为传授不同，故产生不同的派别。教《诗》《书》在当时是很费时很吃力的工作，而且是对不同年龄不同程度的人，更是来得艰巨。孔子在这种条件下传授《诗》《书》，这亦是文化上的绝大贡献。"② 孟宪承还说："研究起来，古代读书之法有两点为今日所无：一、记忆：要背诵；二、模仿：作文、写字、德行要有示范、榜样（也即是先继承而后创造）。要带着这两点为指导思想，去找有关材料。'学之为言，效也。'尊重师法，仿效是学习的重要方法。"③

然而，在知识和课程的传承中，书之简帛毕竟是一种更为有效和可靠的方式，我们今天所见为数甚多的古代典籍就是通过这样的方式传递下来的，成为不同时期的学校教材与课程。上述《春秋公羊传》在口耳相传三百余年后总算"著于书帛"，传世才算有了重要保障。即使书之竹帛，也还是可能因各种缘由而遭遇湮灭之祸。所幸，还有大量书之简帛的教材则是通过地下空间的保存，在时隔多年后得以重见天日，如西晋武帝时出土的汲冢竹简古书，还有近数十年来大量出土的简帛古书。其中以保存先秦古书（教材）著称的有山东临沂银雀山汉简、河北定州八角廊汉简、湖南长沙马王堆汉墓帛书、湖北云梦睡虎地秦简、安徽阜

① 阮元，校刻．十三经注疏［M］．北京：中华书局，1980：2189．
② 杜成宪，主编．孟宪承全集·孟宪承讲录（一）·孟宪承讲录（二）·孟宪承谈话录［M］．孙培青，记录整理，张礼永，编校．上海：上海人民出版社，2022：88．
③ 同上：434．

阳双古堆汉简、湖北江陵张家山汉简、甘肃敦煌汉简、湖北江陵王家台秦简、湖北荆门郭店楚简、上海博物馆藏战国楚竹书、岳麓书院藏秦简、清华大学藏战国简、北京大学藏汉简等。这些简帛古书中的著作和篇目，无论是既未著录也未传世的佚失古籍，还是有著录而未传世的佚失古籍，或是有著录也传世古籍的不同版本，在其埋入地下之前，都可以说是处在流传状态的教材。其中以"六艺"和儒家类为最多，其次为道家、阴阳家、兵家、墨家、法家和纵横家。[①] 各类出土简帛中一些新发现的材料完全属于教材编写和课程开设的范畴。如郭店楚简中有儒家文献《性自命出》，列举了儒家典籍及其功用："《诗》《书》《礼》《乐》，其始出皆生于人。《诗》有为为之也，《书》有为言之也，《礼》《乐》有为举之也。"意谓《诗》《书》《礼》《乐》这些典籍都是为了一定的目的而编纂出来的，这些目的都出于培养人的需要。这与《庄子·天下》《荀子·劝学》《礼记·经解》等文献中有关"六经"功能的论述有相同的旨趣，但所作论述更为质朴。还有像上海博物馆藏战国楚竹书中的《卜书》、清华大学藏战国竹简中的《系年》《算表》、云梦秦简中的《日书》等文本，也是具有明显教材属性的古书。近年整理出版的《清华大学藏战国竹简》（叁）中收有《说命》上、中、下三篇，与古文《尚书》的《说命》篇数相同。从教育的视角考察，由于傅说的身份、《说命》与傅说的关系和《礼记·学记》等引《兑命》的几段重要教育论述（如"念终始典于学""学学半"），竹简《说命》正式公布前深受人们关注和期待。然而，新公布的竹书《说命》中，完全未见《礼记·文王世子》《缁衣》尤其是《学记》所引《兑命》的类似词句。这说明《说命》的传本存在差异，而且差异还很大。新出土简帛文献既证明了传世文献有关教材的记载，也补充了传世文献记载的不足，丰富了今人认识，值得

---

① 王中江.简帛文明与古代思想世界［M］.北京：北京大学出版社，2011：9-19.

进一步深入探讨。在古代，当纸质书本普及后，教材的编写和相应的课程开设有了十分便利的条件，然而在书籍未普及的时代，教材编写和课程开设会受到怎样的影响及限制，仍是值得讨论的问题。

（七）先秦课程思想的专门阐述

战国末年，建立一个中央集权的全国性政权已成为大势所趋，对春秋战国的思想学术进行总结也成为需要，于是出现了《庄子·天下》《荀子·非十二子》《韩非子·显学》《韩非子·五蠹》和《吕氏春秋》等总结性文字。而有关教育的总结性论著集中在《礼记》中。《礼记》虽最终成书于西汉中期，但其中内容所反映的年代跨时长久，早的可在西周，迟的则在汉初。孟宪承认为："《礼记》《春秋》与《论语》《孟子》《孝经》的性质不同，倒不在于它是称'经'，而在于它是最原始的材料，是儒家之源，博士之学没有比这更高的，所有当时的学术一齐包括在内，学者一时不可能全都懂得。"[1] 所言或许有过，但指出《礼记》其书具有总结性特点，却是不错的。《礼记·学记》[2] 中有关大学课程的专门论述，可以视为先秦课程思想的初步总结。

《礼记》中有不少涉及教育问题的篇章，如《王制》《文王世子》《内则》《少仪》等，其中保存了大量如何育人和求学的材料。而《大学》《中庸》《学记》《乐记》等篇则是较成系统、概括水平较高的教育论著。相比较而言，《大学》着重阐明"大学之道"，即大学教育的

---

① 杜成宪，主编.孟宪承全集·孟宪承讲录（一）·孟宪承讲录（二）·孟宪承谈话录［M］.孙培青，记录整理，张礼永，编校.上海：上海人民出版社，2022：285.
② 本部分论述中所引《学记》，依据：杜成宪，主编.孟宪承全集·中国古代教育文选［M］.孟宪承，选编，孙培青，注释，王红艳，编校.上海：上海人民出版社，2022：73-77.同时参考：高时良，译注.学记［M］.北京：人民教育出版社，2018.

纲领，而《学记》着重论述"大学之法"，即大学的具体方法，被认为与《大学》相表里。就教育理论阐发的集中与专门而言，先秦典籍中莫过于《学记》。《学记》论及教育作用、目的、制度、学校管理、课程、教学和教师等问题，触及现代教育学中的一些主要范畴，深受后人重视。

《学记》论述大学课程是从论述大学教育的目标着手的。《学记》开首两段话就表达了作者对大学课程的重视。其一："发虑宪，求善良，足以谀闻，不足以动众。就贤体远，足以动众，未足以化民。君子如欲化民成俗，其必由学乎。"其二："玉不琢，不成器；人不学，不知道。是故，古之王者，建国君民，教学为先。"论述是从两个层面展开的。首先，治国的层面。《学记》提出理想的治国方式应是"化民成俗"。即使懂得依先王法度颁布政令，求教贤者、关怀远人，甚或因此赢得小声誉，打动民众，也都不足以教化民众。统治者如要"化民成俗"，就一定要通过学校（教育）。其次，育人的层面。《学记》提出人是由学而知的，学成就了人。古代的王者深谙此理，建立国家、管理人民，总将教育放在首位，并念念不忘。"化民成俗，其必由学""建国君民，教学为先"成为大学教育的目标，而大学教育的所有工作，尤其是课程及其实施，都是为了落实这样的目标。在学校教育目标问题上，孔子提出培养实施"德治"的"君子"，孟子提出"明人伦"，《学记》则定位在"化民成俗"和雕琢成人上，体现了儒家学者思想认识的发展。《学记》对教育目标的这一定位及其实现逻辑，在"独尊儒术"的背景下为汉代学者所继承，并成为认识和实践教育目标问题的一般思路。

据《学记》记载，大学教育不仅制定了阶段性的课程纲要，还规定了每一学习阶段完成后的考核标准乃至结业标准。学生"比年入学，中年考校。一年视离经辨志，三年视敬业乐群，五年视博习亲师，七年视论学取友，谓之小成。九年知类通达，强立而不反，谓之大成。夫然后足以化民易俗，近者说服而远者怀之，此大学之道也"。显然，这一学业进程计划是以培养有能力"化民成俗"的治国理民者为最终目标的，体现了《学记》所说的"大学之道"。此处所论述的"大学之道"，与《大学》所阐述的"大学之道"，根本上是一致的。这一计划虽未明确提示每年、每阶段相应的学习内容应该有哪些，但课程目标十分明确，两段五级逐级提升的考核标准，也体现了循序渐进的学业要求和督促意图。尤其是《学记》在叙述这一课程纲要之后，还引古书中的话"蛾子时术之"形象地表示，学习过程和学业的完成犹如幼蚁随长蚁时时不息地衔土而最终构成大蚁巢。所以，可以将《学记》所述，看成是中国教育史上第一个"大学"的课程标准。

从《学记》所反映的教学内容可以判断，其所记载的大学是以诗书礼乐为教，如文中所列举的"操缦"与"安弦"（乐）、"博依"与"安诗"（诗）、"杂服"与"安礼"（礼），体现了发端于孔子的儒家课程内容主张，而且这些内容被要求按一定的顺序加以实施。可以认为，《学记》具备了更多的课程自觉意识。

《学记》说："大学之教也，时教必有正业，退息必有居学。不学操缦，不能安弦；不学博依，不能安诗；不学杂服，不能安礼；不兴其艺，不能乐学。故君子之于学也，藏焉修焉，息焉游焉。夫然，故安其学而亲其师，乐其友而信其道，是以虽离师辅而不反。《兑命》曰：'敬孙务时敏，厥修乃来。'"这段论述表达了几层意思：其一，大学的课程分为按时教授的"正业"与课后退息时的"居学"两部分，即课堂上的正课与私居时的副课，要求两部分课程能够协调；其二，每一门课程都要求循序渐进地安排内容，如掌握乐须先学会调弦和弹奏杂曲，掌握诗须先学会多方比喻等表达手法，掌握礼须先学会穿着冕服皮弁等服饰等，由外而内、由近及远、由浅入深地推进课程内容的学习；其三，"不兴其艺，不能乐学"，所谓"艺"，即指诗书礼乐等"六艺"，如果不能培养起对"六艺"的兴趣，就无法完成学业，那么"六艺"又成为其他学业的基础，而这学业当指《学记》所说的"宵雅肄三，官其始也"，即从政为官之业、之道；其四，《学记》认为，课程内容的有序安排所带来的学习效果，有助于形成良好的师生关系、同学关系，有助于学生乐于进学、信奉其道，阐明了有序编排课程内容的重要性。

《学记》对课程实施中的问题和对教师的要求也有比较充分的阐述。关于课程实施中的问题，《学记》批评说："今之教者，呻其占毕，多其讯言，及于数进而不顾其安。使人不由其诚，教人不尽其材。其施之也悖，其求之也佛。夫然，故隐其学而疾其师，苦其难而不知其益也，虽终其业，其去之必速。教之不刑，其此之由乎！"当时教学中普遍存在的问题在于：一味诵读书本，频繁讯问，赶着完成进度却不顾学生能否接受。导致这种现象的关键在于施教者对待受教者缺乏诚意，未能充分尽其材质特点而教。因此，所采用的教法与教学是相悖的，所提出的要求与学生是相违的。这样的情形造成学生厌恶学习而怨恨老师，以学习为苦为难而不知有何益处，最终的结果是虽勉强完成课业，却很快遗忘。教学没有成效，原因就在于此。

由此，《学记》对教师在课程实施中应当怎么做提出了要求。其一，《学记》提出："记问之学，不足以为人师。"所谓"记问之学"，是指预先记诵难题，以待学生之问。《学记》实际上触及了教师的课程准备问题：一是教师该准备什么以待学生？显然不应该只是"记问之学"；二是从超越某堂课的更为长远的角度考虑，教师该准备什么以待学生？同样也是不言而喻的。说"记问之学，不足以为人师'，实际上强调了拥有知识并非为师的充分条件。其二，《学记》提出了"教之所由兴"的四条和"教之所由废"的六条，①认为"君子既知教之所由兴，又知教之所由废，然后可以为人师也"。这是在提示教师，应当去探讨教学之所以兴废（成败）的缘由，加以把握，以求教学之兴。实际上这也触及了教师需要懂得把握教育原理的问题。其三，《学记》说："君子知至学之难易而知其美恶，然后能博喻，能博喻然后能为师。"提示教师的教学必须先分析和把握学生达成学习目标的难易情况（"知至学之难易"），以及学生个性素质的优劣长短（"知其美恶"），基于这两方面的认识，采用多种方法和手段对学生进行启发诱导（"博喻"），以使晓喻。也就是要求教师懂得分析课程内容，分析学生，掌握有效的教学方法。关于对学生达成学习目标难易情况的把握，《学记》说："必也其听语乎。力不能问，然后语之。语之而不知，虽舍之可也。"认为教师必须倾听学生的提问，据此分析其学习达到的程度。当学生不能提出有效的问题时，可以作讲解；讲解了学生仍然不能理解，可以暂时不讲。关于对学生素质的把握，《学记》说："学者有四失，教者必知之。人之学也，或失则多，或失则寡，或失则易，或失则止。此四者，心之莫同也。知其心，然后能救其失也。教也者，长善而救其失者也。"认为学生必然存在学习上的缺失，主要表现为四方面，但有缺失的同时往往也有优长之所在，教师须把握学生的心理差异，发扬其所长，而救助其所失。

　　《学记》的理论价值和实践意义十分显著，它的出现意味着中国古代课程思考的专门化，这是中国课程理论的良好开端。

---

① 《学记》："大学之法：禁于未发之谓豫，当其可之谓时，不陵节而施之谓孙，相观而善之谓摩。此四者，教之所由兴也。发然后禁，则扞格而不胜。时过然后学，则勤苦而难成。杂施而不孙，则坏乱而不修。独学而无友，则孤陋而寡闻。燕朋逆其师，燕辟废其学。此六者，教之所由废也。"

因了孔子的实践，以政治和伦理为导向的中国古代学校课程，经历了由古典分科课程向古代文献课程的转型，而这种以儒家学说为内涵的文献课程真正在古代学校中得以确立是在汉代，定型则是在唐代。孔子整理"六经"并用以讲学授徒，其用意在于改变人生、改造社会、改革政治，其理想从汉代开始在形式上得到实现。汉代朝廷确立了以儒术治国的教育方针政策，由此也以国家的名义确定了以"五经"为核心、高度统一的主导性课程，统一的经学课程就成为中国古代学校课程实践的主调，并深刻影响了传统中国的思想和学术。

第二章

『五经』时期：古代文献课程

一、由私家课程到统一的"国家课程"

中国古代的学校课程，在"学在官府"的年代当然属于官府所有。春秋时期私学兴起，各家私学自有其富于自身特色的课程。秦统一后，以国家的力量干预教育，推行以法律知识为核心的统一课程。汉代尊儒术，开始建设统一的经学"国家课程"。

（一）课程统一的前奏

秦在统一六国的进程中，就已着手在所到地区按照秦的要求开展社会教化，加强法制，统一习俗，由此移风易俗，形成新的社会风尚。20 世纪 70 年代在湖北云梦县睡虎地秦墓发掘出大量秦简文书，其中的《语书》是秦王政二十年（公元前 227 年）南郡（被秦攻取前为楚国北部地区）郡守腾向本郡各县、道发布的文告。其中说到，过去民众各有乡俗，其所利和好恶不同，不便于民，有害于国家。因此，圣王制定法度，以矫正民心，去除邪僻，除其恶俗。通过法制的手段，使民去恶向善。[①] 秦统一六国，结束了国家长期分裂局面。随之采取一系列政治、经济、思想、文化统一措施，建立和巩固了统一的国家。为统一思想，并培养大批知法、行法的官吏，实行韩非当年"以法为教""以吏为师"的主张，同时落实思想统一的各项举措，始皇帝三十四年（公元前 213 年）嬴政采纳李斯建议，严令禁止私人讲学，颁布"挟书律"，严令禁

[①] 云梦睡虎地秦墓出土的南郡郡守腾的文告，是在秦始皇三十年（公元前 217 年）之后作为墓主的喜爱之物随葬入墓的，当时秦已实现统一。这表明秦的"书同文""行同伦"等措施，在统一六国的进程中就已在实施。参见《睡虎地秦墓竹简》之《语书》和《编年纪》（睡虎地秦墓竹简整理小组，编.睡虎地秦墓竹简［M］.北京：文物出版社，1978.）。

止讲读和藏有《诗》、《书》、百家语等典籍，结束了春秋战国时期自由讲学局面。秦政权在文化教育方面的一项重要举措是"书同文"，即以秦国文字为依据，整理六国文字，创新文字字体，形成统一的文字——秦篆（小篆），并令李斯等人撰写标准字书。在西周教学童习字的《史籀篇》基础上进行省改，形成三种字书，即丞相李斯编的《仓颉篇》、中车府令赵高编的《爰历篇》、太史令胡母敬编的《博学篇》，一起作为文字标准颁行全国。这些字书本是作为统一文字的标准，而事实上也成为当时全国需要识字学文化者的统一教材，客观上也成为当时儿童习字的课本。这三种字书的出现标志汉字在走向统一、定型、规范、简化方面迈出重要一步，同时也为后世字书和儿童启蒙教材的编纂树立了楷模，意义重大。

《汉书·艺文志》在《六艺略》小学类中著录有"《仓颉》一篇"。班固注释说，李斯作《仓颉篇》七章，赵高作《爰历篇》六章，胡母敬作《博学篇》七章。可见，已经不是秦代各自独立的版本，而是合三为一的本子，分章却保持旧时模样。但这个《仓颉篇》与汉代的通行本又有不同。《汉书·艺文志》又说："汉兴，闾里书师合《仓颉》《爰历》《博学》三篇，断六十字以为一章，凡五十五章，并为《仓颉篇》。"汉代这一版本的《仓颉篇》所收字数为三千三百字，内部结构已经作了较大调整，似乎已经融合为一个整体。这是出于民间，流传十分广泛的一个版本，对当时儿童和民众的识字习字教育影响很大。

据《汉书·艺文志》记载，《仓颉篇》到西汉晚期因"多古字，俗师失其读"，已艰于流传，到元至正年间修《宋史·艺文志》时已失录。从20世纪初到21世纪初的百年间，在西北地区的敦煌、居延、玉门、塔克拉玛干沙漠等地的汉代遗址和安徽阜阳西汉墓出土汉简中，先后发现不同文本的《仓颉篇》残篇，以安徽阜阳双古堆的版本保存文字最多，为五百四十一字。2008年，在甘肃永昌水泉子村汉墓出土《仓颉篇》，可释读文字约九百七十字。2009 年入藏北京大学的西汉简《仓颉篇》存字一千三百一十七字，是存字最多的本子。[①]这些出土汉简《仓颉篇》为今人了解和认识《仓颉篇》的原貌及其流传，提供了很有价值的样本。

诸多出土《仓颉篇》本子有一些共同特点，如：篇中内容四字一句；每两句一押韵，即在第二句末字押韵；内容通俗，与人们日常的生产、生活关系紧密，还力图体现一些家国大义。由于出土《仓颉篇》均为汉简，留下了汉代社会的烙印，但一些叙述生产、生活知识的内容可能更多保留了早年的本来面貌。

作为字书，《仓颉篇》是为正字而编，也自然具有教孩童识字的目的。全篇首章开宗明义，阐述的就是读书、受教育的意义。如居延新简本："仓颉作书，以教后嗣。幼子承昭，谨慎敬戒。勉力风诵，昼夜勿置。苟务成史，计会辨治。超等轶群，出尤别异。初虽劳苦，卒必有意……"[②]随后按类逐章讲述各方面知识乃至学问。如北京大学藏西汉竹书本述道路室宇："室宇邑里，县鄙封疆。径路冲术，街巷垣墙。开闭门间，阙廷庙郎。殿层屋内，窗牖户旁……"述蔬菜瓜果："莎荔蓁蔓，蓬蒿兼葭。薇薛莪萎，藿藜蓟茶。荠芥莱茝，茱萸蓼苏。果蓏茄莲，榛栗瓠瓜……"还有述民族交融："汉兼天下，海内并厕。胡无噍类，菹醢离异。戎翟给賨，百越贡织。饬端修法，变大制裁。男女蕃殖，六蓄逐字……"[③]从篇中所用字与其内容看，字虽多古僻，但内容还算比较通俗，涉及面相当广泛，大致包括思想、历史、先贤、政治、法制、民族、经济、文化、炊饮、植物、动物、礼仪、风俗、匠作、农

① 北京大学出土文献研究所，编.北京大学藏西汉竹书（壹）[M].上海：上海古籍出版社，2015.
② 同上：167.
③ 同上：121、92-94、77.

桑、商贸、地域、建筑、河流、气候、疾病等方面，可以视作一本百科全书式的识字习字读本。这种特点也给后世启蒙读物的编纂以极大影响。

由于建立统一的集权国家需要统一而规范的文字，秦和西汉时期编纂的字书或者说识字习字教材数量颇多。从诸多代表作的作者身份看，这些字书似乎有着统一编纂的背景，体现了国家的意志。

据《汉书·艺文志》记载，由秦代发展而来的《仓颉篇》有多个本子。汉武帝时司马相如作《凡将篇》，汉元帝时黄门令史游作《急就篇》，汉成帝时将作大匠李长作《元尚篇》，都是依据《仓颉篇》正字的续作。汉平帝元始年间，征集天下通小学者百多人，在庭中各令记下所知道的字，最后由扬雄从中挑选有用的字编成《训纂篇》，续《仓颉篇》，并修改《仓颉篇》，去除重复的字，形成八十九章的本子。班固又续扬雄之作，形成一百零二章的本子，没有重复的字。"六艺"群书中的文字基本可以涵盖。又由于《仓颉篇》多古字，历代也多有训纂之作，因此从秦汉一路下来，历朝学者与书师所编字书都未能脱离《仓颉篇》，可见其所奠定的字书基础体现了字书的一般内容和体例要求，也能够满足国家对规范和统一文字的要求，影响深远。

由于秦朝实施吏师制度，政府机关附设"学室"，培养下层官吏，这些字书自然成为学室弟子的必习课程。为保障"以法为教"得以实施，政府还对吏师的道德操守提出要求。云梦睡虎地秦墓出土竹简中有《为吏之道》一篇，阐述"为吏之道"的各种要求，指出为吏"五善""五失"，[1]也可看成是培养吏师的教材和课程。《为吏之道》可能未

---

① "五善"："一曰忠信敬上，二曰清廉毋谤，三曰举事审当，四曰喜为善行，五曰恭敬多让。五者毕至，必有大赏。""五失"为："一曰夸以迣，二曰贵以泰，三曰擅裁割，四曰犯上弗知害，五曰贱士而贵货贝。"参见：睡虎地秦墓竹简整理小组，编.睡虎地秦墓竹简［M］.北京：文物出版社，1978：283.

必如《仓颉篇》那样颁行全国，但也体现了专制国家的意志，所以也可以看成是统一的课程与教材。这些字书与官吏守则可以认为是中国历史上最早出现的"国家课程"，开后世之先声。

尽管秦政府以刑杀相威胁，但依旧有人私藏经籍，私下讲说，将前代文化典籍艰难地传于后世。其传承方式主要有四种：

其一，口耳相传。民间经师通过口传的方式传播某些经典。《汉书·艺文志》指出，《诗》三百五篇遭秦火而能保全，"以其讽诵，不独在竹帛故也"。

其二，秦博士传授弟子。《史记·刘敬叔孙通传》载："叔孙通者，薛人也。秦时以文学征，待诏博士。……叔孙通之降汉，从儒生弟子百余人。"

其三，私相授受。尤其是在一些文化传统深厚旳地区。《汉书·儒林传》记载："申公，鲁人也，少与楚元王交，俱事齐人浮丘伯受《诗》。汉兴，高祖过鲁，申公以弟子从师入见于鲁南宫。"

其四，私藏书籍。《史记·儒林列传》记载："秦时焚书，伏生壁藏之。"还有著名的孔壁藏书。常是待日后条件允许时发以面世。

可以想见，当汉初默许私人讲学，惠帝时废除"挟书律"，正式允许读书讲学，私人所办学校的课程内容情况参差不齐。又由于政府当局取黄老之术治国，私人讲学的内容也是纷杂多样。《史记·乐毅列传》记载乐毅的先辈"乐臣公学黄帝、老子，其本师号曰河上丈人，不知其所出。河上丈人教安期生，安期生教毛翕公，毛翕公教乐瑕公，乐瑕公教乐臣公，乐臣公教盖公。盖公教于齐高密、胶西，为曹相国师"。可见，从秦颁"挟书律"至汉惠帝四年（公元前 191 年）予以终止的二十多年里，以民间私学为主的知识传授有如火后余烬，星星之火不灭，大体延续了战国情形。情况发生变化是在汉武帝时期，统一的"国家课程"再次形成。

（二）"独尊儒术"与经学"国家课程"的确立

西汉政权建立之后，经过数十年休养生息和统治方式的探索，汉武帝统治时期确立"独尊儒术"的大政方针，开始了主要以儒家学说治理国家的历史阶段。以儒术治国，促使由孔子整理的儒家经典全面进入学校课程，并占据主导地位，直至中国近代学习西方近代教育，建立新的教育体制。有当代学者指出，中国的经学，说得慎重一点，也已经有两千多年的历史了，在这两千多年中，经学始终占据中国传统社会的正统地位，是传统教育的主要内容。就此而言，"研究我国古代教育史，就不能不研究经学教育史，而要研究经学教育史，就不能不研究经学课程变迁史"。因为课程是教育的核心，集中而具体地体现了教育的目标、内容、进程及方法。通过对经学课程的分析，可以认识当时在教什么内容，为什么教这些内容，又是怎样教这些内容，进而可以探究当时的教育水平以及相应的政治、经济、社会、文化等方面的状况。①

汉代学校课程的发展有两个重点领域，一个是属于小学范畴的字书课程领域，另一个是属于大学范畴的经学课程领域，这两个领域都取得了十分重要的开创性发展，深刻影响了后世。经学教材编纂和相应的课程建设，为"独尊儒术"在学校教育中的体现——经学教育的实施，提供了教学依据。"独尊儒术"促使孔子当年整理的"六经"真正进入官方认定的教材，进而占据"国家课程"的地位，这一过程大致经历了私家教材—通行教材—国家课程三步。

---

① 袁战国.经学课程的变迁史略［M］//杨玉厚，主编.中国课程变革研究.西安：陕西人民教育出版社，1993：87.

1. 来自民间的经学教材

秦代禁书、焚书导致汉代初年官府和民间流传的书籍很少。汉惠帝四年（公元前 191 年）废除"挟书律"，允许自由拥有和讨论诗书，人们求学的热情一下子迸发出来。学者们开始抄录、转写书籍，政府也奖励献书或借予官府抄写，甚至派遣学者外出访书求学，图书数量由此渐增，更是抢救和保存了大量前代典籍。尤其是学者们恢复了讲学，其中就有为数不少的治儒术者。《史记·儒林列传》记载，济南伏生"故为秦博士"，文帝"欲求能治《尚书》者，天下无有"，得知伏生能治，欲召之。当时伏生年已九十余，过于衰老，已不能行走，于是诏太常派掌故晁错前往受教。伏生所传《尚书》即今所见今文尚书三十三篇。伏生就是在汉代政局稳定后，以《尚书》"教于齐鲁之间。学者由是颇能言《尚书》。诸山东大师无不涉《尚书》以教矣"。一位代表性学者影响了一个地区的经学传承。伏生传《尚书》的事例折射出禁书令解除后民间学术传承恢复的情形。

在孔子整理的"六经"中，除了《乐》无传人，儒家经典的传承之所以能在秦禁之后又在汉代得以延续，重要的原因有两条，其一是有传承线索十分清晰的著名传承人，其二是这些学派拥有所传经典及其解说的相关书籍。也就是要有人，要有书，人与书这两方面的因素往往结合在一起，而两者之间又以书籍的因素更为重要，因为有书籍才有传承的可靠依据。《汉书·艺文志·六艺略》在论述《春秋》的传承脉络时说到，当秦禁书之际，"末世口说流行"，在传《春秋》的五家学派中，《邹氏传》《夹氏传》两个学派"邹氏无师，夹氏未有书"，一个没有著名传人，一个没有学说的载体——典籍，消亡就是不可避免的。而存续下来的三家，后来被称为"三传"（《左氏传》《公羊传》《穀梁传》），则既有传人，更有经典。在经学传承历史上，子夏发挥了重要作用。子夏传经而有大成就的重要原因也是"于诸经独有书",并有清晰的传承线索和传人。而各家所传承的经籍,即是这一学派传递学说的教材。

西汉初年延续秦代博士制度,并不任用儒者,传儒术的儒家学者只是作为民间学者存在,其学派的代表性书籍也只是在民间传播。由于儒家学者强烈的入世精神和干政意识,又由于儒家学说有益于治国理民,儒术不仅在民间传播,也渐渐走入庙堂。情况真正发生变化是在汉武帝时期。恢复儒术是一个垒土而为丘山的过程,而汉武帝"独尊儒术"文教政策的确立,立五经博士后又为之置弟子以儒术教授、行察举而以儒术选才,则极大地推动了民间儒学书籍的整理和恢复,为儒家经传立为官学课程准备了教材条件。

2. 儒家经典教材立为"国家课程"

汉武帝接纳董仲舒"推明孔氏,抑黜百家"的建议,肯定儒学对治国理民的作用,实行"独尊儒术"政策。据《汉书·董仲舒传》记载,为满足国家对管理人才的需求,董仲舒提议"兴太学,置明师,以养天下之士",并广开才路,实行选举,任贤使能。他阐述选举的原则说:"毋以日月为功,实试贤能为上。量材而授官,录德而定位。"其所谓的"材"与"德"是以儒家的经术和伦理道德为内涵。这已是一种全新的人才标准,反映了封建国家新管理模式的需要。不仅是选举的标准,学校教育的培养目标也理所当然以此为标准。汉代教育的一系列变化由此引发,也影响到后世。建元五年(公元前136年)始罢黜诸子传记博士,专立《诗》《书》《礼》《易》《春秋》五经博士。据《汉书·儒林传》,尤其重要的是,元朔五年(公元前124年)又诏令"为博士官置弟子五十人",以保证其学术的传承和发扬。博士弟子即是太学生,为博士置弟子标志着太学的诞生。古代的官学建设和相应的课程建设进入一个新阶段,即以儒家经典设为课程并予普遍推行的经学教育阶段。

治经的学说在孔子之后已经出现分化。清人皮锡瑞《经学历史》在说明何为经、传、说时认为："孔子所定谓之经；弟子所释谓之传，或谓之记；弟子展转相授谓之说。"[①] 到孔子弟子一代，对"六经"的解释就已经形成差异，再到弟子的弟子一代，发枝散叶，差异更为纷纭。差异既有纵向的（源与流的关系），更有横向的（流与流的关系）。入汉后，由于经和经说是通过各种不同的渠道和方式保存下来的，就更加造成经说流派纷繁。将哪些派别的经说（表现为这一派的经籍或教材）立为太学课程令博士弟子学习和传承？这是一个十分艰难的遴选过程。一家一派的脱颖而出，除了上述儒家经典得以保存和传递的两条原因——有著名传承人和所传经典及其解说（教材）外，此时还增加了一个极为重要的原因，即合乎当政者的需要。当政者评价某经所传是否值得被立，标准即是其所传学说及其弟子是否见称于世，有益于治。孔子整理的"六经"，其价值的认定和内容的选择，不同程度地涉及政治、社会和道德、伦理，这也就成为后世评价学派和学说的重要标准。如《史记·儒林列传》记载，汉景帝时的博士胡母生年老返回家乡讲《公羊春秋》，弟子遍齐地，尤其是还出了公孙弘这样后来位居高位的弟子。而董仲舒更是声名显赫，不仅弟子为官者上百人，而且他的祖孙都以春秋公羊学至高官，使其成名的原因即是以《春秋》决狱，以儒术直接干预了政治。这就是立五经博士的选择过程。从表面上看是以"经"（教材）和经师立博士，实际上是以学说、学派和门徒立博士。

因不同解说，儒经在传承中衍生出不同流派，即使一经也可有诸家之说。《汉书·艺文志》指出，经学源于孔子，但其身后已然分化。"昔仲尼没而微言绝，七十子丧而大义乖。故《春秋》分为五，《诗》分为四，

---

① 皮锡瑞.经学历史［M］.北京：中华书局，1959：67.

《易》有数家之传。"① 至汉代，传业尤盛，枝叶蕃滋，愈加纷繁。汉武帝立《诗》《书》《礼》《易》《春秋》五经博士，实际所立的是各经中的某一派或几派。《史记·儒林列传》认为是八家，即：《诗》，鲁申培公，齐辕固生，燕韩婴；《尚书》，济南伏生；《礼》，鲁高堂生；《易》，菑川田生；《春秋》，齐鲁胡母生，赵董仲舒。《汉书·儒林传》提出是四家：《书》，欧阳生；《礼》，后仓；《易》，杨何；《春秋》，公羊。加上已立为博士的《诗》三家——申公、辕固、韩婴，共七家。② 所立"五经"中的七家或八家学说，就是太学所设课程。这些学派最初都是以其著名传人的经说，即解释经的著作（教材）流传于世，产生广泛社会影响，终被立于学官。儒家经典中的这些经说由此第一次成为官方认定的国家最高学府的课程，体现了国家意志，所以可称之为"国家课程"。

除了"五经"之外，还有一些后起的儒家典籍，也因其能够在经学教育中起到辅助"五经"课程的作用，被立为官学课程，如《论语》《孟子》《孝经》，也一度被立为博士。

在相当长一段时间里，民间搜集先秦典籍的行动一直存在。《汉书·景十三王传》记汉景帝之子河间献王刘德从民间搜集了大量前代书籍。汉武帝时，刘德还去朝见，献雅乐，应对所问三十余事。虽然已经立有五经博士，但民间还藏有大量先秦旧籍，并不断被发掘出来。西汉末期汉成帝还诏令天下征集遗书，并令刘向等人校理，这就为又一批民间儒学教材争取成为未来官学课程准备了物质条件。与西汉早期有所不同的是，这一次遴选的竞争过程是在儒家内部的主要学派即今文经学与古文经学之间发生的。

---

① 据《汉书·艺文志》韦昭注：《春秋》五家为《左氏》《公羊》《穀梁》《邹氏》《夹氏》；《诗》四家为《毛氏》《齐》《鲁》《韩》。

② 皮锡瑞.经学历史［M］.北京：中华书局，1959：75.

中国课程史

虽然明确了以儒家学说作为统治思想，但儒家思想派别众多，究竟以哪派为依据依旧成为问题。汉代官学经学课程的设置变化多端，总的趋势是由少到多逐渐增加，最后相对稳定。伴随这一过程的是儒学不同门派的利益和正统地位之争，其本质是统治思想和社会意识形态的筛选。所以，两汉儒家各派经说争立为"国家课程"，一是出于门派地位的利益之争，二是出于统治思想统一的国家意志之争，被立与否，对于一个学派及其学者而言，就成为性命攸关之事。《后汉书·范升传》记载东汉初年经学家范升以《易》学和《春秋》学的争立为例，指出一家既立，别家怨望，"复以比类，亦希置立"的情形。皮锡瑞评论说："可见汉时之争请立学者，所见甚陋，各怀其私。"[①] 指出了经学派别立罢的本质。

随着太学规模的扩大，尤其是立为官方学说背后的利益争夺，越来越多的经说希望进入官方课程之列。而统治者出于统治需要，也每每适度扩容，以作平衡。据《汉书·儒林传》，宣帝时增立大小夏侯《尚书》，大小戴《礼》，施、孟、梁丘《易》，谷梁《春秋》；元帝时又增立京氏《易》；平帝时又曾补入属古文经学的《左氏春秋》、《毛诗》、逸《礼》、古文《尚书》。在西汉太学中一度形成超过二十门的"五经"课程，所谓二十门课程，实际上是围绕"五经"的二十家经说派别。但由于西汉时期今文经学独盛，古文经学所立不常。终西汉一朝，比较稳定设立的五经博士共计十四家，均为今文经学，即：《诗》立鲁、齐、韩，《书》立欧阳、大夏侯、小夏侯，《礼》立大戴、小戴，《易》立施氏、孟氏、梁丘、京氏，《春秋》立严氏公羊、颜氏公羊。[②]《后汉书·儒林

---

① 皮锡瑞.经学历史［M］.北京：中华书局，1959：81.
② 据皮锡瑞之说。参见：皮锡瑞.经学历史［M］.北京：中华书局，1959：75.程舜英认为应是十五家，即上述十四家加上谷梁博士一家。参见：程舜英，编著.两汉教育制度史资料［M］.北京：北京师范大学出版社，1983：48.

传》载，东汉光武帝爱好经术，即位后立即设立五经博士十四家。两汉太学中稳定设置的五经博士课程即此十四家。这十四家事实上成为学校教育的主导性课程。由于术业有专攻，太学实施专经教学，这些课程可以视为专业；又由于所授内容都书之竹帛，这些课程又可以视为教材。

被立为太学课程是得到国家正式认定的标志，这就成为各派经学的当然目标。各派争夺异常激烈，难有妥协，将私家学术官学化的始作俑者皇帝就成了最后裁决者。西汉先后发生过三次大的论辩，第一次是宣帝甘露三年（公元前51年）在石渠阁讨论"五经"异同，第二次是哀帝时令推崇古文经学的刘歆与五经博士讲论，第三次是平帝元始四年（公元4年）王莽揽权后广征天下学者至京师讲论。东汉时期也举行过一次大规模的讨论，即在章帝建初四年（79年）下令举行的白虎观会议。两汉经学各派竞相立为"国家课程"之争，确实对汉代经学发展有促进作用，但其负面影响也是巨大的。

3. 太学课程及实施

汉代太学课程主要是"五经"的相关经说，太学生学习主要是随博士而学，大致是专经攻读，这是受当时的书籍、教师和教学条件的限制，书籍不易获得，教师也主要是专于一经或数量不多的若干经，经学传授须严守师法家法。《史记》《汉书》人物传中，不少人物是有太学生经历的，都有大致类似的记载，如：据《史记·张丞相列传》，匡衡"从博士受《诗》，家贫，衡佣作以给食饮"。据《汉书·翟方进传》，翟方进"经博士受《春秋》。积十余年，经学明习，徒众日广，诸儒称之"。据《后汉书·鲁恭传》，鲁恭"十五，与母及丕俱居太学，习《鲁诗》，闭户讲诵，绝人间事，兄弟俱为诸儒所称，学士争归之"。但太学课程又不全是这样规定严格，课程管理似乎并不死板，学生似有较大的选择自由。尤其到东汉，学校规模较大，学生数量增多，课程似乎更加难以约束学生。《后汉书·贾逵传》记载贾逵"弱冠能诵《左氏传》及《五经》本文，以《大夏侯尚书》教授，虽为古学，兼通五家《穀梁》之说。自为儿童，常在太学，不通人间事"。贾逵早年即勾留于太学，不仅通大夏侯《尚书》和五家《春秋穀梁传》，年纪轻轻还掌握了古文经的《左传》及"五经"原文，可称涉猎广博。显然，贾逵并未受到学派的门墙之囿，这种情形在东汉时期尤为明显。《后汉书·王充传》记载王充"受业太学，师事扶风班彪。好博览而不守章句。……常游洛阳市肆，阅所卖书，一见辄能诵忆，遂博通众流百家之言"。王充不在意随博士学经说、守章句，却拜史学家班彪为师，并博览百家。可见，汉代太学所设课程的客观效果有两方面：其弊在制度上规定的课程内容狭窄，造成师生的学问和治学过于偏狭、繁冗、琐细；其利在课程规定不严，给有主见、有志向、勤奋好学的学生和教师提供了泛观博览的方便，为贾逵、王充这样的大学者脱颖而出创造了宽松的学习环境。

（三）"五经"课程的价值与地位之争

现代经学史学家周予同认为，可以将传统经学归为三大派，即"西汉今文学""东汉古文学"和"宋学"，三派的差异，导因于对待孔子和"六经"的不同。"今文学以孔子为政治家，以《六经》为孔子致治之说，所以偏重于'微言大义'，其特色为功利的，而其流弊为狂妄。古文学以孔子为史学家，以《六经》为孔子整理古代史料之书，所以偏重于'名物训诂'，其特色为考证的，而其流弊为烦琐。宋学以孔子为哲学家，以《六经》为孔子载道之具，所以偏重于心性理气，其特色为玄想的，而其流弊为空疏。……因经今文学的产生而后中国的社会哲学、政治哲学以明，因经古文学的产生而后中国的文字学、考古学以立，因宋学的产生而后中国的形而上学、伦理学以成……"① 指出了汉代经学及其解说作为学校课程和教材所产生的实际影响。

汉代的今文经与古文经原来只是文字书写不同，后来发展为对经书的解说、对人物的评价尤其是政治立场上的差异，于是形成了经今古文之争，也形成了两种教材和课程体系，即注重阐发微言大义、与谶纬学说结合、以政治需要释经的今文经学教材和课程，重视名物训诂、专注于"六经"本义、寻求儒学本来面目的古文经学教材和课程。经学之争从占了先手的今文经学内部诸支流之间，转移到经学的两大流派——经今文与经古文之间。经今古文的教材和课程之争，磨砺了古文经学派，也促进了古文经学教材与课程的不断发展，最终促成了国编经学教材乃至课程的产生。

1. 经今古文之争下的古文经学教材与课程

汉武帝立的五经博士诸家经说都属今文经学。朝廷从政治需要出发，扶持今文经学，设置今文经学家为太学博士，一度"形成了今文经学独霸太学讲坛的格局"。② 西汉时期，虽有古文经学家的不断诉求和抗争，但今文经学占据着官学课程与教材的主导地位，古文经学则主要在民间流传，以私学为阵地。之后，由于经学日益发展，太学规模逐渐扩大，加之立为博士的利益驱动，不断有一些经说被增立为博士。与此同时，古文经学的势力也在与今文经学的争斗中不断壮大，表现为自身学说不断丰富，甚至了解和包容了对手学说内容，具有新内容的代表性典籍不断出现，立为官方学说的诉求日趋强烈。古文经学影响力的日见壮大，不断挑战着占据经学教育主导地位的今文经学，使得经说之争

① 周予同. 序言［M］// 皮锡瑞. 经学历史. 北京：中华书局，1959：3-4.
② 孙培青，主编. 中国教育史［M］.4 版. 上海：华东师范大学出版社，2019：115.

从原来的今文经学内部之争逐渐演变为与古文经学的外部之争。西汉哀帝时，受命整理秘府图籍的刘歆建议以其发现的《左氏春秋》、《毛诗》、逸《礼》、古文《尚书》几种古文经教材立于学官，受到今文经博士和执政大臣的强烈拒绝与激烈反对。汉平帝时，一度将上述古文经典籍立为太学博士，也即成为太学的课程，这些典籍原来基本上都是私学传授中的教材。东汉建立后，光武帝希望立《左氏春秋》为博士，因今文经学家坚决反对而作罢。之后，汉章帝提倡讲授《古文尚书》《毛诗》《穀梁传》《左氏春秋》，虽未立博士，却提升了古文经学地位。尤其是章帝建初四年（79 年）召开白虎观会议，试图以官方裁定的方式统一经学，讨论结果编成《白虎通义》，而会议的记录者和整理者却是古文经学家班固。可见古文经学势力的不断抬升。

与今文经学先手占据官学阵地不同，后起的古文经学是以私学为讲坛。古文经学家营造自己势力的做法主要体现在两方面，即培养门徒和著书立说，这两方面都关涉课程。经过多年苦心经营，不仅大师辈出，且经典累见。如贾逵的弟子许慎从师受古文经学，时人称为"'五经'无双"，收集和采用前代字书作《说文解字》，是十分经典的"小学"教材，至今仍是阅读古籍的重要工具书；马融门徒常有千数，升堂者五十余生，遍注《诗》、《易》、"三礼"、《尚书》、《孝经》、《论语》、《列女传》、《老子》、《淮南子》等，以为授徒的教材；马融的学生郑玄，虽在学术上属于古文经学，却能不拘于古文经学，而能融合各家各派之长，甚至出于儒家学说之外。范晔在《后汉书·郑玄传》中评价郑玄为"括囊大典，网罗众家，删裁繁诬，刊改漏失，自是学者略知所归"，[①] 还说

---

① 据《后汉书·张曹郑列传》："凡玄所注《周易》《尚书》《毛诗》《仪礼》《礼记》《论语》《孝经》《尚书大传》《中候》《乾象历》，又著《天文七政论》《鲁礼禘祫义》《六艺论》《毛诗谱》《驳许慎〈五经异义〉》《答临孝存周礼难》，凡百余万言。"以上贾逵、许慎、马融诸人事迹另见《后汉书》之《郑范陈贾张列传》《儒林列传》《马融列传》。

其祖父范宁每考先儒经训，总以郑玄为长。郑玄遍注群经，至今通行的阮元校注的《十三经注疏》中，有四种经的注释采用的是郑玄注本，即《周礼注》《仪礼注》《礼记注》《毛诗笺》。郑玄的经注问世后，以其不拘门户、广采众长、注重事实、简明扼要等优点，得到学界肯定，因此迅速流传开来，以致其他多种经说逐渐被淘汰。所以，在今文经学无比强大的形势下，古文经学经过漫长而有耐心的努力，最终实现"逆袭"，靠的就是比对手更加开阔的眼界，更加广阔的胸怀，更加宽阔的学问。表面上看，这是古文经学的最终胜利，实际上是经学内部之争走向统一，也是经学教材和课程走向统一的开始。

从课程形成和发展的视角看，古文经学派的经历具有普遍意义。无论是贾逵、马融还是郑玄，尽管都是古文学家的杰出代表，却也一样难以得到主流学术、主流教育的认同，但他们以开放、务实的态度面对学术和教育的发展。一是细大不捐、来者不拒，广泛汲取各种学问，包括竞争对手之所长，来构建自己更具包容性的知识体系；二是讲求常识，务实致用，明确学术和教育的生命在于能够说明和解决个人、社会、国家面临的实际问题，因此获得存在和发展的合理性。

2. 守师法家法下的今文经学教材与课程

汉代传经十分注重所传经说的由来，为了表示自身所持经典和学说由来有自，也就是所谓正统，汉代经学教育十分讲究守师法、家法，这也是汉代经学教育尤其是今文经学传授的特点。师法多指汉初立为博士或经学大师的经说，如董仲舒之类；家法是指大师弟子对师说有所发展而形成的一家之说。师法指的是学说师承，家法指的是自家学说。师法与家法实际上是相对而言的，某一家学说对于其后学而言，也许就可称为师法。按皮锡瑞的概括，"先有师法，而后能成一家之言。师法者，溯其源；家法者，衍其流也"。[①] 守师法家法表现在经学传授过程中，就是要求同出一师的诸多后学都要严守师传，尤其是师说的核心价值。守师法家法保证了经学传承中某一学说或学派的"纯正"，尤其是在知识的载体和媒介——书籍还不发达的条件下，严守经说也是保证学说和学派传承的客观需要，但其自我封闭状态也带来学术的保守和封闭。为什么西汉经学不如东汉兴盛？原因主要有两条，即学问面狭窄和缺乏创造力。反映在西汉今文经学者的著述中，就是严守章句之学，不厌烦琐冗长，由此走向越来越脱离社会的歧路。也正因如此，曾经占尽优势，长期处于官方教育主导地位的今文经学课程与教材逐渐丧失生机，而长期处于民间传授状态的古文经教材能够后来居上，也就不是偶然的了。今文经学课程与教材的经历同样给予后人深刻启示。

3. 国编经学教材的产生

对于一个大一统的集权国家来说，区区数经却众说纷纭并非理想的思想、学术和教育局面，意识到这一点，汉代最高统治者常有干预教育和学术之举，召集群儒研讨异同，评定是非，希望形成意见一致的经说。可以把这种经说看成是国家主导编纂的统一经学教材，或者说是教材标准。这样的会议比较重要的有两次。

第一次是在西汉宣帝甘露元年（公元前53年），会诸儒论定"五经"于石渠阁，将讨论内容条陈，由皇帝亲自裁决，开了由帝王和统治势力干预思想、学术的先例。会议的目的是规范经学，平衡今文经学内部的不同学说。石渠阁会议就有关儒家经典形成意见，即条陈的奏议，史称《石渠奏议》。

第二次是在东汉章帝建初四年（79年）的白虎观会议，仿石渠阁

---

① 皮锡瑞. 经学历史［M］. 北京：中华书局，1959：136.

旧例，大会诸儒于白虎观，皇帝亲临称制，连月才罢。会议的目的是解决章句烦琐和统一经义的问题。会议的结果就是班固编成的《白虎通义》（也称《白虎通》《白虎通德论》，今存四卷）。这部书通过汇集四十三条名词解释，阐述当局对社会、礼仪、风俗、国家制度、道德伦理等方面的意见。如《白虎通·五经》："经所以有五何？经，常也，有五常之道，故曰五经。《乐》仁，《书》义，《礼》礼，《易》智，《诗》信也。"尤其是对"三纲"（"君为臣纲，父为子纲，夫为妻纲"）、"六纪"（诸父、兄弟、族人、诸舅、师长、朋友）的论证，是对传统纲常之教的法理化。《白虎通义》这部主要体现今文经学精神的新书并非按章句来阐释经说，所以并未解决统一经义的问题，却强化了儒家的一些基本价值观念，尤其是纲常礼教思想。它不仅成为治今文经学者的宝典，也成为当时人们学习和掌握儒家思想观念、意识形态的重要教材，具有统一思想的作用。但《白虎通义》的思想已非原始儒家思想，而是以神秘化的阴阳五行思想为基础，结合汉代政治需要，对儒家思想的基本概念和原理作出了新解释，可看成是儒家经学课程的发展。此外，《白虎通义》通过解释儒学核心名词的方式表达某种主张，创造了一种教材编写的新样式。后世宋人陈淳的《北溪字义》，清人戴震的《孟子字义疏证》，都属于此类著作。还要指出的是，属于今文经学范畴的《白虎通义》，却是由古文经学家班固记录整理而成的，这也反映了今文经学缺乏兼通经史各家学说学者的事实。

《中庸》说："非天子不议礼，不制度，不考文。"议礼、制度、考文，都要以经义为本。对于普通人来说，修身、向学、言说也要以经义为本。所以，统一的经典与经说就成为封建国家政治生活中需要认真对待的重要问题。除了需要统一经典的思想内容外，文字表述的规范与统一也是需要认真对待的方面，以防有人利用文字表述上的不同达到自己的目的。儒学的宗派化也表现在对经书文字的歧义上。为防止这种情况发生，熹平四年（175年），东汉灵帝准许蔡邕等人奏青，将经过校正的经书文字镌刻于石碑四十六通，立于太学前，包括《周易》《尚书》《鲁诗》《仪礼》《春秋》《公羊传》《论语》。以刻石的方式颁布统一教材，这在中国历史上是第一次，这也是中国历史上最早以国家名义颁布的儒家经学教材，也是当时的标准化教材。国家标准化教材的颁布，意味着相应的课程有了国家标准，由此又开了一个先例。之后，这样的举措多次发生，体现了统一国家对统一学校核心教材和课程的高度重视。

（四）经与注：经学课程形态的丰富

孔子及其弟子、后学在以"六经"为教材施教时，并不是要让学生钻进故纸堆，而是要培养他们的社会人格和政治智慧。于是，怎么解释经的文字，怎么理解经的意义，以充分发挥经的教人育人价值，成为学习经首先要考虑和明确的问题。战国至汉初诸多文献都论及这一问题。如《庄子·天下》说："其在于《诗》《书》《礼》《乐》者，邹、鲁之士、搢绅先生多能明之。《诗》以道志，《书》以道事，《礼》以道行，《乐》以道和，《易》以道阴阳，《春秋》以道名分。"《荀子·劝学》认为，学始于诵经，终于读礼："故《书》者，政事之纪也；《诗》者，中声之所止也；《礼》者，法之大分，类之纲纪也。"又说："《礼》之敬文也，《乐》之中和也，《诗》《书》之博也，《春秋》之微也，在天地之间者毕矣。"《礼记·经解》说："温柔敦厚，《诗》教也；疏通知远，《书》教也；广博易良，《乐》教也；洁静精微，《易》教也；恭俭庄敬，《礼》教也；属辞比事，《春秋》教也。"所有这些对"六经"中各经教育意义的解读和讨论，相信从有了"六经"之后就开始了，而在孔子去世之后，会讨论得更多。而这种讨论实际上是不断赋予"六经"以新的意义。《汉书·艺文志》开首班固说道：

"昔仲尼没而微言绝，七十子丧而大义乖。故《春秋》分为五，《诗》分为四，《易》有数家之传。"班固是在叹息"圣人"死后其精神的丧失，而实际上也折射了"六经"在其编者去世后被不断诠释、不断获得新义的事实。

孔子育人的因材施教特点，使之在传经授徒中根据学生性向的不同，出现有所偏重的情形，使得孔门弟子于"六经"各有专攻、各擅所长，这也是孔门人才济济、"六经"多能传世的重要原因，同时也形成其后学术有专攻的局面。《韩非子·显学》说："自孔子之死也，有子张之儒，有子思之儒，有颜氏之儒，有孟氏之儒，有漆雕氏之儒，有仲良氏之儒，有孙氏之儒，有乐正氏之儒。"孔子身后，其学说形成流派，实际上也与有侧重的传经状况有关。皮锡瑞在其《经学历史》中引用陶潜《圣贤群辅录》："颜氏传《诗》，为讽谏之儒；孟氏传《书》，为疏通致远之儒；漆雕氏传《礼》，为恭俭庄敬之儒；仲良氏传《乐》，为移风易俗之儒；乐正氏传《春秋》，为属辞比事之儒；公孙氏传《易》，为洁静精微之儒。"皮锡瑞认为，陶潜此书为伪书，所言出自附会。[①] 如此工整的传经分流确实难以令人信服，但孔子之后说经形成派别却是十分自然的事。《后汉书·徐防传》记载，徐防"上疏曰：臣闻'《诗》《书》《礼》《乐》，定自孔子；发明章句，始于子夏'"。将始传"六经"之功完全归于子夏固然不妥，但在孔子身后的说经、传经中，以"文学"见长的子夏扮演了十分重要的角色却是可以相信的。子夏之外，孔子弟子中的主要传经者可能还有子木、子开、子舆、子贡、有若、仲弓、闵子骞、子游等人。

当然，在最早的"六经"传经者中，也有非孔子弟子的情形。如与孔子同时期的鲁国史官左丘明，为《春秋》作传解，著《春秋左氏传》，

① 皮锡瑞.经学历史［M］.北京：中华书局，1959：48-49.

中国课程史

或为"六经"最早完成的一种传注。又或许是《左传》作者的史官身份，使其书能够书之竹帛，得以藏于国家档案室，并在后世重见天日。

就在越来越多的学者开始对经作解说的过程中，表达这样的活动、与"经"相对的一个专用术语——"传"出现了。除了"传"之外，还有称作"记""序""说""训"等的。传如同桥梁，连接起古代经典与当代人的精神世界，它用当代人能够理解的话语解说古人的经验和智慧，使得古人走进了今人的生活，前人的经验和智慧就被赋予了修身、齐家、治国、理民的新意义。

在各种各样的传中，有些传是对经的解释，深化、拓展了经的本旨，如《左传》《礼记》等；而有些传则是借经发挥，另立其说，也使经具备了另外的宗旨和涵义，如《易传》《公羊传》《穀梁传》《毛诗故训传》等。以《礼记》为例。《礼记》由汉人戴德、戴胜所编，形成两个文本，汇集古来学者论述《仪礼》的文章，也收入编者同时代学者论礼的文字。孟宪承说，书中保存了孔子以后汉儒以前的旧典籍，"其中有一百三十一篇是《仪礼》的传记，这才是真正的《礼记》"。[1] 因其多保存古代官书材料，对古来礼仪制度的意义多有深入阐发，对古来名物制度多有存释，成为阅读和理解《仪礼》《周礼》，了解古代礼制的重要材料，在后世甚至也进入经的行列。再以《易传》为例。围绕《易经》，后来出现有十篇解释性文章（即《彖》上下、《象》上下、《文言》、《系辞》上下、《说卦》、《序卦》、《杂卦》），从各个方面对其作出阐释，却不注重章句训诂。其文大致写成于战国，汉代学者将传文与经文合一，因传文有辅助经文的作用，如同鸟有羽翼，所以将这十篇文章称为"十翼"。从《论语》中可知，孔子偏重《易》的人文道德价值，而这十篇

---

① 杜成宪，主编 . 孟宪承全集·孟宪承讲录（一）·孟宪承讲录（二）·孟宪承谈话录［M］. 孙培青，记录整理，张礼永，编校 . 上海：上海人民出版社，2022：286.

文章的存在，更使《易》从占卜之书转变成为"道阴阳"的哲学和思想著作。又以《春秋》为例。《春秋》本为一部春秋时期以鲁国为主线的编年大事记，《左传》依其体例展开了它的历史画面，使之大大超越了一国之史的时空范围，却也未改变其作为历史著作的性质；后来又有多家学者为《春秋》作传，其中传世的《公羊传》《穀梁传》对《春秋》的阐释，与《左传》颇为不同，偏重阐发传者的思想，使之转化成为一部政治伦理学著作。① 上述两种情况，虽都是在为经作训解，似乎是一种附属于经的创作，但实际上是与经既有关联又自成一家的学术、思想和教育创造，形成了一种形式上附属于经而实质上独立于经的新成果。这种新成果的最大特点就是在思想内容上与时俱进，适应了新的时代需要，自有经所不能替代的价值。

可以相信，历来传经者不在少数，而能成家者为数有限，这取决于是否拥有著名的传经者和著名的经传。这是一个自然选择的过程，选择的标准，一是经注是否合于经的本义，一是经说是否合于今人用以经世治事的需要，以及能否因此被确认为官方地位。《史记·儒林列传》记录了汉武帝崇尚儒术，所立的五经博士："言《诗》于鲁则申培公，于齐则辕固生，于燕则韩太傅。言《尚书》自济南伏生。言《礼》自鲁高堂生。言《易》自菑川田生。言《春秋》于齐鲁自胡母生，于赵自董仲舒。"从这份名单可以看出当时人们对"五经"内涵的理解发生的变化。

其一，所立五经博士的确只有五经，而博士却不止五位，而是八位，《诗》博士多了两位，《春秋》博士多了一位。在之后的年代，五经博士更是一度多至十四位。可见，汉武帝以及后代帝王所立的五经博士，并非依据经来设置，而是依据对经的传来设置，传的重要性由此凸显。

① 吴龙辉. 六艺的变迁及其与六经之关系 [J]. 中国哲学史，2005（02）：42-47.

其二，也由于这一原因，所谓"五经"，已经不仅是指《诗》《书》《礼》《易》《春秋》五种原始儒经，还包含注经、说经的传，这样，"五经"的内涵是极大地被扩展了。这就形成了一种经的教材编写和课程形成的新传统。

其三，上述被汉武帝立为五经博士的这批学者，有的早已是前朝博士，有的则是在地方以讲学闻名，他们所讲授的是各自的经传，有的可能已经书之竹帛，有的仍然处在传之口耳的状态。这些经传可以说是教材，但充其量是他们的私家课程。而一旦立为太学的五经博士，根据汉代制度设计，要为博士配设博士弟子，也即太学学生，以为传承。因此其经传也就成为一门正式的国家课程，成为传授某经的课程标准了。

经传从政治上说，是治术；从学术上说，是著作；从教育上说，是教材乃至课程，其根本目的是传道、育人。由此决定了传的两种形式上的特点，一是注经，二是说经。注经重在忠实于本经，训解字、词、句，而说经则重在依据本经作出的诠释和阐发。汉武帝尊儒尊的是"儒术"，既然称"术"，通常是指可以用于世的道理、方法之类，由此可见汉武帝崇儒的侧重所在。这就要求经不只是"学"，还要成为"术"。怎样才能使儒经成为儒术？靠传来进行转化，转化要靠阐发，对经往适合现实需要的方向阐发。贾谊《新书·六术》说："是故内本六法，外体六行，以与《诗》《书》《易》《春秋》《礼》《乐》六者之术，以为大义，谓之六艺。"贾谊从"术"的角度理解"六经"，认为这才叫"六艺"，是重新定义了"六艺"。《史记·滑稽列传》也借孔子之口说："孔子曰：'六艺'于治一也，《礼》以节人，《乐》以发和，《书》以道事，《诗》以达意，《易》以神化，《春秋》以义。"同样也对"六艺"（六经）作了（治）"术"的理解，延续了贾谊的观点。由此可知，"六经"成为"术"需要借助传来实现。《史记·太史公自序》中说道："夫儒者以六艺为法。六艺经传以千万数，累世不能通其学，当年不能究其礼，故曰'博而寡要，劳而少功'。"之所以说"六艺""以千万数"，是因为它包括经与传两部分，而经的篇幅原是十分有限的，只讲经还不至于弄到"累世不能通其学"的地步，经再加上传，情况就不同了。可以说，传在相当程度上重新塑造了经。而当经传合一，成为一种治国治世治人之"术"，就又被称为"六艺"，但与西周"六艺"的本意已经没有关系。

经与传的关系是动态的，表现在有些传最终也进入了经，如《春秋》的三传——《左传》《公羊传》《穀梁传》，还有作为《仪礼》解说的《礼记》，作为《易经》解说的《易传》。因此，后世太学开设的"五经"课程，是包括这些曾经的传的。这些原来的传进入经的行列以后，也成为被传的对象，于是也形成经传教材，又进一步成为经传课程系列。这样的过程更多地发生在魏晋南北朝，而在唐代趋于成熟，标志是产生了《五经正义》，经学教材形成了"经—注—疏"的课程与教材系列。

二、从教"学"向教学的转变

汉武帝确立以儒术治国的国策后，兴办太学、选贤择能的制度建设也相应起步。立五经博士，并为博士设弟子员，标志着太学的创立。一方面，将"五经"的一些经说确立为太学课程，要求博士弟子随经师攻读，要求学生不仅守儒术，且须守师说；另一方面，学校教育走向正规，学生规模日渐扩大，造成博士与弟子之间比例失衡，并日趋严重。由于读书入仕之路已经打开，民间办学的积极性也被调动起来，造成经师及其所拥有、所能提供的经学课程数量也同样难以满足社会求学需要。汉代的学校教学中随之出现了一个转变，即从先秦时期更注重学生的学，转变为更注重教师的教，或者说是从教"学"向教学转变。

（一）由重学到重教

孔子的教学是重学，如他十分著名的以"四科"为教——德行：颜渊、闵子骞、冉伯牛、仲弓；言语：宰我、子贡；政事：冉有、季路；文学：子游、子夏。体现了孔子教学各因其材，学生们的成就也各因其学的特点。学生们自己的学习性向为孔子所认识和尊重，学习过程中不同的方式方法得到孔子的引导和鼓励，这就决定了他们在不同领域取得成就。

孟子根据他对人的判断——人都有"良知""良能"，提出"求其放心""深造自得"的教育理念，提出"君子之所以教者五"的具体教法。这五种教法的着眼点并非在教，而在以各种方法促动学生去学，甚至老师不屑于教诲也是在教诲。继承孔子的传统，孟子的教学也可以说是在教"学"。弟子万章、公孙丑、乐正子、公都子、屋庐子、孟仲子也就是这样造就的。

荀子作为战国后期最后一位儒学大师，他的学生不管是法家还是儒家，都留下了很多学术著作和思想。清代学者汪中《荀卿子通论》在考证荀子传经时写道："荀卿之学，出于孔氏，而尤有功于诸经。"并引《经典叙录·毛诗》："徐整云：'子夏授高行子，高行子授薛仓子，薛仓子授帛妙子，帛妙子授河间人大毛公，毛公为《诗》故训，传于家，以授赵人小毛公。'一云：'子夏传曾申，申传魏人李克，克传鲁人孟仲子，孟仲子传根牟子，根牟子传赵人孙卿子，孙卿子传鲁人大毛公。'"由是言之，《毛诗》，荀卿子之传也。[①] 传《鲁诗》的浮丘伯，传《左氏春秋》的张苍，《穀梁春秋》、大小戴《礼》、《公羊春秋》的传承都能追溯到荀子。梳理这种传承系统时，会发现这种传承系统中一个鲜明的特点就是

---

① 王先谦.荀子集解［M］.北京：中华书局，1988：21-22.

"只见其师，未见其徒"，这是一个以老师为主线建立起来的经学传承系统。在这一系统中，学生是被遮蔽的，这说明至少到战国中后期，老师在教学过程中的地位越来越重要，老师不但成为学说的创立者，还拥有学说的解释权、传播权。考察荀子的教学，确可以看出这一变化。虽然他仍旧使用"学"的话语来论述教学问题，如在《荀子·劝学》中说："学恶乎始？恶乎终？曰……其义则始乎为士，终乎为圣人。"在《荀子·儒效》中说："不闻不若闻之，闻之不若见之，见之不若知之，知之不若行之，学至于行之而止矣。"荀子也把教学过程理解成学习过程，但在师生关系上，他显然持一种学生服从教师的主张。他在《荀子·修身》中明确提出"师云亦云"的要求，甚至在《荀子·大略》中认为"言而不称师，谓之畔（叛）；教而不称师，谓之倍（背）。倍畔之人，明君不内（纳），朝士大夫遇诸涂（途）不与言"。显然，师生平等精神在荀子这里是减弱的。这一趋势在汉代经学的传承中体现得更加明显。

相比于孔、墨、孟、荀等大师的老师与学生同辉，黄老学派等战国晚期的显学，只知道他们出游诸侯，前后数十车，弟子数百人，但是弟子学术成就非常突出者已经鲜见，很多沦为老师的传话筒，"师云亦云"，失去了"当仁不让于师"的气概。导致这种现象的一个重要原因就是随着教学活动的扩大，教学开始成为一种职业，于是，"学"的重要性开始让位于"教"的重要性。在教学过程中，跟随老师学习，要求老师有系统完备的知识体系，学生接受和掌握这套知识话语，成为重要的学习目标。教"学"由学生为主的探索活动开始向老师为主的传授活动转变。

（二）"五经"立为学官与集体教授的流行

汉代统一以后，休养生息，重视知识分子，允许开办私学，文化再度繁荣。汉武帝立五经博士，兴办太学，学校教育趋于正规。随着学生规模的扩大，所立的五经博士课程显然越来越难以满足需求。经学课程数量的捉襟见肘甚至短缺，引起教学组织形式和教学方法的改变，"大都授"等集体教学形式由此产生并开始流行。随着今文经学的日益烦琐，恪守师法家法也导致了经学的僵化。古文经学在这种背景下兴起，通过白虎观议经等活动促进了今古文经学的统一，教学活动随着经学的统一也走向统一。及至隋唐盛世的开辟，中央官学形成了"六学二馆"的庞大体系，教授制度开始走向顶峰。以"大都授"为特征的集体教授形式的出现，意味着"教"开始成为教学活动的核心。

从战国时期开始，博士成为官职的名称，诸侯列国为了吸引具有知识和文化的士人，开始设立博士官。秦代延续博士官制度，伏生、羊子等都是秦博士。汉代沿袭秦制，设立博士官制度，叔孙通、贾谊、晁错、辕固生、董仲舒等汉初名家都是博士。博士的设立，最初带有咨询讨论的功能，他们大多充当顾问，与官方教育并无关系。文帝、景帝之时，很多博士因精通经学而立，例如韩婴以《诗》为博士，晁错以《尚书》为博士，辕固生以《诗》为博士，董仲舒、胡毋生以《春秋》为博士。汉武帝建元五年（公元前 136 年）五经博士的设立，意味着经学在官学教育中的正统地位建立起来。元朔五年（公元前 124 年）在丞相公孙弘等人的建议下，设立太学，如《汉书·儒林传》所说："为博士官置弟子五十人。"这些学生主要由太常选择十八岁以上，仪表端正者，或者由地方官员推荐"敬长上，肃政教，顺乡里，出入不悖"者。博士弟子的确立预示着博士官从原来各种身份的人员转向以儒生为主体，身份也由朝廷备顾问的咨询官员成为以教授为主的学官。

太学建立以后，规模不断扩大，东汉之时更是达到空前繁荣的程度。汉武帝初立太学之时，只有学生五十名。到汉武帝之子汉昭帝时，扩大到一百名；宣帝时，增加到两百名；元帝时，甚至增加到一千名；

成帝时，更是扩充到三千名。东汉质帝时，太学生一度增加到惊人的三万多名，鱼龙混杂，教学质量出现严重下降。汉代博士子弟具有免除徭役的特权，部分学生还有一定的俸禄，东汉时期成为官僚子弟的一种特权。在这种人数逐渐扩大的学校中，传统的个别授课制度显然已经不能满足，以"大都授"为主的集体授课形式开始出现，主讲的博士被称为"都讲"。在一些著名经师的帐下，学生之间出现了及门弟子（或称授业弟子）和著录弟子的区分。及门弟子是经学大师的高足，直接聆听老师教诲；著录弟子慕经师之名，留下名字确认师生关系，有需要时前来请教。经师门下学生之间次第相传，以高业生教授低业生。

东汉迁都洛阳以后，重建太学，设有博士宿舍和内外讲堂，讲堂长十丈，广三丈。顺帝时（125—144），太学中扩建房屋二百四十房，一千八百五十室。在这种大教室内，学生席地而坐，采用大班讲授为主、学生相互教授为辅的方法教学。学生们不但集体上课，而且公开讨论。据《后汉书·井丹传》记载，井丹，字大春，年轻时在太学学习，善于辩论，精通"五经"，京师为之语曰："五经纷纶井大春。"光武帝刘秀曾多次召集公卿、博士讨论经义，并且按照"讲通经义"来安排座次。据《后汉书·戴凭传》，侍中戴凭因为善于讲经辩论，重坐五十余席，人称："解经不穷戴侍中。"又据《后汉书·丁鸿传》，东汉之时，名儒丁鸿才高，诸儒称誉。时汉章帝与诸儒于白虎观论定"五经"同异，鸿论难最明，时人叹曰："殿中无双丁孝公。"

不但官学中流行集体授课之法，很多私学大师也动辄有弟子上千人。马融，扶风茂陵（今陕西兴平东北）人，《后汉书·马融传》记载："融才高博洽，为世通儒，教养诸生，常有千数……善鼓琴，好吹笛，达生任性，不拘儒者之节。居宇器服，多存侈饰。常坐高堂，施绛纱帐，前授生徒，后列女乐，弟子以次相传，鲜有入其室者。"涿郡人卢植、北海人郑玄，都是他的学生。郑玄跟随马融学习，三年都没有见到自己的老师，直到有一次学生们辩论浑天问题，精通数学的郑玄才一鸣惊人，得到了老师的重视和肯定。《后汉书·郑玄传》记载，七年以后，郑玄学成回归故乡，马融感慨地说："郑生今去，吾道东矣。"从这些记载中也可窥见东汉时期经学教学法之一斑。

（三）师法、家法与章句之教

师法与家法是汉代经学教育中最重要的特点。师法最早是指教师传授的道德、学问。《荀子·儒效》中提出："人无师无法而知则必为盗……人有师有法而知则速通；……故有师法者，人之大宝也；无师法者，人之大殃也。"汉代经学传授时，将汉初所立博士或者经学大师的经说定为师法，而大师的弟子们能够发展师说成一家之言，得到学界和官方的认可，便成为家法。也即如皮锡瑞在《经学历史》中所说，先有师法，而后能成一家之言。师法者，溯其源；家法者，衍其流也。因此，根据时代传承，也有西汉多论师法、东汉多论家法之说。

这种传经方式与先秦到汉初特定的教育环境有关。先秦时期，文献书于简帛，简牍笨重，帛书昂贵，文献材料的获得非常不易，教育过程中主要以口传身授为主。秦代颁布挟书令，禁止私人藏书，书籍的获取和传播同样非常不易。经书的学习和传播过程，首先有赖于教师进行书籍真实性、学说权威性等方面的判断，学生在学习过程中也要恪守师法，达到"师云亦云"，不敢有一字悖师的程度，从而保证学说、学派和学术的纯洁性。以《春秋》公羊学为例，其传承顺序是孔子的弟子子夏传给公羊高，高传与其子平，平传与其子地，地传与其子敢，敢传与其子寿。至景帝时，寿及其弟子齐人胡母生，著于竹帛。胡母生在汉景帝时被立为博士，与董仲舒同业。从子夏一直到胡母生和他的老师将

《春秋》公羊学写到简帛上，才结束了主要依靠口传的教育模式。《易》学、《礼》学等经学的源头都可以追溯到孔子的及门弟子或者后学。

从师法的传承来看，汉武帝立五经博士以后，"五经"传承的重要大师的经说被立为师法。《易》学有杨何，《尚书》学有欧阳高，《礼》学有后仓，《春秋》学有公羊，《诗》学有齐、鲁、韩三家。他们以自己奉持的宗师的说法为源头，逐代相传，形成独特的传承系统和解经模式。《后汉书·鲁丕传》记载："臣闻说经者，传先师之言，非从己出，不得相让；相让则道不明，若规矩权衡之不可枉也。难者必明其据，说者务立其义，浮华无用之言不陈于前，故精思不劳而道术愈章。法异者，各令自说师法，博观其义。"

因为师法是经书诠释、传授的重要依据，遵从师法可以保证经学课程和教材内容的稳定和权威性，也成为汉代经学教育的重要传统。不仅朝廷确立五经博士要遵循特定的师法，学术共同体内部也积极维护师法的尊严。《汉书·儒林传》记载，西汉名儒孟喜是东海兰陵人，他的父亲孟卿精通《礼》《春秋》，并传授给后仓、疏广。当时传承的《后氏礼》《疏氏春秋》，皆出自孟卿。孟卿以《礼经》多、《春秋》烦杂，于是让孟喜从田王孙受《易》。孟喜喜欢自我吹嘘，称自己是老师临终传绝学的弟子，被同学揭穿。孟喜也不顾师法之规，大胆接受其他《易》学，被视为离经叛道，引起学界不满。昭帝时朝廷博士出现空缺，众人推荐孟喜。然而"上闻喜改师法，遂不用喜"。因擅改师法而失去博士的职位，可见经学传承中对师法的重视。

师法的传承过程中，保存经典的原义是其优势，但是随着时间推移，泥古不化，容易造成严重的门户之见，学者之间各执师说，无法进行有效交流。更严重的是，很多后学没法进行相应的学术创新，师法中的一些陈旧观点没法更新，自己的创新观点也无法继承，经学课程和教材的吐故纳新、推陈出新就成为问题，长此以往自然难以持续。随着经学的传承，很多经师形成一家之言，仍旧会得到官方和社会的认可，就成为家法。孟喜在昭帝时不遵循师法而无法获得博士职位，但到宣帝时，与同门施雠和梁丘贺的家法都被列为《易》学的博士。家法在传承过程中实现了对师法的更新，如施、孟、梁丘的《易》学取代了西汉杨何的《易》，大、小戴的《礼》取代了后仓的《礼》，欧阳高的《尚书》也分化出大、小夏侯学。家法的形成显然更新了师法，不同的家法各有特色，也为经学的传承注入了新的活力。

家法的传承也是在师法系统之中。所谓的西汉重师法，东汉重家法，主要是指学者们在学习经书上依据哪一本或者哪一派的说法。家法一旦形成，立于学官，即成为新的师法，学生们在学习过程中也是要恪守其经说的。除非优秀的弟子在继承和发扬过程中能够再成一家之言，并得到学界和官方的认可，才能够成为新的家法。从两汉经学传承来看，能够成为师法和家法的并不多见。据《后汉书·左雄传》，东汉时期，官方考试中仍然要求学生恪守家法，选举制度中明文规定"诸生试家法"。《后汉书·徐防传》记载，东汉和帝永元十四年（102年），大司空徐防就曾经上疏曰："伏见太学试博士弟子，皆以意说，不修家法，私相容隐，开生奸路。每有策试，辄兴诤讼，论议纷错，互相是非。"徐防对于博士弟子不守家法的现象作出了严厉的批评，同时也指出了家法在传承过程中出现的问题。

汉代经学传承中另一个比较突出的特点就是章句之学，可以将章句之学理解成又一类经学课程，这类课程是从经学课程中传的这部分课程中发展出来的。传的课程包括两部分内容，一是经注，二是经说。经注侧重于对经文中字、词、句、段、篇等的解释。由于古代经书没有标点符号，怎样分章、怎样断句就成为一门重要的学问。所谓"章句"，"章"类似于现在文章中的段，"句"则是指说话时的一个停顿的单位。对经书文字进行分章断句后，还要对相关内容进行说明解释，包括训诂、注疏等，这些相关学问合称为章句之学。汉代比较典型的"章句"有《易施氏章句》《易梁丘氏章句》《尚书欧阳章句》《尚书大夏侯章句》《尚书小夏侯章句》《春秋公羊章句》《春秋穀梁章句》等。

　　章句的产生时间较早。《后汉书·徐防传》记载，徐防认为："发明章句，始于子夏。其后诸家分析，各有异说。"章句之学的产生则在汉代。随着西汉五经博士制度的建立，很多博士在讲课过程中形成了自己对经书的独特认识，章句之学开始繁盛。章句之学的形成代表着经学的繁盛，同时也开始出现学说纷扰的局面。《后汉书·郑玄传》记载，郑玄就曾批评汉末经学存在"经有数家，家有数说，章句多者或乃百余万言，学徒劳而少功，后生疑而莫正"的毛病。精通章句成为汉代儒生的主要要求，皇子、宗亲、太学生都要依从章句来学习。

　　章句之学的问题主要有两方面。首先，章句之学"分文析字""碎义逃难"的解经方式导致经学诠释卷帙浩繁。《文心雕龙·论说》指出："若秦延君之注《尧典》，十余万字；朱普之解《尚书》，三十万言；所以通人恶烦，羞学章句。"很多经生从幼童学习一门经书，直至白首都不能弄明白。很多经书的章句多达数百万言，严重影响了学习者的积极性。其次，章句之学还容易造成学术的闭塞。林庆彰认为："章句之学本来即是一闭锁系统，而非开放系统。各家有自己的章句，又限制自己一派的经生，不可兼习他家的章句。"[1]长此以往，经学观点陈旧，甚至形成特定的利益集团，导致章句之学的衰落。章句之学形成固守以后，日益烦琐，经生耗费了大量时间却一无所用。《颜氏家训·勉学》中颜之推批评道："空守章句，但诵师言，施之世务，殆无一可。"李白也曾作《嘲鲁叟》："鲁叟谈五经，白发死章句。问以经济策，茫如坠烟雾。"形象地说明了章句之学不能经世致用而走向空疏繁

---

① 林庆彰，编.中国经学史论文选集：上册［M］.台北：文史哲出版社，1992：289.

复、害人误世的弊病。

（四）经学统一与课程、教学统一

面对章句之学日益走向空疏无用，汉代经学中今文经学与古文经学融合的呼声渐高。古文经学与今文经学之争是汉代经学教育的另一显著特征。从西汉经学的传承来看，今文经学主要是指汉初凭借经学大师的记忆、背诵，并通过当时流行的文字隶书记录下来的"六经"旧典。古文经学则是指汉武帝以后，从孔壁或者从地下等其他途径发现的"六经"旧典，其主要特征是用先秦时期的古文字写成，发展晚于今文经学。今文经学在政治上依附统治阶层，宣扬"六经"为孔子所作，其中包含微言大义，阐发经书中的微言大义成为今文经学关注的重点。古文经学注重经书的原始本义，认为孔子述而不作，删述"六经"，他们从"六经皆史"的角度，重视考证"六经"文字，通过训诂等方式还原"六经"本义。

从汉代今文经学的起源来看，如《史记·儒林列传》所说，言《诗》于鲁则申培公，于齐则辕固生，于燕则韩太傅；言《尚书》自济南伏生；言《礼》自鲁高堂生；言《易》自淄川田生；言《春秋》于齐鲁自胡母生，于赵自董仲舒。这些最早的传经大师是今文经学最早的经师。汉武帝立五经博士以后，《书》《礼》《易》《春秋》等立为博士的经师都为今文经学。古文经学的兴起则在刘歆提议设立古文经学博士以后。今文经学与古文经学的主要区别在于对"六经"的解读和看法不同。现代经学史家周予同认为，今文经学与古文经学对"六经"的次序排列不同，今文经学是《诗》《书》《礼》《乐》《易》《春秋》，古文经学是《易》《书》《诗》《礼》《乐》《春秋》；古文经学是按照"六经"产生的时间来排序的，今文经学的排序则考虑"六经"的难易程度。今文经学崇奉孔子，以孔子为素王，宣扬托古改制，推崇《春秋公羊传》，以春秋大义言说灾异，后期与纬书等联系在一起；古文经学则推崇周公，认为孔子是史学家，把"六经"作为史料。东汉时期随着今文经学走向没落，古文经学才逐渐兴起。

西汉末年到东汉初年，古文经学与今文经学围绕《春秋左氏传》发生过两次大的论争。第一次是西汉哀帝时，古文经学家刘歆与今文经学博士们论争。刘歆与父亲刘向领校内秘府的藏书，得以看到古代稀世藏书，尤其是《春秋左氏传》引起了他的注意，在其校对注释以后，建议立于学官，今文经学的五经博士群起而攻之。直到王莽执政，才将《左氏春秋》《毛诗》《古文尚书》等立为博士。第二次是东汉光武帝时，古文经学家陈元与今文经学家关于《左氏春秋》立于学官的争论，但是最终光武帝所立十四家博士仍都是今文经学。

东汉时期，随着今文经学日益烦琐，并且与谶纬神学夹杂在一起，各种奇思怪论频出；古文经学因其注重训诂，考证文献，反而出现了很多学识渊博的经学大师，包括贾逵、许慎、马融等。汉章帝时期，为了厘清经学异同，皇帝下令博士、诸儒、太学生和朝廷议郎等官员共同在白虎观议经。议经的主要目的就是对今文经学章句繁滥进行删定，确定儒家经义的标准解读。议经过程中既有今文经学的博士，也有古文经学的学者贾逵、班固等，并且章帝亲定班固编纂议经成果《白虎通义》。今文经学家大都仅通一经，古文经学的大家则会通"五经"，于是很多学者纷纷拜到古文经学大师门下，显示出古文经学日益强盛的生命力。

贾逵最早开始传授《春秋左氏传》《古文尚书》等古文经学的经典，并且通过与皇帝信赖的谶纬学说相比附，得到了汉章帝的重视。由于贾逵学识渊博，皇子、名儒都在其门下学习，其中许慎是最突出的代表。许慎，字叔重，精通籀篆古文，写成《说文解字》一书，时人称："五经无双许叔重。"当时的今文经学家不识古文字，根据隶书作出的解读大多穿凿附会，古文经学家根据古文字本义对经文作出的解读，信而有征，学习者非常信服。古文经学家马融是班固的学生，在参与东观校书的过程中阅遍古籍，回乡教书以后，注释了《孝经》、《论语》《诗》《易》、"三礼"、《尚书》、《春秋》等，已经开始突破今文经学困守一经的局限，开始遍注"五经"。其门下名儒辈出，卢植、郑玄等被称为海内大儒，高官名儒的出现大大提高了古文经学的地位。

郑玄，字康成，是汉末经学大师，实现了对古文经学和今文经学的融合和汇通。郑玄早年跟随今文经学大师第五元先学习《京氏易》《公羊传》，精通今文经，后来跟随古文经学家张恭祖学习《周官》《左氏传年》《古文尚书》，最后又跟随马融学习七年，博通群经。郑玄曾为《周易》、《毛诗》、《尚书》、"三礼"、《论语》、《孝经》等作注，尤其精通"三礼"，被《后汉书》作者范晔称赞为："括囊大典，网罗众家。"

在古文经学者的努力下，经学开始统一。古文经学的《费氏易》兴起，今文经学的《京氏易》衰落。《古文尚书》取代了今文经学的《大夏侯尚书》《小夏侯尚书》《欧阳尚书》。郑众、贾逵、郑玄先后注解《毛诗》，其中郑玄作《毛诗笺》。笺是郑玄发明的注释文体，圣人制作的叫经，贤人著述的叫传，郑玄为了表示对前贤的推崇，不敢自称作注，所以用笺这种文体来解释书中不明的问题，但本质上仍属于注。郑玄还参照古文经对《周礼》《仪礼》和《礼记》进行了重新校注，合称"三礼"。《左氏春秋》《穀梁春秋》《公羊春秋》都在郑玄的努力下，通过古文经与今文经的融合实现了统一。《左氏春秋》的大师服虔、《公羊春秋》的何休、《穀梁春秋》的范宁都推崇郑玄，范宁的孙子范晔在《后汉书》中写道："王父豫章君每考先儒经训，而长于玄，常以为仲尼之门不能过也。及传授生徒，并专以郑氏家法云。"意谓其祖父每当研讨儒家经典都以郑玄之说为长，甚至认为孔子弟子也无法超过他。

汉末，郑玄的家法称为"郑学"，一统经学的诠释。郑玄的解读打破了经学的门户之见，而且他的注解简洁明了，扫除了今文经学烦琐的弊端。从博士的选举来看，古文经学的一些学者也被列为博士，《后汉书·卢植传》：卢植因"能通古今学，好研精而不守章句"，在汉灵帝时被举为博士。厌烦今文经学烦琐的儒生也纷纷转至古文经学大师的门下，马融、郑玄等人门下，学生常多达数千人，这些学术交流进一步促进了经学课程和教学的统一。

汉代经学的统一，表面上看是文字统一问题，实际上是思想观念的统一问题；表面上看是由古文经学实现统一，实际上则是由古文经学主导的今古文经学的融合。这一过程，抛弃了既往治经中的封闭、保守、烦琐、形式主义、教条主义、神学迷信等，形成了一种更为质朴、明白、联系生活、适应社会的经学。经学的统一，也是一次经学课程的梳理和筛选过程，它选择出相对更为务实有用的经传，再次形成了一个新的经学课程体系。所以经学的统一，实际上是在经过数百年的诠释和传播之后，对经传的一次阶段性总结和评估，初步形成了一套"五经"经传课程体系及相应的教材。

三、突破"五经"课程的尝试

从汉武帝独尊儒术起，占据汉代学校核心地位的是经学教育，尤其是官方学校传授的主要是儒家的经传课程。然而，社会生活的多样性要求教育培养多样性人才，也就要求学校提供多样性课程。因此，学校教育尤其是官学教育表现出与社会需要之间的脱节。

（一）尺牍与艺术：突破"五经"课程的一小步

东汉灵帝光和元年（178 年），鸿都门学创办，这是统治集团内部宦官与官僚激烈斗争的产物。鸿都门就是帝宫门，学校因校址所在地而得名。为了培植自己的力量与太学和官僚势力抗衡，宦官所办鸿都门学以灵帝喜好的尺牍、辞赋、书画为课程，学生以辟召方式招收，毕业多封以高官甚至封侯赐爵。鸿都门学从性质上看，"属于一种研究文学艺术的专门学校"[①]，其规模曾一度发展到千人以上。这所相对以新知识、新技能为课程内容的学校甫一诞生即受到士人的强烈抵制，招收入学者都为士人所不屑。《后汉书·蔡邕传》记载蔡邕上书中说道："夫书画辞赋，才之小者，匡国理政，未有其能。"何况还会助长投机取巧、沽名钓誉之歪风。又据《后汉书·酷吏传》记载，尚书阳球也直指汉灵帝下令为之画像的鸿都门学梁松、江览等人为"斗筲小人"，批评这些人"或献赋一篇，或鸟篆盈简，而位升郎中，形图丹青"，认为有太学已经"足以宣明圣化"，所以"愿罢鸿都之选，以消天下之谤"，显然都是以鸿都门学开设的课程内容为不齿。鸿都门学开设的课程内容究竟是不是"虫篆小技"？是不是在引人逐利、有类俳优？对此问题的回答体现了不同学校办学目标之争，也是课程价值之争。元人马端临在所著《文献通考·学校考一》中表达过对鸿都门学的看法，颇耐人寻味。他说，当年司马迁、司马相如、枚皋、东方朔都以文学名世，尽管未任以要职，却都为人所赞许。后来鸿都门学之士虽至封侯赐爵，却仍为士人所不齿，可知鸿都门学这些人的人品之成问题。然而当时太学诸生三万余人，持危言骇论以激浊扬清，自负者诛戮禁锢不容才遗，而在学授业者为争第一而相互告讼无复廉耻，为何却独

---

① 孙培青，主编.中国教育史［M］.4 版.上海：华东师范大学出版社，2019：112.

独诛讨鸿都门学之士？马端临毫不客气地指出标榜清高的太学也不乏鲜廉寡耻之徒，却为什么一味指责鸿都门学？有关鸿都门学的争议固然是政治斗争在教育上的反映，其办学的主观意图确实无法称赞，却也反映了在经学知识及其课程主导天下学校的背景下，另一种声音和实践开始出现，而这种实践或多或少对后世相关的学校课程改革带来影响。

汉代学校经学教育发达，但中央与地方官学的经学教育并非学校教育的全部。有些官学继承了前代（如秦代）注重法律教育的传统，在经学之外，也开设法律课程。在民间，还大量存在着儒家经学教育之外的私人办学，而在这些学校或私人传授中，包容了更加广泛的知识内容，极大地丰富了学校课程，也是对官学教育中经学课程一统局面的有益补充。徐雉曾经指出，这一时期"除经学外，其余如天文、历算、术数、方技、本草、律令，皆为其时重要之课程"[①]。这种情形确实不乏历史记载。很典型的如《汉书·循吏传》记载，文翁于景帝末为蜀郡守时，选拔郡县小吏开敏有才者张叔等十余人赴京师深造，"受业博士，或学律令"，学成归来都予重用，"以为右职"。在京师也能学到法律课程。至于私人办学在课程开设方面逸出经学课程的现象就更普遍和可观。

汉代的私人办学依办学程度可以分为书馆与经馆两种，前者以启蒙识字教育为任务，而后者则相当于大学水平。有些经馆不是仅以儒学经典为课程，常常会依办学和讲学者所擅长而开设各种专门学问的课程，内容十分广泛，各种专门人才数量并不少。《汉书·平帝纪》记载，元始五年（公元 5 年），汉平帝征天下通知逸经、古记、天文、历算、钟律、小学、史篇、方术、本草，以及"五经"、《论语》《孝经》《尔

---

① 徐雉 . 中国学校课程沿革史［M］. 上海：太平洋书店，1929：32.

雅》教授者遣诣京师，至者数千人。数千人中一定是良莠不齐的，但表达了汉代统治者对经学之外各种应用性知识的重视程度，以及对民间知识状况的基本评估。事实上，民间的知识和课程世界也真可谓藏龙卧虎，洋洋大观。如《汉书·王吉传序》记成都严君平以卜筮为生，授《老子》《庄子》。《后汉书·杨厚传》记杨厚之父杨统就同郡郑伯山受《河洛书》及天文、推步之术。杨厚则学于其父，修黄老，门生三千余人。《汉书·郑弘传》记郑弘与兄郑昌皆明经，通法律政事，兄弟俩均为太守，条教法度，为后所述。《后汉书·郭躬传》记郭躬父子皆明法律，郭父擅决狱，郭躬授徒常数百人。《汉书·律历志》记王莽执政时，征天下通知钟律者百余人，使刘歆典领条奏。《汉书·翟方进传》记翟方进既受《穀梁》，且好《左传》、星历，星历学于长安令田终术。后来翟方进又以星历授郑宽中。《汉书·游侠传》记楼护世代为医，少时随父为医长安，诵《医经》《本草》《方术》等数十万言，为人所重。即使像郑玄这样以经学名世的学者，早年在太学受业时，从京兆第五元学《易》《公羊春秋》，同时也学《三统历》《九章算术》。也就是说，不少经师主授的是某经经说，但也同时在讲授经学以外的课程。此外，《后汉书》中记载教习图谶的私人办学材料十分多，反映了东汉谶纬成风的实际状况。纵观两《汉书》人物传记所载，私人办学所开设课程可谓丰富多样，在上述黄老、卜筮、天文、历法、刑律、谶纬、音律、医术外，还有算术、史学、诸子等。① 正是由于私学课程的多样化，使私学事实上承担起了为社会培养经学以外各种专门人才的职责，一定程度上弥补了汉代官办学校人才培养和文化传承中的缺陷。可以说，民间经馆一类学校的私学课程是官学所设"国家课程"十分有益的补充。这种情况，在魏晋南北朝时期有更广泛、更充分的表现。

---

① 熊明安，熊焰.中国古代教学活动简史［M］.重庆：重庆出版社，2013：46-71；86-110.

（二）"四馆"开设：突破"五经"课程的一大步

魏晋南北朝时期，战乱频仍，朝代更替，阶层冲突，族群流徙，社会矛盾十分尖锐。政局动荡客观上造成统治权力的控制松弛，给思想的活跃与开放创造了有利条件。当时，佛学兴盛起来，道家思想重振并与儒学融合产生出新的思想体系——玄学，对传统儒学产生强烈冲击；一些北方少数民族入主中原，带来文化交流、民族融合，赋予传统文化教育以新气质。由于时局多变，魏晋南北朝时期不具备学校制度建设的充分条件，学校兴废无常，导致教育的成就难以与两汉相比，但时代之变也促成了教育之变，其重要表现即是在官学教育体系中对经学教育独尊地位的突破。与之相应，官学课程也显出多样化的面貌。

1. 学校课程实践与思想的新动向

魏晋南北朝诸政权基本上沿袭了两汉重视儒术的传统，学校尤其是官学课程的主体依旧是儒家经学。如，魏文帝黄初五年（224年）制定"五经课试之法"，规定了修习经书的门数、时限、考试要求、出路与任官，体现了考试导向的课程实施方式，这样的课程实施特点在以后的官私学校中逐渐成为常态。但魏晋官学课程也出现一些新动向，表现为：在经学教育体系内部，以古文经学的经说设为课程的日益增加，终至一统天下，取今文经学而代之。如曹魏时太学所设十九博士中，授郑玄、王肃经说的达十五人；西晋情况基本同于曹魏时期，而东晋所设九博士中已经没有今文经说。值得注意的是，南朝宋国子学所开设的经学课程已经形成《周易》《尚书》《毛诗》《礼记》《周官》《仪礼》《左传》《公羊》《穀梁》九经，外加《论语》《孝经》合为一经，总共十经的课程体系，分别由十位助教执掌教授，成为后世唐代经学课程体系的雏形。

经学课程之外，魏晋时期的官私学校适应新的时代需要，开设诸多前所未有的新课程。《三国志·魏书·卫觊传》记载魏太和元年（227年），魏明帝准尚书卫觊之奏，于廷尉属下设律博士，教授官吏法律诉讼之学。法律课程的开设，开后世兴办律学之风气。南朝梁天监四年（505年）于廷尉属下设置胄子律博士以教授。胄子律博士制度又为陈所沿袭，为后世官学系统中律学的出现提供了先例。

魏晋南北朝时期私学课程的设置往往不限于经学，显得比较多样，形成新的课程内容体系。《三国志·蜀书·李譔传》记李譔传其父之业，又从同乡尹默讲论，"五经、诸子，无不该览，加博好技艺，算术、卜数、医药、弓弩、机械之巧，皆致思焉"，所学内容十分丰富也嫌杂驳。《晋书·皇甫谧传》记载皇甫谧也是"博综典籍百家之言，所著诗赋诔颂论难甚多"，偏重文章之学。南朝玄学、佛学流行，也反映在士人的讲学中，甚至还与儒学兼容共存，互为解说。十分典型的如《南史·张讥传》记载，南朝陈张讥性恬静，不求荣利，擅《周易》《老》《庄》而讲学授徒，"吴郡陆元朗、朱孟博、一乘寺沙门法才、法云寺沙门慧拔、至真观道士姚绥，皆传其业"。此类情况在当时并不少见。有学者指出："南朝前期学校教育的建设受玄学影响较大，而后期除玄学外，受佛学影响则更深。"[1]说明了南朝学校教育在课程方面的特点。

课程实践变革的背后是相应的思想、理念变革。当时的教育主张大致可以归为几类：一类是坚持崇儒重教，如晋初的傅玄；一类是反名教、尚自然，如嵇康等玄学家；一类是折中玄、儒，如颜之推。颜之推的思想在当时颇有代表性，他既不赞同玄学，也不完全认同传统的儒学，在学校课程问题上，提出了"德艺周厚"的目标。他主张不能动摇孝悌仁义一类传统儒家道德，同时也可借鉴佛门戒律以补充之；"五经"

作用重要、地位神圣不可怀疑，但也不能如"博士买驴，书券三纸，未有驴字"那样的经学。他所提倡的"艺"除了子史百家之书外，还包括士人社会生活中切实有用的诸多"杂艺"，如琴、棋、书、画、数、医、投、射等，甚至"农商工贾、厮役奴隶、钓鱼屠肉、饭牛牧羊，皆有先达，可为师表，博学求之，无不利于事也"。[1] 颜之推设想的士人求学内容已经极大地超出了以经学为核心的学校课程，对"德成而上，艺成而下"的观念有所颠覆。

2. 官学教育中对经学课程的一次重要突破

南朝宋文帝当政的元嘉年间（424—453）有一个历时三十年的繁荣发展时期。宋文帝继承宋武帝崇儒兴学传统并有所发展，其重要贡献在于在中央官学开设儒、玄、史、文四馆。这是汉代太学开设以来，第一次在儒学之外，平列开设其他课程内容的学校。

元嘉十五年（438年）宋文帝征召宿儒雷次宗开儒学馆，次年又使何尚之主持玄学馆、何承天主持史学馆、谢元主持文学馆，"四馆"并立，各就所业招收学生讲授。"四馆"开设实际上可以理解为在传统儒学课程之外，开设出与之并列的玄学、史学、文学三大类正式学校课程。儒学馆传授已经十分成熟的儒学经典课程，根据兴复国子学[2]之后将儒家经学课程规定为十门（《周易》《尚书》《毛诗》《礼记》《周官》《仪礼》《左传》《公羊》《穀梁》各置一经，《论语》《孝经》合一经），可以推测儒学馆当时的课程开设情况。玄学馆主要以老庄学说为课程内容，当时诸学混合、佛道交融的学风已经形成，可以推测馆中讲授内容也会有出于道、玄之外的部分。史学馆是以讲授史学为务，史学馆主持

中国课程史

---

① 王利器. 颜氏家训集解［M］. 上海：上海古籍出版社，1980：157.
② 宋文帝于元嘉十九年（442年）下令兴复国子学，并于次年行释菜礼后正式开学。

人何承天博通经史，长于历算，精于音律，也可以六致了解馆中所授。文学馆则以词章为教授内容。人们通常将"四馆"理解成分科学校，从所授课程内容考察，这是在儒学之外以别种学术正式开设学馆之始，而这些学术是与儒学处于同等位置，同时也是在儒学之外开了玄学、史学、文学专门教育的先河，这是对官学中经学教育一统地位的突破，其意义不可低估。从中国传统有关知识分类的观念来看，玄学、史学和文学分别设学、专门讲授尤其具有先进性。后世马端临编《文献通考·学校考二》中引用司马氏的见解就很具有代表性："然则史者，儒之一端；文者，儒之余事。至于老庄虚无，固非所以为教也。夫学者所以求道，天下无二道，安有四学哉！"认为天下之学无非道，而道尽在儒学之中，有儒学即可统括全部学问了，有什么必要一定要析分出玄、史、文三科专门设学教授呢？事实上在南朝宋之后，历代官学专设玄学、史学、文学课程以施教的，似未再出现。可见马端临所引司马氏的观点在坚守儒学方面根深蒂固，这也反衬出南朝宋设学在课程内容方面的独创性。

三十多年后的泰始六年（470年），宋明帝以国学废弛，诏立总明观，下设儒、道、文、史四科，每科置学士十人。虽然总明观是藏书、研究、教学合一的机构，教学授徒已是次要活动，但其总领四科的组织架构，呈现一校之下分设四种科目的态势，使其下四科愈加具有分科性质，既承袭了前朝故事，又开启了后代实践。而四科实际上是四个专门的课程单位，形成了中国古代官学中分科设教培养人才的雏形。有学者认为，总明观下辖四科与元嘉时期的四馆分别设科相同，但它在四科之上设总明观为总的领导、管理机构，"也使原来四个单科性质的大学发展为在多科性大学中实施分科教授的制度"①。

---

① 孙培青，主编. 中国教育史［M］.4版. 上海：华东师范大学出版社，2019：137.

四、从蒙学教材到蒙学课程

在中国的学校课程发展史上，汉代在学校课程和教材建设方面所取得的重要进展在于经学（大学）和蒙学（小学）两个方面。蒙学方面，汉代开始比较专门的蒙学教材的编写，体现于《急就篇》的完成，并后来居上，成为汉魏之间的蒙学教材代表作，深刻影响了后世蒙学教材和课程的发展。

（一）《急就篇》的后来居上

中国早期字书渊源于《史籀篇》，滋养于《仓颉篇》，而对后世影响最大的则为《急就篇》。《急就篇》又名《急就章》，《汉书·艺文志》著录有"《急就》一篇"，并注明系元帝时黄门令史游所作，黄门令为宦官。宋人晁公武《郡斋读书志》解释说："《急就》者，谓字之难知者，缓急可就而求焉。"也有说因篇首有"急就奇觚与众异"句而得名。编纂《急就篇》的初衷主要是用作字书，但也完全可以用于儿童识字启蒙，中国早期字书都有这个特点。

《急就篇》全书两千一百四十四字，分为三十四章。它的句式有七言、三言和四言几种，而以七言为最多，三言其次，四言较少。较之《仓颉篇》以四言为主，《急就篇》句式显得比较丰富，因而更有变化。全书的主体部分分为三大类内容。

其一为姓氏名字，约一百个。为三言句式。所列姓名或许为当时比较流行的，如"宋延年，郑子方，卫益寿，史步昌。周千秋，赵孺卿，爰展世，高辟兵"。

其二为服器百物。为七言句式。依次介绍丝帛纺织、五谷果蔬、袍襦鞋履、钟鼎斧锄、箕帚筐箧、甀瓵盆壶、帷幛席帐、镜奁脂粉、珠玑环佩、竽瑟箫琴、酸咸腥臭、四体五脏、刀剑弓弩、轮舆辕轴、室宅殿堂、顷町界亩、六畜禽兽、疾病医药、祠祀卜祷等内容。如"锦绣缦缥离云爵，乘风悬钟华洞乐""稻黍秫稷粟麻粳，饼饵麦饭甘豆羹""竽瑟空侯琴筑铮，钟磬鼗箫鼖鼓鸣"。

其三为社会生活。也为七言句式。依次介绍诗书礼乐、将相公卿、廉洁治民、诛罚决狱等内容。如"宦学讽《诗》《孝经》《论》，《春秋》《尚书》律令文，治《礼》掌故砥砺身，智能通达多见闻"。篇末为颂词，歌颂当时四海无事，天下太平，为四言句式。如："汉地广大，无不容盛；万方来朝，臣妾使令；边境无事，中国安宁；百姓承德，阴阳和平；风雨时节，莫不滋荣；灾蝗不起，五谷孰成；贤圣并进，博士先生。"

《急就篇》能够后来居上，成为汉魏之间最为流行的字书，原因何在？第一，收字更为通俗，字体更为简便、规范。第二，内容更为通俗，更具有日常性，增加了人的姓名是一个值得肯定的新变化，也是一个创造。第三，内容更为丰富，如隋唐时颜师古《急就篇注叙》所说："包括品类，错综古今，详其意趣，实有可观者焉。"第四，大体上按字数分章，考虑到学习的方便。如颜师古《急就篇注》所说："每标章首以字数为断者，盖取其程课学僮，简牍为便也。是以前之卒章，或与后句相蹙。"[①] 即分章考虑到安排学童的学习任务。也就是说，作为一种识字启蒙教材，已经考虑到了教和学的需要。第五，按照《四库全书总目》卷四十一对《急就篇》的考证，史游作《急就篇》，同时以章草字体书写。由于"汉俗简惰"，这种"解散隶体"的新书体受到欢迎而"渐以行之"。

---

① 颜师古.急就篇注［M］//史游.急就篇.长沙：岳麓书社，1989：31.

秦汉时期教材发展的一个重点领域就是字书编纂，也取得了一些代表性成果，其中有的还成为传世之作，如《仓颉篇》《凡将篇》《急就篇》《训纂篇》等，影响深远。秦汉时期字书编纂取得成就的原因是多方面的。其一，新诞生的中央集权国家出于统一文字、统一教育的需要，注重汉字的统一、规范和简化，重视字书编纂，以为世人提供标准字样。其二，秦汉时期是汉字经历快速发展和转型的时期，先是由六国文字（大篆）转变为小篆，再由小篆转变为隶书，又从隶书转变为章草，文字演变客观上对字书编纂提出了需求。其三，一批著名学者参与到字书编纂中来，其中不乏文字学家、书法家，由此大大提升了整个字书编纂的质量和水平。其四，充分认识和把握了汉字和字书编纂的规律，如注意句式，讲究韵律，文字按偏旁和类别集中编排等。其五，注意实用，选字、组织词句和编排内容切合生产和生活的日常所需。其六，开始注意到所编字书需要顾及施教者和学习者的方便，即注意到字书的教材特性。

《急就篇》编成后本是一部字书，但因其非常适用于人们日常学字、查字而深受欢迎，不胫而走，得以广泛传播，成为实施儿童识字启蒙教育普遍使用的教材，也就具有了课程的意义。清人王祖源在重校重刻《急就篇序》中说："自三苍既亡，而汉人小学书之存于今者，莫古于《急就篇》。其书盛行于魏晋六朝，衍于唐宋。"[1]其表达的就是此意。

（二）专编蒙学教材兴起与蒙学课程雏形

秦汉时期是中国古代字书编纂的重要时期，大量优秀字书形成于这一历史阶段。字书的重要功能是提供文字标准，以规范使用，儿童这

---

① 王祖源.急就篇序［M］//史游.急就篇.长沙：岳麓书社，1989：1.

一重要的学习群体并非其主要考虑的问题。而蒙学教材就不同了。蒙学教材的编纂目的是满足儿童的学习需要，往往从内容到形式甚至连书名都比较明显地体现这一需要。专门蒙学教材的编纂出现在魏晋南北朝时期，隋唐时期发展显著。

1. 以启蒙为指向的教材出现

虽然魏晋南北朝时期的蒙学读物仍以字书为多，但也越来越多地体现出明确的教子、启蒙意图，很多书籍从篇名就可以看出这一意图。《隋书·经籍志》的经部小学类著录了不少此类教材。如晋王义撰《小学篇》一卷，《颜氏家训·书证》称为《小学章》；晋杨方撰《少学》九卷，后来《旧唐书·经籍志》《新唐书·艺文志》也都有著录；《始学》一卷，作者不详，《太平御览》引作《始学篇》；吴朱育撰《幼学》二卷，《新唐书》《旧唐书》也都有著录；《启蒙记》一卷，晋束晳撰，同时著录于经部小学类和史部地理类，讲述物产之异；《启蒙记》三卷，晋顾恺之撰。这些书籍都著录在小学类，显然是作为字书来认定的。但从书名看，"少学""始学""幼学""启蒙"一类书名所体现的，显然已经不是单一目的的字书了。而束晳记录物产的《启蒙记》还同时著录于地理类，可以想见这应当是知识性很强的书籍，可以增长孩童见识，所以被作为"启蒙"之书。启蒙教材编纂中的这一变化具有十分重要的意义。

《隋书·经籍志》著录的还有一类读物是以"杂字""字诂"为名，也明确地显示了它们作为识字教材的性质。如《古今字诂》三卷，魏张揖撰；《字指》二卷，晋李彤撰；《要字苑》一卷，宋谢康乐撰；《要用字对误》四卷，梁邹诞生撰；《俗语难字》一卷，隋三劭撰；等等。从这些读物的书名来看，体现出很强的应用性，这些书名强调对字义的正确理解和字的正确使用，完全不能排除它们用作教孩童识字、作文的目的。

魏晋南北朝时期出现的这些用于儿童识字和启蒙的教材，尽管大多未能传承下来，但可以从中看出，这一时期儿童启蒙教育越来越受到重视，编纂启蒙教材也越来越成为人们的自觉行动，而林林总总的启蒙教材反映出当时已经形成启蒙课程的事实，这是这一时期的启蒙读物有异于秦汉的特点。

2. 儿童启蒙教材编纂的重要转折

魏晋南北朝以降，启蒙教材大量出现。启蒙教材数量的增加也意味着质量的相应提高具备了更充实的基础，一批优秀启蒙教材随之涌现。从南北朝到隋唐，儿童启蒙教材的编写出现重要转折，表现在两方面：出于儿童启蒙的单一目的而编写的教材开始出现；适应儿童教育各方面需要的多种类型的教材开始出现。其中有些教材从问世起，历经时代检验，流传一千五百年也未退出历史舞台。

《千字文》。《千字文》是南朝梁周兴嗣编写的一种以识字为主的综合性教材，约编于梁武帝大同年间（535—546）。据称梁武帝为了教诸王子识字读书，让人从王羲之书法中拓取一千个不重复的字，令周兴嗣编成一篇有含义的韵文。《千字文》编成后深得赞赏，成为人们喜闻乐见、普及程度极高的识字教材，取代了此前十分流行的《急就篇》。隋唐时期继续广为流传，敦煌遗书中著录的《千字文》抄本就有三十五个之多。宋以后还与《三字经》《百家姓》自然组合成一套识字启蒙教材，合称"三百千"，基本成为每一个中国孩童启蒙识字的必读教材。《千字文》优点十分显著。其一，选用一千个不重复的常用单字，四字成句，组成连贯通顺的二百五十个句子，句式通俗、含义容易理解。其二，所表达的内容相当丰富，包含传统知识体系的主要方面。内容的编排有次序，叙述有条理。大致可以分为四章，即第一章讲天地人文之道，第二章讲君子修身之道，第三章讲京师王都之伟、宫阙之壮、典章之盛、英才之众、土地之广，第四章讲君子治家处身之道。章下又大致分节。其三，文字表达体例一致，四言成句，贯彻始终。且全篇押韵，韵声响亮，令儿童易读易诵易记。①

《开蒙要训》。这本作者不详、大致编写于六朝的启蒙教材原篇已佚，而其抄本借敦煌石室保存下来。这也是一本以识字为主的综合性教材。在《敦煌宝藏》伯 2721 号《杂抄一卷》，"经史何人修撰制注"中写有"《开蒙要训》，马仁寿撰之"。马仁寿，六朝时人。其书抄本较多，敦煌文献著录的就有二十七种，但大多是残篇。《开蒙要训》是根据社会交往的需要，选择常用字来组织编排教材的。据今人研究，全书大致分十六个部分，内容依次为自然名物、社会名物、家族伦理、寝处衣装、身体疾病、珍宝工具、农业耕作、质押债务、驮乘车辆、饮食烹调、民居建筑、果树蔬菜、虫蛇禽兽、鞍辔箭镞、犯罪处罚、结束简语。《开蒙要训》也是以识字为目的，四字成句，押韵，但与《千字文》相比，字数更多，为一千四百字；内容涉及的知识更为广泛；更注重社会生活需要，尤详于人文；文风更为通俗浅显，多俗俚之语；"分别部居"的意图明显，内容分类编排，也按文字性质和部首分类排列；启蒙教育的意图更为明显，如书名就叫《开蒙要训》，强调启蒙的意图，又如结语所说："笔砚纸墨，记录文章。童蒙初学，易解难忘。"② 表明作者希望为儿童编纂一种有效的启蒙教材。敦煌文献中的《开蒙要训》抄本，有的还记录有抄写年份和抄写者。如斯 705 号，有卷末题字："大中五年三月廿三日学生宋文献诵，安文德写。"伯 2587 号写有："天成四年九月十八日，敦煌学士郎张□□□。"大中是唐宣宗年号，天成是后唐明宗年号，时间相距七十八年，说明直至唐末五代，其书仍十分

———————————

① 孙培青.隋唐五代教育研究［M］.上海：上海教育出版社，2021：470-474.
② 同上：476.

流行。其中还透露出一些十分有价值的信息。如斯705号卷子表明，学生拥有专门的识字课本，这一课本又是他人所抄写，非学生自为，但抄写者何人？是师友、亲属相助，抑或是由佣书手所为？涉及当时教材生产、使用和流传的诸多问题。也显示在远离中原地区的西域，启蒙教育已经广受重视，已流行原产自中原的启蒙教材。

《蒙求》。《蒙求》是历史知识类蒙学教材，作者李翰[①]，大约成书于天宝初年。书名得义于《易·蒙》卦辞"匪我求童蒙，童蒙求我"。《蒙求》的内容都是从经史百家书中取材，重在讲述表现古人优秀品质、杰出表现的事迹。全文用四言韵语写成，朗朗上口，易读易诵。每四字组成一个主谓结构的短句，全书五百九十六句，两千三百八十四字。除篇末"浩浩万古，不可备甄。芟繁摭华，尔曹勉旃"外，每句讲一个历史人物故事。上下两句两两相对，形成对偶，而所对的人与事又同属一类。篇末四句表现了明确的教育意图，显见也是专门编纂的启蒙教材。《蒙求》的编者有着十分开阔的历史视野和广博的历史知识，从内容上看，有很多优点。第一，除少量远古人物故事属于传说外，其他都是真实的历史人物事迹。如"孔明卧龙，吕望非熊""萧何定律，叔孙制礼"。第二，注意颂扬为中国文化发展作出创造性贡献的历史人物。如"杜康造酒，仓颉制字""蒙恬制笔，蔡伦造纸"。第三，注意弘扬有嘉言懿行的历史人物。如"孟轲养素，扬雄草玄""陵母伏剑，轲亲断机"。第四，注意表彰勤奋好学、立志成就的精神。如"匡衡凿壁，孙敬闭户""孙康映雪，车胤聚萤"。其他如歌颂友情的，赞许巧智的，感叹人生的，介绍文学人物逸闻的，不一而足，呈现出一幅杰出的历史人物长卷，具有易知、易晓、易感的作用。作为启蒙教材，《蒙求》无论在内容还是在形式上都是极大的创造，开了一种先例，形成一种新的启

---

① 一说作者为李瀚。《四库全书总目》认为《蒙求》作者系五代后晋李瀚。

蒙教材体裁，即"蒙求体"。① 这种体裁的特征是"类而偶之，联而韵之"，"属对类事，无非典实"。之后，以"蒙求"为名称和形式的启蒙教材层出不穷，不可胜数，表现了《蒙求》这一体裁在儿童启蒙教育中的独特价值和强大生命力。

《太公家教》。这也是一本作者和写作时代都不明确的启蒙教材。据明人考证，作者当为民间年老村师，写作年代当在"安史之乱"之后，大致在唐德宗时期（约800年）。现只能见到残本，已保存在敦煌遗书中，总共可见三十六个抄本。学者孙培青筛选后整理出一个比较完整的本子。② 此书写作意图也是"助诱童儿"，用于启蒙，但偏重道德教育。《太公家教》全书以四言为主，也有五言、六言、七言、八言掺杂其中。通篇押韵。内容比较混杂，语言形式比较粗糙、俚俗。主要讲述道德伦常和为人处世的道理。如，孝敬父母："孝子事父，晨省暮参。知饥知渴，知暖知寒。"行善避恶："见人善事，必须赞之；见人恶事，必须掩之。邻有灾难，必须救之；见人打斗，必须谏之。见人不是，必须语之；好言善述，必须学之。"与人相处："言不可失，行不可亏。他篱莫越，他事莫知。"注重教儿是全书特色所在，又分别叙述教子、教女："财能害己，必须畏之；酒能败身，必须戒之；色能致害，必须远之。""育女之法，莫听离母。……女年长大，莫听游走。"可以相信，《太公家教》所述多是流行于民间有关做人处世的经验之谈，有些甚至已经成为格言警句。如："凡人不可貌相，海水不可斗量。""落网之鸟，恨不高飞；吞钩之鱼，恨不忍饥。"其特点是十分通俗，符合老百姓自我保全的生存哲学，思想境界不能算高，却满足了普通民众的生活期待，这也是它能够广泛流传的原因所在。《太公家教》于中唐至宋初在

① 徐梓.蒙学读物的历史透视［M］.武汉：湖北教育出版社，1996：73.
② 孙培青，编.隋唐五代教育制度文献集成［M］.上海：上海教育出版社，2021：523-532.

中原地区十分流行，后来主要流行于东北地区。

《百行章》。作者为隋唐之际杜正伦。隋仁寿中（601—604），杜正伦与兄杜正玄、杜正藏都以秀才擢第。杜正伦有见于世人多从经典中学习道德品质，却普遍存在"虽读不依"现象，甚至行为与德行完全背离，希望扭转这种风气，将自己认为最重要、最想说的真切之言逐一记录，结集成书，以训诫儿童。现今所见《百行章》多为残本，敦煌文献斯1920号《百行章》一卷共八十四章，是章数最多且由序文起连续不断的本子。既然是强调躬行、反对空谈，全书内容与形式就都表现出独特面貌。其一，按品行分章，每章简释一项品行及其践行要求。八十四章本讲述八十四种品行，实际上将人的一些行为也上升为品行。涉及立身与处世、家庭与社会、在官与自处、待人与接物、内心与外表、权利与责任、勤俭与清廉、学问与思虑等。① 既有大德，也有小节；既有根本，也有末事。其二，倡导对社会民众有益的、具有积极意义的品行是其主流。其三，文字表达的基本形式为四言，辅助形式为四六兼行有如骈文，也有三言四言相间，比较灵活。如："孝行章第一：孝者，百行之本，德义之基。以孝化人，人德归于厚矣。""俭行章第十一：藏如山海，用之有穷；库等须弥，还成有乏。俭者恒足，丰者不盈。在公及私，皆须有度。事君养亲，莫过此要。""进行章第五十四：欲立身，先立人；欲达己，先达人。进人者，人还进之；立人者，人还立之。是以独高则危，单长必折。""知行章第七十三：温故知新，可以师矣。若不广学，安能知也？未游边远，宁知四海之宽？不涉丘门，岂知孝者为重乎？"《百行章》是专门用于儿童道德教育的教材，在唐代广泛流行于民间甚至西部边远地区，敦煌藏经洞就保存着唐五代多种抄本。一位文化水平很高的士人，却编就一本极其通俗的儿童道德教育读本，很是难

① 孙培青.隋唐五代教育研究［M］.上海：上海教育出版社，2021：486.

能可贵，也算是开了风气。

《咏史诗》。这是唐代出现的又一种新型启蒙教材，以诗歌形式编撰，旨在帮助儿童学诗。作者为唐后期诗人胡曾。《咏史诗》共一百五十首，分为三卷，每卷五十首。每一首以历史事件发生的地点为标题，如《乌江》《阿房宫》《铜雀台》《青冢》《鸿沟》等，大致述一人一事，随事评说，引导读者体会历史及历史人物的成败兴亡之道。胡曾写作《咏史诗》时，并未打算用作儿童学诗的启蒙教材，但由于这些诗作语言特别通俗易懂，以七言绝句为表现文体，既不艰深，也不冗长，可诵可记，很快就流传开来。唐代社会重诗成风，孩童学诗有现实需要，《咏史诗》就逐渐被社会选择为儿童诗歌阅读和写作教材。之后，为便于教学，有学者还为之注解，使之加快传播开来。《咏史诗》主要叙说从春秋战国到魏晋南北朝的人物史事，表面是在讽议古人，实则意指当代。作者自序说："夫诗者，盖美盛德之形容，刺衰政之荒怠，非徒尚绮丽瑰琦而已。故言之者无罪，读之者足以自戒。"[①]强烈的现实意识是此教材的鲜明特点。如《阿房宫》："新建阿房壁未干，沛公兵已入长安。帝王苦竭生灵力，大业沙崩固不难。"总结秦由盛而衰极为迅速的原因在于不珍惜民力，指出后来者应当引为教训。又如《汉宫》："明妃远嫁泣西风，玉筋双垂出汉宫。何事将军封万户，却令红粉为和戎。"感叹王昭君因和亲而远嫁的命运，嘲讽那些封万户侯的将军。《咏史诗》是跨越年龄界限的读物，尤其适宜学童习读；它也是跨越学科界限的读物，尤其适宜学知识、学道理、学写作，为启蒙教材创造了新的宝贵经验，自唐代起广泛流传，影响深远。罗贯中《三国演义》第十八回就引用了《咏史诗》中的《泸水》一诗，赞颂诸葛亮。明人还将李翰《蒙求》、胡曾《咏史诗》和周兴嗣《千字文》三种书注本合一，共十卷，

① 胡曾.新雕注胡曾咏史诗［M］.四部丛刊本.上海：商务印书馆，1936：1.

名《释文三注》，后来还传去了日本。[①]

　　隋唐时期的启蒙教材数量无法与宋以后相比，但不乏开拓创造之作。这些具有开创性的教材不仅丰富了当时启蒙教材的类型，促进了儿童启蒙教育的发展，也开了后世一些类型教材的先河。所以，对于启蒙教材发展的历史来说，南北朝至隋唐是一个重要的转折阶段。与近现代课程产生的过程和方式不同，中国古代学校课程的产生通常是先有教材（如小学阶段的字书、蒙学读物，大学阶段的经典文献），经受实践的检验（传播于社会，或应用于教学），得到广泛认同，被接受为达成某一教育教学目标的常用乃至必学的教材。在此情况下，可以认为某一种教材已经转变为课程。如小学教育阶段的"三百千"（宋代起），大学教育阶段的"五经"（两汉起）。南北朝至隋唐时期问世的诸多启蒙教材都体现出这一过程。其中部分教材在一段时期十分通行，个别教材甚至流行于后世，如《千字文》的使用终于中国传统社会，事实上与后起的《百家姓》《三字经》一起，组成普遍开设的识字启蒙课程。而其他种类的启蒙教材，如育德类、知识类、阅读类，则分别开启小学教育的教材类型，实际上也是搭建起了一个小学教育的课程架构。

五、经学课程的统一

　　隋唐重建了统一的中央集权国家，尤其是唐代国家的强盛，使之成为一个世界性国家。强盛的封建国家需要与之相应的知识、学问的传授机制，以保证学术的繁荣和各种人才的造就。隋唐的教育就是在此背景下发展的。隋唐统治者强烈意识到明确的文教政策对于教育发展乃至民

---

① 孙培青.隋唐五代教育研究［M］.上海：上海教育出版社，2021：483.

众思想道德发展、社会发展的重要性，因此，当政者虽然杂用儒、道、佛三家学说而不同于汉代一以儒学为尊，但还是认识到世俗化的儒学最有益于国家和社会治理。基于此，隋唐封建国家建立起十分完备的教育体制和学校系统，其中，经学教育仍旧占据了主导地位。同时，科举考试制度的建立对学校教育影响很大。一方面，科举考试通过设置多种科目以选拔多方面人才，但其主导性价值观念依然是儒家学说；另一方面，科举考试的科目、内容、方式方法都对学校教育实践产生影响。从中国古代学校课程发展历史的视角考察，隋唐时期学校教育发展的重要趋势即是经学课程的再度统一，各种专门学校也在前代实践基础上相应形成了各具特色的课程；教育逐渐为科举考试所支配，学校课程逐渐形成围绕科举考试来实施的模式；人们的课程意识加强，课程认识深化，课程实践水平提高。

（一）统一经文字义和国编教材与课程的颁行

隋文帝重新统一中国南北后，国家需要补充大量官员输送至各级政府机构，遂令国子学保荐学生四五百人参加考试，"通一经者，并悉荐举，将擢用之"。不料诸生应对策问考试，所据经说流派有南有北，学生各自发挥，所答南辕北辙，一堆试卷，博士无从评定高下，久久不能判定。据《隋书·房晖远传》，祭酒元善怪而问之，博士房晖远答道："江南、河北，义例不同，博士不能遍涉。学生皆持其所短，称己所长，博士各各自疑，所以久而不决也。"祭酒于是令房晖远评卷，房"览笔便下，初无疑滞"。或有不服者，房问明其所据经注义疏后，随即背诵出经说始末，"然后出其所短，自是无敢饰非者。所试四五百人，数日便决，诸儒莫不推其通博，皆自以为不能测己"。《北史·儒林传》说："南人约简，得其英华；北学深芜，穷其枝叶。"不同区域形成不同经学流派，传本有异，文字出入甚多，讹误不可避免；文本不同，训解难一，一字之差，可致事实相反，是非颠倒。尤其重要的是，儒家经典是国家政令的重要理论依据，国家决策，政府落实，因凭借经说不同，总是难以取得共识，甚至无法对话，何谈政令畅通，措施落实？从人才培养和选拔角度来说，政府既不可能以统一的思想来教育学生，也不可能以统一的标准来选用人才。可见，隋代国家建立之初就面临经学严重不统一局面，给国家治理带来极大困扰。这种情况到了唐代让人感觉更为严重。由于经学传授与政治的密切关系，汉代传经先有师法、家法之分，又有今文、古文之别。至魏晋南北朝，既有经学内部恪守章句与讲究义理的北学、南学之辩，又有经学外部的玄学、儒学之争。及至隋唐，既有政治统一对经学统一的要求，又有经学自身内部寻求变革的要求，经学统一开始提上日程。官私学校中经学课程主导地位逐渐建立起来后，经学课程内部的统一也逐渐展开。

隋文帝开皇十三年（593 年）国子寺独立，后改称国子学，隋炀帝大业三年（607 年）又改为国子监。其下辖国子学、太学、四门学、律学、书学、算学，经学教育是主体。官办经学学校中所授诸经兼有南北，经学课程统一趋势初显。私人讲学中的经学传授也出现类似趋势。经学家王通以振兴儒学、倡导"王道"为己任，以为"六经"经汉代传授以来已不切于时，因而编纂《续六经》，形成《续书》《续诗》《礼论》《乐论》《赞易》《元经》；经学家陆德明所撰《经典释文》，虽重在考订经籍文字音切，但同样也是在以个人的力量做辨明经典和经学源流的工作。这些都可看成是经学统一的前奏。

汉代屡屡试图统一经文字义，但并不十分成功。魏晋南北朝时期，经学不统一情况变得更加严重，甚至可以说还出现了价值认同危机。徐雄曾经比较过南北朝时期经学取向的差异，认为："（二）当时说经，南北皆杂以老庄。（三）南朝以佛教为依归，北朝以经术为倾向。（四）南人非不通经学，特多喜治《易》，不如北人之喜治《三礼》耳。"① 真正从文字和经义两个层面统一儒家经书的是在唐代。到唐代，重建统一的中央集权国家需要有统一的思想意识形态。随着崇儒兴学政策的明确，统一经学提上日程。唐朝建立，尤其是李世民登位后，认识到儒学与统治的关系如同鸟有翼，鱼依水，所以明确提出以"尧舜之道，周孔之教"为治国准绳，认为人才的培养和选拔、民众的教诫与感化，都离不开以"五经"为核心的经典教材。而两汉魏晋南北朝时期的经学历有纷争，虽然东汉熹平年间、魏正始年间都刻有石经，颁行国定经学教材，但效果并不理想，因为统一"五经"教材不只是文字的统一，尤其是经义章句的统一。经义纷争，除了经学派别之争外，还有国家南北长期分裂所造成的理解上的分歧。另外，历来经书都靠抄写，极易致误，隋唐之际发明雕版印刷，虽方便流传，但一旦有误，影响更大。所以经文的统一、标准与规范成为必须解决的问题。经学教材的统一是分两个阶段来实现的。

第一阶段，统一"五经"文字。贞观四年（630年），唐太宗以经籍去圣久远而文字舛谬，命颜师古考订"五经"，形成一个标准定本。经颜师古辛勤工作，三年而书成。这是统一经学的第一步——文字上的统一。然后命尚书左仆射房玄龄集诸儒"重加详议"，实为一次公开而严格的评审答辩会。据《贞观政要·崇儒学》："时诸儒传习师说，舛谬已久，皆共非之，异端蜂起。师古辄引晋、宋已来古本，随方晓答，援据详明，皆出其意表，诸儒莫不叹服。太宗称善者久之，赐帛五百匹，加授通直散骑常侍，颁其所定书于天下，令学者习焉。"评审会不仅顺利通过，答辩人还给评审人上了一课。"五经"定本由此问世，并于贞观七年（633年）颁行天下，成为"五经"教材的文字确定标准。"五

① 徐雄.中国学校课程沿革史［M］.上海：太平洋书店，1929：36-37.

经"在文字上实现了统一，为下一步工作奠定了基础。

第二阶段，统一"五经"经说。唐代统一经学以这一阶段为要。"五经"有了标准文本后，下一步工作就是寻求对经文作统一解释，以结束经说多门、章句纷繁的局面。尤其是唐初虽已明确崇儒兴学的文教政策，但朝野不断膨胀的佛教势力依旧是一个需要认真对待的问题。统一经学也是为了应对经学外部思想的挑战。《资治通鉴》卷一九四《唐纪十》记长孙皇后的话："道释异端之教，蠹国病民，皆上素所不为。"表明当时唐太宗的基本政治倾向。贞观十二年（638年），唐太宗以儒学门派众多，章句纷杂，训释不一，命国子祭酒孔颖达与颜师古、司马才章、王恭、王琰等名儒撰定"五经"义训，开始第二阶段工作。

《五经正义》的编撰，以国子监下各学校学官为骨干组成撰写队伍。首先是系统调查既有的经学成果，重点研究汉魏以来存世经注和义疏传承流派，参酌各家学说，选择最佳义疏作为依据。如《周易》，两汉《易》学，"西都则有丁、孟、京、田，东都则有荀、刘、马、郑"①，都是两汉传《易》的代表性人物。在此基础上，选择最有代表性的魏王弼注作为依据。按照这样的工作原则编写各经章句训诂，又经三年撰写，贞观十五年（641年），"五经"义训成书。计有《周易》义疏十四卷，《尚书》义疏二十卷，《毛诗》义疏四十卷，《礼记》义疏七十卷，《春秋》义疏三十六卷，共一百八十卷。进呈皇帝后，命名为《五经正义》，并付国子监施行。成书后的《五经正义》引发激烈争论与辩驳，虽已诏令"付国子监施行"，但因争议而予暂缓。贞观十六年（642年），唐太宗又令孔颖达率众学者审议修订。至高宗永徽二年（651年）下令再次刊定，加强思想把关，并使文字更加精练，于永徽

① 孔颖达.周易正义序［M］//阮元，校刻.十三经注疏.北京：中华书局，1980：6.

中国课程史

四年（653 年）最终形成定本并颁行，并作为科举考试依据。两次修订都充实了编写队伍。编纂工作前后历时十五年。这是在做统一"五经"释本的工作。

之后，唐代学者贾公彦、徐彦、杨士勋等仿《五经正义》例，先后完成了《周礼》注疏四十二卷，《仪礼》注疏五十卷，《春秋公羊传》注疏二十八卷，《春秋穀梁传》注疏二十卷。这样就形成了"九经"注疏的经学教材。

经学教材的统一是唐代经学发展、教育发展和教材发展的总体趋势使然。除了《五经正义》外，对经学教材统一产生重要影响的事件还有颜师古撰定《五经定本》，对"五经"文字多所考定，在文字上统一了"五经"教材；陆德明撰写《经典释文》，对"五经"文字作了音训，这是一种偏重音训的经学教材，也是对汉魏六朝经学的总结；大和七年（833 年），为杜绝讹谬和歧义，核校经书文字，唐文宗诏令将"五经"勒石，于开成二年（837 年）刻成，立于长安国子监太学讲堂两廊，含《周易》《尚书》《毛诗》《周礼》《仪礼》《礼记》《左传》《公羊传》《穀梁传》《孝经》《论语》《尔雅》十二种，史称"开成石经"。是为历代多次刻经中保存最为完好的一部，今仍存世。

《五经正义》是国家规定的统一经学教材，它的出现扫除了儒学内部有关经学的异说异见。"汉代的官学只统一课程，承认十四家经说，并未编出统一教材"；而唐代则编出统一教材，也使儒家经学归于统一。① 实际上，根据中国古代学校课程与教材关系所表现出的特殊形态——往往是由教材转化为课程——来分析，《五经正义》统一经学的意义更可以看成是对儒经课程的统一，因为编纂《五经正义》所形成的确是统编教材，但同时也规定了"五经"该有什么样的观念，讲什么样

---

① 孙培青.隋唐五代教育研究［M］.上海：上海教育出版社，2021：41.

的内容，有什么样的结构形态。可以说，汉代立五经博士规定了统一的经学课程，而唐代编《五经正义》则规定了每门经学课程的内容要求，几乎可以将其视为一部详细而完备的"五经课程标准"。就此，再一次形成了经学的"国家课程"。在之后的年代，《五经正义》不仅是学校教学的依据，也是科举取士的依据，虽然后来宋学崛起并占据主导地位，形成了新的经学教材和课程体系——"四书"，但《五经正义》仍旧未被完全取代。从贞观四年（630年）唐太宗诏令考订"五经"义训，到永徽四年（653年）《五经正义》颁行，前后历时二十三年，可见其艰难。《五经正义》的形成结束了汉代学校经学课程虽然统一而课程内容并不统一的局面，进一步巩固了儒学在教育中的地位，为唐代学校教育发展创造了课程内容条件，也为方兴未艾的科举制度发展提供了标准读本。然而，就思想、学术和教育发展而言，统一的课程内容标准的形成也意味着思想束缚与精神禁锢的加强。唐代经学课程的再度统一，预示着经学教育的危机也在酝酿之中。

（二）经—注—疏：层级化的经学课程形态

《五经正义》的编成，意味着汉唐经学取得了一项集大成的成果。从教育的角度说，这意味着一部部帙巨大的国编经学教材的诞生。这部国编教材颁行于天下，成为世人学习"五经"的标准教材，科举考试也要以此为准。事实上，学"五经"即须学《五经正义》，《五经正义》也就成为"国家课程"。《五经正义》这部教材或曰这门课程具有层级化特点。从教材和课程的角度说，《五经正义》之新，在于它创造了一种教材和课程的新形态，即形成包含经—注—疏三个层次的经学内容体系。

《五经正义》的编纂，第一个阶段主要是规范"五经"文字，要解决的问题是统一"五经"文字，避免因文字讹误而引发争议乃至异端。这一阶段工作相对容易完成。第二阶段主要是规范"五经"训释，要解决的问题是统一"五经"传注。这又包含两个层次的工作，其一是在前代经传（主要是汉代注）中选择确定一种比较权威的经传，即古注；其二是总结汉代以降各种经注，选择以其中的一二种为主，结合各家学说，对经与传作出注释，即所谓"正义"，这是《五经正义》编纂的重头工作。因为第二阶段第一层次的工作是选择确定古注，相对容易完成，经过汉代今古文经之争和师法家法之争，汉代经学大致走向统一，已经自然筛选出比较公认的经传；而第二阶段第二层次的工作是为传作注，即作疏，还需要以孔颖达为首的编写组成员的努力。

作为一种教材，《五经正义》从内容结构上分析包含三个层次，三个层次情况各异。第一个层次是经，是经过大约两千年的自然积累，到孔子时代完成了整理，也是一次总结；第二个层次是传，是经过八百多年的自然积累，到魏晋时期完成自然选择，又是一次总结；第三个层次是疏，经过两百年的积累，到唐代初年完成整理，是第三次总结。三个层次的内容中，第二、第三层次都是孔颖达和他领导的团队最终完成的，但这两个层次工作的完成情形又有不同。第二个层次传，是在自然积累和自然选择基础上作出最后的确定；第三个层次疏，是在历史积累基础上的原始创作，属于教材的新编部分，体现了编纂者的学识、智慧和意图，也体现了统一国家对学术、思想、教育的要求。

作为体现封建国家意志的最重要的经学教材系列，《五经正义》的编纂遵循了诸多原则与方法，有着十分丰富的经验。

其一，全面把握经传著述的源流情况。包括汉魏传世的经传、两晋南北朝新撰作的义疏等详细情形。孔颖达在其撰写的《周易正义序》《尚书正义序》《毛诗正义序》《礼记正义序》《春秋正义序》中，除叙述诸经的由来与意义外，对诸经在两汉、魏晋至隋唐代的发展流变情况都有具体描述。如关于《毛诗》，弄清汉代能传承其学的，"贯长卿传之于前，郑康成笺之于后"；晋及南北朝时期，在南方"其道大行"，在北方也"兹风不坠"；南北朝和隋唐时期作义疏的代表性人物则有全缓、何胤、舒瑗、刘轨思、刘醜、刘焯、刘炫等。[①] 表明教材编纂所做的基础工作颇为充分。

其二，对前人著作参酌比较，择善而从。自汉至近代，经传与义疏层出不穷，可称洋洋大观，需要作出判断弃取。选择的方法是比较，原则是以优为据，其他的作为参考。如《尚书》，孔安国的古文传一度不行于世，魏晋方始稍兴，晚近得行。但"其辞富而备，其义弘而雅，故复而不厌，久而愈亮，江左学者，咸悉祖焉。近至隋初，始流河朔"。认为《尚书》孔传能经受时间检验，所以选定。而《尚书》的正义，也有蔡大宝、巢猗、顾彪、刘焯、刘炫等著名学者的著述成果，经比较，认为焯、炫二刘"最为详雅"，就选作撰写正义的主要依据。[②]

其三，强调在前人基础上的再创作。经与传是经过历史检验的，而正义尽管也有一些近代人著述，但缺乏锤炼和积淀，《五经正义》的编纂十分注意正确对待前人成果，重在自主创作。如上述，《尚书正义》的编写明确了主要依据刘焯和刘炫的成果，但编写者在肯定二刘"最为详雅"的同时，也深刻分析和认识到二人之短。"然焯乃织综经文，穿凿孔穴，诡其新见，异彼前儒，非险而更为险，无义而更生义"，而"炫嫌焯之烦杂，就而删焉，虽复微稍省要，又好改张前义，义更太略，辞又过华，虽为文笔之善，乃非开奖之路。义既无义，文又非文，欲使后生若为领袖，此乃炫之所失"。处理方案就是："览古人之传记，质近

---

① 孔颖达. 毛诗正义序 [M] // 阮元, 校刻. 十三经注疏. 北京：中华书局，1980：261.
② 孔颖达. 尚书正义序 [M] // 阮元, 校刻. 十三经注疏. 北京：中华书局，1980：110.

代之异同，存其是而去其非，削其烦而增其简，此亦非敢臆说，必据旧闻。"[1] 其他各书，也都如此对待。

其四，根据所编教材性质，确定具体编纂原则。要评价《五经正义》编纂的得失，还应当从这种教材的性质出发，分析教材编纂的原则和方法是否与教材的特性相合。编纂者清楚地认识到，《五经正义》是一种主要为经注作注解的教材，既如此，编纂原则主要有两条。第一，注宗一家，不取异义。也就是选取汉魏时期公认的具有代表性的一家注本作为依据，选择是结合编纂需要比较的结果。这样，就确定了《周易》用魏王弼注，《尚书》用汉孔安国传，《诗》用汉毛公传、郑玄笺，《礼记》用汉郑玄注，《春秋左氏传》用晋杜预注。这些经注也一直得到后世学者的认可。第二，注不驳经，疏不驳注。这一条既是选注的标准，即所选的注要能够贴近经的本义，同时也是作疏的要求，即所作的疏也要贴近经和注的本义，否则就是"驳注"，背离了疏的本来意义。[2] 如《礼记正义》的编纂，编纂者历数自大小二戴以来诸家注疏，认为"见于世"者，唯皇侃、熊安两家而已。但熊安"违背本经，多引外义，犹之楚而北行，……又欲释经文，唯聚难义，犹治丝而棼之，手虽繁而丝益乱也"。而皇侃呢？"又既遵郑氏，乃时乖郑义，此是木落不归其本，狐死不首丘。"[3] 一个驳经，一个驳注；驳经者是南辕北辙，驳注者陷人于紊乱。注驳经、疏驳注，就是丢失了根本。

《五经正义》的编纂者对这套教材的性质和功能有清楚的认识，相应地，对编纂这套教材应当采用的原则也有清楚的认识，这就保证了编

---

① 孔颖达.尚书正义序［M］∥阮元，校刻.十三经注疏.北京：中华书局，1980：110.
② 孙培青.隋唐五代教育研究［M］.上海：上海教育出版社，2021：38.
③ 孔颖达.礼记正义序［M］∥阮元，校刻.十三经注疏.北京：中华书局，1980：1222.

纂的成功。《五经正义》的学术倾向是汉学，它体现了"述而不作"的学风，批评者认为这种学风是保守的。但这种编纂原则十分适合文化传承类教材的整理、编纂工作，不失为有效的经验。事实上，这种经验为后人所袭用，在后世产生了重大影响。《五经正义》之后，后人参照其例也作了几种注疏，著名的有：唐人贾公彦作《周礼疏》《仪礼疏》，杨士勋作《春秋穀梁疏》，徐彦作《春秋公羊传疏》。它们也被唐代中央政府作为统一的标准经学教材。这就是"九经"注疏教材。宋人将《论语》《孝经》《尔雅》《孟子》提升为经，又仿《五经正义》体例为之作疏，合成"十三经"，都有注疏。中国经学教育、经学教材编纂和相应的经学课程，第一次真正实现了统一。在经学教材的编纂方面，汉代的开创是为经作注，唐代的开创则是再为注作注，都是教材编纂的创造，都形成一些相应的规范。这也是《五经正义》编成后为后世沿用一千多年的重要原因。明永乐十二年（1414 年），明成祖朱棣命翰林院学士胡广等编纂《四书大全》《五经大全》和《性理大全》，这是在《五经正义》成书八百多年后，国家又一次统一编纂经学教材，但从效果上看并不成功，究其原因，恐与缺乏编纂规范有关。

《五经正义》自永徽四年（653 年）刊定颁行，成为统一教材，为官私学校经学教育所用，也成为科举考试的依据，实际上也成为学校普遍设立的经学课程，唐宋两代沿用约六百年，学者与士子不可违背。元明清时期，以"四书"为核心的新经学教材和课程体系形成并行用，但《五经正义》仍未取消，只是因为教学和考试的重心已经转向"四书"，其地位大有被"四书"逆转的态势。

《五经正义》作为课程，有一个如何实施教学的问题。大致上形成了几种方案。一种是循疏—注—经的顺序学，注疏成为读通经的台阶，疏、注、经的关系就犹如阶梯，是谓直线式层层上升的读法。一种是先只读经文，待学完所有经文后，再返回起点二度读经，此时须经、注、疏合读，是谓螺旋式上升的读法。① 经—注—疏合一的经学教育和课程形态，对中国传统教育和教学有深刻影响。

（三）科举制度的建立对学校课程的影响

科举制度在汉代察举制度的基础上演化而来，是中国历史上官员选拔制度发展的一个新阶段。如果说察举制度选人方式的侧重点是"察"，那么科举制度选人方式的侧重点则在"试"。科举制度的特点可以概括为：个人自愿报考，县州逐级考试选拔，全国举子在规定的时间集中于京城按科目应试，据文化考试成绩择优录取，以备任官。由于科举考试提供了入仕这一士人读书求学的出路，实现"学而优则仕"的传统教育目的，其一经产生就广受重视。人们奔竞于应试之途，以求侥幸，而并不在意个人的成人、成学，学校教育则逐渐成为科举考试的预备场所，又沦于科举制度的附庸地位。

1. 经学科目与经学课程

当时人们对科举制度与学校教育关系的看法，可以从《新唐书》如何记录两者的关系中得到反映。《选举志》是《新唐书》新设的一个志，

---

① 元人程端礼《程氏家塾读书分年日程》，就是一种螺旋式上升的课程修读法。日程中规定："'小学'书毕，次读《大学》经传正文，次读《论语》经传正文，次读《孟子》经传正文，次读《中庸》经传正文，次读《孝经》刊误，次读《易》正文，次读《书》正文，次读《诗》正文，次读《仪礼》并《礼记》正文，次读《周礼》正文，次读《春秋》经并'三传'正文。"大约从八岁至十五岁，用六七年时间完成。从十五岁起，"读《大学章句》《或问》，《大学章句》《或问》毕，次读《论语集注》，次读《孟子集注》，次读《中庸章句》《或问》，次钞读《论语或问》之合于集注者，次钞读《孟子或问》之合于集注者，次读本经"。读本经采用钞读法，逐一钞读《易》、《尚书》、《诗》、《礼记》(《仪礼》)、《春秋》("三传")，读本经和相关注疏音义。用三四年时间，昼夜专治。之后进入读史、读文、学作文、学科举文字。见：程瑞礼. 程氏家塾读书分年日程 [M]. 姜汉椿，校注. 合肥：安徽古籍出版社，1992.

在此前的正史中未见，可称是开创。顾名思义，《选举志》当是记录科举制度方面的内容，然而，它在记录唐代科举制度及其沿革时，也介绍了唐代中央官学制度。也就是说，在《新唐书》作者看来，唐代的学校应当归于"选举"。如《新唐书·选举志上》记录有国子监各学博士、助教的职责："凡博士、助教，分经授诸生，未终经者无易业。"并详细说明了大经、中经、小经的区分，修读的组合要求，修读的年限要求等，分明是在讲明国子监所属国子学、太学、四门学等学校的课程要求。虽然《新唐书》的作者是宋初学者，但也反映出唐代科举与学校的关系留给他们的印象。事实上，唐代科举对学校教育的影响已经十分普遍和深入。

科举考试影响了经学学校的培养目标。经学教育的一大特点是强调德行，这是由儒家"为政以德"的宗旨决定的。由于科举制度以考试为定夺的特点，尤其是进士科渐趋热门，学校逐渐不再以学生的品德和才学为意，而一味以文艺辞藻为尚。如《通典》卷一七《选举五·杂议论中》引用刘峣上元元年（674年）《取士先德行而后才艺疏》所说："国家以礼部为考秀之门，考文章于甲乙，故天下响应，驱驰于才艺，不务于德行……故有朝登甲科而夕陷刑辟，制法守度使之然也。"所以提请唐高宗"改而张之"。福建泉州历史上第一位进士欧阳詹在其《欧阳行周文集》卷八《与郑伯义书》中也说："国家设尊官厚禄，为人民也，为社稷也。在求其人，非与人求；在得其人，非与人得。唯道德膺厥求，唯贤能膺厥得。贤能事事而后见，道德诚诚而后信。"而实际情况却是："读往载，究前言，则曰明经；属以辞，赋以事，则曰进士。"只要能够知晓一些过去的经书词句，就可以称作明经了；只要能够写词作赋，就可以称作进士了。他比喻说，"选才如选材"，"木材也者，在坚贞可久；人才也者，在德行有恒。不可久，不可恒，虽售之于今，必不售之于后"，表明了欧阳詹对教育现状的思考。

科举考试还影响到经学学校的课程设置。学校受制于科举考试，科举考试开设什么样的科目、有什么样的知识要求，学校就学什么样的内容、达成什么样的目标。唐代官学课程中的经学课程与科举考试中的经学考试是高度一致的。《新唐书·选举志上》叙述唐代取士的考生来源之一，"由学馆者曰生徒"。"生徒"就来自国子监的国子学、太学、四门学和弘文馆、崇文馆。这些可称为经学校的国子监三学和弘文、崇文二馆，其所开设的课程主要就是《礼记》《春秋左氏传》《诗》《周礼》《仪礼》《易》《尚书》《春秋公羊传》《春秋穀梁传》"九经"，而科举考试所设科目中就有明经，考试内容完全与学校所设课程对应。《唐六典·尚书吏部》记载："其明经各试所习业，文、注精熟，辨明义理，然后为通。正经有九：《礼记》《左传》为大经，《毛诗》《周礼》《仪礼》为中经，《周易》《尚书》《公羊》《穀梁》为小经。通二经者，一大一小，若两中经；通三经者，大中小各一；通五经者，大经并通。其《孝经》《论语》并须兼习。"[1]《唐六典》著成于开元末年，也就是说，中唐时的明经科又包含两经、三经、五经诸科。唐中期，杨绾又提出通一经的科目。《旧唐书·杨绾传》记载，代宗宝应二年（763年）杨绾请由州县举孝廉，试经书，从"九经"中"任通一经"，要求"务取深义奥旨，通诸家之义"，此即学究一经。到唐后期，又先后推出三礼科和三传科。《通典·选举三》记载贞元五年（789年）开设三礼科；《唐会要·贡举中·三传》记载长庆二年（822年）又开设三传科。三礼科、三传科可以认为是另两种类型的三经考试。[2]至此，唐代明经科考试形成九经、五经、三经、二经、一经、三礼、三传的庞大系列，这些科目完全对应着学校的"九经"课程，巩固"九经"课程在学校中的地位。

---

① 李隆基.大唐六典［M］.李林甫，注，广池千九郎，校注，为田智雄，补订.西安：三秦出版社，1991：48.本书以下所引《唐六典》，皆据此版本。

② 研究者一般不将"三礼""三传"归入明经科大类，但"三礼"所试为《仪礼》《礼记》《周礼》，"三传"所试为《左传》《公羊传》《穀梁传》，都是进入"五经"系列的经书，所以作此理解。

2. 科举制度下的"课"程

考察中国古代学校课程实践和思想的发展，唐代是一个重要阶段。这不仅因为唐代学校具有丰富而有效的课程实践，更由于唐人的课程观念和思想已达到相当高的水平，并形成一些重要特点，也影响了后世。前已述及，在"功课或者课业的进程"的含义上使用"课程"一词是否在唐代还有待认定，但唐人在教育中已具有明确的"功课或者课业的进程"意识，这点是毋庸置疑的。丰富的学校教育教学实践，尤其是科举制度的实行，极大地促进了课程概念的发展。虽然当时对课程之"课"已经有了功课、课业的理解，如李商隐《杂纂·失本体》："不点检学生作课念书，失先生体。"但科举制度对当时课程概念的影响突出地表现为以"课"来安排课程、调节课程，即以"课"定"程"。此处所谓"课"，是按其本来意义理解的，按《说文解字》："课，试也。从言，果声。"① 在《说文解字》中，许慎将"课"与"试"二字相邻而列，表明他对这两个字字义性质的判断。而"程"，也即功课或课业的安排和进程。唐代学校教育（尤其是经学教育）兴盛，唐代也是科举制度蓬勃发展的时期，两者是相辅相成的关系，但主导的一方则是科举制度，因为唐代科举考试的考生来源主要有二，即来自地方选送的乡贡和来自国子监系统各学校及其他相关学校的生徒，即使是乡贡，也有不少出自地方官学。因此科举考试能使学校所有的培养工作得到兑现，这是学校课程成为"课"程的根本原因所在。

唐代科举制度之下的学校课程实际上是一种"考程"，是以考试为导向的功课或课业进程。这可以从诸多方面看出。

其一，科举考试的科目就是学校教学的科目（课程），最典型的即

① 段玉裁.说文解字注［M］.2 版.上海：上海古籍出版社，1988：93.

是明经科考试科目与国子监属下经学教育"三馆"（国子学、太学、四门学）的专经课程完全对应。学校中通二经、三经、五经的课程修习要求完全与明经科考试对接。国子监"六学"中的培养体制，太学、四门学视国子学而定，律学、书学、算学又视"三馆"而定。律学、书学、算学的课程，也一视明法、明书、明算科的考试科目。①

其二，科举考试中的明经科可以在国子监经学教育"三馆"中找到对应的课程，然而，除了广文馆是以杂文、时务策为课业外，进士科考试在"三馆"中难以找到完全对应的课程。想要通过进士科的诗赋、对策考试，一定要经过系统的写作训练，国子监"三馆"中是否开设这类课程，我们今天不甚明了，但民间很可能大量存在以此为业的私人授受，以及士人的自行研读和揣摩，诗赋、策文等训练事实上也逐渐成为一类课程，即应试预备课程，而专以辞藻、声律、文采、章法为务。这类课程纯粹为了应试而生，也可称为"课"程，对中国教育产生了极其深远的影响，成为后世历朝历代有识之士强烈抨击的对象。

其三，学校各专业的功课或课业进程以不同学习阶段的考试为目标，课程学习完全是为了完成考试并取得佳绩。唐代文献中记载的旬试、月试、季试未必是同时存在的考试，事实是制度初定时从严，实行旬试，之后管理逐渐松弛，先是旬试荒废而代之以月试，后又月试荒废而代之以季试。② 这种日常性的考试显然是为了督促课业，积若干次旬（月、季）试而有资格参加岁试，又积若干次岁试方能出监而得报送礼部参加科举考试。这样的学习过程不是"课"程又是什么？《学记》所

---

① 《唐六典》卷二一《国子监》中称国子监下属国子学、太学、四门学为"三馆"。在说明考试规定时，只述国子学，述及太学、四门学时，只说"督课试举如国子博士之法"；述及国子监下属律学、书学、算学考试规定时，只说"督课试举如三馆博士之法"。参见：李隆基.大唐六典［M］.李林甫，注，广池千九郎，校注，内田智雄，补订.西安：三秦出版社，1991：395-400.

② 孙培青.隋唐五代教育研究［M］.上海：上海教育出版社，2021：242-249.

提出的"比年入学，中年考校"，以考试为主导的课业学习规划设想，在唐代实行科举考试的背景下得以充分实现。

其四，国子监各学校的课业考核方式也是取自科举考试，甚至毕业考试一如科举考试，几乎是应举的模拟考试。旬试、月试、季试、岁试的考试方式主要是两种：试读，即贴经文；试讲，即口问大义。[①] 而到了毕业考试，其试法皆依考功，即模拟科举，也实行三场考试。明经试帖经、口试、策经义，进士帖一中经、试杂文和时务策。[②] 所以，"课"（考试）深刻影响了功课或课业之"程"，"课"的因素被放大到了极点。就此意义上说，唐代学校课程是一种考程，这一特点在唐代就开始对教育产生不利影响，这种影响渐趋严重，乃至北宋时范仲淹、王安石等不得不实施大刀阔斧的改革，却也难以完全革除其弊。

唐人的课程观念相当成熟，"课程"一词也似乎到了呼之欲出的时候。然而唐人的课程概念既有十分丰富的学校实践背景，更是在科举制度的背景下被定义的，与科举考试关联很深，这是我们把握唐以后学校主流课程的特点所不可忽视的一点。

3. 应试教材的兴起

由于科举考试制度的社会影响愈益广泛和深入，一种新的教材类型也就应运而生，这就是应试教材。应试教材的出现，也是唐代教育发展中的一个独特现象，开了后代应试读物泛滥的先声。

应试教材产生的原因十分简单，就是为了考场成功。于是，考什么

---

① 据《唐六典》卷二一《国子监》："每旬前一日，则试其所习业。"注释云："试读者，每千言内试一帖；试讲者，每二千言内问大义一条，总试三条，通一及全不通，斟量决罚。"

② 据《册府元龟》卷六〇四《学校部·奏议三》：唐文宗太和五年（831年）提出："凡六学生每有业成，上于监者，以其业与司业、祭酒试之。明经帖经，口试策经义；进士帖一中经，试杂文、时务策。"

就教（学）什么，如何能考得好就如何教（学），就成了应试教材的重要特点。教材，顾名思义，是用于教学的材料。由于中国传统教育重学的特点，在古代，教材又可以在很大程度上理解为"学材"，即用于学习的材料。而用于应试的教材，则可以称为"课材"了，课者，考也。

应试教材大量涌现，可以相信是在唐代。考试入仕已经成为唐代士人生活中的一个日常性话题，与考试有关的教材也就屡屡出现在史料记载中。《旧唐书·杨绾传》中记录，永泰元年（765 年）知贡举的杨绾条陈贡举之弊时说："进士加杂文，明经填帖，从此积弊，浸转成俗。幼能就学，皆诵当代之诗；长而博文，不越诸家之集。递相党与，用致虚声，六经则未尝开卷，三史则皆同挂壁。"这说的是无论考进士还是考明经，都已不读"六经""三史"之类原始文献，只是自幼诵读当代人的诗作，长大阅览范围不出诸名家的集子。这些当代人诗作、诸名家集子，即是应试教材。从杨绾的批评看，只凭背诵应试教材而准备考试的现象已十分普遍，成为社会问题，所以引起这位有责任心的主试官员的忧虑。

应试教材大体产生于几个途径。其一是专门编纂的应试读物。如帖括，是指点应付帖经考试窍门的应试读物，多是一些概括性提示之语。其二是一些名人作品，尤其是考场成功者的应试文章，成为现成范文教材。如诗人元稹应试时的诗、赋、判广泛流传。与元稹齐名的诗人白居易的作品同样炙手可热。其三是一些名人或应试者自己所作的应试练习卷。最为著名的是白居易所撰《策林》七十五篇。[①] 这部《策林》还被制作成怀挟小本，以方便舞弊者带入考场。

以进士科考试为例，考试涉及的科目内容有诗、赋、论、策、判以及试帖，对应着科举考试的科目与内容，唐代应试教材已经形成体系。据《新唐书·艺文志四》，所著录的应试教材有：

① 见《白居易集》卷六三、卷六四、卷六五《策林一》《策林二》《策林三》《策林四》。

判。如有骆宾王《百道判集》一卷、张文成《龙筋凤髓》十卷、《崔锐判》一卷（大历人）、郑宽《百道判》一卷（元和拔萃）等。

诗。如有元思敬《诗人秀句》二卷、王起《文场秀句》一卷、王起《大中新行诗格》一卷、元兢《古今诗人秀句》二卷等。

赋。如张仲素《赋枢》三卷、范传正《赋诀》一卷、浩虚舟《赋门》一卷等。

策。如魏徵《时务策》五卷、《刘贲策》一卷、《五子策林》十卷（集许南容而下五人策问）、《元和制策》三卷（元稹、独孤郁、白居易）等。

唐代最著名的应试教材恐怕要数《兔园册府》了。《兔园册府》又名《兔园册》，史称"唐末五代村塾盛行之书"。其书已佚。作者有虞世南与杜嗣先二说。内容为仿应试科目策，自设问对，引用经史材料进行论述，共三十卷。《敦煌宝藏》收入的敦煌遗书中有《兔园策府》残篇，为杜嗣先所撰。今人据残篇拼补校勘，大致还原第一、第二两卷，可以由此大致了解其书的性质和内容。第一卷为作者自拟序文；第二卷为正文，含五个策问题目，主题依次为：辨天地、正历数、议封禅、征东夷、均州壤。每一个策问之下都撰写了对策范文。策问是假设的，所问往往是现实中存在的一些国家、社会问题，又往往是一些国家大事，希望由此训练考生解决现实问题的见识和应对策略。如"均州壤"一题，问题是：河北道沧州、瀛州地旷人稀，河东道汾州、晋州人烟稠密，两个区域民众生活条件差别甚大，如何做到让民众自愿迁居，使土地、房屋、粮食、物产趋于均衡。阐述可行或不可行的理由何在，说明劝导民众迁居最好的方法是什么。[①]针对策问，还设计了对策文。其格式大致是：先阐述策问所提问题的意义，接着提出解决问题所要达成的目标，然后说明解决这一问题所需条件，之后提出若干建设性意见，最后展望

① 孙培青.隋唐五代教育研究［M］.上海：上海教育出版社，2021：509-514.

实现目标的效果。这一题属于时务策。自设问对是为了模拟对策训练，以提高对策能力。就题目设计的导向性而言，其用意并非不善。

唐代事实上已经在正规的学校经学课程之外形成了一套应试课程，而林林总总的应试教材则是对应着应试课程的。其中一些著名应试教材，如《兔园策府》、元稹和白居易的应试作品等，由于流传极广，脍炙人口，甚至可以视为应试课程。唐代的应试教材编纂应科举兴盛而兴盛，已经形成规模。所谓规模既是指数量，也是指种类，更是指社会流行度，同样对后世产生了重要影响。

（四）媒介进步与教材渐次推广

教材需要媒介才能使用和流传。中国古代在发明文字之前，教材的媒介是口耳；文字发明后，经历了甲骨、简牍、布帛和纸张等不同媒介形态，文字表达工具则经历了刻画、书写和印刷等不同样式。在造纸术和印刷术发明之前，任何一种书籍形式都带有极大的不便，书籍就成为一种奢侈品，教材不可能普及。人们用以学习知识的教材既是难得之物，也就影响了知识向更大范围的人群普及。当纸张可以用来代替简帛，并变得越来越平常时，在相当长一段时间里，人们还是习惯于手工抄写，因为印刷术尚未发明，知识的传递虽然变得方便了，但书籍仍然不能说是方便易得的。情况发生改观是在隋唐时期。

雕版印刷术的出现，有说是始于隋文帝开皇十三年（593 年）雕版印制佛像佛经。[①] 唐代虽然雕版印刷尚未普及，但已比较流行。元稹在长庆四年（824 年）所作《白氏长庆集序》中说到，白居易的诗已经"缮写模勒，衒卖于市井"。晚唐诗人司空图《一鸣集》中收有《为东都

---

① 郑鹤声，郑鹤春，编.中国文献学概要［M］.上海：上海书店.1983：211.

敬爱寺讲律僧惠确化募雕刻律疏》一文。这些情况透露出一些十分有益的信息，即一些比较有受众的诗文、经卷已经在刻印刊行了。

很快，雕版印刷就开始用于教材的印制。柳玭在其《家训序》中记载，中和三年（883年），柳玭"在蜀时尝阅书肆，鬻字书、小学率雕本"。柳玭在成都买到的字书一类儿童启蒙教材和小学书籍，大都已是雕版印刷本。连成都雕版印书包括印制启蒙教材都已经比较普遍了，长安、洛阳应该会更加普及。字书一类教材的受众范围广，社会需求量大，出于市场需求，所以先出现了雕版印刷本子。随后，儒家经典这样的学术性教材也开始有了雕版印刷。

据《旧五代史·后唐明宗纪》记载，五代后唐长兴三年（932年），冯道等人奏请依照石经刻制"九经"印刷，是用雕版印刷儒经之始。经后唐、后晋、后汉、后周，至广顺三年（953年），"九经"全书刻成，又刻成《五经文字》和《九经字样》。后周世宗显德二年（955年），准予刻制陆德明《经典释文》三十卷。《经典释文》是主要解释儒家诸经文字音义兼及训释的著作，也可视为一部工具书。书中涉及《周易》《古文尚书》《毛诗》《周礼》《仪礼》《礼记》《左传》《公羊传》《穀梁传》《孝经》《论语》《尔雅》和《老子》《庄子》十四种古籍，主要是儒家典籍，后世"十三经"中的十二种已经在列。可以想见，"九经"作为经学教材开始更加广泛地传播开来。不只儒经，其他各种典籍的雕版印刷本子也越来越多地出现在中国的南北东西。于是，各种各样的教材拥有了更加便捷的传播媒介。

（五）"课程"一词出现与课程观念的发展

"课程"一词形成于唐宋时期，而"课""程"二字连用则出现在唐代。"课程"一词在类似近代意义上的使用是在宋以后。唐代使用"课程"虽与宋代（如朱熹）不同，更与明清时期不同，但"课""程"二字已经带有后来在教育意义上使用时的一些含义了。

1."课程"一词的出现及其意义

汉语中"课程"一词由来已久，论者多以为最早见于唐。《诗·小雅·巧言》有句："奕奕寝庙，君子作之。秩秩大猷，圣人莫之。他人有心，予忖度之。跃跃毚兔，遇犬获之。"孔颖达疏"奕奕寝庙，君子作之。秩秩大猷，圣人莫之"曰："以教护课程，必君子监之，乃得依法制也。大道，治国礼法，圣人谋之，若周公之制礼乐也。"①《汉语大词典》引孔颖达疏"以教护课程，必君子监之，乃得依法制也"句，解释其中"课程"的含义为"有规定数量和内容的工作或学习进程"，并由此义引申为"特指学校的教学科目和进程"。②此即近代教育学中课程概念的基本含义。但这样的解释很可能是有问题的，因为此处的"课程"还算不上是一个词，而且含义也与"有规定数量和内容的工作或学习进程"相去甚远。孔颖达疏还说了一句话，指出了《巧言》诗句所述说的主题："此自工匠所造而言。"即诗句讲的是工匠建造工程之事。然而，为什么"奕奕寝庙"须由"君子作之"？也即由君子来监造，而不是放手交由工匠和负责营造的官员去执行？这是由所建造的工程性质决定的，即所建造的工程不是平常之建筑，而是寝庙，必须遵循严格的规制和式样，丝毫不能马虎。诗中将"君子"与"圣人"并提，孔颖达拟之以周公，表示监造者的身份。这样，孔颖达疏所指的"教护课程"就与学校课程无关了。正确的读法应读作"教、护、课、程"，是四个并列的动词，其基本含义都表示监督，而又分别表示建造寝庙时的

---

① 阮元，校刻.十三经注疏［M］.北京：中华书局，1980：454.
② 罗竹风，主编.汉语大词典：第11卷［M］.上海：汉语大词典出版社，1993：280.

计量、监视、督促、考核，使之合于建造法式，以示工程的严格和郑重，因为寝庙事关国家礼法。而这一切，都需要君子监之，使之符合礼法的要求。① 孔颖达疏所指的"课程"，其实都是在本来意义上使用的。如"课"，据许慎《说文解字》："课，试也。"段玉裁注说，又解释为"第也，税也。皆课试引申之义"。又如"程"，《说文解字》："程，品也。十发为程，一程为分，十分为寸。从禾呈声。"段玉裁对"程"的注释稍稍复杂："品者，众庶也。因众庶而立之法则，斯谓之程品。"又说："荀卿曰：程者，物之准也。"这是"程"的一义，用作动词，训作权衡、衡量，引申为规章、章法。科举时代，考官评判考生试卷就称作"程文"。"程"的另一释义是度量单位，用作名词。段玉裁注说："《汉书》：张苍定章程。如淳云：章，历数之章术也；程者，权衡丈尺斗斛之平法也。""十发为程，度起于此。"认为"程"是最小度量单位。由此看来，孔颖达《诗·小雅·巧言》疏中所使用的"课程"并无教育中课程的含义，甚至还算不上一个词。所以，以往人们对中国"课程"概念源头的解读，很可能是对历史文献的误读。

"课程"作为一个词使用，可能最早见于唐文宗《授李石平章事制》："朝议郎尚书户部侍郎判度支上柱国赐紫金鱼袋李石，操履坚贞，志业宏茂，性合道要，识通化源。屡佐藩方，备闻勋绩，用司夕拜之任，旋和尹正之荣。爰委赋征，备宣试效，是宜擢膺辅弼，俾励政经。尔当勤成务之规，率致君之道，内贞百度，外靖四方，参毗万机，课程庶绩。"② 文中对提拔为辅弼的李石有一番勉励之辞，希望他"内贞百度，外靖四方，参毗万机，课程庶绩"，是说让李石辅助皇帝处理朝政，

---

① 关于"教护课程"的解释，可参见：章小谦，杜成宪.中国课程概念从传统到近代的演变 [J].华东师范大学学报（教育科学版），2005（04）：65-74.

② 董浩，编.全唐文：卷七〇 [M].北京：中华书局，1983：736-737.

考核、评价各项政务的办理情况。之后，五代时后晋高祖石敬瑭《谕盐铁度支户部等敕》中也出现了"课程"一词："制置场务，总榷课程，将期共济于军流，免使偏竭于民力。"① 但严格地说，这里的"课程"与教育意义上的课程仍然不是一回事，用法一如唐文宗勉励李石。然而也必须指出，这里的"课程"二字所包含的一些原始含义，如考试、督促、衡量、度量（程度、距离），与后世在学业及其进度意义上理解课程，并非毫无关系，甚至可以说是在逐渐接近后来的课程含义了。

"课程"一词频繁出现于唐代话语，应该不是偶然。一是上古汉语以单音节词为主，而到了唐代尤其是宋代，双音节词大量涌现。二是科举制度的实施和官学体系的完善，促进了课程概念的发展。科举的本义就是分科取士。分科取士使围绕着科举制度进行的教学不得不在内容上分科，在进度安排上分段。尽管分科分段的意识在《礼记》中就已经产生，但科举考试的实行，无疑强化和深化了这种课程概念。事实上，因为"课"的本义是考核，科举考试也就被人习惯地称为"课士"，为了应付科举考试而进行的学习准备就被称为"课业"，有关课业的安排就被称为"课程"。当然，此"课程"应当理解为"课"程，即考程。由于这样的课程概念是在科举考试的背景下被定义的，所以与科举制度关联度较高，可以看成是一种狭义的传统课程概念。到宋代，情况就有了更进一步变化，尤其是在朱熹那里，中国传统的课程概念可以说是比较完善了。②

然而，隋唐学校的高度发展，必然要求学校课程实践与课程观念的进一步成熟。尤其是以国子监为核心的中央官学制定的课程要目，已经体现了对课程的明确理解：课程是课业内容及其进程以及考试评价。

2. 多样的官学课程

较之前代，唐代官办学校多样而专门，各学校也因此形成自己的专门课程。因学校不同，唐代官学课程从内容上可以分为经学学校课程与专门学校课程。经学学校课程是指国子监下属的国子学、太学、四门学以及崇文馆、弘文馆等所开设的基本课程。据《唐六典·国子监》记载："凡教授之经，以《周易》《尚书》《周礼》《仪礼》《礼记》《毛诗》《春秋左氏传》《公羊传》《穀梁传》各为一经。"总共九门课程。这就是"九经"。"九经"是经学学校的"国家课程"。此外，门下省附设的弘文馆、东宫附设的崇文馆所设课程如国子监之制，地方官学的经学教育也不外乎此。附设于国子监的广文馆虽是以进士考试的课程学习为主，但也开设了上述经学课程的主要部分。以上诸经学学校构成了唐代学校的主体，而经学课程又成为经学学校教育活动的主体。经学课程的主体地位，体现了唐代国家的大政方针、文教政策和人才标准的价值导向。

专门学校的课程是为培养国家机器运转所需要的各种专门人才而开设。其中既包括国子监下属的专门学校如律学、书学、算学，也包括中央政府各相关部门为培养各自所需的专门人才而开设的专门学校（或教育），如太医署的医学、太卜署的卜筮学、太乐署的乐舞学、司天台的天文历数学、太仆寺的兽医学、少府监的工艺学等。这些专门学校（教育）都制订有培养专门人才的课程方案，如律学的课程包括专修课程唐律唐令、兼修课程格式法例等；制作宫廷百官器用杂物的少府监，其对匠人的培养按器物的质地与工艺，大致分为金、石、齿、革、羽、毛、竹、木八大类，分别计算工夫与程度。《唐六典·少府监》中规定："凡教诸杂作工，业金、银、铜、铁铸、钖、凿、镂、错、镟所谓工夫者，限四年成；以外限三年成；平慢者，限二年成。诸杂作有一年半者，有一年者，有九月者，有三月者，有五十日者，有四十日者。"上述规定透露出的信息是：对百工匠人的培养，按照每种工艺或器物制作的难易程度，确定学习从四年到四十日不等的日程。每种工艺的学习目标、内容和成果考核，不就是一种课程吗？

专门学校开设的课程中，算学课程也是经过专门建设的。强盛的唐代需要大量工程技术人员，以满足国家多方面建设的需要，算学人才的培养就深受最高统治者关心。算学教育中以往所使用的教材都是前代传承下来的若干部传统算经，屡经转抄，经时久远，自然讹误丛生。据《旧唐书·李淳风传》，唐高宗即位后，太史监候王思辩上表指出算学教育中存在的问题在于教材，"《五曹》《孙子》十部算经，理多踳驳"。唐高宗下诏命太史令李淳风负责解决。李淳风受命与国子监算学博士梁述、太学助教王真儒等注释十部算经。注释中吸收了历代所取得的研究成果，辨明原著在理论上存在的问题并予以辨正，原著有残缺的则征引相关文献给予弥补，原著过于简括造成理解困难的则指明演算步骤，等等。书成后，诏令于国学行用。这是中国历史上首次由皇帝下令颁行的一套算学教材。[①] 十部算经目录如下：《九章算经》九卷，撰者未详，李淳风等注；《海岛算经》一卷，刘徽撰，李淳风等注；《孙子算经》三卷，撰者未详，李淳风等注；《五曹算经》五卷，甄鸾撰，李淳风等注；《张丘建算经》三卷，张丘建撰，李淳风等注；《夏侯阳算经》三卷，夏侯阳撰，李淳风等注；《周髀算经》二卷，撰者未详，李淳风等撰；《五经算术》二卷，甄鸾撰，李淳风等注；《缀术》五卷，祖冲之撰，李淳风等注；《缉古算术》四卷，王孝通撰，李淳风等注。十部算经成为唐代国子监算学两个专业的专业教材和课程。另外还有两部算经则作为两个专业的共同课程，即：《数术记遗》一卷，徐岳撰，甄鸾注；《三等

---

① 孙培青.隋唐五代教育研究［M］.上海：上海教育出版社，2021　155-156.

数》一卷，董泉撰，甄鸾注。事实上，这十部算学教材也成为一套算学国家课程，不仅用于当时的官私学校，流传至今，而且十部算经卷首页都有作为注者的李淳风等人的署名，可见其权威性。

3. 有层次的专业课程

唐代官学课程的设置充分考虑到未来政府不同级别和类别官吏的职责需要，认识到训练的专业性及其相应的基础要求，所以在课程设计时，考虑到不同课程之间的层次性和关联性，形成较为完整和层次分明的课程设计。唐代官学的课程，按其不同的训练功能和目的，可以分为专修课程、通修课程和兼修课程几类，大致相当于专业课程、公共课程和辅修课程。

以经学学校课程为例。国子监属下的国子学、太学、四门学是经学学校的代表，其专业自然是经学，课程即为上述"九经"。除此之外，还须学习一些有关政治、思想、社会交往和生活的知识、技能。

专修课程。专修课程为"九经"，汉以来注本颇多，并非所有注本都需要进入课程。选定作为经学学校课程的注本为：郑玄、王弼注《周易》，孔安国、郑玄注《尚书》，郑玄注《周礼》《仪礼》《礼记》和《毛诗》，服虔、杜预注《左传》，何休注《公羊传》，范宁注《穀梁传》。这是确定了"九经"课程所依据的经注，实际上确定了有关"九经"的经说派别。贞观时令孔颖达领导编写"五经"义疏，实际上是在为这些已经确定的课程编写统一的教材。这样，课程、教材都有了国家标准。由此，希望以经书中所记载的前代圣王和君子、贤人有关治国理民、修身为学的经验和教训，成为后人的法则。

由于国子监经学学校的学生出路在于参加科举考试，以求得功名出身，课程内容就与科举考试所设科目对应，进而又在诸经学学校内再设置不同的次一级专业。据《唐六典·尚书吏部》，中唐时期明经科考试下设的名目有通二经、三经、五经等，这也成为经学学校设置专业的依据。又由于"九经"不仅内容有差别，篇幅也有很大差别，既然考试科目分为二经、三经、五经，为求得平衡计，乃将经书根据篇幅作了分类："正经有九：《礼记》《左传》为大经，《毛诗》《周礼》《仪礼》为中经，《周易》《尚书》《公羊》《榖梁》为小经。通二经者，一大一小，若两中经；通三经者，大中小各一；通五经者，大经并通。"① 明经考试中分设的二经、三经、五经，实则为经学学校下设的专业。需要指出的是，学校对学生专业学习的规定只是二经、三经、五经，至于究竟其中包含哪几经并未规定，而由学生根据所规定的经书大小及其搭配要求选择组合。于是，具体到每一个学生所修课程中的经书组合就会不司。所以学生专业的选定具有较大自主性和灵活性，每个学生的专修课程都可能存在差别。

通修课程。通修课程属于政治思想教育性质的课程。《唐六典·尚书吏部》在规定通二经、三经、五经的要求之后，还明确要求"《孝经》《论语》皆兼通之"。可以将《孝经》《论语》看成是带有思想政治教育要求的公共课程，在学校的开设比较稳定。这也是唐代官学课程设置中十分显著的特点，其用意显然是出于加强思想控制。此类通修课程在不同的历史时期，反映最高统治者意志的改变而屡有变动，但控制思想的用意始终如一。如，《唐会要》卷七五《贡举上·明经》载，唐高宗上元元年（674 年）要求明经科考试加考《老子》，一准《孝经》《论语》。也就是通修课程增加了《老子》。《旧唐书·礼仪志四》载，仪凤三年（678 年）诏：自今以后，《道德经》并为上经，贡举人皆须兼通。《老子》进一步成了所有举子的通修课程。《旧唐书·礼仪志四》又载：长寿二年（693 年）武则天《臣轨》撰成，令贡举人以所颁《臣轨》为业，停《老子》。神龙元年（705 年）唐中宗即位，又令停《臣轨》，恢

---

① 《新唐书·选举志上》在"通五经者，大经皆通"后，尚有"余经各一"。

复习《老子》。又据《通典》卷七五《选举三》，天宝元年（742年）又令停《道德经》，加习《尔雅》……这虽是对明经科考试的要求，但因为是某一个时期根据统治思想的变化而在学校课程中相应作出的调整，也会连锁影响到国子监经学学校和其他学校的课程设置。

通修课程中还有礼仪规范训练的课程。《新唐书·百官志三》记载："学生以长幼为序，习正业之外，教吉凶二礼，公私有事则相仪。"这类课程重在实行，要求学习相关礼仪礼节，当公私有吉凶之事时，学生还可以成为典礼仪式的助手。

兼修课程。兼修课程是一些辅助性课程，对于学好专业经书发挥着不同的作用。《唐六典·国子监》中记载："其习经有暇者，命习隶书并《国语》《说文》《字林》《三苍》《尔雅》。每旬前一日，则试其所习业。"唐代史部选官标准包括四方面，即身、言、书、判。这些课程重在训练学生的书写技能，提升其语言、文字素养，显然是为了适应为官的要求。学习时务策的写作是另一种兼修课程，其目的是训练考试对策的技艺和能力。唐代无论进士还是明经科考试，都须试策。以及第者的策文或应试者的策文习作为范本，练习对策，就成了重要的课程内容。

专修课程、通修课程和兼修课程不仅在经学学校设置，专门学校也有类似的课程设置。以太医署医学校的医科与针科为例，这是医学校两个有关联的且最为重要的专业，疾病的诊治主要由这两个专业培养的专门人才来承担。两个专业都开设通修课程与专修课程。通修课程是两个专业的共同课程，包括《新修本草》《明堂》《脉诀》《素问》《黄帝针经》《甲乙脉经》等。《唐六典·太常寺·太医署》载："诸医、针生读《本草》者，即令识药形，知药性；读《明堂》者，即令验图识其孔穴；读《脉诀》者，即令递相诊候，使知四时浮、沉、涩、滑之状；读《素问》《黄帝针经》《甲乙脉经》，皆使精熟。"专修课程则两个专业各不相同，甚至医科由于其下又分设为五个专业，专修课程更加分化。如针科生学习九针，为补泻之法，即镵针、圆针、鍉针、锋针、铍针、圆利针、毫针、长针、大针，及流注、偃侧等图和赤乌神针等；医科生则按其各自专业（体疗、疮肿、少小、耳目口齿、角法）分业教习，所学很可能是孙思邈所著《千金要方》《千金翼方》之类。与经学学校的通修课程相比，专门学校通修课程的含义有所不同，是指不同专业的共同课程，类似于基础课程，如医生、针生共同修读的《新修本草》《明堂》等课程。专门学校是否也开设如经学学校那样的通修课程？史书缺乏明确记载。但可以相信的是，《论语》《孝经》这样的课程对所有专门学校的学生来说，都应该是必需的。

再以国子监算学为例。算学所教课程是代表唐代算学发展最高水平的十部算经，十部算经依据难易与篇幅不同分为两组，分组培养，即"二分其经以为之业"。据《唐六典·国子监》记载，一组习《九章》《海岛》《孙子》《五曹》《张丘建》《夏侯阳》《周髀》《五经算》，另一组习《缀术》《缉古》，两组学生共同的兼修课程是《记遗》与《三等数》。根据课程内容的多少、难易程度规定修读时限，如《孙子》《五曹》限一年，《九章》《海岛》共三年，《张丘建》《夏侯阳》各一年，《周髀》《五经算》共一年，《缀术》四年，《缉古》一年。在课程实施上，专修课程中的各算经采取单经独进的方法，"未终经者无易业"，不允许两经齐头并进，也不允许一经未终即转学他经。两个专业的课程完成都需要七年时间。算学课程计划的实施作如此规定，或许是与注重打好算学人才的专业基础有关。

4. 对课程的时间进度规定与考核要求

唐代各类官办学校所设课程几乎都规定了学业的进程，以长短不等的时限来作为标准，衡量学业是否达到标准的手段则为各种考试。

唐代学校的课程体现为所选定的代表性典籍。如国子监的国子学、太学、四门学，既已规定了经书的大小等级，进而又规定了完成"九经"的时限，即如《唐六典·国子监》所载，习《孝经》《论语》限一年业成，《尚书》《春秋公羊》《穀梁》各一年半，《周易》《毛诗》《周礼》《仪礼》各二年，《礼记》《左氏春秋》各三年。选择通经数目越多，学习年限就越长。如通二经大约需要四年，通三经则需要六年以上，通九经则需要九年以上了。专门学校的课程也有类似规定，根据课程内容的多少、难易程度确定修读时限。如书学校以《石经》《说文》《字林》为专业，余字书亦兼习之。《石经》三体书限三年业成，《说文》二年，《字林》一年；又如算学校，《孙子》《五曹》共限一年，《九章》《海岛》共三年，《张丘建》《夏侯阳》各一年，《周髀》《五经算》共一年，《缀术》四年，《缉古》一年；等等。

学校督促学业、完成学业的检验评价手段是考试。唐代学校的学业考核规定了旬试、月试、季试、岁试和毕业试。按照规定，旬试、月试、季试、岁试都是考核本旬、月、季、年所学内容，而毕业试的范围则包括数年专业学习的所有内容。由此推知，学校课程的学习有着明确的进度要求，而考试既是对学业的检验，也成为学业进程的指挥棒。

可以认为，唐代学校（尤其是中央官学）的课程实践水平达到了中国古代国家学校课程发展的高峰，也体现了课程观念的进一步成熟。

（六）经学统一之下的教学

唐初编纂成《五经正义》，之后又陆续完成《周礼》《仪礼》《春秋公羊传》《春秋穀梁传》，形成齐全的"九经"经—注—疏国编教材，又明确设为国家课程。在课程教材统一的背景下，加之中央官学规模较大，学生数量较多，唐代官学尤其是经学学校的教学形成了一套做法，在强调教授方面，较之汉代尤甚。

一是分经教授，专经直进。《唐六典·国子监》规定国子学博士的职责为对学生"分经以教授"，国子助教则作为辅佐。分经的方法是"五分其经以为之业"，即《周礼》《仪礼》《礼记》《毛诗》《春秋左传》，每经为一个班各六十人，学生同时兼习他经。太学、四门学的博士、助教分经教授一如国子学，只是每班人数规定为一百人。《唐六典》约于开元二十六年（738年）成书，记录的是开元末之前的情况，这样的教学制度至唐后期仍在延续。《唐会要·东都国子监》记载，大和五年（831年）十二月国子祭酒裴通奏书中说："诸博士、助教皆分经教授学者，每授一经，必令终讲，所讲未终，不得改业。诸博士、助教皆计当年讲授多少，以为考课等级。"这种一经讲毕再讲一经的教学方法，可称为"终经法"，可保证课程内容修习的完整性，便于教学双方集中时间精力完成课程要求，且易于考核教学双方，便于见效。

二是按文讲义，经注兼授。唐代官学讲授经典教材，在做到熟读成诵基础上，进一步要求依文讲经，讲明经传，体会意蕴，进而化为德行。《唐会要·东都国子监》记载，大历五年（770年）八月，国子司业归崇敬认为国子学"师资礼亏，传授义绝"，即教师道德和讲授水平两方面都存在严重问题，上疏请求在全国范围内挑选各经博士，改变教师现状。要求是："依凭章疏，讲解分明，注引旁通，问十得九，兼德行纯洁，文辞雅正，仪刑规范，可为师表者。"在品德、谈吐、仪表之外，对讲课的要求是讲课须依凭经注，讲解须条理清楚，释义须旁征博引。这样的择师要求反映了国子监学校处于办学和管理情况比较有序状态下的教学水平，对教师的教学素养有要求，对博士要求尤高，对教师的教学始终有一个理想的标准，每当学校学风颓败需要重振时，往往会加以重申。

三是频繁考试，督促学业。唐代学校尤其是官学往往借助考试督促学生学业的完成，考核老师的工作成效。老师讲课和指导学生，首先要求经注文字熟记不忘。上述裴通奏书中提到，"诸生先读经文通熟，然后授文讲义"。在每旬一日休假的前一日，由博士考试。"其试读，每千言内试一帖，帖三言；讲义者，每二千言内问大义一条。总试三条，通二为及第，通一及不全通者，酌量决罚。"所谓"试读"，即是考试经文熟读是否达标；所谓"讲义"（或"试讲"），即是口头回答教师有关经义的提问，考核对经文含义的理解。

四是举办会讲，增广见闻。分经教授外，唐代国子监还举办全监性学术活动，称之为"讲"，如同后世书院的会讲。举办会讲的目的在于讲明道理、辨疑解惑、启发思想、开阔视听，对此，办学者甚至皇帝都有着明确的认识。《全唐文》卷二十唐玄宗《将行释奠礼令》文中说："夫谈讲之务，贵于名理，所以解疑辩惑，凿瞽开聋，使听者闻所未闻，视者见所未见。"唐代国子监的这种借释奠礼而举行的"谈讲"活动还是持续了一段时期的。唐玄宗时属中唐，会讲活动在晚唐时仍然举行。欧阳詹的《欧阳文周文集》收有《太学张博士讲〈礼记〉记》一文，记述了贞元十四年（798 年）五月国子监举行的一次会讲，主讲人是太学张博士，讲题是《礼记》，地址在国子监论堂，持续三天。出席者包括国子监祭酒、司业及其下所有行政管理人员，还有全体学官、学生。张博士"先申有礼之本，次陈用礼之要"，然后分析礼的历史发展、百家注疏的长短，综合作者的意旨，打动听者的思想。听众闻讯而来，影响日益扩大，"后一日闻于朝，百司达官造者半；后一日闻于都，九域知名造者半"。①

唐代经学统一并编成教材、设为课程后，对学校教学产生了重要影响。其积极方面在于教学有了明确的依据，在此基础上开展规范的教学活动和学术活动；消极方面则在于课程划一，强调学习者对教材、教师之教的遵从，显得较为被动。这样的状况孕育着经学教育新的一场改革。

① 孙培青.隋唐五代教育研究［M］.上海：上海教育出版社，2021：241.

进入宋代，中国传统教育的发展呈现出一个显著趋势，即教育向社会民众下移，学校课程实践与改革取得诸多新进展，"课程"概念更为明晰，内涵更为丰富。尤其重要的一个变化是"四书"的出现，以及围绕"四书"重建了学校经学课程体系。在此背景下，传统学校课程与传统教育一起，逐步向近代社会迈进。

第三章 『四书』时期：古代文献课程的重构

一、"明体达用"导向的学校课程改革探索

唐末五代，战乱频仍，社会分崩离析，王朝更替频繁。动荡之中，不少人苟且求生，丧失道德底线的现象寻常可见。科举制度实行三百多年，也造成士人不务实学，侥幸求成之风。加之宋朝建立后，西北和北方边患十分严重。内忧外患之下，需要在社会、思想、道德等方面建立新的规范。然而，作为儒学的一种理论形态，汉唐经学偏重章句训诂，流于循古人语气说话，趋向于僵化。清人皮锡瑞指出："经学自唐以至宋初，已陵夷衰微矣。然笃守古义，无取新奇，各承师传，不凭胸臆，犹汉、唐注疏之遗也。"[①] 所以，儒学也需要重建，与之相偕的学校经学教育也需要重建。胡瑗、范仲淹、王安石等人是最早的实践者。

（一）"苏湖教法"对学校课程的改革与拓展

科举制度下的学校教育，"科举日益重，学校日益轻"，其重要表现是学校开设的一应课程都以应试为准，学校所学所教的知识被大大地窄化了；即使是这些非常有局限性的课程内容，在纯粹以应试为业者手里，也未必做到完全研习精深，这是应试者知识学问的又一重窄化。这样的教育所造成的后果就是大量通过考试脱颖而出者既无德，又无学，也无才。从有利统治的目的考虑，这样的教育当然能投合统治者所愿，但从一旦国家有事即能有才可用考虑，这样的教育又不能如人所愿。长此以往，朝廷、国家、社会都将不堪。北宋初年，诸多有识之士有鉴于此，纷纷提出改革科举制度的建议，其中又必涉及学校教育改革，尤其

---

① 皮锡瑞.经学历史［M］.北京：中华书局，1959：220.

是课程改革。如范仲淹在《上时相议制举书》中主张："如能命试之际，先之以六经，次之以正史，该之以方略，济之以时务，使天下贤俊，翕然修经济之业，以教化为心，趋圣人之门，成王佐之器。"[①]他所提出的考试内容是方略、时务等"经济之业"，也是他对学校课程改革的设想。这就揭开了宋代改革学校教育和学校课程的序幕。从范仲淹主持的"庆历兴学"，到王安石主持的"熙宁兴学"，又到蔡京等人主持的"崇宁兴学"，北宋三次大的学校教育改革中，课程改革都是重要方面。然而，率先作出学校改革探索进而引发全国性教育改革的，则是教育家胡瑗在苏州、湖州地方官学开展的课程改革尝试，即时人所称的"苏湖教法"。

首先，胡瑗提出了新的学校课程目标思想。针对唐代科举制度下的教育弊端，即重文辞声律而轻经义治事，胡瑗倡导"明体达用"的教育价值观。其弟子刘彝在熙宁二年（1069年）曾向宋神宗介绍老师胡瑗的学说："圣人之道，有体、有用、有文。君臣父子，仁义礼乐，历世不可变者，其体也。《诗》《书》史传子集垂法后世者，其文也。举而措之天下，能润泽斯民，归于皇极者，其用也。"[②]有鉴于当时教育的失误，所以倡导"明体达用"之学。"明体达用"可以视为胡瑗的课程目标思想，其特点即在于兼顾体用，既坚持以"六经"为载体的政治与道德价值，也不忽视将前代圣贤的学说应用于经世，甚而倡导诸多应用性学问。

其次，胡瑗提出了新的学校（尤其是官学）课程设想。从弟子刘彝所说的话中可以看出，与"明体达用"目标相应，胡瑗理想中的学校课程应当包括三方面内容，即政治、道德，文献典籍，社会应用，具体落实在其"分斋教学"之中。据《宋元学案·安定学案》记载，经过在

① 范仲淹.范仲淹全集［M］.李勇先，等，点校.北京：中华书局，2020：205.
② 黄宗羲.宋元学案［M］.全祖望，补修，陈金生，梁运华，点校.北京：中华书局，1986：25.

苏州郡学的实践和思索后，胡瑗任教湖州州学时，"立'经义''治事'二斋：经义则选择其心性疏通、有器局、可任大事者，使之讲明'六经'。治事则一人各治一事，又兼摄一事，如治民以安其生，讲武以御其寇，堰水以利田，算历以明数是也。凡教授二十余年"。经义斋以培养高层次的政治人才为目标，治事斋则培养术业有专攻的各方面管理人才。今天已难以确切知晓当时胡瑗为经义与治事两斋以及治事斋之下的民、兵、水、算各"事"所开设的具体课程，但可以想见，他的"分斋教学"实践对中国传统学校以经学为主的课程体系是又一次重要突破。东汉设立鸿都门学，是经学以外的课程知识在中央官学中出现，但鸿都门学并未得到正式认可；南朝设立"四馆"，是中央官学在经学之外正式承认文史知识和学问的地位；唐代国子监的律、书、算学及其课程，虽也有打破经学教育一统官学的意义，但这些应用性知识还是着眼于政府需要。而胡瑗提出的治事各科相关知识，较之律、书、算学，在知识的"达用"方面又更为拓展，尤其是这些课程不仅出于政府管理的需要，还出于社会生活的需要。

其三，胡瑗提出了新的课程实施组织方式，也就是"分斋教学"制度。这一制度的实施，首先是分斋，其次是治事斋的学生"一人各治一事，又兼摄一事"，这就意味着经义斋与治事斋不仅地位相当，且两斋课程可能存在交互修读关系。尤其是治事斋中实行专修（"各治一事"）与兼修（"兼摄一事"）制度，诸"事"之间的课程安排就需要"兼"顾。分斋教学的专修与兼修和唐代官学中的专修与兼修的区别在于，唐代是在同一专门学问内的分支之间实行，而在胡瑗这里则在民政、武备、水利、历算等之间实行"跨学科"。这是中国传统教育中分科课程实践的重要探索。

其四，按胡瑗"明体达用"思想，"苏湖教法"同样是重视经学教育和经学课程的。经义斋以"六经"为业，尤其体现对"体"的坚持自当不论，即使是治事斋，也是十分重视经学课程的，只是其所谓"达用"的另一方面重要含义在于以"六经"所包含的圣人之道用于世，而不是将其治成章句训诂、帖括记诵之学。这又使得胡瑗办学的经学课程选择具有新特点，即如其早年学友、共称"宋初三先生"的孙复、石介所主张的"不惑经传""弃传从经"，进而追求"以义理解经"。[①]胡瑗在太学讲《易》，不用王弼注、孔颖达疏，而是直溯原经阐明义理。这也是何以后世程朱推崇胡瑗的重要缘由之一。

胡瑗在苏州、湖州两地州郡学校的教育探索成为一种经验，在范仲淹"庆历兴学"时被推广到全国，尤其是被沿用于国子监，成为示范。一所地方学校的课程改革经验能够为中央政府的最高学府所借鉴，成为全国的榜样，很说明问题。其一，这所学校确实改革有成效，形成了独特的经验；其二，学校存在教育教学方面需要解决的问题。学校须开设于社会生产和生活有用的课程，以适应社会发展的多方面需要，"苏湖教法"的诞生和名满天下即说明了这一点。然而，随着范仲淹的离任和胡瑗的离职，这一宝贵经验难以为继，令人感叹，也引人思考。

（二）《三经新义》与经学课程改革

胡瑗的教育改革思想也为王安石所继承，并在"熙宁兴学"实践中得以发展。其在课程改革方面主要表现在：坚持致用的原则，培养有才干的国家治理者。具体体现于以下举措：

其一，从新编经学教材入手，改革经学课程。对于汉以后的中国古代教育来说，经学教育是核心，因为经学教育关乎政治体制、道德伦

---

① 王炳照，郭齐家，主编.中国教育史研究：宋元分卷［M］.上海：华东师范大学出版社，2001：22.

常、社会风俗。所以，考察古代教育首先要关注经学教育。而考察古代的经学教育，首先必须关注经学教材，因为经学教材集中体现了经学教育变革的动向。

自唐代颁行《五经正义》以之授徒、取士后，直至宋初，差不多实行了三百年。士子谨守官书，很少异议。情况发生变化是宋初，而大的变化则是在王安石变法的熙宁年间。王安石的教育改革是其政治与社会改革的组成部分，而教材改革又是其教育改革的重要组成部分，因为有用人才的培养要靠传播有用学问的教材，但现实情况是，教材不是讲说训诂章句，就是传授课试文章。在《上仁宗皇帝言事书》中，王安石提出："苟不可以为天下国家之用，则不教也；苟可以为天下国家之用者，则无不在于学。"即使是学习经学也不能囿于经学，想要学好经学，更应出乎经学之外。基于上述认识，也是出于为了改革而统一人们思想认识的需要，王安石重新建构了经学教材体系，进而建构了新的经学课程体系，即重新编订一套经学教材《三经新义》，并立为学校课程。完成于熙宁八年（1075年）的《三经新义》包含三部儒家经典，即《周礼》《诗》《书》，编成的教材称作《周礼义》《诗义》《书义》。为编纂这套教材，还成立了经义局，王安石亲自主持，并亲自编撰了《周礼义》。《诗义》《书义》则由吕惠卿、王安石儿子王雱等人共同修撰，王安石为之作序。

为什么在已经形成的"九经"中，王安石独独挑出《周礼》《诗》《书》作为教育和教材改革的抓手？用他在《书义序》里的话说：《尚书》虽经学士大夫诵说而得以传世，但以往人们只会诵说，而未必知晓其可用在哪里。这三种经书之用体现在哪里？关于《周礼》之用，王安石在《周礼义序》中说在于"立政造事"；关于《诗》之用，王安石在《诗义序》中说在于"上通乎道德，下止乎礼义。放其言之文，君子以兴焉；循其道之序，圣人以成焉"；关于《书》之用，王安石在《书义序》中说在于"实始操之以验物，考之以决事，又命训其义，兼明天下后世"。易言之，《三经新义》的价值就在于可用以治国理民、成人鉴世。《周礼》偏于讲清国家管理体制和行政管理的施行，《诗》偏于讲清遵道德、行礼义、为君子、成圣人之道，《书》偏于讲清政治行动中的检验、决断和明了天下之序、后世之理。

《三经新义》编成后，不仅交付国子监教授，立为课程，而且成为科举考试的依据。据《宋史·王安石传》记载，曾经"一时学者，无敢不传习，主司纯用以取士，士莫得自名一说，先儒传注，一切废不用"。然而，当宋神宗去世，新法被废，《三经新义》也不再拥有作为统一教材的地位，并遭到抵制。

《三经新义》在经学教材和课程历史上的价值在于：（1）强调经典要用于现世，为现实的社会与政治服务，解决实际问题；（2）破除学习和研究经典中偏重章句训诂的学风，倡导对经书义理的发掘和阐述。尤其是《三经新义》的编纂，开始了与《五经正义》信守经注全然不同的经学教材编撰路径。

其二，重新设计科举考试科目及侧重点。改变以文辞声律试进士、以博诵强记试明经的旧法，希望将既往那种考选学究的考试，转变为能够考选秀才的考试，又由此影响学校课程、教学发生相应改变。熙宁四年（1071年）宋神宗批准王安石的贡举新制：明经及诸科废罢；进士考试罢诗赋、帖经、墨义；第一场试"本经"，于《诗》《书》《易》《周礼》《礼记》中任选一经；第二场试"兼经"《论语》《孟子》；第三场试论；第四场试时务策；试经的方式是"大义"，并且不要求守注疏。[①]其要点在于：停罢诗赋而突出经学，但也不支持专以经学为业（后又经历了始于分设诗赋进士与经义进士，终于诗赋与经义合一的过程）；编

① 李焘.续资治通鉴长编［M］.2版.上海师范大学古籍整理研究所，华东师范大学古籍整理研究所，点校.北京：中华书局，2004：5334.

选《周礼》《诗》《书》三经，并专门为之新作注解，偏重义理阐释；将《论语》《孟子》加入经学考试之列（"经"的扩容，开以后来的"四书"内容作为经进入考试的先例）；改变了经学考试的侧重点（重义理而轻章句注疏）。这几乎也是提出了一份新的官学课程计划，调整了士人攻读的方向与重点，其中每一项几乎都对后世学校教育与科举考试产生了深刻影响。这份改革方案虽有着十分良好的愿望——选出（育出）有用人才，实际效果却是重蹈覆辙：学校教育更深地受制于科举考试，人们依旧在感叹乏才。

二、新经学课程体系的构建

要说作为中国传统学校教育主体的经学教育，末代有何区别于汉唐之处？回答会是很明确的，即"四书"课程的出现。"四书"最初作为教材在民间流传，后来成为学者致学需要攻读的课程，之后得到官方认定并加以推广。"四书"最初是作为"六经"的入门辅助读物或课程而被设计出来的，但在后来的岁月里，地位不断提升，最终取"六经"地位而代之，成为经学教育的核心课程。这是继春秋时代孔子创建"六经"课程进而取代"六艺"、汉代"五经"成为'国家课程'之后，中国传统教育中课程变革的又一重大事件。

（一）"十三经"：国编经学教材和课程系列的成形

作为中国传统文化的基本典籍和中国传统教育的核心教材，"十三经"有一个逐步形成的过程，总的趋势是经的数量和种类逐步扩张。汉代号称"五经"，其中究竟有几经，情况比较复杂。汉武帝立五经博士，五经是《诗》《书》《仪礼》《易》《春秋公羊传》。汉宣帝时增立《礼记》《春秋榖梁传》。汉平帝时增补《春秋左氏传》、逸《礼》。这样，汉代的"五经"名义下已经包含九种儒家经典。而其时的经籍组合既兼顾不同经学派别的学说，也兼顾政治和道德伦理主导下的知识与学术领域。还可以看到一个大趋势，即每一个时代基本上都有新的经籍陆续被选择加入，使得学校实施经学课程所依据经学教材体系的时代性和现实感得到加强。

唐代开始有了明确的"九经"之名。即以《易》、《书》、《诗》、"三礼"和"三传"合为"九经"。《礼记》《左传》为大经，《毛诗》《周礼》《公羊》为中经，《周易》《尚书》《仪礼》《榖梁》为小经。据《唐六典》记载，国子监属下的国子学、太学、四门学的专业课程即为上述"九经"，也是贡举考试中明经科考试的依据。《唐六典》写成于开元年末，可见当时"九经"已经成为经学教育中通行课程和教材。以"九经"为教，终唐一代基本如此。所以，唐文宗开成年间所刻石经即是"九经"，并附入《孝经》《论语》和《尔雅》；后唐长兴三年（932年）又依石经文字刻版印刷了"九经"。

唐代在经学教材建设方面所做的工作不仅明确了"九经"，还选择、确定了"九经"的注本，新编了"九经"疏。孔颖达编定《五经正义》，对西汉以来的经说作了一次较为全面的梳理，确定了"五经"的经说，也就结束了多年来对儒学经典各说其是的局面。如果说汉代学者对经所作的注是造就了一种新的教材类型，那么孔颖达及其后续者为注作疏，是造就了又一种新的教材类型。到唐代，经学教材的核心典籍形成了经—注—疏的形态。

宋初讲经多依唐人，而"九经"注疏已经镂版。对列入经部的《孝经》《论语》《尔雅》，宋人严格按照唐人正义的先例进行注疏，都由邢昺编纂。《论语》注用何晏等人，《孝经》注用唐玄宗，《尔雅》注用郭璞，各书的疏都出自邢昺。大约在宋太宗时，《孟子》也被列为经，注用汉赵岐，疏用孙奭。至此，《十三经注疏》齐备（见表 3-1）。

表 3-1　阮元《十三经注疏》本目录

书　名	卷　数	注 疏 作 者
《周易正义》	十卷 ①	魏王弼、韩康伯注，唐孔颖达等正义
《尚书正义》	二十卷	汉孔安国传，唐孔颖达等正义
《毛诗正义》	七十卷	汉毛公（亨）传，郑玄笺，唐孔颖达等正义
《周礼注疏》	四十二卷	汉郑玄注，唐贾公彦疏
《仪礼注疏》	五十卷	汉郑玄注，唐贾公彦疏
《礼记正义》	六十三卷	汉郑玄注，唐孔颖达等正义
《春秋左传正义》	六十卷	晋杜预注，唐孔颖达等正义
《春秋公羊传注疏》	二十八卷	汉何休注，唐徐彦疏
《春秋榖梁传注疏》	二十卷	晋范宁注，唐杨士勛疏
《论语注疏》	二十卷	魏何晏等注，宋邢昺疏
《孝经注疏》	九卷	唐玄宗注，宋邢昺疏
《尔雅注疏》	十卷	晋郭璞注，宋邢昺疏
《孟子注疏》	十四卷	汉赵岐注，孙奭疏 ②

　　注：①《十三经注疏》的《周易正义》称十卷，实际是九卷。第十卷是将《经典释文》的《周易音义》附于后。②旧题孙奭疏。实际作者，前人研究已否认为孙奭。

　　在宋以后的古代社会，要论对中国人的思想、精神影响最大的一套教材，当数《十三经注疏》。这是中国传统教育的核心教材，也是中国传统文化的核心典籍，同时又是历代学者修读的统一课程。这套经学教材从汉代起，从白文无注，到经注合一，再到经—注—疏合一乃至经—注—疏—音义合一，至宋代最终完成，历时一千多年。这套教材后来在传播中形成诸多版本，主要有九个系统。清代阮元校刻的版本主要依据宋刊单疏本和宋元刊十行本，成为至今比较流行的版本。《十三经注疏》的形成对于经学教材发展来说，既标志着一个阶段所达到的最高水平，也意味着这个阶段的终结，即以汉代学术为特征的阶段的终结，继之而起的则是以宋代学术为特征的阶段。

（二）从张载、二程到朱熹：为"六经"配"四书"①

韩愈在《师说》中曾发出感叹："师道之不传也久矣！"此处所谓"不传也久矣"的"师道"，似可作广、狭二义解。狭义的，当是指魏晋以来清谈成风，唐代贡举以文辞为尚，都不再像汉时注重从师求学；广义的，当是如韩愈在《原道》中所说的道统传承中断："尧以是传之舜，舜以是传之禹，禹以是传之汤，汤以是传之文、武、周公，文、武、周公传之孔子，孔子传之孟轲，轲之死，不得其传焉。"于是韩愈与其弟子李翱有志于以卫道、传道为己任。事实是韩愈之后，情况更加恶化。唐末五代，社会动荡之中不少人丧失起码的道德操守和行为准则，而汉唐经学唯重章句训诂，日趋僵化，儒学的理论形态要寻求突破和重建，与此相伴的是教育也要重建。胡瑗、范仲淹、王安石等人是重建的最早探索者，而胡瑗的"明体达用"思想很可以代表这种实践的价值和方法。由此开启了宋代理学思想和理学教育，即一方面热衷对性命、义理的探讨，一方面执着于伦理、道德践履和政治、社会关怀。这种教育虽然也像汉唐一样注重学习儒家经籍，但学习的目的、内容、方法都已经

① 本目与后面的"（三）'四书'作为'六经'的阶梯""（四）'四书'内部的阶梯""（五）为'四书'设置的阶梯"四目主要内容，曾以《为"六经"配"四书"——宋代新经学课程体系的构建》为题，刊于《全球教育展望》2018年第1期。

截然有异，尤其是形成了新的经学课程体系，即在课程中出现了成体系的"四书"并得到推重，这成为宋代及之后学校教育的一大特色。

"四书"也是起于民间学者的讲学，有一个漫长的形成和流传过程，曾经受到排斥、打压，但由于它适应了时代需要，因此而能逐渐壮大，最终成为被官方认定的"国家课程"和科举考试的主要内容。

"四书"的成套并行，有认为是由张载首先提出，依据是张载在其《经学理窟·义理》中说的："要见圣人，无如《论》《孟》为要。《论》《孟》二书于学者大足，只是须涵泳。……某观《中庸》义二十年，每观每有义，已长得一格。'六经'循环，年欲一观。……学者信书，且须信《论语》《孟子》。《诗》《书》无舛杂，《礼》虽杂出诸儒，亦若无害义处，如《中庸》《大学》出于圣门，无可疑者。"这是"四书"首次齐聚在一处被讲说，虽然没有明确的"四书"之名，但张载充分肯定了这四种书与圣人（孔子）的关系，奠定了"四书"的阐述立场，也即作为教材甚而作为课程的价值立场，张载是中国课程历史"四书"时代的开启者。[①] 但更多的观点认为，"四书"的形成得力于二程、朱熹。

明人王祎在其《四子论》中梳理了"四书"的由来：《论语》汉代已经流行，并颇多注本；《大学》《中庸》两篇都收在《小戴礼记》中，有郑玄注；《孟子》最初列于诸子，赵岐作注后才显于世。"爰自近世大儒河南程子，实始尊信《大学》《中庸》而表章之，《论语》《孟子》亦各有论说。至新安朱子，始合四书，谓之《四子》，《论语》《孟子》则为之注，《大学》《中庸》则为之《章句》《或问》。自朱子之说行，而旧说尽废矣，

---

① 有关张载在中国学校课程和教育发展中的地位，可详见：蒋纯焦，杜成宪."道尽高，言尽醇"——写在教育家张载诞辰 1000 周年［J］.教育研究，2020（12）：40-47.笔者认为，中国传统教育如依据学校课程发展来划分，可以分为"六艺"的阶段、"五经"的阶段和"四书"的阶段。其中，"五经"的阶段为孔子所开创，"四书"的阶段则为张载、二程和朱熹所开创，又由张载首倡。本书也是以此作为古代课程发展历史分章的。

于是四子者与六经皆并行，而教学之序莫先焉。"① 王祎是想说明，"四书"作为经学课程的重要内容渊源有自。但实际上，渊源较深的是《论语》和《孟子》。这两种书在汉代都曾作为"五经"的辅助性课程，一度被立为博士。《论语》还成为所有太学生都必须修读的通修课程。唐代，《论语》成为所有专业都必须修读的通修课程，进一步稳固了其课程地位；《孟子》也更加得到推重，唐后期皮日休还提出要将其列为考试科目。即便《论语》《孟子》在前"四书"阶段已经声名显赫，但有没有"四书"对于它们而言，仍具有全然不同的意义。"四书"概念的出现不仅捧出了《大学》《中庸》，更是"捧红"了《论语》《孟子》。

"四书"的最终形成是出于宋代一代代理学家的主动选择和极力推崇，二程和朱熹则是其中贡献最巨者。在王祎看来，"四书"的形成，二程论说和倡行在先，朱熹结集并诠释在后，其间又有程朱诸多弟子及其追随者推波助澜。有学者研究宋代以"四书"为总名的各种著述出版有八十一种，其中在朱熹生前和身后的两段时间里就达七十八种，大多为程朱及其门人后学所著。② 如《宋史·陈渊传》记载二程弟子杨时的门人陈渊曾经说："圣学所传止有《论》《孟》《中庸》，《论语》主仁，《中庸》主诚，《孟子》主性。"可以得知在杨时门下，"四书"已成为各有宗旨的教育内容。稍晚于杨时的诗人吕本中在其所著《童蒙训》里也说："学问当以《孝经》《论语》《中庸》《大学》《孟子》为本，熟味详究，然后通求之《诗》《书》《易》《春秋》，必有得也。"③ 又可知在吕本中那里，"四书"已与"六经"形成了教育内容上的结构关系，似乎更具备了课程的形态。稍早于朱熹的汪应辰在其《桐源书院记》中曾比喻

① 王祎.王祎集［M］.颜庆余，整理.杭州：浙江古籍出版社，2016：101.
② 顾宏义.宋代《四书》文献论考［M］.上海：上海古籍出版社，2014：25.
③ 吕本中.童蒙训［M］.韩西山，辑校.北京：中华书局，2019：967.

说："是心即书室也。吾能洁修神明之舍以读吾书，则《论》《孟》《庸》《学》之四书，不在方册，在吾丹府之中矣。"① 汪应辰是说，这四种书对于他而言已经不只是外在的四种书籍了，而已经在自己赤诚的内心里了！汪应辰曾师从杨时弟子张九成，而据《宋史·艺文志》，张九成著有《论语解》十卷、《张氏孟子传》三十六卷、《中庸说》一卷、《大学说》一卷、《四书解》六十五卷。这些著述实际上都是"四书"教材。可见"四书"作为教材流传之盛，作为课程为私人讲学所采用之众，又由此形成更多的释本（教材）。从以上叙述可以看出，二程及其弟子对"四书"成为私人讲学的教材乃至课程作用很大；"四书"最初主要是在私人讲学中流行；"四书"虽已被相提并论，但尚未形成定刊，尚未最终成为"一套"完整的新经学课程。

二程学说流传至南宋乾道、淳熙间（1165—1189），形成了不同的讲学派别。最有影响的为闽北朱熹、湘中张栻、浙西吕祖谦和赣东陆九渊。讨论的问题无非仁义之要、道德之奥、性理之精微、天理人心之义、立人扶世之教，又与佛老之说相颉颃。所论多是从"四书"里获取话题、思想和方法。其中学术成就最高、影响最大，也是对"四书"升格而跻身经类课程贡献最著的者是朱熹。

朱熹在淳熙四年（1177 年）之前的十五年里，主要是在武夷山讲学。其间撰成《语孟精义》《中庸集解》及《近思录》等。淳熙四年朱熹序定《论语集注》《论语或问》《孟子集注》《孟子或问》和《周易本义》《诗集传》；淳熙十六年（1189 年）序定《大学章句》《中庸章句》，又各著《或问》，学术史上也是教育史上明确的"四书"概念即告形成。这是朱熹讲学授徒和潜心研读的成果。从课程史的角度看，这也具有标

---

① 曾枣庄，刘琳，主编. 全宋文：第 215 册［M］. 上海／合肥：上海辞书出版社／安徽教育出版社，2006：239.

志性意义。这意味着从宋初胡瑗到张载，又到二程，以至于朱熹，无论在理念还是实践上，传统经学课程完成了新的内容选择与体系建构，形成了一套新经学课程，开启了一个新的经学教育时代。有学者认为这是继董仲舒建议汉武帝罢黜百家，表彰"六艺"（"六经"）之后，学术思想史和教育史上的重大事件。[①] 对于"四书"教材、课程的发展与传播来说，一个重要的时间概念是绍熙元年（1190年）朱熹知漳州时合刻其《四书》于漳州。在此期间，其《四书》在诸省多地刊印。朱熹的《四书》作为教材流传十分广泛，也成为越来越多的学者讲授经学时事实上的课程标准。朱熹甚至在绍熙五年（1194年）六十五岁时应诏为焕章阁待制兼侍讲，为宋宁宗进讲的也是"四书"课程里的《大学》。未久，朱熹即以言获罪而被遣。紧接着其学说被指为"伪学"，其人被视为"伪学之首"而于庆元年间（1195—1200）遭禁，《四书章句集注》自是不能例外。甚至乡、会试考生家状上必须写上"不是伪学"字样，以表示与朱熹学说无涉。此即"庆元党禁"或"庆元学禁"。朱熹及其《四书章句集注》的遭遇对于"四书"而言未尝不是件好事，反而使其在逆境中扩大了影响和播散。

不久，党禁渐弛，朱熹等人在嘉定间（1208—1224）获得平反，其学说重得褒扬。据《宋史·刘钥传》，先是国子司业刘钥请以朱熹所著《四书》之说立于学校，以其所撰《白鹿洞书院揭示》颁示太学以为学规，并取《四书章句集注》予以刊行，获得允准；又据《宋史·吴柔胜传》，国子正吴柔胜也以朱熹《四书》与学生讲习。风气所向，人皆效仿。各地府州县学和书院也纷纷以朱熹所著之《四书》教诲学生。徐元杰于绍定五年（1232年）为建于嘉定二年（1209年）的延平书院（延平即今福建南平）作《延平郡学及书院诸学榜》，规定日常功课为：每

---

① 沈灌群，毛礼锐，主编.中国教育家评传：第二卷［M］.上海：上海教育出版社，1989：228.

日"早上文公《四书》,轮日自为常程。先《大学》,次《论语》,次《孟子》,次《中庸》。六经之书,随其所已读,取训释与经解参看"。①在此,"四书"已经成了书院的常规课程,课程学习的顺序一如朱熹之意,教材则是朱熹的《四书章句集注》;"四书"更受重视,被强调到课程的首要位置,而"六经"则放在相对次要的位置。此时的"四书"已经风行天下,几乎成为官私学校的统一课程。从嘉定二年起,对朱熹有了一系列追赠,朱熹思想越来越受到重视。据《宋史·理宗纪一》到宝庆三年(1227年),宋理宗诏称:"朕观朱熹集注《大学》《论语》《孟子》《中庸》,发挥圣贤蕴奥,有补治道。朕励志讲学,缅怀典刑,可特赠熹太师,追封信国公。"朱熹学说由此成为官方学说,"四书"也就作为"国家课程",尤其是朱注"四书"作为"国家课程"标准的地位也得到明确肯定。淳祐元年(1241年)诏令周敦颐、张载、二程、朱熹从祀学宫。由此,理学的价值观在整体上得到认定,为整体构建以理学思想为指导的新经学课程体系——《近思录》—"四书"—"六经",提供了坚强支持。

由于学校教育与科举考试在内容上的一致性,随着"四书"和整个程朱理学受到尊崇,以"四书"为代表的新的经学内容也不断渗透进科举考试。宋人周密曾经指出当时科举考试发生的变化:理宗淳祐元年(1241年),徐霖以性理之学讲《书》而夺魁,成为导向,人竞趋之。"自此非《四书》《东西铭》《太极图》《通书》《语录》不复道矣。"②此

① 徐元杰.延平郡学及书院诸学榜[M]//曾枣庄,刘琳,主编.全宋文:第336册.上海/合肥:上海辞书出版社/安徽教育出版社,2006:212.
② 周密.癸辛杂识[M].吴企明,点校.北京:中华书局,1988:65.哥密语中的《四书》即朱熹《四书章句集注》。《东西铭》原是张载《正蒙·乾称》中的一部分,张彧曾于其学堂东西双牖各录《乾称》一部分文字,分别称为《砭愚》和《订顽》,后程颐将之改名为《东铭》与《西铭》;《西铭》表达其著名的"民胞物与"思想,《东铭》则发挥了《中庸》有关"诚"的思想。《太极图》,即周敦颐《太极图说》。《通书》也为周敦颐代表作。《语录》,即《二程语录》。

时离南宋亡不到四十年,《四书章句集注》《近思录》等书的内容已经占据科举考试的主导地位。到元代,"四书"尤其是朱注的地位有了进一步提高。元皇庆二年(1313年),中书省奏呈有关科举考试的具体规定,元仁宗批准并以《奏准试科条目》颁行全国,其中要求罢除唐代以来的诗赋考试,设立德行明经科,并明确规定明经科考试"'四书''五经',以程子、朱晦庵注解为主,是格物、致知、修己、治人之学。这般取人呵,国家后头得人材去也"。① 由此,"四书"成为各级学校的必修课程,而朱熹的《四书章句集注》成为必读教材和答题依据,沿习数百年。明清时,科举考试三场的首场规定为四书文,更加强调了"四书"在科举考试中的重要性。这种规定又倒逼着强化了学校中"四书"课程的地位,事实上已取"五经"地位而代之。

(三)"四书"作为"六经"的阶梯

从出发点上看,"四书"是为了"配""五经"而诞生的,这是出于主观设计,而这种设计反映了宋代理学家对新的时代及其相应的教育要求的明确意识。实际上,以程朱为代表的理学家还为"四书"设计了配套课程,而"四书"内部也有顺序的讲究。因此可以说,以"四书"为核心的课程体系,更具有"课程"的意义。

按照理学家的认识,提出"四书"不是无来由的,而是出于某种必需。这种必需即是通过学习相对比较近前的圣贤的教诲,更好地深入到对三代圣人思想的把握。这样,"四书"在课程学习上就具有了阶梯的意义。在《经学理窟·义理》中张载说,"要见圣人,无如《论》《孟》为要。《论》《孟》二书于学者大足,只是须涵泳"。又说:"学者信书,

① 方龄贵.通制条格校注[M].北京:中华书局,2011:220.

且须信《论语》《孟子》。"《论语》《孟子》完全可信的原因在于它们记录了确实存在的前代圣人的言行，读它们就是在直接与圣人对话。

对"四书"的这种作用，程颐有更为形象的阐述。程颐与其弟子有过一段问答："或问：'穷经旨，当何所先？'子曰 '于《语》《孟》二书知其要约所在，则可以观'五经'矣。'"① 程颐认为："学者当以《论语》《孟子》为本。《论语》《孟子》既治，则'六经'可不治而明矣。"② 为什么会有那样的效用？程颐通过诸多比喻，力图讲清"四书"的重要性："《论》《孟》如丈尺权衡相似，以此去量度事物，自然见得长短轻重。某尝语学者，必先看《论语》《孟子》。"③ "入德之门，无如《大学》。"④ "《中庸》乃孔门传授心法。"⑤ 所以，对于学习"六经"而言，"四书"如同尺度，如同门径，如同"心法"。二程是将"四书"当成了理解诸经的钥匙。朱熹对二程的这套学说有深刻的领会，他评价说："河南程夫子之教人，必先使之用力乎《大学》《论语》《中庸》《孟子》之书，然后及乎六经。盖其难易、远近、大小之序固如此而不可乱也。"⑥ 朱熹的话说得简单明了："四书"与"六经"的思想内容存在着难易、远近、大小之类程度差异，所以应当有先有后。也如朱熹弟子陈淳所说："自阴阳、性命、道德之精微，至于人伦、日用、家国、天下之所当然，以尽乎名物度数之详，四子、六经皆同一理也。"⑦ 精深如阴阳、性命、道德之类话题，重大如人伦、日用、家国、天下之类事业，

---

① 程颢，程颐.二程集［M］.王孝鱼，点校.北京：中华书局，1981：1204.

② 同上：322.

③ 同上：205.

④ 同上：277.

⑤ 同上：411.

⑥ 朱熹.书临漳所刊《四子》后［M］//曾枣庄，刘琳，主编.全宋文：第251册.上海/合肥：上海辞书出版社/安徽教育出版社，2006：55.

⑦ 王祎.王祎集［M］.颜庆余，整理.杭州：浙江古籍出版社，2016：101.

"四书"与"六经"之间存在着一贯之理，所以可以有先有后。

这就清楚了，"四书"与"六经"之间存在着精神和思想上的一以贯之之道，"六经"古远，自然含义深奥，而"四书"所述相对更为日常化，就更可被理解；"六经"是孔孟之前的"先王之教"，其理去现时久远，而"四书"所蕴含的是孔孟之道，更为切近，更便于学者领会和在领会基础上的践行、阐发。于是，"四书"具有了阶梯的作用。所以，朱熹明确说道："四子，六经之阶梯。"[1]踏上阶梯，也就可以登堂入室了！

后世学者在此认识基础上作了更进一步阐发。明人王祎认为，之所以治"六经"的前提是通"四书"，是由于"四书"的每一种都对应着"六经"的某一经或某几经，因主旨相同，就能起导引作用。如《易》明阴阳之变，推性命之原，又必本于太极，太极即是诚，而《中庸》言性命，言天道、人道，又推极于至诚；《书》纪政事，述国家天下，必以德先，即所谓"克明峻德"，而《大学》自修身至于治国平天下，也本原于明德；《春秋》贵王道、诛乱贼，其要在"正其谊不谋其利，明其道不计其功"，而《孟子》尊王道、距邪说，每说君先义后利；《诗》以道性情，《礼》以谨节文，《乐》以象功德，《论语》莫不具备。就此而言，"治《易》必自《中庸》始，治《书》必自《大学》始，治《春秋》则自《孟子》始，治《诗》及《礼》《乐》必自《论语》始"。正因为"四子本一理也，六经亦一理也"，所以"治六经者必先通乎四书，四书通则六经可不治而通也"。[2]其言虽显得有些牵强附会，但指出"四书"与"六经"之间存在着精神上和思想上的密切联系却是不错的。

---

[1] 陈淳.书李推《近思录跋》后［M］//曾枣庄，刘琳，主编.全宋文：第295册.上海/合肥：上海辞书出版社/安徽教育出版社，2006：207.

[2] 王祎.王祎集［M］.颜庆余，整理.杭州：浙江古籍出版社，2016：101-102.

事实上，"四书"与"六经"的共同点显而易见，即都是记载了前人的政治经验、修养心得和处世道理，差异则在于所记载内容的年代远近不同，自然就会在引发后世读者的思想共鸣方面存在差距："四书"是可知晓的圣人之言，读"四书"知道自己是在与哪位圣人对话；而"六经"究竟出自哪些圣人已无从知晓，读"六经"又是在与谁对话呢？这自然会影响到在精神上与圣人的交流。何况"四书"经过理学家的诠释，就已经是具备当时代意义的时代读物了。正因为"四书"在学习"六经"中有着如此重要的作用，甚至"'四书'通则'六经'可不治而通也"，这就为重"四书"而轻"六经"，甚至以"四书"代"六经"埋下了伏笔。

（四）"四书"内部的阶梯

"四书"有四种书，又有一个学习顺序问题，孰先孰后，自然有讲究。在理学家对"四书"排出学习次序之前，已有一种排序的可能性存在，即依据这四种文献在经学教育历史上获得地位的先后为序。《论语》在西汉时就已广泛流传，儒者多为之注，位列兼经；《大学》《中庸》虽未独立，却已在经书《小戴礼记》中，有郑玄注；《孟子》长期以来是子书，到宋代尤其是经王安石力推，才进入进士考试内容，完成升格而成为兼经。但"四书"成"经"的先后并不能等同于研读的顺序。

"四书"作为一套新经学课程是理学家的创造，他们在将四种古代文献配合成套时，当然也考虑了它们之间应该有什么样的逻辑关系。二程曾经说过："孔子没，传孔子之道者，曾子而已。曾子传之子思，子思传之孟子，孟子死，不得其传。"[1] 二程描绘的是一个道统，这个道统

① 程颢，程颐.二程集［M］.王孝鱼，点校.北京：中华书局，1981：327.

的文字载体就是"四书"。程朱自命为孟子之后的传道者的一个重要理由和依据，即是创造了"四书"。尤其是朱熹确定了《大学》的作者之后，道统的文本形态就算最终完成了。"四书"之中，《论语》《孟子》出自何人是清楚的，《大学》《中庸》是何人所作则存在问题。司马迁在《史记·孔子世家》中说："子思作《中庸》。"但《大学》的作者仍然未详。朱熹后来在《大学章句》第一章中指出："右经一章，盖孔子之言，而曾子述之。"而"传十章，则曾子之意，门人记之"。《大学》就被认定是出自曾参。这样，"四书"的作者全都落实了，"四书"就与孔、曾、思、孟一一对应了起来，读"四书"就是在与前代圣人直接对话交流，这是多么贴心的事！读"四书"就是在感悟二程、朱熹的承道、传道事业，这又是多么激励人心的事！

　　然而，理学家明白，道统是一回事，研读经典、修习课程是另一回事。二程尤其是朱熹已经十分明确地认识到，修习课程必须考虑到内容的深浅、难易、远近之类实际问题，于是作为课程的"四书"，在十分讲究学习内容之"程"的理学家那里，又有了学习先后次序的讲究。朱熹弟子黄榦说："先生教人，以《大学》《语》《孟》《中庸》为入道之序，而后及诸经，以为不先乎《大学》，则无以提纲挈领，而尽《论》《孟》之精微；不参之以《论》《孟》，则无以融会贯通，而极《中庸》之旨趣；然不会其极于《中庸》，则又何以建立大本，经纶大经，而读天下之书，论天下之事哉？"① 意即，《大学》与《论语》《孟子》之间，前者是提纲挈领，后者是融会贯通。而《中庸》则是将前三种书中的精神推至极处，极为高明，极为广大。朱熹也曾说过："读书，且从易晓易解处去读。"这样的思想是他读书、治学乃至课程思想的一贯精神。

---

① 黄榦.朝奉大夫华文阁待制赠宝谟阁直学士通议大夫谥文朱先生行状［M］//曾枣庄，刘琳，主编.全宋文：第288册.上海／合肥：上海辞书出版社／安徽教育出版社，2006：450.

就此原则考虑，"学问须以《大学》为先，次《论语》，次《孟子》，次《中庸》。《中庸》功夫密，规模大"。依据这样的思路，所以他说："某要人先读《大学》，以定其规模；次读《论语》，以立其根本；次读《孟子》，以观其发越；次读《中庸》，以求古人之微妙处。《大学》一篇有等级次第，总作一处，易晓，宜先看。《论语》却实，但言语散见，初看亦难。《孟子》有感激兴发人心处；《中庸》亦难读，看三书后，方宜读之。"如果能够"信得及，脚踏实地，如此做去，良心自然不放，践履自然纯熟"。① 就这样，以朱熹为代表的理学家构建了"四书"课程的修习次序，使之成为存在着内在联系、不能拆开的课程系列，既是为了便于修习，也是为了弘扬其理学思想，更是指出了一条如何通过"四书"课程去接近圣人、成为圣人的现实途径。后来刊刻"四书"就是以此为序。（后世以《大学》《中庸》篇页无多，合刻一本，放在前，随后是《论语》《孟子》，是为方便装帧的考虑。）

与朱熹等人略显夸张的说辞不同，之后的学者对为什么"四书"内部要有一个学习次序的解释倒显得更平实。如元人许谦认为，《论语》《孟子》与《大学》《中庸》是两类完全不同的书。前者"或圣贤自立言教人，或随问而答，或记圣贤出处、动静、日用，皆是一条一件，各见意趣"；后者"皆成片文字，首尾备具，故读者尤难"。就《大学》《中庸》而言，"二书规模又有不同，《大学》是言学，《中庸》是言道。《大学》纲目相维，经传明整，犹可寻求。《中庸》赞道之极，有就天言者，有就圣人言者，有就学者言者，广大精微，开阖变化，高下兼包，巨细毕举，故尤不易穷究"。② 这就说得很清楚了。《论语》《孟子》是圣贤

---

① 黎靖德，编.朱子语类［M］.王星贤，点校.北京：中华书局，1986：249-250.以下《朱子语类》引文，皆出自此书。
② 许谦.读四书丛说［M］.蒋金德，点校.杭州：浙江古籍出版社，2015：4.

的言行录，具有日常性，思想蕴含在片段的言语和行止之中，意趣丰富而可知可感；《大学》《中庸》则是有头有尾的成系统文字，意蕴内蓄，学习就有难度，而两篇文字因主题和文章体例上的差异，又显出理解和把握上的难易：《大学》纲目结构清晰，易于把握，《中庸》头绪丰富、视角多样，论题深刻而不易穷究。据许谦之言，又可见理学家进行课程编排的依据，即经书的体裁、题材和主题、内容。

（五）为"四书"设置的阶梯

在十分讲究"为学次第规模"的理学家眼里，"四书"尤其是其中的《论语》《孟子》能够让当今的人们与前代圣人直接对话交流，所谓"深原当时答问之意，使读而味之者如亲见圣贤而面命之"。[①] 然而，毕竟这些圣人已去时千年以上。时代在发展，思想在更新，为了引导学习者习读、体认、理解和践行义理学问，朱熹与吕祖谦合作编纂了又一种新经学教材《近思录》，采集周敦颐、程颢、程颐、张载四人的言论，分类编排。六百二十二条言论分为道体、为学、致知、存养、克己、家道、出处、治体、治法、政事、教学、警戒、辨异端、观圣贤十四类，共十四卷。吕祖谦在《跋近思录》中解释得很清楚："所载讲学之方，日用躬行之实，具有科级，循是而进，自卑升高，自近及远，庶几不失纂集之指。"即所有四人的言论都是按序编排的，以帮助读者入门。尤其是他强调说，为什么要将抽象而不易理解的"道体"置于全书之首？这不是让初学者茫然不知所云吗？回答是：将阴阳变化、性命义理"列之篇端，特使之知其名义，有所向望而已"。其用意显然

① 黄榦. 朝奉大夫华文阁待制赠宝谟阁直学士通议大夫谥文朱先生行状［M］//曾枣庄，刘琳，主编. 全宋文：第 288 册. 上海 / 合肥：上海辞书出版社 / 安徽教育出版社，2006：449.

与"四书"中将《大学》放在首位相同，即提供一个便于理解圣人精神的纲领。《近思录》全书分类及其主题编排次序也与《大学》的纲目大致对应，这样就为"四书"课程尤其是其中的第一种——《大学》铺设了"阶梯"，似乎是一部由诠解《大学》入手而引导人进入"四书"的门径之书。但从书中教学、警戒、辨异端、观圣贤之类名目，可以感受到《近思录》强烈的时代气息与战斗精神，即理学家的价值立场。所以，《近思录》是一部循序渐进地将读者引入理学思想体系、引入理学家所重新建构的经学体系的入门之书。难怪朱熹会说："《近思录》好看。'四子''六经'之阶梯；《近思录》，'四子'之阶梯。"① 我们完全可以将《近思录》这部书看成是一门为学习"四书"课程做准备的阶梯性课程。

就这样，理学家构建出新的经学课程体系：《近思录》—"四书"—"六经"。如果说构建出"四书"是使时人得以与前代圣贤对话，那么《近思录》则是使学习者得以与当世圣贤对话，其效果当然不是陡然学习"六经"所能比拟的，因为毕竟学习"六经"连与哪位圣贤对话都难以知晓。

所以，构建"四书"课程的本义是为了配合学习"六经"，"四书"是配角。但"四书"具有强烈的时代性的优势日益体现，这就使得经学课程孕育着一个变化，即用来配"六经"的"四书"逐渐成为替代"六经"的角色，"四书"成为主角，配"六经"变成了"六经"配。这样的结果是不是出于理学家的故意？不满足于既有的"五经"课程，想要有所更新、有所作为，这是理学家的故意，但是否立意要取"五经"而代之，这是个值得探讨的问题。中国社会发展到宋代，需要重新构建一种社会政治形态和思想意识形态，一代代理学家逐步形成了构想，而以

———————————

① 黎靖德，编.朱子语类［M］.王星贤，点校.北京：中华书局，1986：1629.

"四书"为核心的新经学课程构建，既是在为这种新的政治和思想形态的合理性、合法性辩护，也是为培养能够适应新时代的人才服务。

（六）朱熹的"课程"思想

南宋淳熙二年（1175年），在信州（今江西上饶铅山县）鹅湖寺有过一场在中国学术史和教育史上留下重要一章的学术讨论，即朱熹与陆九渊、陆九龄兄弟之间有关为学之方的争辩。陆九渊曾赋诗表达其见解，有句云："易简工夫终久大，支离事业竟浮沉。"他赞赏自己"发明本心"的"易简工夫"，而批评朱熹治学是琐碎的"支离事业"。三年后，朱熹和诗一首，其中有句："旧学商量加邃密，新知培养转深沉。"表达了自己的为学之方是既要商量"旧学"，也要培养"新知"，旧学、新知按部就班地求索。朱陆讨论的话题也牵涉到课程问题。要谈论中国传统教育中的课程问题，必然不能离开朱熹，原因是在朱熹的论学、论教中，不仅大量出现"课程"一词，而且朱熹关于"课程"的理解和使用，似乎已经与近代含义颇为接近了。"课""程"合在一起组成一个偏正结构的合成词，其含义为"功课或者课业的进程"。"最早在这种含义上使用'课程'一词的，应该是南宋的朱熹。"[1] 如《朱子语类》卷十《学四》："书宜少看，要极熟。……宽着期限，紧着课程。"[2] 类似论述在朱熹论学、论教中可以见到不少。朱熹关于课程的思想包括几个方面？即该为学习者提供哪些课程（内容）？这些课程又应当有怎样的关系？如何完成这些课程？

---

① 章小谦，杜成宪.中国课程概念从传统到近代的演变［J］.华东师范大学学报（教育科学版），2005（04）：65-74.
② 黎靖德，编.朱子语类［M］.王星贤，点校.北京：中华书局，1986：165.

1. 以何为教

按照朱熹格物致知、即物穷理思想的逻辑，天地万物莫不有理，所以天下之物都应当去理会。他说过："上而无极、太极，下而至于一草、一木、一昆虫之微，亦各有理。一书不读，则阙了一书道理；一事不穷，则阙了一事道理；一物不格，则阙了一物道理。须着逐一件与他理会过。"① 事实上，朱熹本人几乎可以称得上是中国历旦上一位百科全书式的学者，是少见的学问广博者，于经、史、子、集都有著述，且于宇宙、物质、自然多所见解。但作为教人者，他十分清楚即使是圣贤也无法穷尽天地万物。朱熹关于课程的设想包含两部分，即德与业。和历史上很多教育家一样，他始终将德放在课业的首位，认为这是"学之有本"。他批评当时的读书人不知学有所本而唯书是读，不外乎记诵、训诂、文词之间的学问，只是用以钓名声、干利禄而已，而德业事功的实际学问一无所能，于是主张"学有定本"："圣人教人有定本。舜'使契为司徒，教以人伦：父子有亲，君臣有义，夫妇有别，长幼有序，朋友有信'。……皆是定本。"② 朱熹为白鹿洞书院制订的学规，开首就是这被称为"五教"的五条。由此可见，朱熹的教育是把明义理、明人伦放在首位，这也成为其所设课程的导向性观点。如同孔子当年所做的那样，朱熹也并没有专门开设教"德"的课程，"德"的授受主要是通过"业"的途径来实现。其所谓"业"，差不多与"艺"的概念相当；而其所谓"艺"，则包含十分丰富的内涵。

其一，"六艺"之教。朱熹在注释《论语·述而》中孔子"志于道，据于德，依于仁，游于艺"一语时，对"艺"的理解之一就是视其为基础

---

① 黎靖德，编.朱子语类［M］.王星贤，点校.北京：中华书局，1986：295.
② 同上：129.

性、技艺性课程，主要是小学课程。他认为："游者，玩物适情之谓。艺，则礼乐之文，射、御、书、数之法，皆至理所寓，而日用之不可阙者也。朝夕游焉，以博其义理之趣，则应务有余，而心亦无所放矣。"[①] 他在《大学章句序》中也说：人生八岁入小学"而教之以洒扫、应对、进退之节，礼、乐、射、御、书、数之文"。这一含义的"艺"，性质上属于"小学工夫"，属于"事"的范畴。朱熹说，德行道艺，艺只是一个末事，但也都有用。其所用就在可以养德，可以穷理。值得注意的是，古老的西周学校课程"六艺"在朱熹这里已完全成了"小学"，即基础性的知识与技艺，体现了教育的发展、时代的变迁和中国传统教育的某种特点。

其二，"五经"之教。朱熹所理解的"六艺"包含两个内涵：一是小学课程，即原为西周的"六艺"——礼、乐、射、御、书、数；一是大学课程，即孔子整理的"六经"，后又成为汉唐学校经学课程主干的"五经"——《易》《诗》《书》《礼》《春秋》。与小学的"六艺"课程偏重于艺能不同，大学的"六艺"课程是小学课程基础上的拓展和深化，偏重于其中的人文内涵和精神价值。《史记·滑稽列传》引孔子之言："六艺于治一也：《礼》以节人，《乐》以发和，《书》以道事，《诗》以达意，《易》以神化，《春秋》以义。"朱熹继承孔子的认识，认同"六艺"之教的精神传统。他批评道"今之谈经者，往往有四者之病：本卑也，而抗之使高；本浅也，而凿之使深；本近也，而推之使远；本明也，而必使至于晦。此今日谈经之大患也。"[②] 如果能够按照"五经"的本义去正确地理解、把握和运用"五经"经传，即可达到"穷究那理"的目标，作育万物，化成人文。"五经"之教是朱熹对汉唐经学课程的继承，但应当注意的是他对"五经"的把握，即勿人为地使之高、深、

① 朱熹.四书章句集注［M］.北京：中华书局，1983：94.
② 黎靖德，编.朱子语类［M］.王星贤，点校.北京：中华书局，1986：193.

远、晦，这已可以看出他对汉唐时期"五经"课程的委婉批评和还原"五经"本来面貌的明确要求。从朱熹所撰述的大量"五经"著作，可以看出他的努力之巨。

其三，"四书"之教。最受朱熹重视的是这部分课程。如果说"六艺"体现的是基础性、技能性，"五经"体现的是原典性、历史性，那么"四书"及其配套的《近思录》《伊洛渊源录》等体现的就是时代性和理论性。朱熹治"四书"与教"四书"相辅相成，相得益彰，对"四书"可谓一辈子念念在兹。弟子黄榦在《朱子行状》中称其师"一日不讲学，则惕然以为忧"，而朱熹的讲学内容自然首推"四书"。可以把《朱子语类》看成是朱熹讲学实录，一百四十卷书中有五十卷与"四书"有关。朱熹博学多产，但他关涉经、史、子、集的著述都不如《四书章句集注》更能体现其思想、精神。他有关涵养德性之道，治学穷理之法，讲学教人之术，经世化民之理，尽在于斯。所以他强调要求学生必须反复研习，虚心涵泳，不惜功夫，不厌其烦。有一次他问学生："看《论语》了末？"学生回答"已看一遍了"，朱熹点评道："太快。若如此看，只是理会文义，不见得他深长底意味。所谓深长意味，又他别无说话，只是涵泳久之自见得。"[1] 有学者总结朱熹"四书"之学、之教的特色为："义理与训诂交相明，经学与理学冶一炉、圣意与己见相交融，传统与创新互涵摄……"[2] 很是精要。"四书"是以朱熹为代表的理学家创造的新经学课程，它强调了经学的时代性和理论性，拉近了古人与时人的距离，也拉近了圣人与常人的距离，是对经学课程的重要发展，也是对中华人文精神生活的重新构建。但它所产生的负面影响也十分明显，即事实上，课程内容在此被进一步窄化了。

---

① 黎靖德，编.朱子语类［M］.王星贤，点校.北京：中华书局，1986：434.
② 张立文，主编.朱熹大辞典［M］.上海：上海辞书出版社，2013：362.

其四，史传之教。朱熹既注重学问对人格的涵养作用，也注重学问的经世致用价值，史书正是这样的一种学问。在朱熹的课程中，相较于"六艺""五经""四书"之教，史传属于经学教育的辅助类课程，虽属辅助，却有独特作用。他说过："至于诸史，则该古今兴亡治乱得失之变。时务之大者，如礼乐制度、天文地理、兵谋刑法之属，亦皆当世所须而不可阙，皆不可以不之习也。……士无不通之经，无不习之史，而皆可为当世之用矣。"[①] 历史上帝王将相的善恶正邪，典章制度的成败得失，都既可以为后世所鉴，也可以为后人所感，深具教育价值。而由历史所承载的相关学问，如政治、军事、法律、天文、地理等，对于经世有实际效用，也应当涉及。尤其是史书所揭示的治道、心术、世风、人才等方面内容，与义理精神并不相悖。朱熹要求"读史当观大伦理、大机会、大治乱得失"，即是说，史书中自有大伦理、大机会、大治乱得失。所以，治经须得治史，治史不啻治经，观史可求义理，史中殷鉴不远。基于此，朱熹主张多读史，并且将学史与学经贯通起来。他说："先读《史记》及《左氏》，却看《西汉》《东汉》及《三国志》，次看《通鉴》。"但是，"若未读彻《语》《孟》《中庸》《大学》便去看史，胸中无一个权衡，多为所惑"。[②] 这就清楚了，朱熹确实倡导广博的知识和学问，但所有这一切都是服从和服务于对理学的把握。这也是朱熹有关课程内容认识的局限之所在。

2. 有别与有序

朱熹恐怕是中国教育史上最早从理论上思考课程结构问题的教育

① 朱熹.学校贡举私议［M］//曾枣庄，刘琳，主编.全宋文：第251册.上海／合肥：上海辞书出版社／安徽教育出版社，2006：273-274.
② 黎靖德，编.朱子语类［M］.王星贤，点校.北京：中华书局，1986：195.

家，他从几个方面阐述课程需要讲究有别和有序，即形成结构。

首先，课程之所以要讲究有别和有序，是由于学习者的年龄阶段、发展水平有差异。在这方面，最典型的论述就是他有关小学与大学教育的目标、内容、方法的设想。他提出不同的发展阶段及其特征就应有不同的课程要求，此即有别。他说："小学者，学其事；大学者，学其小学所学之事之所以。""小学是直理会那事，大学是穷究那理……"发展阶段不同，课程的目标也就不同。于是，第一，小学与大学的课程内容有异。"古者初年入小学，只是教之以事，如礼乐射御书数及孝弟忠信之事。"大学则是"教之以理"，是"发明此事之理"。具体而言就是致力于探求"穷理、修身、齐家、治国、平天下之道"。那就主要是修习"四书""五经"之类"大人之学"。第二，程度有异。"小学之事，知之浅而行之小者也。""大学之事，知之深而行之大者也。"第三，方法有异。"小学是事，如事君、事父、事兄、处友等事，只是教他依此规矩做去。"[1] 或者说是"洒扫应对之间，礼乐射御之际，所以涵养践履之者"。[2] 大学则"教之以格物，以致其知焉。致知云者，因其所已知者推而致之，以及其所未知者而极其至也。是必至于举天地万物之理而一以贯之，然后为知之至。而所谓诚意、正心、修身、齐家、平天下者，至是而无所不尽其道焉"。[3]

同时，课程的设计又是总体考虑的，体现出阶段性与连续性的统一，此即有序。朱熹说道："古者小学教人以洒扫应对进退之节，爱亲敬长、隆师亲友之道，皆所以为修身齐家治国平天下之本。而必使其讲而习之于幼稚之时，欲其习与知长，化与心成，而无扞格不胜之患

---

[1] 黎靖德，编.朱子语类［M］.王星贤，点校.北京：中华书局，1985：124.
[2] 朱熹.答吴晦叔［M］//曾枣庄，刘琳，主编.全宋文：第246册.上海／合肥：上海辞书出版社／安徽教育出版社，2006：227.
[3] 同上：227-228.

也。"① 这是说，大学的学业成就取决于小学的学业基础，小学的学业基础深刻制约着之后的学业能否顺利和有成效。朱熹曾经解释说：我为什么要"于《大学》中所以力言小学者"，那是由于只要小学学业完成得充分，"故于大学之道，无所不可"。② 朱熹在《小学辑说》里还说："学之大小固有不同，然其为道则一而已。是以方其幼也，不习之于小学，则无以收其放心，养其德性，而为大学之基本。及其长也，不进于大学，则无以察夫义理，措诸事业，而收小学之成功。"③ 不仅后续学业取决于先期学业，先期学业也需要后续学业的深化与完善，否则，小学学业基础的价值就无从体现。所以，朱熹是在大学的教育中极力强调小学课程的价值，而在小学的教育中充分肯定大学课程的意义，这是一种整体化的课程价值思考。

其次，课程之所以要讲究有别和有序，是因为不同课程之间存在着时代远近、内涵深浅、文字难易、分量轻重、意义高下的差异。所以朱熹将学校课程分为"六艺""五经""四书"等层次，并认为每一层次课程之间和每一层次课程之中的若干种课程之间，存在着先后、高低的秩序关系，他用十分形象的话语把这种关系称为"阶梯"。即所谓"《四子》，'六经'之阶梯；《近思录》，《四子》之阶梯"。一种（类）课程相较更高一级水平的课程而言，即为"阶梯"。于是在朱熹这里，每一类（种）课程都代表着一定的学业水平层次，同时也是其他课程的阶梯。以朱熹为代表的理学家特别强调课程之间的这种阶梯关系，也就是强调课程之间的层次性与连续性，以达成他们所希望的由浅入深、循序渐进的读书、学习之道，最终实现"穷理"效果。如以"四书"为

---

① 朱熹．题小学［M］//曾枣庄，刘琳，主编．全宋文：第 250 册．上海 / 合肥：上海辞书出版社 / 安徽教育出版社，2006：342.

② 黎靖德，编．朱子语类［M］．王星贤，点校．北京：中华书局，1986：2777.

③ 蔡模，编纂．近思续录［M］．程水龙，校点．上海：华东师范大学出版社，2015：139.

例。"四书"被朱熹看成是同一层次的课程，"四书"对于"五经"而言更基础，所以是"五经"的阶梯。所以他说："读书，且从易晓易解处去读。如《大学》《中庸》《语》《孟》四书，道理粲然。人只是不去看。若理会得此四书，何书不可读！何理不可究！何事不可处！"[①] 但就"四书"内部而言，又有先后顺序，事实上也存在着误程阶梯，即《大学》—《论语》—《孟子》—《中庸》的阶梯关系。《大学》最先学习，理由何在？理由是："《大学》是为学纲目，先通《大学》，立定纲领，其他经皆杂说在里许。通得《大学》了，去看他经，方见得此是格物、致知事；此是正心、诚意事；此是修身事；此是齐家、治国、平天下事。"《大学》是修身治人底规模。如人起屋相似，须先打个地盘。地盘既成，则可举而行之矣。"《大学》如一部行程历，皆有节次。今人看了，须是行去。"[②] 所以，相对于其他三书，《大学》是纲领，是基础，是"行程历"，其阶梯的作用由此体现。朱熹的这种思想既有遵循知识体系和学业水平来安排课程的一面，也存在按照理学家的政治、道德标准来建构课程关系的一面。

3."课程"与"程课"

朱熹确定了其认为最为需要和合适的课程，又说明了这些课程之间的关系与结构，事实上已经指明了课程学习的基本路径。完成这些课程的主要方式是读书和体悟，朱熹在不同场合反复阐述了读书应当遵循的目标和时间进度要求。

如以大学阶段的学习为例。朱熹在《读书之要》里强调，无论是教还是学，最重要的原则是循序渐进。他以《论语》和《孟子》两种书

---

① 黎靖德，编.朱子语类［M］.王星贤，点校.北京：中华书局，1986：249.
② 同上：250-252.

的学习为例说："以二书言之，则先《论》而后《孟》，通一书而后及一书。以一书言之，则其篇章文句、首尾次第亦各有序而不可乱也。量力所至，约其程课而谨守之。字求其训，句索其旨，未得乎前，则不敢求其后；未通乎此，则不敢志乎彼。如是循序而渐进焉，则意定理明而无疏易凌躐之患矣。"[①] 朱熹主张学习循《近思录》、"四书"、"五经"的顺序逐一完成；而每一种书又按其篇章文句首尾次第完成，不可跨越，不可错乱。但具体到每一种书，就需要对学习的任务和进度作出一些更具体的规定，原则是：量其能力之所及，约定（教师的约定，或学生自己的约定，抑或教师与学生共同的约定）一定的学习任务数量，在一定时间内完成，即"程课"；约定了"程课"后就要"谨守"，不应随意改变。类似的意见，朱熹屡有表达。《朱子语类》卷十《学四》："书宜少看，要极熟。……人多看一分之十，今宜看十分之一。宽着期限，紧着课程。"[②] 这里的"宽着期限"，是指完成一门特定的课程（如《论语》）不宜赶进度，应当给予充分的时间保障，即充分做到"字求其训，句索其旨，未得乎前，则不敢求其后；未通乎此，则不敢志乎彼"，达成"通一书而后及一书"的要求；"紧着课程"是指按照约定的学习计划（即"约其程课"），在规定的时间内应当完成的每一部分学习任务则必须按时、按质、按量地完成，要有紧迫感。又如《朱子语类》卷十九《论语一》："论读书之法。择之云：'尝作课程，看《论语》日不得过一段。'"[③] 这是朱熹给自己约定的《论语》课程。在这里,《论语》是学习的内容，而"日不得过一段"则是功课的进程。一万七千多字的《论语》是否值得如此细嚼慢咽？是否显得费时太繁？从朱熹批评学生读

---

① 朱熹.读书之要［M］//曾枣庄，刘琳，主编.全宋文：第251册.上海/合肥：上海辞书出版社/安徽教育出版社，2006：362-363.
② 黎靖德，编.朱子语类［M］.王星贤，点校.北京：中华书局，1986：165.
③ 同上：434.

《论语》"太快"来看，他丝毫不以为繁。正因为"四弓"这类课程是如此重要，所以值得细细咀嚼。这就是他所说的"宽着期限"。既然一种书（《论语》或《孟子》）有约定"程课"，那么"四书""五经"都会有约定，其他一些相关的学习内容也有约定，这就组成了朱熹对每一个学生的课业、学业或曰课程计划要求。此处所谓"程课"与"课程"是同义词。"程"表示进程、进度，"课"表示课业、学业。因此，朱熹已经在"课业或功课及其进程"的意义上来理解和使用课程概念了。

（七）是"教程"还是"学程"：经学教育课程样板

受以朱熹为代表的理学教育家有关课程思想和实践的影响，学者们纷纷在各自的学习和教育实践中探讨行之有效的课程方案，其中最为系统完整的是元代学者程端礼编写的《程氏家塾读书分年日程》。[①] 其中系统规定读书内容及进程，不仅有逐年安排，甚至细致到每周、每日。据程端礼《日程》卷一自述："日程节目主朱子'教人读书法'六条修；其分年主朱子'宽着期限，紧着课程'之说修。"这是理解程端礼课程思想的关键，也可见朱熹对当时学者的影响。可以说，程端礼是将朱熹"宽着期限，紧着课程"的主张具体化了，尤其是将"课"（课业）与"程"（时间、进度）结合起来，表现出对课程概念更为娴熟的使用。既然称为"读书日程"，显然注重的是学习者自己的攻读，而未必有多少教，即使有教，也多半是指点、规训。因此，当时人们又称《日程》为"读书工程"，意指"工夫之程"。《日程》是当时一种有代表性的课程方案，这种课程方案更重学而不是教，因此可以认为它是一种"学程"。

---

① 以下《程氏家塾读书分年日程》简称《日程》，引文出自：程瑞礼.程氏家塾读书分年日程[M].姜汉椿，校注.合肥：安徽古籍出版社，1992.

这也体现了中国传统课程实施乃至教育的总体特点。

《日程》的主题是"读书"，可以理解为是学生自己学习（主要是读书，也包括其他），以读书贯彻始终。《日程》的另一主题是"日程"，即时间与进程，也即安排好所应读的内容与时间、进度之间的关系。因此，《日程》所讲的就是课程问题。读是学生自己的事，学生通过各种各样的读来完成规定的学业目标；而"日程"是由教师安排的，同时也由教师负责督促（学生），督促的方法即是"试"，但"日程"的具体落实者是学生自己。这就是《日程》所反映学生学业的实际进行情况、教学关系和学业督促方式。

《日程》中所规定的学生课业之"程"分为长短两类。长的"程"是分年段之程，分"八岁未入学之前""自八岁入学之后""自十五志学之年"；短的"程"是日程，可以有一日之程（多为小学），一周之程（多为大学。又有五日、六日、十日之别），以及从十五岁进入读经阶段之后读一些经书的一年之程。整个学业之程的起点与终点并无明确划一的年限规定，显得比较有弹性。其实分年之程的各个阶段也只具有相对的意义，对于每个不同资质、不同勤奋程度、不同客观条件的学生而言，课程虽相同，而期限却可有别。

《日程》中对学生的课程（即读什么）所作规定大致可分为三个系列：经、史、文。

经学课程贯穿各个学业阶段，但各个阶段的目标、任务、要求有所区别，显示出层次的差异。《日程》完全依据理学的标准设计经学课程，占据主导地位的经学已经是体现程朱理学思想的"新经学"。

第一个阶段，八至十五岁。

自八岁入学到十五岁，是一个相对较长的学习时间段，经与文两个系列有序展开。强调学业的基础是这个阶段的特点，时间分配比例为"读经三日，习字演文一日"。

经的系列。顺序读《大学》《论语》《孟子》《中庸》《孝经》，一书毕，换一书。要求"字求其训，句求其义，章求其旨。……涵泳思索，以求其通"。同时顺序附读性理、治道、制度书籍，即《近思录》与周、程、张、朱诸先生文集等。之后依次读《易》《书》《诗》《仪礼》《周礼》《春秋》及三传。至十五岁之前，"四书"诸经正文可以尽毕。

文的系列。一是学习写字，从影写到临帖，逐步加量，要求掌握各种笔法，并读看《说文》《字林》与各种音韵书籍，以求掌握文字音韵学知识；二是学习写作，从口头解说《小学》起，曰字而句，由句而章，并要求理解单字含义及词性，同时学习属对。

第二个阶段，十五岁起。

自十五岁起，进入有明确学习目标的阶段，即"为学以道为志，为人以圣为志"。在此阶段，经、史、文三个系列全面展开。强调学业的深度和广度是这个阶段的显著特点，强调学习作文是另一重要特点。整个过程要求确守"朱子读书法"的六条原则，以保障课程落实的质量。

经的系列。依次抄读"四书""五经"正经并精选古人与时人注疏，用三四年功夫而立下终身之"大本"。

史的系列。"四书"本经完成后，读"五经"，同时进入读史。读史的功课是《资治通鉴》、朱熹《资治通鉴纲目》，汉以上参阅《史记》《汉书》，唐代参考两《唐书》等，以及《通典》《通志》《通考》等志书与《五经算术》等历算书，《水经注》等地理书，各种代表性的官制书、礼乐书、祭祀书、刑律书、文字音韵书。《通鉴》毕，读韩文，进入文的系列。

文的系列。文的系列是本阶段学业的重点，又分为两段：其一，读韩文、《楚辞》，可以说是作文的理论学习和样例学习阶段；其二，学作文；可以说是作文的实际训练阶段。作文阶段又可以分为两段：一是一般文体，要求重点学习欧阳修、曾巩、王安石及柳宗元、苏洵等文章，再拓展至《史记》《汉书》的叙事文，汉唐的策文，宋朝名臣的奏议等文体；二是应试文体，读经文、经义、古赋、制诰表章、策文等应试文章。由此，至二十二三岁或二十四五岁，可以有能力应举。从八岁入小学起，至此完成全部学业，大约需时十五至十七年，从理论上讲已可走上仕途。

除了以上经、史、文三个系列的课程之外，《日程》实际上还有一个方面的训练，即在读经、读史、读文过程中的学习方法训练。这实际上是对学生学业自我管理习惯和能力的训练，也可以看成是另一个课程系列，是非常具有特色的方面，最能体现理学家注重读书、自学的教育追求。

《日程》充分考虑了课程内容与学生品德、知识、心智成长的关联，强调内容安排的小步前进、循序渐进、多次重复、科目联系、知行结合、目标明确等原则，得到人们认可，所以在元明时期有很大影响。据载，当时国子监以其书作为经验向郡县官学推广，而学者们也大多将其奉为准绳。究其原因，是因为《日程》很好地总结了中国历史上学校课程设置和实施的经验，较好地处理了课程、教材和教法以及教者、学者和教材等方面的关系。

之后，《日程》的传统为后世学者所传承并发展，而课程概念也越来越多地在学校教育语境下被使用，表明中国传统教育中课程概念及实践更趋成熟。如清康熙年间学者唐彪著有《父师善诱法》，主要谈论教学法，也论及课程问题，如说："先生教童子之法，其根基全在正二月间。此时宜屏绝外务，专心致志，开导督责，令学生读书字句分明，课程悉循法度。此后训诲工夫俱易为力矣。"[①] 课程被理解成学生是否"悉循法度"地读书，而教师的作用主要是"开导督责"。再如在清代国子

---

① 唐彪.父师善诱法·教法要务［M］//赵伯英，万恒德，选注.家塾教学法.上海：华东师范大学出版社，1992：10.

监中，课程已经形成各种明确的类型，如"经义课程""制义课程""书体课程"等，并建立了"课程登记"的管理制度。^①从这些课程的有关规定中，可以清楚地看到与《日程》精神相似的一些特点，如：课程的实施并非教师一味讲授，而主要是学生"自行"探求课程内容；就学习中的心得和疑义作出札记；定期交由教师批阅、分析；定期当堂考评出优劣等第。所以，中国传统教育语境下的课程与教学，都与当今的情形有异，不能以今天的概念简单化理解古时候的实际。但传统语境下的课程与教学，一些基本的内涵与当今的概念也存在相同点。这是今人理解旧况所要注意的。

（八）体现"读书次第"的新经学教材和课程系列

汉唐经学偏重章句训诂，虽然保存了大量前人的政治、社会、家庭生活经验，但毕竟前代圣贤去时已久，经书的诸多观点离现实生活显得远了。于是，越来越多的宋代学者开始对汉唐经学提出批评，到北宋中叶，这种批评更是有了明确的针对性。如欧阳修批评孔颖达主持编纂的《五经正义》"所载既博，所择不精，多引谶纬之书，以相杂乱，怪奇诡僻，所谓非圣之书，异乎正义之名"，所以主张删去"九经"疏中的谶纬之文，使"经义纯一，无所驳杂"。^②欧阳修此札还只是指出"九经"中窜入的谶纬材料，实际上，北宋中叶的学者甚至对流传下来的诸经传注本身也提出质疑。陆游说："唐及国初，学者不敢议孔安国、郑康成，况圣人乎！自庆历后，诸儒发明经旨，非前人所及，然排《系辞》，毁

---

① 陈元晖，陈学恂，主编，璩鑫圭，编.中国近代教育史资料汇编：鸦片战争时期教育［M］.上海：上海教育出版社，1990：129.
② 欧阳修.论删去九经正义中谶纬札子［M］//欧阳修全集.李逸安，点校.北京：中华书局，2001：1707.

《周礼》，疑《孟子》，讥《书》之《胤征》《顾命》，黜《诗》之《序》，不难于议经，况传注乎！"[①] 其中所说排《系辞》为欧阳修，毁《周礼》为欧阳修、苏轼、苏辙，疑《孟子》为李觏、司马光，讥《书》为苏轼，黜《诗序》为晁说之。宋人主张跨越汉唐，直接回到尧舜周孔，接续中绝已久的孔孟传统；同时，站在现实的立场，凭自己的理解与前代圣贤对话。这就是宋人进行经学教材革新的背景。

1. "五经"教材的宋学表现

宋人进行经学教材革新的第一方面行动是对"五经"提出新解释，形成诸多新经说。这些新经说不再延续汉唐说经章句训诂的路径，而是另辟蹊径，各自立说。如：

关于《易》。胡瑗《易解》被视为以义理说《易》之宗，也为程颐《伊川易传》所本；道士陈抟说《易》倡"先天"（伏羲之《易》）、"后天"（文王之《易》）之说；邵雍以象数说《易》，不离河图、洛书。为宋人说《易》所法。

关于《尚书》。苏轼《东坡书传》为宋人研究《尚书》之始，废弃古注而以议论见长，沿而成习。朱熹弟子蔡沈所作《书经集传》在元明两代影响很大，被今人周予同讥为"居然成为标准经典"。[②] 宋人治《尚书》在内容的真实性方面问题较大，但善于怀疑又是其特点。

关于《诗》。欧阳修《毛诗本义》始诋毛说，苏辙的《诗集传》更是锋芒毕露。之后，郑樵作《诗传辨妄》对毛诗大加挞伐。而朱熹《诗集传》也是一反"思无邪"的经说传统，逐渐成为说《诗》主流，取毛传、郑笺正统地位而代之。宋人说《诗》能够就经典本身进行探讨，但

---

① 王应麟. 困学纪闻［M］. 翁元圻，辑注，孙通海，点校. 北京：中华书局，2016：1192.
② 周予同. 群经概论［M］// 朱维铮，编. 周予同经学史论著选集. 上海：上海人民出版社，1983：232.

也好用主观臆断混淆汉唐古义。

关于"三礼"。皮锡瑞对宋人治"三礼"的评价大体公允："宋人尽反先儒，一切武断；改古人之事实，以就我之义理；变三代之典礼，以合今之制度……"① 如朱熹及弟子黄榦撰《仪礼经传通解》混合"三礼"而谈礼，以《仪礼》为经，以《周礼》等为传；王安石《周礼新义》则为其改革张本，都是以古人之事实材料来就自己的理解和观点的代表，其所作相关论述与本经和传疏相去甚远。

关于《春秋》与"三传"。虽然王安石指《春秋》为"断烂朝报"，但宋人治《春秋》者还是颇多，而对"三传"缺少专门研究。胡安国《春秋传》据《左传》，义取《公羊》《穀梁》，成为最有影响的本子。之后吕祖谦对《左传》的研究也是随事立义。总之，宋代"三传"的教材成果也显示出宋人治"五经"的特点。

宋代学者撰写"五经"经说，是他们不满和怀疑汉唐经说而希望自立新说的表现。他们编写的诸多"五经"经说教材共同的特点是不拘于章句，重在抒发自己的认识和意见，表现出思想开放乃至思想解放，具有澄清长期以来误解经和经说的作用；而不在意经注本意，不讲究事实依据，不乏臆断，又造成另一种误解，则是其问题所在。宋代学者编写经学教材中的这两方面情况，都对清代学者重新治经说经、更新经学教材产生影响。

2. 构建新经学教材体系

宋人进行经学教材革新的第二方面行动是构建出新的经学教材体系，即形成"四书"—"五经"体系。宋人说经、解经希望能够脱出"五经"体系的窠臼，在这方面做得更多。这种主张的具体表现就是提

出"四书"教材，进而形成"四书"—"五经"体系。"四书"的出现，才是宋代乃至宋代之后经学教育和教材发展真正区别于汉唐的地方。有学者归纳北宋经学的四个特点，其中第一条就是，研究经传的重心及范围与汉唐相比较有所变化，尤其是重视《论语》《礼记》等传记之书，而《孟子》则逐步由子书升格为经书。①

可以说，"五经"成为学校教材与课程是选择的结果，而"四书"成为学校教材与课程是构建的结果。考察"四书"的历史，《论语》在汉文帝时曾被立为博士，在《汉书·艺文志》中附于"六经"之末，宋初已经明确被尊为"九经"之一。《孟子》一书，汉赵岐《孟子题辞》说在文帝时也曾立为博士，《汉书·艺文志》以来一直列于子部儒家。《中庸》，据《汉书·艺文志》著录有《中庸说》二篇，已经单独成书流行，后来《隋书·经籍志》也有其他著录。《大学》则一向附于《礼记》，入宋后情况发生变化。宋真宗命孙奭训释《孟子》。王安石熙宁变法期间，定贡举新制，规定在"五经"之外兼试《论语》《孟子》，《孟子》正式成为考试用书而与《论语》同列，升格为经书。宋真宗时，即以《中庸》与《大学》赐予新及第进士。宋仁宗时，宝元三年至庆历三年（1040—1043）期间，以陕西经略安抚副使经略西北边防的范仲淹劝有志靖边的张载读《中庸》，还"手《中庸》一编授焉"。②最早被著录的著作则为陈振孙《直斋书录解题》中司马光《大学广义》一卷、《中庸广义》一卷。清人朱彝尊认为，"取《大学》于《戴记》，讲说而专行之，实自温公始"。③这样，后来被称作"四书"的《大学》《论语》《孟子》《中庸》，在建宋百年时差不多都已脱颖而出。《论语》汉唐就已厕身于经，《孟子》

---

① 吴国武.经术与性理——北宋儒学转型考论［M］.北京：学苑出版社，2009：34.
② 黄宗羲.宋元学案［M］.全祖望，补修，陈金生，梁运华，点校.北京：中华书局，1986：662
③ 朱彝尊.经义考［M］.北京：中华书局，1998：813.

得益于王安石而升格为经，以《中庸》来讲学的是范仲淹，讲学的对象是张载，而《大学》《中庸》最早形成著作是出于司马光，这些人物都是"四书"形成史上应当被记上一笔的。然而，"四书"得到表章而广为流传，除了周敦颐、张载等人之外，主要有赖于二程与其弟子不遗余力的努力；而以"四书"的名义行于世，又最终为当局采纳为官学教学用书，更是出于朱熹的奋斗。有学者依据二程与朱熹的生卒时间，将宋代"四书"著述的历史分为四个阶段，即宋初至宋仁宗天圣九年（960—1031），程颢出生的明道元年至宋高宗建炎三年（1032—1129），朱熹出生的建炎四年至朱熹去世的庆元六年（1130—1200），宋宁宗嘉泰元年至宋亡（1201—1279）。统计这期间《论语》《孟子》《大学》《中庸》和"四书"以及以《论孟》《学庸》名义出版的书籍和教材，见表3-2。

表3-2　宋代"四书"相关书籍和教材出版数量变化

时　　间	《论语》	《孟子》	《大学》	《中庸》	《论孟》	《学庸》	"四书"	总计
第一阶段 （960—1031）	24	18	1	8	0	2	0	53
第二阶段 （1032—1129）	144	65	12	29	5	1	3	259
第三阶段 （1130—1200）	120	70	40	55	14	15	42	356
第四阶段 （1201—1279）	21	9	18	16	3	12	36	115
总计	309	162	71	108	22	30	81	783

资料来源：顾宏义．宋代《四书》文献论考［M］．上海：上海古籍出版社，2014：25.

表3-2清楚地反映了"四书"系列教材和单本教材在宋代三百余年间不同时期的数量变化，表现出一些显著特点：

其一，"四书"出版数量变化与理学尤其是程朱理学发展直接相关，在二程与朱熹生活的年代，即第二、第三两个阶段，"四书"文献数量大大增加。

其二，表中不同阶段"四书"及四种教材的数量变化，能够大致反映"四书"的形成轨迹，即从四种教材发展的先后次序而言，《论语》率先，《孟子》为次，《中庸》再次之，《大学》最后，说明"四书"形成有一个过程。而以"四书"为总名的"四书"系列教材，爆发式地出现在朱熹生活的时期（第三阶段），说明朱熹对新经学教材"四书"形成和推广的重要作用。

其三，第四阶段"四书"中诸教材数量普遍减少，反映了在内忧外患的社会环境下，教材编撰也受到不利影响。而以"四书"为总名的教材仍然保持较高出版数量，说明"四书"系列教材已经为社会所广泛接受，并开始取代"四书"的单种教材。

理学家构建"四书"的用意是为学习"六经"作阶梯。程颐说："学者先须读《论》《孟》。穷得《论》《孟》，自有个要约处，以此观他经，甚省力。《论》《孟》如丈尺权衡相似，以此去度量事物，自然见得长短轻重。某尝语学者，必先看《论语》《孟子》。"① 将"四书"作为整个儒学经籍的基础，从中体会和领悟前代圣人的思想精髓，确立起基本价值取向，就可以在进入"六经"时不迷失方向。所以，由"四书"而"六经"，被理学家视作为学次第。

在"四书"之间也有一个读书次第。同样的道理，这个次第的安排也是出于四种经书之间在思想内容方面所表现的基础与深化的关系。朱熹说：《大学》一篇有等级次第，总作一处，易晓，宜先看。《论语》却实，但言语散见，初看亦难。《孟子》有感激兴发人心处。《中庸》亦

---

① 程颢，程颐.二程集［M］.王孝鱼，点校.北京：中华书局，1981：205.

中国课程史

难读，看三书后，方宜读之。"① 在程朱等理学家看来，"道学"不能明了，不是因为"上面"的功夫下得不够，而是因为"下面"的"根脚"未能做实。考虑"四书"教材之间的研读次序，同样是根据打好基础、循序渐进的学习要求。

理学家还为"四书"准备了阶梯性教材，即《近思录》。这本宋代周敦颐、程颢、程颐、张载四位理学家的言论选集的编纂用意十分清楚，既是为深入了解周、二程、张的思想编一本纲领忭读本，也是给进一步读"四书"编一本入门教材。所以朱熹说："《近思录》好看。'四子'，'六经'之阶梯；《近思录》，'四子'之阶梯。"

就这样，理学家构建出《近思录》—"四书"—'五经'的新经学教材体系，不仅成为宋人的进学之道，也成为元明清儒者的入德之门。

3. 理学家与数不胜数的性理教材

中国传统儒学发展到宋明时期的表现形态即为理学。宋代学者如朱熹也称宋代的学问为理学，这是指与汉唐辞章训诂之学相对的"义理之学"。

理学形成的重要标志就是形成一套有别于前代儒学的话语系统，这套概念和词语取自先秦儒家典籍，也吸取了不少佛学与道教思想和表达方式。理学家比较多地谈论心性，阐述义理，这种学问又被称为性理之学。理学家的性理之学与"四书五经"之学存在区别。相比较而言，性理之学不代古人说话，所讨论的话题多义理、心性、太极、阴阳、天地、气质之类，较少沿用传统经学的概念和话语，显得比较抽象甚至玄虚。

性理教材，顾名思义，就是论述性理之学的教材。但性理教材或者性理书籍并不容易准确界定。有很多宋明理学家的著述并不用"性理"之名，却都会或多或少地涉及性理，但也有一些著作专谈性理，书名也以"性理"

---

① 黎靖德，编.朱子语类［M］.王星贤，点校.北京：中华书局，1986.249.

名之，而它们都成为学习理学的重要材料。两种著述都可以归为性理教材，但这里主要讨论以"性理"为名的教材，兼及其他论及性理的教材。

理学家出于启蒙和普及理学的目的，编撰了相当数量专门用于启蒙的读物。最早作此努力的是朱熹与其弟子，成果即为《训蒙绝句》。这本汇集了一百首七言绝句的蒙学教材，是以诗的形式灌输理学思想的代表作。每一首诗讲一个理学概念或题目，如"人心道心""命""静""居敬"等。有不少诗的题目出自"四书"的句子。如第十三首《中庸》："过兼不及总非中，离却平常不是庸。二字莫将容易看，只斯为道用无穷。"用诗歌的形式来讲义理，这是朱熹等理学家良苦用心之所在。然而，诗歌中比较抽象的概念和道理究竟能否让儿童入耳入心，是一个值得思考的问题。

《性理字训》是理学启蒙读物中最为著名的一种。元人程端礼《程氏家塾读书分年日程》明确提出以此书取代通常的儿童识字启蒙教材。这本教材先是由朱熹弟子程端蒙编写了三十条四百二十八字。后来程若庸补辑至一百八十三条，三千二百八十字，并分成为"造化""情性""学力""善恶""成德""治道"六个部。明初学者朱升在将其辑入《小四书》时又补充了一条"善"。《性理字训》以四字句的形式，用比较通俗的语言解释了理学的诸多概念、命题和思想。根据所解释对象的繁简难易，少则两句，多则八句。如"学力"一部："修道明伦，以觉乎人，是之谓教。未知未能，必效诸人，是之谓学。已知已能，必熟诸人，是之谓习。洒扫应对，诗书六艺，收其放心，养其德性，是曰小学。穷理正心，修己治人，知必周知，成不独成，是曰大学。……发己自尽，是之谓忠。推己及物，是之谓恕。"[①]就解释概念和命题的准确、精练、明白而言，此书

① 程端蒙，程若庸.性理字训［M］//王文宝，主编.中国儿童启蒙名著通览.北京：中国少年儿童出版社，1997：341-342.

值得肯定，难怪朱熹称赞它"言语虽不多，却是一部大《尔雅》"。[①] 但对儿童启蒙而言，它的知识性、趣味性、易接受性存在明显的问题。

相比较用作启蒙的性理教材，属于修德、治学范畴的性理教材数量就多得多。就广义而言，凡理学家的著作都可算入，但其中还是有一些比较专门、集中论述性理问题的教材，如周敦颐的《太极图说》《通书》。以《通书》为例。这是一部分类论述理学概念的性理教材，具有典型性。全书共四十篇，顺序论述了三十多个理学概念。如关于"圣"，《通书·圣第四》是这样说的："寂然不动者，诚也；感而遂通者，神也；动而未形、有无之间者，几也。诚精故明，神应故妙，几微故幽。诚、神、几，曰圣人。"关于什么是圣和圣人的这一解释，已经与孔孟时代的观念、汉唐经学的解说全然不同，更为玄妙、虚空，而正是周敦颐的《通书》，奠定了理学的基本话语方式。

张载的《正蒙》《经学理窟》也属于性理一类教材。从书中篇目还可以看出理学家的志趣所在。如《正蒙》中的《太和》《参两》《天道》《神化》《动物》《神明》《大心》《中正》等篇，一望而知是在讲理学概念，抒发自己的见解。尤其是《正蒙·乾称》中的部分内容，张载曾经摘出书于其学东西双牖，后人称之为《西铭》与《东铭》，可以视作最为经典的性理教材。如《西铭》说："乾称父，坤称母，予兹藐焉，乃混然中处。故天地之塞，吾其体；天地之帅，吾其性。民吾同胞，物吾与也。……存，吾顺事；没，吾宁也。"脍炙人口，已经不局限于谈性理，而且是影响深远的进行理想道德教育的教材。

性理教材中具有代表性的是南宋理学家陈淳所著《北溪字义》。《北溪字义》原名《字义详讲》，又称《四书字义》《四书性理字义》。这是陈淳晚年讲学记录，由其弟子王隽记录整理而成，分上下两卷。《北溪字义》顾名

① 黄宗羲.宋元学案[M].全祖望，补修、陈金生、梁运华，点校.北京：中华书局，1986：2280.

思义，即可知此书的性质。用作者的话说，道德性命之蕴，阴阳鬼神之秘，不是初学者所能骤然领会的，如果不先将这些概念的含义分析阐述清楚，学者可能白首也难以究其本源。作者曾经追随朱熹二十多年，得其亲炙甚多，于是体悟朱熹学说，结合周敦颐、二程、张载等人论述，写成此书。此书主要的用意在解释理学重要范畴，以为读者提供理学入门指点，可以看成是一本理学范畴教材。书中选择解释的范畴有：命、性、心、情、才、志、意、仁义礼智信、忠信、忠恕、一贯、诚、敬、恭敬（以上卷上），道、理、德、太极、皇极、中和、中庸、礼乐、经权（以上卷下）。南宋以后此书影响很大，被认为是学习朱熹思想的必读书。以范畴的形式编写教材始于汉代的《白虎通义》，而陈淳的《北溪字义》与之不同处在于专门解释概念，更具有思辨性，因此也就更具有理论和思想价值。

三、向重学的传统回归

汉唐经学强调遵经，所编经学教材偏重在遵经基础上的章句训诂，客观上要求学习者对经注的信从，在课程与学习者关系的问题上，更强调学习者服从课程，重教成为当时的教学特点。宋代却不同。由于理学家更为注重学习者个体对事物的判断和理解，注重学习者通过自身的求索获得对事物之"理"的把握，所以更注重读书和体悟，重学就成为宋代及之后时代的教学特点。宋以后的学者和教育家总体上更为重学，但互相之间也存在程度或实质上的差异、对立甚至批判、辩驳。

（一）《中庸》与"为学之序"的重新肯定

面对唐代佛老思想的盛行，五代十国士人群体道德的沦丧，重建儒家伦理成为宋儒关注的重点。《中庸》的重新诠释是宋儒构建天理、人欲、道心、人心理论的载体。朱熹在《中庸章句序》中认为，《中庸》是子思担忧道学失传所做，而道统是从上古尧、舜、禹一脉相传而来，围绕"人心惟危，道心惟微，惟精惟一，允执厥中"之语，尧以"允执厥中"授舜，舜以"人心惟危，道心惟微，惟精惟一，允执厥中"授禹。尧之一言至矣、尽矣，而舜则增加三言是为了阐释尧之一言，这就形成了完整的表述。作为虚灵知觉的心之所以有人心、道心的区别，是因为或生于形气之私，或原于性命之正，而所以为知觉者不同，是以或危殆而不安，或微妙而难见。所以说上智不能无人心，也莫不有是性，而下愚也不能无道心。人心、道心二者杂于方寸之间，人又不知所以治之，就会导致危者愈危，微者愈微，而天理之公就无以战胜人欲之私了。要想守其本心之正而不离，就要使道心常为一身之主，而人心每每就会听命了，于是就能危者安、微者著，动静言行自然不会有过犹不及之差。

人心与道心的论述是"存天理，灭人欲"说的升级，李翱就有性善情恶的说法，宋儒张载把它发展为"天命之性"与"气质之性"。儒家学者多是赞同人性本善的，但是人性既然本善，为何会出现世间诸多之恶？不同于佛家将此归结为前世之业报，儒家学者认为是环境让先天之善遮蔽起来了，要想发明本心，保持善端和诚心，就要通过教育使人发明本心，存善去恶。如果人性本恶，通过法律刑罚去惩罚要比通过教化修养方便得多，但是，如《论语·为政》中孔子所言："道之以政，齐之以刑，民免而无耻；道之以德，齐之以礼，有耻且格。"教育的作用显然非刑罚可以比拟。人不同于动物，最重要的就在于人有尊严，假如都像《荣枯鉴》所反映的五代士人群体那样，"荣或为君子，枯必为小人"；"悦上者荣，悦下者蹇"，那么孟子所说的"富贵不能淫，贫贱不能移，威武不能屈"的儒家君子和大丈夫人格，就会失去尊严。

从胡瑗、周敦颐、张载、程颢、程颐起，士大夫阶层就开始了天理与人欲、人心与道心的大讨论，其目的就是重建儒家道统，保存道心，修正人心。他们最终选择的方法就是教育。这些学者广泛收徒，将各人的思想融入儒家经典体系。他们将《大学》《中庸》从《礼记》中抽出，重新诠释，与《论语》《孟子》一起构成了新的课程体系。

在重提《中庸》的过程中，为学之序是宋儒关注的重点。既然道心、天理、天命之性容易被遮蔽，需要通过学习来廓清，那么怎么学习？如何变化气质？革尽人欲，复尽天理就成为关键。朱熹在《白鹿洞书院揭示》中阐发对为学的看法，认为为学主要是学习"父子有亲，君臣有义，夫妇有别，长幼有序，朋友有信"。其为学之序是"博学之，审问之，慎思之，明辨之，笃行之"，学问思辨四者，是穷理；笃行就是将所穷之理运用于生活，包括修身、处事、接物。修身要坚持"言忠信，行笃敬，惩忿窒欲，迁善改过"；处事要"正其义，不谋其利；明其道，不计其功"；接物要"己所不欲，勿施于人；行有不得，反求诸己"。朱熹的这一为学之序全面阐发了儒家的为学过程，将"学—思—行"的为学程序提升至"博学—审问—慎思—明辨—笃行"这样一种更加完备的过程。这一为学之序也被南宋以后众多书院奉为圭臬，成为中国书院史上纲领性的学规。

在这一为学程序中，博学是起点。朱熹认为万事万物皆有其理，要想明白其理，就要今日格一物，明日格一物，最后豁然贯通，达到明天理的程度。孔子也说"好学近乎知"，广泛的学习才能够达到体道明理。学习过程中一定会遇到不明白的问题，这时候就要"审问"，也就是详细地探问，彻底搞懂问题。问过以后，还要审慎地思考，是不是与自己学习过的道理有冲突？是不是与自己的日常经验有冲突？为什么会出现这些问题？只有通过审慎的思考，才能将学过的知识内化到自己的思想之中。形成自己的观点和思想以后，还要与师友展开切磋、辩论，以确保自己认识的可靠，也通过他人的辩驳知晓自己的不足甚至可能的错误，加以弥补。确定了认识的正确可靠，把握了事物之理，就要彻彻底底地去贯彻落实，达到学有所用，通过践行所学，达到知行合一，从而形成完整的学习过程。宋儒对为学之序的重新阐释，将为学的重心放在"变化气质"的目标上，通过一系列的步骤，"明天理，去人欲"，保存和恢复人的"天命之性"。

（二）"尊德性"与"道问学"之辩的重学取向

《中庸》中提到"尊德性"与"道问学"这样两种学习的方式。以陆九渊和朱熹为代表的宋儒分别选择其一作为为学之要进行阐发，影响了宋以后的众多学者。《中庸》说"君子尊德性而道问学，致广大而尽精微，极高明而道中庸。温故而知新，敦厚以崇礼"。朱熹认为："尊德性，所以存心而极乎道体之大也。道问学，所以致知而尽乎道体之细也。"[①] 从学习过程来说，"尊德性"就是加强自身道德修养，发明内心的天理，变化气质，再去体认万事万物，类似于顿悟，也被称为"自诚明"；"道问学"则是指通过不断地学习获取知识、积累道德，逐渐明了天理，从而恢复内在的"天命之性"，类似于渐悟，也被称为"自明诚"。由于《中庸》没有对两者的内涵作出具体界定，造成宋儒对这两种为学方式的争辩。

在这些争辩中，引出了中国学术史上著名的"鹅湖之辩"。宋淳熙二年（1175 年），陆九渊与朱熹共同的好友吕祖谦为了弥合二人的学术矛盾，邀请双方前往信州（治今江西上饶市西北）鹅湖书院进行公开学术讨论。在这次讨论中，为学之法成为核心。朱熹认为："大抵子思以来教人之法惟以尊德性、道问学两事为用力之要。今子静（陆九渊字）

---

① 朱熹.四书章句集注［M］.北京：中华书局，1983：35.

所说，专是尊德性事，而熹平日所论，却是问学上多了。"① 在争论为学功夫之后，陆九渊即兴作诗："易简工夫终久大，支离事业竟浮沉。欲知自下升高处，真伪先须辨古今。"② 显然陆九渊对自己"尊德性"的易简工夫是非常自信的，认为它最终会发扬光大。朱熹并没有被说服，最终两人的辩论不欢而散。时隔三年以后，朱熹仍然记得这次争辩，并赠诗回敬陆九渊道："旧学商量加邃密，新知培养转深沉。却愁说到无言处，不信人间有古今。"显然朱熹对于他的"道问学"的"旧学商量"也非常自信，并认为一味地实施"尊德性"的易简工夫，会走向不辨古今的禅学。

追溯朱陆的异同，两者在发明"天理""变化气质"等核心教育目的方面是相同的，不同的是达到这一目的的方法。陆九渊重视"存心养性"以"明道体之大"的道德修养功夫。他认为"心即理"，"宇宙便是吾心，吾心即是宇宙"，既然心含万法，洞明心体才是最重要的，通过发明本心，达到一以贯之的"自诚明"。陆九渊认为尧舜之时，天下并无典籍，尧舜也一样成为圣贤，所以不需要读书格物，只要发明本心，使"天命之性"一尘不染，自然能够判断是非善恶，"道问学"也就成了"尊德性"以后之事，不求自得。经典本来就是圣人为表明心迹、劝勉后学所写，若明白了圣人的"正法眼藏"，就可以不假文字。陆九渊也被视为主观唯心主义的教育人物。朱熹则主张"格物致知""读书穷理"，通过道德学习，逐一明白事物之理，才能达成豁然贯通，达到"尊德性"的功夫。朱熹认为"性即理"，"变化气质"以恢复本性是最重要的，"天命之性"是至纯至善的，但是"天命之性"的"理"与人的形体的"气"相

---

① 朱熹.答项平父［M］//曾枣庄，刘琳，主编.全宋文：第248册.上海/合肥：上海辞书出版社/安徽教育出版社，2006：56.
② 陆九渊.鹅湖和教授兄韵［M］//陆九渊全集.叶航，点校.上海：上海古籍出版社，2022：375.

结合时，就会形成有善有恶的"气质之性"。要想"变化气质"，只有通过教育，学习明辨善恶的知识学问，通过"道问学"来达到"明天理"。

朱熹还认为只有"格物"才能"穷理"，最终达到"尊德性"。天地之间，事事物物都有其理，所以要逐件格过，通过读书明理、辨别古今人物、待人接物等途径去研究和践行它的"理"，最终实现"明天理"。在这些方法中，朱熹尤其重视读书明理，认为古今圣贤的精妙之理都记录在书中，所以"为学之道，莫先于穷理；穷理之变，必在于读书"。通过读书接受古往今来圣贤的微言大义，能够尽快地实现"自诚明"。正是因为朱熹的这种"今日格一物，明日格一物"的方式，才使得陆九渊讥笑他为"支离事业"。同样是教人追求符合儒家伦理的"道心"，朱熹认为要先获取道德知识，然后再进行道德实践，知先行后，通过格物建立起有关道德准则之理，进而在实践中去践行这些道理，实现"尊德性"。陆九渊则认为儒家的这些符合天理的道德准则先天就存在于人的心中，只需要把它发明出来就能达到"尊德性"的目的，如果一个人明白了这些道理还去做不符合"天理"之事，就说明他还是没有"明天理"。知而不行只是未知，所以诚者自诚，道自道也。就像禅宗惠能所说："本来无一物，何处惹尘埃？"陆九渊追求的是道德的自主性和自觉性，即使不识一字也要堂堂正正做人，只要"道心"存在，"天理"自明，该恻隐时自然恻隐，羞恶、辞让、是非在前，自然能辨明。

从朱熹和陆九渊的争辩中可以看出，朱熹更加重视基于儒家典籍的教学。在此过程中，教师是一个引路人。在《朱子语类》卷十三中，朱熹认真告诫弟子："事事都用你自去理会，自去体察，自去涵养。书用你自去读，道理用你自去究索。某只是做得个引路底人，做得个证明底人，有疑难处同商量而已。"[1]学习是自己的事，通达自己探索，实现洞

---

① 黎靖德，编．朱子语类［M］．王星贤，点校．北京：中华书局，1986：223.

明"天理","变化气质",而为师者不过是引路者、证明者、商量者。

（三）读书与教"学"之道的集大成

书籍是记录先圣先哲思想精华的载体，能够有利于学习者尽快地明白儒家之道，所以朱熹认为"为学之道，莫先于穷理；穷理之要，必在于读书"。[①]朱熹还认为"六经"是三代以上的书，曾经圣人之手，全是"天理"。圣贤教人的方法俱存于经，有志之士当熟读而问辨之。他在漫长的求学教学过程中，积累了大量的读书经验，并把这些经验总结为"循序渐进""熟读精思""虚心涵泳""切己体察""着紧用力""居敬持志"六条。这些方法被他的后学总结为"朱子读书法"，体现出他对学习过程的深刻把握。

"循序渐进"是"朱子读书法"之首。朱熹认为读书要按照一定的次序，不能颠倒。他以《论语》《孟子》两书为例说明读书方法。第一，要通一书而后及一书，按照顺序进行；对于一本书来说，篇章文句、首尾次第也都各自有其顺序，不能随意颠倒。读书过程要做到未得其前，不敢求乎后。朱熹注意到了书籍写作的逻辑顺序，而且他还区分了"四书"与"五经"之间的关系，使得经书形成一个前后相继的完整体系。第二，读书过程要根据自己的能力，安排读书计划，不能贪多，要切实遵守它。读书就像射箭一样，有的弓四斗，有的弓五斗，要根据自己的能力量力而行，否则是自欺欺人。只有根据自己的实际情况制定的计划才能按期完成。第三，读书要打好基础，不可囫囵吞枣，急于求成。读书要逐字逐段地去读，反复玩味，才能理解圣人的深意，就像读《论语》，没有读时是这个人，读了以后还是这个人，那就相当于没有读。

[①]　程瑞礼.程氏家塾读书分年日程［M］.姜汉椿，校注.合肥：安徽古籍出版社，1992：11.

读书就像浇菜园，必须彻底浇透每一棵蔬菜才能有利于它生长，否则用一担水把整个菜园浇了一遍，看似浇过水了，实际上相当于没浇。他还认为读书就像吃饭一样，一顿饭把十天的饭都吃了，既不能吸收，也有伤身体。如果一天看几段，慢慢去做，反而功效很好。第四，读书要由浅入深，由已知到未知。会教学生的人，先教小的近的，然后再教大的远的。学习经书先看"四书"，了解了圣人的意思，然后再去看历史书，了解存亡治乱之道，最后再读诸子百家，看看他们各自的毛病在哪里。

"熟读精思"是朱熹非常重视的读书方法。"熟读"是要做到作者的话就像从自己口中说出来一样，"精思"则是指作者的意思就像从自己的心里出来一样，只有这样读书才有进步。以读《论语》为例，要反复读到孔子与学生们的对话都像和自己对话一样，才能有所感悟，即使孔孟再生，也还是这样教学生，所以仔细琢磨，进行情景回放，能够理解圣人的意思。读书的过程就像吃一个果子，咬开了还不知道它的味道，慢慢地咀嚼，其中的滋味自然就出来了。朱熹认为读书不能错一个字，不能少一个字，不能多一个字，不能倒一个字，经过熟读多遍就能都背诵下来，永远不忘。他认为读书读十遍时与读一遍时不一样，读百遍时又与读十遍时不一样。熟读的目的是精思，他认为读书有一个"无疑—有疑—解疑"的过程。刚开始读书不知道疑问，慢慢地读出了疑问，中间可能每一段都是疑问，熟读之后，疑问慢慢消除，达到融会贯通，消释疑问，这才是真正的学习。读书如果不经过思考吸收，就像请一个外人来给自己看屋子，不是自己家里人，最终也不听自己使唤，所以只有"熟读精思"，心与理合一，才能永远不忘。

"虚心涵泳"是朱熹根据当时读书人普遍存在的毛病提出的。他认为读书人很容易根据自己的意思去揣测书中的道理，甚至穿凿附会，有时候还会以自己既有的想法先入为主，排斥书中讲的道理。这就像一个法官先入为主主张某一方的观点，自然只会听到对方的不是。因此，朱熹要求读书的时候一定要虚怀若谷，不要先抱有成见。在《朱子语类》卷十一《学五》中，朱熹说："看书，不可将自己见硬参入去。须是除了自己所见，看他册子上古人意思如何。"① 读书的过程先要看懂文字，再看看是不是合理，而不是自己先有一个意思，把书中的道理进行比附。读书要接受新的意见，不要固守己见，好的思想就像把自己的污垢洗掉一样重新焕发光彩。对于经书不要妄加曲解，要逐字逐句按照圣贤所说的直白地去理解，不要随便添加闲言碎语，如此，时间久了自然有收获。经书中的一些问题众说纷纭，不要匆忙去取舍，需要涵泳，也就是仔细地琢磨玩味。读书多了，众家的长短之处自然也就能够辨别了。经书中众说纷纭的地方正是值得用力的地方，先抓住一方，穷尽其辞，再抓住另一方穷尽其辞，每一家都搞懂了，原书的本意也就明白了。在此基础上，朱熹认为："读书之法无他，唯是笃志虚心，反复详玩为有功耳。"② 读书的过程还要无疑处让它有疑，有疑处让它无疑，这样才有长进。

"切己体察"是指读书不能只在纸上求，还要在身上求，要学以致用。朱熹认为读书穷理，当体之于身。他在《朱子语类》卷十一《学五》中提出，凡平日所讲贯穷究者，不知逐日常见得在心目间否？不然，则随文逐义，赶趁期限，不见悦处，恐终无益。学习了圣人的话，不能"克己复礼"，不能"出门如见大宾"，不能"忠恕"，那么学习也就没有意义了。学习者要知道读书就是做事，学习经书就是为了明白其中的道理，作为生活的指南，学习了圣贤所说的话，就要作为"路引"，否则和日常的闲话有什么区别？圣人的书籍是自己经历过的道理，只有

① 黎靖德，编.朱子语类［M］.王星贤，点校.北京：中华书局，1986：185.
② 朱熹.答李守约［M］//曾枣庄，刘琳，主编.全宋文：第248册.上海/合肥：上海辞书出版社/安徽教育出版社，2006：118.

读者确实去落实了，才知道圣人说的不假。就像吃药一样，拿了药要吃下去才能治病，如果只是看，是不会把病治好的。例如，只是把经书作为科举考试的敲门砖，那么经书就失去了意义。读了圣人的言语就是要切己，不能只当作一番话，只有真正地去实践，才能"变化气质"，从而彻底明白"六经"的道理。"切己体察"是儒家传统的为学功夫，用在读书上也是一样，直指读书的终极目的。

"着紧用力"包含两重含义。朱熹主张"宽着期限，紧着课程"，首先，要抓紧时间。读书要抓紧时间，就像打仗一样，战鼓响起就要努力向前；就像刀剑在身后一样，不要去想别的事情。读书要像孔子一样发愤忘食，乐以忘忧，刚毅果决，悠悠然则不济事。朱熹以项羽破釜沉舟为例，认为项羽只准备三天的口粮，破釜沉舟，所以取得胜利。读书也是一样，一往无前，就能有所收获。他还认为，读书要像炼丹一样，开始要用烈火锻熬，以后再用慢火养；开始的时候，大叉大段地看，看它精彩的地方，以后慢慢反思。其次，读书要坚持不懈，锲而不舍。为学就像在水上撑船，一篙都不能缓。读书不能研究不透就放弃了，要东边不行，从西边入；大处不行，从小处入；找各种方法把它研究明白。读书只要坚持不懈，像攻打城堡一样，从各个方向，攻向目标，就一定能够完成任务。

"居敬持志"既是朱熹的道德修养方法，也是他最重要的读书法。朱熹认为："读书之法，莫贵于循序而致精，而致精之本，则又在于居敬持志。此不易之理也。"[1] 居敬是指读书时要注意力集中，做到收敛本心。人心在自己的身体内，要想读懂圣人的书，杜撰凿空是没法达到的，只有让心静下来，安定地去读才能明白，不去仔细研究，昏昏欲睡，甚至想别的问题，用纷扰杂乱的心去读是没有效果的。读书还要专

---

[1] 程瑞礼.程氏家塾读书分年日程［M］.姜汉椿，校注.合肥：安徽古籍出版社，1992：11.

261

第三章　『四书』时期：古代文献课程的重构

心，读一句是一句，读一章理解一章的意；这一句彻底明白了再去看下一句，这一章彻底明白了再去看下一章，这样全身心投入，就能明白其中的道理。在《朱子语类》卷十一《学五》中，他说："人做功课若不专一，东看西看，则此心先已散漫了，如何看得道理出。"① 持志则是指要立下志向，只有先立志向，才能克服困难，达到目标。就像农民种地一样，什么时节完成哪些农活要有规划，读书也要制订一个规划，定下一个目标，不要让懒惰侵蚀了自己，努力做到按期完成相应的目标。

朱熹的读书法可以归结为在"读"字上下功夫，这是他自己教学和读书的经验总结，可以看出他以读书为载体，对教学过程尤其是学习过程有深刻的理解，并作出初步总结。朱熹的读书法是他在制定新经学课程方案、编写"四书"教材后的一种具体落实方案。元人程端礼编写《程氏家塾读书分年日程》，希望编制一份从启蒙到读经，又到读文、学史的完整课程实施计划，朱熹的读书法奠定了这份课程计划的方法基础。

（四）"致良知"说与"教学相长"的新含义

自朱熹以后，程朱理学逐渐在学校教育中拥有了经书诠释的话语权。到明朝中叶，王守仁（字伯安，号阳明）创立了"致良知"的思想体系。他上承孟子，又接陆九渊，开创了被称为"陆王心学"的思想体系。王守仁发展了陆九渊的思想，提出"心即理""致良知""知行合一"等命题，构建了完整的思想体系。

王守仁的教学思想建立在其"心学"理论之上。他主张"心即理"，不认同朱熹将"心"与"理"区分的观点，他在孟子"良知"学说的基

262　① 黎靖德，编.朱子语类［M］.王星贤，点校.北京：中华书局，1986：189.

础上提出心之本体即"良知"。"良知"是与生俱来的，它不待虑而知，不待学而能，①"知是心之本体。心自然会知：见父自然知孝，见兄自然知弟，见孺子入井自然知恻隐，此便是良知，不假外求"②。而且"良知"在人心，不分圣愚，人人具有；"良知"在人心中，不会因为人产生妄念而泯灭。当然，"良知"的最大弱点是容易受到物欲的蒙蔽，在与外物接触的过程中，"良知"容易受到昏蔽。要想保"良知"不被外在的物欲昏蔽，必须通过教育，即"学以去其昏蔽"。③王守仁认为："君子之学以明其心。其心本无昧也，而欲为之蔽，习为之害。故去蔽与害而明复，匪自外得也。"④"明其心"即"学以去其昏蔽"。在这一点上，王守仁与朱熹等宋儒的观点是相同的，主张教育的目的是去人欲，存天理。不同的是为学的方法，朱熹赞同读书明理，王守仁则把工夫用在"明心"上，他认为吾辈用功只求日减，不求日增，减得一分"人欲"，便复得一分"天理"。如果不在"天理"上下功夫，读书越多，知识越广，则人欲越滋，就像炼金，不去锻炼，只是投入锡、铅、铜、铁，则越投金的成色越差。

王守仁认为学校教育以"成德"为第一要务。基于人人都有"良知"的人性论，他继承"人皆可以为尧舜"的观点，提出"凡人可以成圣"，他认为学者学圣人，不过是"去人欲而存天理"，但是人的气质有清浊粹驳的差别，对于"道"，有生而安行者，有学而知之者，对于中人之下的人要人一己百，人十己千，才能达到成功。培养优良的道德品质，即培养符合儒家伦理的人，他认为三代之学皆所以"明人伦"，人

---

① 王阳明.大学问［M］//吴光，钱明，董平，姚延福，编校.王阳明全集（新编本）.杭州：浙江古籍出版社，2010：1019.
② 王阳明.王阳明全集（新编本）［M］.吴光，钱明，董平，姚延福，编校.杭州：浙江古籍出版社，2010：7.
③ 同上：68.
④ 同上：248.

伦主要是指"父子有亲、君臣有义、夫妇有别、长幼有序、朋友有信"。王守仁认为尧舜禹以来，圣贤教人都是以此为目的。不管是庙堂之上还是村野农商，都要以成其德行为学习目的。他认为除了"明人伦"，没有其他的学问，其他的学问都是异端邪说。为了实现"明人伦"的教育目的，王守仁也主张学习"六经"，但是与朱熹的主张迥然不同。朱熹读经学、史学是为了"穷理"，王守仁则是为了"证心"。他认为"六经"是"吾心之常道"，是记录吾心的典籍，"六经"所记载的道理实际上都存在于心中，是用来明白"吾心"的载体，而不应该局限于"六经"的文辞。

王守仁这种"心外无物，心外无事，心外无理，心外无义，心外无善"的观点，形成了他对教学的独特理解，学习过程变成"去人欲，存天理"的"心体"上的功夫。《传习录上》中记载了他与弟子徐爱的对话。徐爱认为至善只是求助于心，可能很多道理并不能尽，例如事父、事君、交友、治民有很多知识和道理需要学习。王守仁认为"心即理"，天下没有心外之事，也没有心外之理，例如事父不成，去父上找孝的理？事君不成，去君上找忠的理？交友、治民不成，去友上、民上找信与仁的理？显然这些道理都在心上，如果此心无私欲之蔽，即是天理，不需外添一分。以此纯乎天理之心，发之于事父便是孝，发之于事君便是忠，发之于交友治民便是信与仁。只要在"去人欲，存天理"上下功夫就行。如果有了孝的心，夏天自然知道父母热，冬天自然知道父母冷；孝的心就像树木的根，有了根，其余的恭敬礼让道理自然会生发出来。

王守仁的学生郑朝朔认为，孝敬亲人，温清之节、奉养之宜都不是一天两天能弄明白的，所以需要学问思辨的功夫。例如，何为温清之节、奉养之宜，需要一步一步地明白这些道理。王守仁则认为去掉人欲，只存天理的心就能达到至善的程度，学问思辨的功夫并不是指讲这些温凊之节、奉养之宜的道理，而是让心纯乎天理之极，如果只是明白这些道理，明白这些礼节，那么那些演戏的人把温凊奉养的礼节表演得感人至深，难道就能说明他们真的是孝敬吗？显然，王守仁开启了以"行"来定"知"的全新路径。如果知道这个道理而不去做，那么说明还是不理解这个道理。从为学的程序来看，学习完全成为个人为主的事情，他的"即知即行""知行合一"的理念使得道德修养与道德知识的获取统一起来，教师的教成为引导和印证学生的学的工具，就如禅宗的开悟过程，完全由个人修炼而成，教师只是因缘引导和印证者。

（五）知行之辩与"为学之序"的新发展

知行关系是我国传统哲学的主要论题之一，也是教育、教学的重要论题，"知易行难""知难行易""知先行后"都引起很多争议。王守仁在贵州龙场悟道以后，于第二年开始提出"知行合一"学说。"知行合一"将道德知识与道德践履融合起来，认为"知是行的主意，行是知的功夫；知是行之始，行是知之成"。知和行是一体的，知中有行，行中有知，二者不能分离，也没有先后。

《传习录上》记载了王守仁与学生徐爱关于知行关系的讨论。徐爱认为世人都知道要孝敬父母，尊敬兄长，却不能做到，这就说明知行不能合一。王守仁则认为这是因为被人的私欲遮蔽了而不能看到知行的本体。圣贤教人知行，正是要复那个本体，而不是说认识道理就可以了。如《大学》中所说"如好好色，如恶恶臭"，见好色属知，好好色属行。只见那好色时已经喜欢了，不是见了后立个心去喜欢的；闻恶臭属知，恶恶臭属行，只闻到那恶臭之时已经厌恶了，不是闻了以后立个心去厌恶。就像鼻塞之人虽然见恶臭在前，鼻中不曾闻到，便不曾厌恶，也就不知臭。一个人知道孝悌必然已经行孝行悌，不能只是说孝悌就是孝悌了。就像一个人知道痛必然是已经痛了，知道寒是已经寒了，知道饿是已经饿了。

王守仁认为知和行是不能分离的，之所以分知和行，是因为世上有一些人懵懵懂懂地去做事不知道省察，只是胡乱去做，所以才说一个知；又有一种人茫茫荡荡悬空去思索，不肯着实躬行，只是揣摩影响，所以才说一个行。如果等到知的真了再去做行的功夫，就会导致终身不行，从而也终身不知。知道了知行的本体就会理解知行本是一个，知时即行，行时即知。在《答顾东桥书》中，王守仁进一步解释了知行关系。他以吃饭和行路为例说道："夫人必有欲食之心然后才知食。欲食之心即是意，即是行之始矣。食味之美恶必待入口而后知，岂有不待入口而已先知食味之美恶者邪？必有欲行之心，然后知路。欲行之心即是意，即是行之始矣。路岐之险夷必待身亲履历而后知，岂有不待身亲履历而已先知路岐之险夷者邪？"[①] 鉴于知行合一，王守仁认为："真知即所以为行，不行不足谓之知，此为学者吃紧立教，俾务躬行则可。"[②]

王守仁的"知行合一"是对程朱理学的一种反动。程朱理学经过几代发展，逐渐走向知行脱节的空疏之域，再加上程朱学说与科举考试的结合，使得儒家经书沦为功名利禄的敲门砖，很多学者驰骋辞章，只是为了沽名钓誉，与道德修养无关；还有庙堂之上很多学者道貌岸然，却道德沦丧，这都要求重视实行。从王守仁的个人经历来看，他年少笃信程朱理学，为了做圣贤去格竹，七天七夜积劳成疾也没有能够悟道。在被贬为龙场驿丞以后，才明白只能在身心上下功夫。王守仁早年提倡静处体悟，静坐澄心，去除一切杂念，体认本心。后来才发现一味静坐澄心容易养成沉空守寂的"痴呆汉"，所以他主张"事上

①② 王阳明.王阳明全集（新编本）[M].吴光，钱明，董平，姚延福，编校.杭州：浙江古籍出版社，2010：46.

磨练"，学孝道，必须服劳奉养，躬行孝道，同时注重内省，达到知行合一。

对比朱熹和王守仁的为学之序，可以明显地看到王守仁的为学过程重"行"，他认为悬口讲孝道而不去做，那就不是学。朱熹将读书作为为学的首要任务，认为学问思辨是行的基础，王守仁则指出："盖学之不能以无疑，则有问，问即学也，即行也；又不能无疑，则有思，思即学也，即行也；又不能无疑，则有辨，辨即学也，即行也；辨既明矣，思既慎矣，问既审矣，学既能矣，又从而不息其功焉，斯之谓笃行，非谓学、问、思、辨之后而始措之于行也。"①王守仁将学、问、思、辨、行五者合一，认为都是心上功夫，心理合一，知行合一，一个真正的儒家学者就应该做到学问与修养合一，不能口是心非，真正的让学与行合体。伦理道德不应该只是说辞，也不应该是科举考试的敲门砖，而是日常行为的准则，是心体的自然流露，通过修养功夫真正做到让伦理内化为内心准则，无时无刻不去恪守它，从而实现知行合一。王守仁将传统为学之序中的学、问、思、辨、行合一，将有善有恶的意看成行的开始，将存善去恶的格物过程看成行的过程，用致良知表达行的目的，良知知善知恶，学习去掉人欲的过程就是行，问、思、辨融入这一过程。这种为学功夫是传统的学—思—行的为学过程的升华。

（六）"学而必习，习又必行"的教学法

从教育和教学上说，相对于汉唐宗经注、守章句的主张，程朱的"穷理尽性"学说是一种进步；相对于程朱学说，王守仁的"六经皆我

---

① 王阳明．王阳明全集（新编本）［M］．吴光，钱明，董平，姚延福，编校．杭州：浙江古籍出版社，2010：50.

注脚"的观点又是一种进步。但上述主张都将教育理解为做书本上的功夫、道理上的功夫，因而都不能避免脱离实际的境况。明末清初的实学思想家如黄宗羲、王夫之、颜元等人，批判传统教育尤其是宋明理学空疏无用，提出以"实""行"为特征的课程内容和教学方法。颜元是其中的重要代表。

明朝末年，程朱理学日益空疏，阳明心学走向狂禅，教学过程怎样进行纠偏，学、思、行的关系如何重新诠释，都受到思想家的关注。王夫之不仅主张学、思相资以为功，而且重视力行，认为学、问、思、辨、行五者之中第一不容缓的莫如行，行不仅能验证知识的真假，而且是衡量道德的标准。顾炎武、黄宗羲等学者也反对谈天说性，主张身体力行，经世致用。颜元建立起"理气一元"的世界观，认为理在事中，要见性于理。他认为只有亲身实践，在客观事物中"穷理"才能获得真知。他指出，"思不如学，而学必以习"，于是将自己的家塾"思古斋"改为"习斋"。他屡次强调"读书无他道，只须在'行'字着力"。①

颜元认为道德教育和道德修养的途径就是"习行"，因为"道"不可言传，只有习事以见理。教学过程要联系实际，坚持练习和躬行实践，只有这样，学习到的知识才是有用的。只有在实际生活中懂得为人处世的道理，才能够改过迁善。他认为人之为学，心中思想，口中谈论，尽管有百千义理，不如身上行一理之为实也。颜元反对理学家空口讲诵、静坐冥想的修养方式，提出"救弊之道在实学，不在空言"。只有通过习行，在实践中才能够获得实德。颜元将"格物致知"的"格物"解释为"犯手实做其事"。他认为"理"存在于客观事物中，必须接触事物，躬行实践才能获得真知，因此他主张"见理于事，因行得知"。

颜元还主张"学而必习，习又必行"。学习过程不习练、不运用，

---

① 颜元.颜元集［M］.王星贤，等，点校.北京：中华书局，1987：623.

是得不到真正的知识的。例如学习数学，看似学会了，如果不去运用，"入市便差"。学习音乐，即使读了几百遍乐谱，仅仅思辨讲问，最终也学不会，必须搏拊击吹，口歌身舞，亲自去做才能学会。从知识的分类来说，有认知类的知识，也有动作技能知识，例如骑马、射箭、游泳、音乐、舞蹈、医学、术数、务农等，都需要实际操练。颜元自幼就学习这些知识，并长期参与劳动，认为劳动能够让精神振奋，心常灵活，劳动也能使人遇事敏捷，除掉私心欲念。他曾说："吾用力农事，不遑食寝，邪妄之念，亦自不起。"[①]颜元正是从这些动作技能类的知识入手，论证了空谈心性的坏处。

颜元"习行"的学习观还建立在对宋明理学的批判上。他认为理学家不学一事，以诵读为学，以能讲其所读之学者为明道，因此而成为大儒，这是令人担忧的。从静坐讲读中得到的学问脱离实际，不能解决问题，就像望梅止渴、画饼充饥一样。静坐空谈之人逐渐失去处理实际问题的能力，从开始厌恶做事，一直到彻底没有能力做事。学者整天兀坐在书房，时间久了精神萎靡，筋骨疲软，导致天下无不弱之书生，也无不病之书生。宋儒教人只从语言文字上用力，结果导致学者们埋头故纸堆，耗尽力气，成为病人、弱人和无用之人。明朝晚期，知识分子群体"无事袖手谈心性，临危一死报君王"的现状伤透了明末清初大学者们的心，他们主动反思，积极倡导实学，这也成为颜元主张"习行"的背景。因此，颜元认为人之岁月精神有限，诵说中度过一日，便习行中错一日；纸墨上多一分，便身世上少一分。这些反思将传统的为学程序向"行"的目标推进了一步。

在形成了"四书"—"五经"新课程体系以及相应的教材之后，如何将课程和教材内容转变成为能够被学生接受、理解乃至践行的知识、

---

① 颜元.颜元集［M］.王星贤，等，点校.北京：中华书局，1987：624.

思想和规范，从理学家、心学家到实学思想家，他们分别展开了探索和实践，形成各具特色的教学思想和实践模式。

四、蒙学教材繁荣与蒙学课程体系形成

宋代以降，中国古代学校在课程与教材方面的又一重要收获，在于蒙学教材编纂臻于鼎盛，在此基础上，通过自然选择的过程，以一批出色的蒙学教材为基础，形成了中国传统学校的蒙学课程体系。蒙学教材的繁荣与蒙学课程体系的形成，成为中国传统教育中非常有特色的部分，反映了儿童青少年的教育问题日益受到关注和重视，有关教育和教学实施的研究也愈见丰富，产生了诸多有历史影响的成果。

（一）伦理本位兼及"童子之情"：蒙学教材繁荣

从宋代起，中国的蒙学教材进入繁荣时期，并延续至元明清，表现在以下方面。其一，蒙学教材大量涌现，层出不穷。中国蒙学教材的历史长达两千多年，宋元明清四个朝代仅占其中不到一半时间，而蒙学教材数量却占到教材总数的八九成。其二，蒙学教材的种类愈见丰富与多样，形成了比较完整的教材系列。如有识字教材、品德教材、知识教材、写作教材、习字教材等，还有性理教材、历算教材、医学教材、农务教材、绘画教材等。其三，蒙学教材的作者群体愈益壮大，尤其是为数不少的著名学者身体力行，编著了不少脍炙人口的优秀教材。如宋代有朱熹、吕祖谦、吕本中、王应麟等，元代有许衡、程端礼等，明代有吕得胜、吕坤、王守仁等，清代有陆世仪、张履祥、张伯行、陈宏谋、王筠等，留下诸多传世之作，极大地提升了蒙学教材的水平，扩大了蒙学教材的社会影响，对这一时期的小学教育产生了积极作用。其四，在蒙学教材编纂中可以明显地看到教育观念的变化，在继续坚持伦理本位的教育观念的同时，也开始关注儿童的身心特点，注意依据"童子之情"编纂教材，实施教育。其五，在蒙学教材数量极大增长的基础上，教材按教育需求出现功能性分化，形成承担不同教育功能的教材类型，这些不同类型的教材又根据需要，在实践中进行组合，形成教材体系，在长期而广泛的使用中为人们所普遍接受，形成课程体系，被认定为儿童启蒙和成长所必须接受的教育内容。其六，有关蒙学教育的研究逐渐受到重视，出现了一些代表性的研究著作。如宋饶鲁《程董二先生学则》、宋元之际许衡《小学大义》，元程端礼《程氏家塾读书分年日程》，明王守仁《训蒙大义示教读刘伯颂等》、吕坤《蒙养礼》与《社学要略》，清张伯行《小学辑说》、王筠《教童子法》、唐彪《父师善诱法》等，可以看成是对中国传统蒙学教育的一次总结。[①]

1. 识字习字教材

古人认为，儿童启蒙首先必须先认字，过了识字关，阅读就不成为问题，知识的获取就有了方便的工具。在识字的同时，也注重写字训练，逐步掌握书写的技能技巧，以为日后的书写和写作打下基础。唐宋以后，识字教材层出不穷，其中不乏流传广泛而久远的优秀之作，最具有代表性的是《百家姓》和《三字经》，它们还和《千字文》配合成一套以识字为主，兼有其他教育作用的综合性教材。

宋以后编撰的识字教材体现出一个趋势，即更明确地意识到识字

---

① 本部分有关蒙学教材问题的阐述，参考如下：徐梓、王雪梅编，山西教育出版社1991年版《蒙学便读》《蒙学歌诗》《蒙学须知》《蒙学要义》；徐梓著，湖北教育出版社1996年版《蒙学读物的历史透视》；王文宝主编，中国少年儿童出版社1997年版《中国儿童启蒙名著通览》；熊承涤著，人民教育出版社1996年版《中国古代学校教材研究》等。

教材的特殊性质和要求，在于帮助儿童掌握一定量的生字和词汇，以便之后的教育和学习能够顺利开展。如以"三百千"为例，一是注意到编入教材的生字和词汇都应当是比较常用的。二是注意到识字教材应当有一个适当的生字数量范围。《千字文》的单字量为一千字，《百家姓》是五百六十八字左右，《三字经》是一千一百字，去除重复的单字，三种教材中的生字量在一千四百字左右，这可以认为是当时人们认定的一个最起码的识字范围。三是教材中的字词呈现有一定的重复频率。《百家姓》和《三字经》的总字数分别为五百六十八字和一千一百四十字，出现重复的字数分别是一百六十多字和四百多字，重复率分别为 28% 和 35%。可见识字教材的编撰在进步。

上述教材是用作识字的，但编撰者在编纂识字教材时采用了以识字为主兼容诸多教育要素的综合性教材样式。因此，这些教材在帮助儿童掌握生字和词汇的同时，也传递了大量伦理道德、家庭关系、社会生活、自然名物、历史沿革等方面的知识，让儿童在识字过程中也获得知识，受到教育。所以，可以说这也是一些综合性教材。在编排形式上，这些教材也有可取之处，如句式多为三字句或四字句，有声有韵，易读可诵。

习字教材有多种，而最初步也较为著名的是以下这种："上大人，丘乙己。化三千，七十士。尔小生，八九子。佳作仁，可知礼也。"寥寥二十五个字，包含汉字的主要笔画和一些部首，便于对儿童进行基本的汉字笔画和结构训练。尤其值得注意的是，与识字教材一样，习字教材也编成了有含义的韵语。

2. 伦理道德教材

伦理道德教材占据蒙学读物的主体，体现了中国注重儿童道德品质教育的传统，强调"蒙以养正"的教育理念。此处所谓伦理道德教材，是指专门以思想政治、伦理道德教育为目的而编撰的蒙学教材。从内容上看，侧重于向儿童传递行为习惯、伦理规范、道德知识、价值观念以及待人接物之规、为人处世之道。从形式上说，种类繁多，大致包括儿歌韵语类、故事传记类、格言警句类、规诫教条类等。此外，还有专门为女子编撰的教材，可称之为女教类。此类教材中，有些还编得图文并茂，通过形象生动的方式，对教材文字作图解，所传递的信息常在文字之外。伦理道德教材的代表作有：袁采的《袁氏世范》，司马光的《家范》，朱熹的《小学》《童蒙须知》《训蒙诗》，吕本中的《童蒙训》，吕祖谦的《少仪外传》，程端蒙、程若庸的《性理字训》，真德秀的《教子斋规》，等等。

（1）儿歌韵语类

韵语是儿童启蒙教材编写中最为常见的体裁，成功的启蒙读物几乎都用韵语写就。在伦理道德教材中，韵语也十分常见。由于韵语教材有声有韵，读来顺口，听来悦耳，易诵易记，既受儿童喜爱，也就容易产生教育效果。

南宋陈淳所撰《小学诗礼》是此类教材的代表作。《小学诗礼》主要从《礼记》的《曲礼》《少仪》《内则》等篇中选出有关儿童礼仪规范的内容，编成五言韵文，每四句一则，共四十三则。分为事亲、事长、男女、杂仪四部分，内容具体、要求明确是其特点。如"事亲"，其九："立不敢中门，行不敢正道；坐不敢中席，居不敢主奥。"再如"男女"，其一："男正位乎外，女正位乎内。男女不相渎，天地之大义。"由于不少语句直接取自《礼记》，对儿童来说，不免艰深难懂之嫌。

清康熙时人李毓秀所撰《弟子规》是韵语类伦理道德教材的另一代表作，从清中叶起广泛传诵，不少地区的官府将其推崇为私塾和义学的童蒙必读教材。

（2）故事传记类

以故事为手段十分适合用于儿童少年的教育，这是由故事形式上的特点和儿童的认知特点决定的。历史上的童蒙教材如《蒙求》实际上是讲故事的，到了宋以后，故事教材的编写更为切近儿童的身心特点。

《日记故事》是故事传记类教材的代表作，也是以"故事"为名的蒙学教材中影响最大的一种。其编撰指导思想是通过讲述道德故事，首先使儿童懂得相应的道理，积久而成自然而然的道德品性。后人推断该教材的作者是杨亿。也有人以为出自元代虞韶。《日记故事》在历史上形成诸多版本。明万历年间陈眉公注释本只一卷，收入一百零五个故事，分为生智、勤学、爱亲、敦睦、交友、度量、家居、操守、谦让、尚义、施报、忠节、明断、德政共十四类。书中的故事多短小精悍，一二百字甚至只有数十字，却内容生动，有很强的故事性，因而能够做到脍炙人口，广为流传。其中十分著名的如曹冲称象、破瓮救人、灌水浮球等，都是经典的少儿故事。

朱熹与其弟子刘清之合编的《小学》也是此类教材中的经典之作。全书部头较大，共六卷，分内、外两篇。编者希望对他们所认可的传统道德作一次集中展示，既说道理，又树榜样，由此教育儿童。批评者认为全书过于庞大，且说理过分，内容嫌深。

（3）格言警句类

格言警句具有语句精辟、激人感悟、启人思考的作用，也是进行儿童教育比较有效的方式。这种语言形式本来在民间就有着广泛的传播，也被应用于儿童启蒙教材的编写，成为独具特色的教育材料。此类教材，其内容既有已在民间流传的现成语句，也有作者的创作，内容以教人如何为人处世为多。

作者佚名的《增广贤文》是此类教材中的代表作。其内容采录十分广泛，举凡道德礼仪、人情世故、世态风俗、风物典故、天文地理，几乎无所不包。作者编写用意十分明确，就是用昔时贤文告诫人们，让人多见多闻，以正守己，万无一失。全文围绕着人生和社会的主题展开，多角度阐发为人处世、修身齐家之道。在形式和体例方面形成特点，即采集古今有韵的格言、警句、谚语、佳句，甚至民间俚语、俗语、劝善语、诫勉语等，加以编排，语句参差，合辙押韵，可读可诵。如说与人相交："知己知彼，将心比心。酒逢知己饮，诗向会人吟。相识满天下，知心能几人？相逢好似初相识，到老终无怨恨心……"又如说家庭亲情："不求金玉重重贵，但愿儿孙个个贤。一日夫妻，百世姻缘。百世修来同船渡，千世修来共枕眠……"《增广贤文》通俗实在却又不失雅致，清末一度风靡全国。

明代吕得胜编的《小儿语》是另一种风格的格言警句类蒙学教材，无论内容还是形式，都对民间流传的育儿、教子童谣有明显借鉴，特点是吸收民间格言和谚语加以再创作，浅显直白，通俗而近质俚。全篇分为四言、六言和杂言，押韵，主要讲立身处世之道。如："儿小任情骄惯，大来负了亲心，费尽千辛万苦，分明养个仇人。"《小儿语》问世后备受推崇，无论俗雅都评价很高，世人将其体裁称为"小儿语体"。①吕得胜还作了《女小儿语》，又命其子吕坤作《续小儿语》，确实形成了风格独特的一类教材。

（4）规诫教条类

这是古代私塾教育中学规、学则一类教材。此类教材的特点是以规诫的形式，对儿童日常生活、学习以及交往中的应知、应会、应行、应为作出十分明确的规定。不重讲明道理，而重在提出要求。此类教材不追求声韵，只讲求清楚明白。

最为典型的规诫教条类教材是朱熹所编《童蒙须知》。全书从儿童习惯与品行的养成着眼，分《衣服冠履》《语言步趋》《洒扫涓洁》《读书写文字》《杂细事宜》五章，对儿童的生活起居、读书学习、礼貌举止、道德行为等方面都提出具体而明确的要求。如第一章《衣服冠履》

---

① 徐梓.蒙学读物的历史透视［M］.武汉：湖北教育出版社，1996：121-131.

中提出："大抵为人，先要身体端整。自冠巾衣服鞋袜，皆须收拾爱护。……凡脱衣服，必齐整折叠箱箧中，勿散乱顿放，则不为尘埃杂秽所污，仍易于寻取，不致散失。"所作规定细致入微，确实对儿童养成良好的生活和学习习惯有指导作用。因此一经成书便不胫而走。规诫教条类教材的出现，虽体现了当时人们对儿童教育认识的深化，但如此众多而细琐的规定似乎过于为难了幼小童子。

3. 历史知识教材

历史知识教材是传统启蒙教材中的又一个大类。在传统中国，无论是政治还是学术，历来重史。体现在学校课程和教学中，就是大量历史知识和历史经验的传授。专门的历史知识教材编写大致始于唐宋，盛于明清。历史知识类蒙学教材的编写普遍达到较高水平，体现在：形式多样，教材内容既有通史、断代史，又有古代史、近现代史；体裁多样，既有韵语体、咏史诗体，又有千字文体、蒙求体。[①]

《史学提要》是此类教材中比较重要的一种，只知道其作者黄继善是南宋时人。明初学者朱升将其与方逢辰《名物蒙求》、程端蒙和程若庸《性理字训》、陈栎《历代蒙求》合编为《小四书》，以示推崇。《史学提要》用四言韵语写成，共五卷，是一部通史性历史教材，记叙自天地未分到宋末的历史。其体例是以帝王世系为纵向线索，以历史人物与事迹作横向展开，形成了纵横交错的知识系统。作者持传统的正统史观，具有强烈的扬善贬恶、以史为鉴、昭告后世的意识，褒奖了诸多为国家、民族和人民不畏牺牲的模范人物，也批评了历史上那些无行、不德之人，成为传统历史类教材编写的一种范式。如卷一中的"鲁国"篇："鲁宅曲阜，成封周公；公留相周，伯禽就封。王德周公，礼乐是

① 徐梓.蒙学读物的历史透视［M］.武汉：湖北教育出版社，1996：158.

赐。夫子所叹，郊禘非礼。后十二世，平王东迁。周礼在鲁，春秋托焉……"又如卷三"隋"篇："隋文杨坚，为周后戚。奸臣矫命，侥幸窃国。九年灭陈，南北混一……"各个时期或朝代，随时间长短、内容多寡，有事则详、无事则略。一本书毕，一部中国历史即已了然于胸。《史学提要》奠定了此类教材的基础。

元代陈栎的《历代蒙求》是用蒙求体写就的历史知识类启蒙教材，也是一部通史性历史教材，采用蒙求体的四字韵文句式，以九百四十四字的篇幅，叙述从三皇五帝到元代初年的中国历史。在简单地追溯天地形成、人类起源后，历数华夏祖先对于民族文化的开创与建树，后世历代君王的作为与世代递变，论及每个朝代的开国与亡国之君及其间有所作为的君主。对各个历史朝代的大事、要事也都一一列举，并通过不同的措辞方式予以评价，有明确的褒贬，体现出正统历叟观和理学立场。如说："秦并六国，狼吞虎噬。谓兼三五，始称皇帝。尽扫良法，焚书坑儒。二世而亡，咸阳为墟。汉高勃兴，宽仁大度。诛秦蹙项，光启炎祚……"这本教材也具有文辞浅白、易读易诵、脉络清晰、有详有略等特点，被评价为能让孩童"知古今朝代之略"而流传甚广，并被明人朱升选入《小四书》，流行到清末。

宋代王令的《十七史蒙求》是另一种著名蒙求体启蒙教材。其所叙述历史的时间跨度是从《史记》到《新五代史》的范围。所讲典故为历史人物功德故事，如："宋璟第一，李广无双。燕许手笔，李杜文章……"堪称美妙诗文。

蒙求体教材尚有不少断代的。见于著录的有《左氏蒙求》《两汉蒙求》《三国蒙求》《晋蒙求》《南北史蒙求》《唐蒙求》《宋书蒙求》等，为数不少。

历史类启蒙教材有一些明显的共同特点，如坚持扬善惩恶的历史观，史实材料多取自正史，所展现的是帝王将相的历史，也弘扬了国家的统一、民族的发展，表彰了历代政治上建功立业、文化上开创贡献者，歌颂了进取、奋斗、献身、牺牲精神，对于形成中华民族的民族认同、家国情怀，发挥了重要作用。

4. 名物知识教材

蒙学教材还会涉及大量其他知识，如天文历法、河流山川、飞禽走兽、百工器物等，有的是生活所必备，也有的需要了解。于是，逐渐产生名物知识类教材。名物，是指事物及其名称。显然，前述教材以人事为对象，而此类教材则以事物为对象，其中包括凡百器物之名、自然常识、科技知识。

南宋方逢辰的《名物蒙求》是名物知识教材中最为著名的，这是同类教材中最早也是最好的一本。其书专释名物，涉及天文地理、山川城邑、花草树木、鸟兽虫鱼、节气时令、耕种制作、服饰舆马、日用器物、屋舍楼宇、家庭伦理等，可谓包举百科。但其不只是讲述百科知识，还予解说。如释云雨："云维何兴？以水之升。雨维何降？以云之蒸。"再如释山地："高平为原，窈深为谷。山脊曰冈，山足为麓。丘言其高，阿言其曲。"这样的解说方式自然明白，利于儿童掌握。正是由于教材的这些优点，《名物蒙求》问世后广受欢迎。明人朱升编《小四书》，列其书为第一，成为儿童知识启蒙的基础性读本。

宋代欧阳修为其儿女所编的带有自娱性质的《州名急就章》，既可以帮助孩童了解地名，也可以作为一部学习中国地理知识的教材。元末王祎也著有一组《急就章》，包括：《禹贡山川名急就章》，据《尚书·禹贡》九州区划、山川河流，释其名称，辨其方位；《诗草木鸟兽名急就章》，据《诗》中草木、鸟兽名称，考其古今异称，方言异名，传闻异说；《周官官名急就章》，据《周礼》中各种官职名称，述六官之属，位列崇卑，事别缓急。显然，也充分体现了知识教育意图。

名物知识教材中还有十分重要的一部分教材，主要承担了古代科学教育的职责，这些教材包括算学、天文学、医学等方面。相比较而言，这些教材可视为专门教材。如元代学者朱世杰编写的《算学启蒙》是十分著名的算学类代表性教材。教材共三卷，分为二十门二百五十九问，涉及基本的算学方法和实际运用。如上卷主要讲述加、减、乘、除等基本方法，中卷主要讲述算学方法在田亩面积丈量、仓囤体积测算、修建筑造测量等实际工程中的运用，下卷主要讲述盈不足、方程等方法和原理。每一方法或原理都通过具体的生产实例设问、作答，是以解决实际问题为导向的教材编写方式。如有关乘法的问题："今有粟二百一十六斗，每斗价钱二文，问：计钱几何？答曰：四百三十二文。"比较复杂或者有难度的问题，则在答案之后讲解原理。《算学启蒙》一度失传，清道光年间又从朝鲜引回，改名《新编算学启蒙》。还有像作者未详的《步天歌》是一种天文学读物，以七言韵语写成，包括"紫微垣""太微垣""天微垣"与"东方七宿""北方七宿""西方七宿""南方七宿"七部分；南宋学者周守忠编撰的《历代名医蒙求》则是蒙求体医学启蒙读物，上起伏羲、神农，下至宋当时名家，述说历史上悬壶济世、救死扶伤、治病救人事例。还有清代陈念祖所撰的《医学三字经》等。①

名物知识教材在传统蒙学教材中确实是非常独特的部分，由于它们的存在，中国传统蒙学教材在内容性质方面不至于显得偏失。但也必须看到，相比数量庞大的讲述做人道理的蒙学教材数量，这部分教材毕竟显得有些单薄。

5. 阅读写作教材

《程氏家塾读书分年日程》在论及八岁前儿童教育时，提到明理和

① 徐梓.蒙学读物的历史透视 ［M］.武汉：湖北教育出版社，1996：223-233.

演文两方面要求，明理有赖于阅读，演文则是写作训练。为了进行阅读和写作训练，宋代以来的学者编撰了不少教材。其中，阅读教材主要是诗歌类读物，写作教材主要是韵对类读物。

崔学古曾经指出，读诗的重要作用在于"立程"，即学习楷模，确立规范，所谓"记得古诗千百首，不会吟诗也会吟"。[①]学习举业，必须多读前辈范文佳作。[②]诗歌教材的编纂，用意就在于此。诗歌读物虽有创作的，但大多是选编前代诗作中适合儿童学习且在题材和体裁等方面具有代表性的作品汇集而成。这些作品往往已经成为名作，早已脍炙人口，因此，不少儿童诗歌读物也成为诗选中的佳作而流传广泛，甚至成为不世经典，如《千家诗》。最早的《千家诗》是南宋诗人刘克庄所编，按十四大门，分门别类地编集唐宋诗人作品，共二十二卷。但其篇幅毕竟过大，并不适宜儿童阅读。之后，人们据刘克庄之作编选儿童启蒙诗歌读物，其中影响最大的是由南宋谢枋得、明清间王相分两次编成的《千家诗》。现今所见的本子主要收入唐宋诗人作品，极少为明人所作，共二百二十七首，包括七言的律诗、绝句和五言的律诗、绝句。选入的诗作有一些显著特点，如：格调开朗、清新、明快，积极向上；十分通俗，容易为儿童诵读和理解；不少作品的主题切合儿童生活，可以说体现了儿童的视角；诗作本身都是精品佳作，可以吟咏，也经得起品味，而且堪为读者学习仿效。如排在第一、二首的七言绝句，程颢《春日偶成》："云淡风轻近午天，傍花随柳过前川。时人不识余心乐，将谓偷闲学少年。"朱熹《春日》："胜日寻芳泗水滨，无边光景一时新。等闲识得东风面，万紫千红总是春。"《千家诗》所选诗作及其编排结构，体现出编者明确的写作训练意图。以七言绝句为例，九十多首诗基本上

---

① 邵经邦.弘艺录［M］.潘超，点校.杭州：浙江古籍出版社，2019：8.

② 崔学古.幼训［M］//王晫，张潮，编纂.檀几丛书.上海：上海古籍出版社，1992：249.

按照春夏秋冬四季的主题选择并按顺序编排，而在每一季节中又选择了不同时节、不同场景、不同物象、不同情致的诗作。如在春的主题之下，选入的诗作主题有春日、春宵、早春、春夜、春雨、元日、上元、立春、春风、清明、社日、寒食、江南春、海棠、杏花、桃花、菜花、杨柳、莺啼、燕飞、黄鹂、春潮、春晴、春暮、落花、杨花、晚春、伤春、送春。显然，如果学习者熟练掌握这些描摹春天情景的七绝，当自己需要状景抒情的时候，怕是不会无从下手了。由于上述种种，《千家诗》成为儿童进学必读的教材，甚至可以与《三字经》《百家姓》《千字文》并称，有"三百千千"的提法。

以选编为主的诗歌教材中，比较成功的还有署名为蘅塘退士，实为清孙洙所编的《唐诗三百首》。

创作为主的诗歌教材中最具盛名的是署为北宋汪洙所作的《神童诗》，但其中也有不少出自名人或佚名的作品。这本收入三十四首五言绝句的儿童诗歌习作教材，内容分为两部分，一是劝学，二是四时节令与自然风光。劝学诗中有一些作品或句子十分著名，如："天子重英豪，文章教尔曹。万般皆下品，唯有读书高。""少小须勤学，文章可立身。满朝朱紫贵，尽是读书人。"既鼓励儿童少年发奋图强、积极进取，也传递了读书仕进、追求名利、出人头地的思想。有关四时风光的一些作品也有可称道处，如《春游》："柳色侵衣绿，桃花映酒红。长安游冶子，日日醉春风。"《神童诗》的特点很鲜明，内容浅显而又诗味浓郁，语言形象而又亲切感人，说理明确而又警醒实在，音韵谐和而又对仗工整，是为儿童学习诗歌所欢迎的教材，尤其受到更具有世俗观念的人们喜爱。

韵对类教材最可作为写作教材的代表。韵对类教材是明清蒙学进行属对教学的读物，属对是古人训练儿童写作能力的重要手段。属对，通常从单字对开始，逐步增加字数，由字到词，再由词到句，句再由短到长，组成两两相对的对仗句子。在这个过程中，儿童学习进而掌握了由字组词、由词联句、由句成篇的方法和技巧，同时逐步了解和掌握字性、词性、韵律、句式、语法、修辞等。属对的训练通常从一字对开始，然后在前后逐一加字而成对句，对句再加长而成对股或诗联，由此掌握以对仗为核心的写作能力。韵对类教材正是起到这样的训练作用。

最具代表性的韵对类教材主要是明人司守谦的《训蒙骈句》，清人李渔的《笠翁对韵》、车万育的《声律启蒙》等，又以李渔所编更有影响。这些教材有一些共同点，即从一字对开始，逐渐增加为二字对、三字对、五字对、七字对、十一字对；按照《佩文诗韵》的平声韵排列，每一韵都编成三篇韵对文字；每篇韵对文字都有文意，且讲究文采，有景、有情、有意境，堪称诗歌佳作；每篇韵对文字还注意用典，讲述了大量自然、社会知识和历史故事，事实上成为学习者练习作诗的大好素材。以李渔《笠翁对韵》上卷的"一东"韵第一篇为例："天对地，雨对风。大陆对长空。山花对海树，赤日对苍穹。雷隐隐，雾蒙蒙。日下对天中。风高秋月白，雨霁晚霞红。牛女二星河左右，参商两曜斗西东。十月塞边，飒飒寒霜惊戍旅；三冬江上，漫漫朔雪冷渔翁。"其本身就是道地的好诗，经得起诵读吟唱，也是属对的佳作范文。

6. 女学教材

在中国传统社会，女学教材是专门为妇女尤其是年龄幼少的女孩编纂的读物。姑且把这一类读物称为女学教材。从教材类型逻辑上说，女学教材似乎难以专门成为一类而与以上各类教材并列。但在中国传统社会，受"男尊女卑"观念的影响，女子未能拥有完全充分的教育权利，在教育目标上，男女儿童的定位存在差异。识字断文、知书达理是男孩的成长目标，而女孩的成长要求是尽职中馈、恪守妇道。因此可以说，上述各类蒙学教材几乎是男童专用，而为女童则专门编有一套训诫教材，以培养能够自觉遵守礼教的贤妻良母。

中国古代的女学教材起于汉代。先是西汉末刘向编有《列女传》，分主题以故事的形式褒扬孝女、贤妻、良母、节妇事迹及其精神。东汉时，班昭为教育自家女儿，专门编纂了《女诫》，从她所认为的也是当时社会已经初步形成共识的方面，提出妇女应当恪守的为妇之道，尤其是所谓"四德"。到唐代，有陈邈之妻郑氏仿《孝经》体例作《女孝经》，言明妇道；又有宋若莘仿《论语》体裁作、其妹宋若昭注的《女论语》，阐明"三从四德"之类女性伦理道德要求。由此，逐渐形成了启蒙教材中的特殊一类，成为一种教育传统。宋以后，随着理学教育思想中有关女子教育观念的普及，女学教材呈现兴盛状况。其中具有代表性的有明人吕得胜编的《女小儿语》、刘氏（王相之母）编的《女范捷录》、佚名编的《女儿经》以及经清人贺瑞麟订正版本和改良的《女儿经》等。

总体上看，多种女学启蒙读物有着大同小异的口吻，说着大同小异的女儿规训，其中，对女子的"三从四德"要求说得十分通俗、明白、坚定的是《女儿经》和《女小儿语》。《女儿经》大致作于明万历年间，而以清同治年间贺瑞麟订正和改良的《女儿经》较为著名。《女儿经》包括"大纲""细目""合总""广义"四部分。"大纲"提出对妇道的四方面要求，即："第一件，习女德；第二件，修女容；第三件，谨女言；第四件，勤女工。"改良的《女儿经》主要用《三字经》体写就，所表达的意旨大同小异。

吕得胜的《女小儿语》以通俗得近乎俚鄙的话语写就，乡土气息十足，书中所说的道理与其他女学教材大同小异，只是口气更似教训，更加坚决，甚至带有几分严厉，如同数落人般地将对女孩的要求一一道出："少年妇女，最要勤谨，比人先起，比人后寝。争着做活，让着吃饭，身懒口馋，惹人下贱……"

相比较而言，王相之母刘氏所编的《女范捷录》显得更开明一些，文化气息更为浓厚，也更有文采。全书共十一篇，也宣扬纲常名教等一般女教道理，还引用了历代的节妇、孝女、贤妻、良母典范予以论证。然而，其独特之处在于：

其一，书中不是仅仅教训妇女，而是将女子教育作为整个教育的组成部分来认识，既讲女子教育，也讲男子教育，与其他女学教材比较，立意不同。

其二，认为女子未必不如男子，不认为"女子无才便是德"。如《智慧》篇说"有智妇人，胜于男子"，并列举出历史上有"远大之谋"，可称之为"笄帷之杰"的女子。《才德》篇说："男子有德便是才，斯言犹可；女子无才便是德，此语殊非。"不能说女子只能有德，也不能只教训女子。

其三，教材的文体有别于诸多流行体裁，用更为雅致的骈体文写就。

显然，这是一部面貌和思想都不同寻常的女学教材，给传统女学教材涂上了一抹亮色。《女范捷录》后由作者之子王相作注，并收入《女四书》。

（二）由教材而课程：蒙学课程体系形成

宋明理学家十分注重教育，又强调"蒙以养正"，推动这一时期的教育有一定程度的普及，儿童的启蒙教育普遍受到重视，不少著名学者多投入其中，或为之编写教材，或研究课程教学之道，启蒙教育水平有很大提高。相关的课程教学也取得长足发展。

著名的蒙学读物《三字经》中有一段文字，大致描绘出宋以后儿童启蒙教育过程中开设的课程："凡训蒙，须讲究。详训诂，明句读。

为学者，必有初。《小学》终，至'四书'。《论语》者，二十篇，群弟子，记善言；《孟子》者，七篇止，讲道德，说仁义；作《中庸》，子思笔，中不偏，庸不易；作《大学》，乃曾子，自修齐，至平治。《孝经》通，'四书'熟，如'六经'，始可读。"《三字经》接着列举了读"六经"，之后读子，然后读史。可以把《三字经》这段文字看成童子自入私塾至有能力应科举考试的一套课程方案。在这套方案里，启蒙教育阶段大致从《小学》到"《孝经》通，'四书'熟"，所经历的课程包括《小学》—"四书"—《孝经》。这样的课程方案与《程氏家塾读书分年日程》的设计基本相符。然而，无论是《程氏家塾读书分年日程》还是《三字经》，对于蒙学更基础的阶段，即如何实施初步的道德行为习惯训练和基本的文化知识教育，都语焉不详。然而在明清时期，私塾教育在启蒙阶段就已经形成一套课程方案，较之《三字经》和《程氏家塾读书分年日程》更为具体而明确。清代学者梁绍壬在《两般秋雨盦随笔》卷四中，引郭臣尧《捧腹集》中的一首诗《村学诗》，诗曰："一阵乌鸦噪晚风，诸生齐逞好喉咙。赵钱孙李周吴郑，天地玄黄宇宙洪。《千字文》完翻《鉴略》，《百家姓》毕理《神童》。就中有个超群者，一日三行读《大》《中》。"这首打油风的七律诗，倒是大致提供了一份蒙学课程表，所开设的课程及其次序约略为：识字和初步的文化知识启蒙——《千字文》《百家姓》；包含历史知识和诗歌在内的阅读训练——《历朝鉴略》《神童诗》；"四书"等初步的经学教育——禀赋出色的童子率先开读《大学》《中庸》等。这份课程方案与上述《三字经》和《程氏家塾读书分年日程》存在联系，也可以看出有所发展，即启蒙阶段的课程内容更为详尽。

由于理学家的倡导和朱熹的持久影响，由经典蒙学教材组成的蒙学课程，尤其凸显了启蒙教育中的伦理道德意图，强调自小对儿童进行切实的道德行为规范教育，也即所谓打好"幼学"基础。清人陈介祺所撰

《潍县陈氏授蒙浅语》中，记叙了陈氏家塾中童蒙教育的日常情形。关于家塾课程是这样规定的："《三字经》可读。(《千字文》《百家姓》可不读)《小学》必须读。……读'四书'，先读大字。《大学》《中庸》序尤不可不读。次读《诗》《书》《易》《春秋》《孝经》。大字毕，读'四书'朱注。再读《诗集传》《周易启蒙本义》，俱全读。读《仪礼》《周礼》《礼记》《左传》，全读勿删。其《公羊》《穀梁传》《国语》《国策》，则以余力及之。"之后是读文(《史》《汉》文佳者，韩文及欧柳苏文，时文)、读诗(楚辞，陶韩李杜诗佳者，试帖诗)、读赋(汉魏六朝为本，唐人赋)。这份家塾课程计划与《程氏家塾读书分年日程》大致相同，包罗从启蒙到习得举业的完整过程，也是一份以朱熹教育精神为宗旨的课程方案。所不同的是：其一，对朱熹的学说推崇更甚，如强调朱熹的《小学》"必须读"，强调朱熹的《诗集传》《周易启蒙本义》"俱全读"；其二，明确将试帖诗、帖括等应试读物列入课程计划，科举考试的目标更加凸显。说明从元代到清后期，中国传统的蒙学教育变化实在不大，而流弊则愈加显著。

上述郭臣尧《村学诗》中提到了多种蒙学教材，这些读物是蒙学课程的载体。蒙学读物从宋代起有一个大发展，数量剧增。我们考察留存至今的蒙学教材发现，这些教材不仅丰富，还有一定的类别，形成一定的体系。教材是为课程实施服务的，由此推断，至迟在明清时期，蒙学课程已形成比较完整的体系。这一历史时期的蒙学课程大致包括识字、写字、背书、作对、常识和行为习惯训练。与这些课程相配合的则有成系列的专门教材。如以识字为主的教材有《三字经》《百家姓》《千字文》等，写字教材有南朝僧人智永楷字、元赵孟頫楷字等，阅读教材有《千家诗》《蒙求》等，作对及初步的写作教材有《笠翁对韵》《声律启蒙》等，常识教材有《名物蒙求》等，行为习惯训练的教材有《童蒙须知》《童蒙训》等。这些蒙学教材对启蒙教育课程体系的形成起了重要作用。

考察历史上蒙学教材与蒙学课程之间的关系，往往是先有教材，教材中的一些出色作品广泛流传后，得到人们的高度认同，成为适合某种教育和训练需要的课程材料而被固定下来，事实上成为某方面课程或课程的组成部分。如《千字文》最初只是编给皇族子弟识字启蒙用，因其兼顾识字教育、知识教育和思想品德教育的综合性特点，加之工整规范的形式、优美典雅的文字，成为被普遍使用的识字启蒙的代表性教材，事实上成为一门启蒙课程。直到《千字文》与《百家姓》《三字经》组合在一起，更加可以说是成为一门以识字为主，兼有初步的文化知识教育和品德行为训练的课程了。这三种教材产生的时间前后相差六七百年，是后人将它们组合在一起，形成了课程，专门用于儿童识字启蒙。由此可以看到中国古代蒙学教材与蒙学课程关系的一个等有现象，即蒙学课程往往由蒙学教材转化而来，一如原来作为教材的《论语》《孟子》《大学》《中庸》后来也被筛选为新经学课程。这是中国传统教育中课程形成的特有现象，表现出与近现代课程与教材关系的不同特征。

及至清末，可能是因了西方近代教育的影响，一些西方学校制度的要素开始渗透到中国传统蒙学教育中，使得传统蒙学课程带上了一些新特征。清末陈惟彦所撰《幼学分年课程》就是如此。这份课程方案直接使用"课程"一词，尤其是突出强调了"分年"概念。

《幼学分年课程》制定的课程方案为："课分三级，以年为限。"六岁入塾至八岁，为第一级。首识字，次读韵语书，次习心算、记数、加减法。九岁至十一岁，为第二级。首习洒扫应对进退之节、孝悌谨信亲爱之道，次读经史、舆地简本、习字，次学造语，次习珠算、笔算、加减乘除、开方、比例诸法，次识天地、名物浅理。十二岁至十六岁，为第三级。首读经（当见大义，不徒背诵），次习文（先作论，再习帖括），次习外国语言文字，次习图绘（先中国地图而及外国地图），次讲格致浅理（为声光化电门径），次讲医学浅理，次习体操。

各级课程配有应读书目。

这个课程方案已经完全不同于传统蒙学课程方案，表现在：

其一，有了年段的概念，这是一个包含小学和中学阶段的两年、三年、四年的三段式课程方案。

其二，中西合璧，这是一个糅合了中国传统读经教育与西方近代知识教育的课程方案。

其三，在六至八岁的第一级，似未强调洒扫应对一类行为习惯的教育，而将其延后到第二级来实施，似乎减缓了对幼小儿童的灌输，体现了某种新教育观念的影响。

其四，体现了对新知识、新风尚的提倡。如，在第一级开列的应读书目中，除了《三字经》《小学韵语》外，还开列出当时新出现的传统形式的新知识教材，如《天文歌略》《地学歌略》等知识性、趣味性的童蒙教材。

其五，引进和使用了大量西方教科书，尤其是自然、社会、历史学科的教科书，表现出传统小学教育阶段在课程设置方面的变化。

（三）构建识字启蒙与读经课程的衔接

宋以后的中国传统学校教育中有一个独特现象，即小学阶段的儿童通常在经过识字启蒙的教育环节之后，即进入学习"四书"的环节。如《三字经》中所说："为学者，必有初。《小学》终，至'四书'。"程端礼《程氏家塾读书分年日程》可视为中国古代后期最具有代表性的学塾课程大纲，其中规定，儿童八岁入小学，在学习掌握《性理字训》《小学》等启蒙教材的基础上，即进入学习"四书"的过程："《小学》书毕，次读《大学》经传正文，次读《论语》经传正文，次读《孟子》经传正文，次读《中庸》经传正文……"这就是识字启蒙过后就读"四书"的小学课程设计，在宋以后的私塾教育中十分普遍。南宋陆游《秋日郊居》诗之三云："儿童冬学闹比邻，据案愚儒却自珍。授罢村书闭门睡，终年不着面看人。"陆游在诗下注曰："农家十月乃遣子弟入学，谓之冬学。所读《杂字》《百家姓》之类，谓之村书。"[1] 明末清初颜元曾删补《三字经》并改名为《三字书》，"或于端蒙之功少有助乎？"[2] 这也就意味着，儿童在读毕"三百千"后，掌握了一定数量的单字，即进入习读"四书"的环节。"三百千"是童蒙读物，"四书"是中国传统文化的核心典籍，两者的性质和内容程度差异似乎很大。一个刚过识字启蒙关的儿童具备读"四书"的条件了吗？

我们首先尝试从识字量入手，统计"三百千"和"四书"各种书的用字量、字种数以及"三百千"的总字种数，并进行比对，[3] 得出结果如下：

《三字经》的用字量为 1 140 字次，字种数为 540 个；《百家姓》的用字量为 568 字次，字种数为 501 个；《千字文》的用字量为 1 000 字次，字种数为 997 个。"三百千"总用字量为 2 708 字次，除去"三百千"三种书的字种重复数，得到总字种数为 1 485 个。1 485 字就是"三百千"的识字量，也可以理解是"三百千"划定的启蒙识字的基本范围。也就是说，学完"三百千"，学生掌握的识字量约为 1 500 字。

再对朱熹《四书章句集注》（包括朱熹所撰《大学章句》《中庸章句》的序及标题，《论语集注》《孟子集注》的序说及《读论语孟子法》，

---

① 钱仲联.剑南诗稿校注［M］.上海：上海古籍出版社，1985：1783.

② 颜元.删补三字书序［M］//颜元集.王星贤，等，点校.北京：中华书局，1987：401.

③ 本研究使用 ROST Content Mining 进行比对。"四书"对比依据的版本为中华书局 1983 年版《四书章句集注》；"三百千"分别依据：岳麓书社 1986 年版《三字经注解备要》（宋王应麟撰，清贺兴思注），台北三民书局 2005 年版《新译百家姓》（马自毅、顾宏义注译），中国书店 1991 年版《千字文释义》（南朝梁周兴嗣撰，清汪啸尹纂集）。所依据的上述古籍均为繁体字本，是考虑到古代的文字环境。

不计注释文字）进行统计：《大学》用字量为 3 015 字次，字种数为 618 个；《论语》用字量为 17 286 字次，字种数为 1 443 个；《孟子》用字量为 36 452 字次，字种数为 1 952 个；《中庸》用字量为 5 149 字次，字种数为 814 个。这就是"四书"各书的用字量和字种数。那么，既然学完"三百千"所掌握的识字量是 1 485 字，掌握了 1 485 字的儿童进而去读"四书"中的每一种书，他们在文字的识读方面会不会遇到障碍？会遇到怎样的障碍？关键在于已识得的 1 485 字与"四书"各书中字种数的重合度。

我们用"三百千"的总字种数 1 485 字分别与《大学》《论语》《孟子》《中庸》的字种数进行比对，得到两两之间的重合字种数和重合率（见表 3−3）。

表 3−3 "四书"各书字种数与"三百千"总字种数的重合情况

书名	字种数（个）	与"三百千"总字种数的重合数（个）	重合率
《大学》	618	451	72.98%
《论语》	1 443	825	57.17%
《孟子》	1 952	1 016	52.05%
《中庸》	814	569	69.90%

从表 3−3 可以看出，"四书"各书与"三百千"字种数的重合率都超过 50%，《大学》达到 72.98%。在既定的"四书"学习顺序中，《大学》放在第一就成为一个关键。也就是说，在古代私塾教育中，读毕"三百千"就已经掌握了《大学》生字量的约 3/4，应当能够基本胜任阅读《大学》，并可以从读《大学》开始，在阅读《大学》的过程中进一步增加识字量，为学习《论语》创造条件，又如此依次学习《孟子》《中庸》。就这样，由易到难顺序学习"四书"。在这里，我们是假设儿

童的启蒙教育只是读"三百千"，而实际情况很可能是除了"三百千"，儿童还读其他蒙学读物，如主要进行行为习惯和思想品德教育的《童蒙须知》《小学》，主要进行知识教育的《蒙求》等，这些阅读学习也在增加识字量。易言之，读毕"三百千"的孩童，他们的识字量很可能多于"三百千"的 1 485 字。由此也可以说，读毕"三百千"算是初步过了识字关，之后在学习"四书"的过程中继续扩大识字量；如果说读"三百千"主要还是以相对集中识字的方式识字的话，之后则主要是在阅读中以随文识字的方式扩大识字量。所以说，儿童凭借读毕"三百千"后的识字量，便基本上有能力克服文字障碍，习读"四书"了。

上述比对结果还提供了一个十分重要的信息，即"四书"各书字种数与"三百千"字种数的重合率，《大学》最高，《中庸》其次，之后依次为《论语》《孟子》。这大体上支持了历史上理学家对"四书"学习顺序的设计，即《大学》—《论语》—《孟子》—《中庸》。《中庸》阅读上的文字障碍虽然比《论语》《孟子》小，但由于其内涵玄奥，理解上的障碍会更大一些。所以，从识字量结合阅读难易程度的考虑，对《大学》《论语》《孟子》《中庸》学习顺序的排定依旧是合理的。

上述研究似乎可以说明，如果不论儿童是否能够读懂"四书"，只从识字量的角度看，儿童读完"三百千"接着读"四书"中的《论语》，文字上的障碍应不是太大问题。加上《三字经》《千字文》中已经出现不少"四书"的信息，这就更利于儿童读"四书"了。更何况，如果按照《程氏家塾读书分年日程》的设计，儿童读"四书""五经"有两轮，即初步的和重复的，两轮的要求不同。第一轮次偏重要求文字上的掌握，第二轮次才偏重要求意义上的领会，实际上就降低了第一轮次读经的要求。所以，识字启蒙之后随即进入读经（"四书""五经"）阶段，不能排除是古人设计的衔接安排，至少可以说是出于经验的考虑。这里并非认为儿童在识字完成后随即读"四书""五经"的课程安排是合理的，只是指出古人在课程设计方面的精心考虑这一事实。说明这一事实，也可以为当今方兴未艾的儿童读经提供一个历史的参照。①

（四）林林总总的教童子法

与蒙学教材编纂的繁荣、蒙学课程的体系化相应，有关蒙学教育的研究也逐渐形成热点。《周易》云："蒙以养正，圣功也。"训蒙养正的课题一直为众多学者所关注，从北宋开始，朱熹、程端礼、王守仁、王筠、吕坤、陈宏谋等一大批学者致力于编纂教育儿童的书籍和研究教学法，将传统的儿童教育推向了新的高度。

朱熹将八至十五岁列为小学教育阶段，注重培养圣贤坯璞，他认为如果儿童时期没有打好基础，那么长大以后就会做出违背伦常之事。他编纂了《小学》一书，辑录古圣先贤的言行，分为六卷，内篇有四：《立教》《明伦》《敬身》《稽首》；外篇有二：《嘉言》《善行》。朱熹认为洒扫应对进退之节，爱亲敬长隆师亲友之道，都是修齐治平的根本，必须童年时就开始学习，长大以后才能熟练运用。他将《列女传》《礼记》《论语》《孟子》《中庸》中的一些记载分类总结，培养儿童言行礼仪，成为封建社会后期颇具影响的蒙学教材。此外，朱熹还编写了《童蒙须知》，按照儒家伦理要求，对于儿童日常生活中的衣服冠履、说话走路、洒扫清洁、读书写字等都作了具体规定，对规范儿童良好的行为习惯意义重大，也成为宋代以后最重要的童蒙读物之一。朱熹编纂蒙学教材的

---

① 有关古代儿童识字启蒙教育完成后随即进入习读"四书""五经"的读经阶段问题，可参阅：杜成宪，阴崔雪，孙鹏鹏. 童子凭什么读"四书"？——古代《小学》终，至'四书'"的课程设计探由［J］. 全球教育展望，2018（10）：77-89.

与众不同之处在于，其中体现出他对儿童教育乃至整个教育的深刻认识。朱熹堪称儿童教育家，这也是其所编教材能够流传持久广泛的重要原因。

王守仁对儿童教育也有独特的见解。在《训蒙大义示教读刘伯颂等》一文中，王守仁提出了适应儿童性情的教学法。王守仁认为教育儿童应该以孝悌忠信礼义廉耻为专务，培养方法是"诱之歌诗以发其志意，导之习礼以肃其威仪，讽之读书以开其知觉"。[①] 从童子的性情来说，喜欢嬉戏游玩，害怕被拘束，就像草木刚开始萌芽的时候，让它舒畅就长得好，将其捆缚就容易死亡。教育童子，给他鼓舞，心中欢喜，就容易进步。春风时雨能够让花草树木生机盎然，冰寒雪霜则容易让它们枯萎萧索。对于儿童，"诱之歌诗"能够激发他们的意志，使情感得到宣泄，消除内心的烦闷；"导之习礼"能够让儿童养成威严的仪表，动荡他们的血脉，养成健康的身体；"讽之读书"不仅能够让儿童学到知识，也能够让他们养成良好的道德观念。教育儿童如果只是督促他们句读课仿，为科举考试做准备，那么儿童就会视老师为仇人，视学校为监狱，自然达不到好的教学效果。王守仁还认为教育儿童要"随人分限所及"，每个人每个年龄阶段的情况不同，所以要量力而行，教书贵在精熟，而不在多，把超出儿童能力的知识教给儿童，就像把一桶水浇到一棵幼苗上一样，有害无益。这些主张闪烁着自然主义和人本主义的光辉，是传统教童子法的精华。在儿童教育的问题上，王守仁与朱熹的不同之处在于，他更多地从儿童的立场出发思考儿童教育，提出教育对策和措施，他主张要减少对儿童的人为干预乃至束缚，代表了中国传统儿童教育思想和实践走向近代的趋势，应当

---

① 王阳明.王阳明全集（新编本）[M].吴光，钱明，董平，姚延福，编校.杭州：浙江古籍出版社，2010：95.

引起更多重视。

吕坤是明代思想家、教育家，与沈鲤、郭正域合称万历年间"三大贤"，主要作品有《呻吟语》《实政录》等。他在父亲吕得胜《小儿语》的基础上写成《续小儿语》，并针对女子教育，写成《女小儿语》《闺范》等书。《小儿语》和《续小儿语》都采用四言、六言和杂言的形式，结合一些民歌，编纂一些儿童的言行礼仪，并讲授一些成人的生活经验，比如"要成好人，须寻好友""与人讲话，看人面色"等。吕坤注重父母的言传身教，主张父母要成为儿童的榜样。家庭中不要责罚孩子，要注意方法，"对众不责，愧悔不责，暮夜不责，正饮食不责，正欢庆不责，正悲忧不责，疾病不责"等。在读书方法、生活习惯上，教育儿童勤勉，平明道学，背完书，读新书。吃完饭出门放松一两刻再回来学习。学习过程中要学会爱干净，砚无积垢，笔无宿墨。吕坤还重视女子的年少教育，对于女德、女言、女容、女工等都进行了论述。比如要注重勤勉，孝顺公婆，照顾孩子用心，周济亲戚热情等；说话要小心低声，不要搬弄是非；容貌要清秀淡雅，衣服整齐；为人要温柔方正，勤俭孝慈。这些理念将封建时期的纲常理论和女德教育融入其中，对于促进女子文化水平和道德教化有一定的积极作用，但其中也有一些贞洁烈女方面的封建糟粕。吕坤缺乏像朱熹、王守仁那样深刻而博大的教育思想，这使他难以从教育的整体出发去思考儿童教育问题。他的优势在于其儿童教育手段、方法、措施方面的丰富经验，以及其父吕得胜留下的儿童教育传统基础。他对儿童教育的未来趋势未必有像朱熹、王守仁那样的把握，但他在探索儿童教育的实效性方面作出了毫不逊色于当时教育家的重要贡献。

王筠是清代的文学家和教育家，他精通文字学，尤其长于《说文》，为清代《说文》四大家之一。在童蒙教育方面，他的《文字蒙求》《教童子法》影响较大。王筠认为，蒙养之时，识字为先，不必急于读书。

识字教育是读书的基础，经史诗文都是积字成句，积句成章，所以必须先过识字关才能读书。学习了汉字以后，学习一批，就用课文进行巩固，然后循序渐进。他认为儿童识二千字就能读书，所以编写《文字蒙求》，共两千零五十字。当时流行的《三字经》《百家姓》《千字文》去掉重复字也就一千四五百字，印证了王筠识字教育的合理性。王筠还注意顺应学生的天性，发挥学生的主动性，提出"学生是人，不是猪狗"的观点。[①] 通过一种"寻乐"的愉快教育，根据每个人的特点，让学生主动学习。学习过程中，识字时专心识字，读经时专心读经。根据儿童才气高下确定相应的教学时间和教学内容。遇到愚顽的学生，要合适地诱导。教师要提出问题，促使学生积极思考。教师还要多鼓励学生，通过逐字讲解让学生彻底明白，让思想进入儿童之耳，真正理解。王筠还认为学字不能太早，小儿手小骨弱，过早学习容易造成近视，七八岁开始最好。小儿学习，必须有一定的空闲。小孩子注意大集中的时间短，必须通过诗文故事进行调节，教学过程要多采用故事。教育儿童就像植树，有才华的要培养成栋梁，没有才华的也可以做成桌凳，都有一定的用处，不能人为地把儿童定性为废材、弃材，而是要仔细培育。这些观点都显示出他对儿童心理和教学过程的准确把握。

朱熹、王守仁作为时代教育发展的代表，所提出和阐述的儿童教育主张往往振聋发聩，具有启人智慧、开人眼界之效。吕坤作为深入耕耘在教子育儿园地的践行者代表，所提供的教材和经验为庶民俗众提供了可坐而诵、起而行的教告。而王筠的独树一帜在于他对如何将理念落实、如何令教材见效、如何使童子好学的研究和阐发。他的《教童子法》将历史上为童子编纂的教材、开列的课程、提倡的理念，以更为合理有效的方式落实在童子身上，收获他们成长的成果。

---

① 耿红卫.王筠作品中的教育思想［M］.太原：山西人民出版社，2018：54.

陈宏谋是清代中期著名的政治人物，也是一位儿童教育大家。他在雍正元年（1723年）获得进士，先后任各省巡抚、总督，后任吏部尚书、工部尚书、东阁大学士等，主要编纂《五种遗规》，包括《养正遗规》《教女遗规》《训俗遗规》《从政遗规》《在官法戒录》。陈宏谋选取朱熹、真德秀、陈淳、吕坤、程端礼、王守仁、张履祥等历史名人关于蒙养教育的内容编成《养正遗规》，并进行解读。陈宏谋认为，人生在世，事亲、读书、课子最为重要，最为难得。他主张"学莫先于立志"，立志并不是争取科举功名，而是学习孝悌忠信。他还提出重视胎教，注重幼儿教育，认为"教术之端自闾巷始，人材之成自儿童始"。他提出教儿童比教成人更重要，所有儿童，不拘门第，都应该接受教育。儿童读书务在明理而不必人人考取科举。儿童教育中洒扫应对、读书写字、生活劳动都要接受教育，做到全面发展。陈宏谋系统地总结了我国古代关于儿童教育的经验，并编辑成册，对于清代儿童教育影响较大。作为儿童教育人物，陈宏谋的独特性在于从人生成长的全过程、社会生活的全方位出发，为儿童乃至社会男女提供告诫。他编纂的《五种遗规》几乎都成为经典，可以想见其针对性之强。而《养正遗规》能在洋洋大观的童蒙教材中占得一席之地，也可见其所具有的不可替代的教育价值。

五、传统学校课程的新趋向

　　从宋代起，中国传统学校课程出现了诸多新变化，如构建了新的经学课程体系，形成了比较完整的蒙学课程体系，构建了儿童从识字启蒙到读经的衔接等。但所有这些历史上的课程发展，依然是在既成的经学教育轨道上进行的。而在这一时期，也出现了一些与之不甚一致甚至相背离的课程探索。

（一）是"课程"还是"课"程？

程端礼所著《程氏家塾读书分年日程》确实是一份包含广泛知识学问且颇有成效的课程方案，它对中国传统社会后期主流学校教育的实施影响很大。但是这份课程方案中的有些设计，也给后世教育带来诸多难称正面的影响。考察该日程的设计，贯穿始终的是理学思想，整体设计体现出清晰的阶梯性，学业的最高阶段是"专力"学习作文，而作文的高级阶段是"作科举文字"。不能说该日程的目标完全是志在功名利禄，但这样的设计显然是以应科举的能力作为课程的最终目标。这就自然会将课程理解成"考程"，即无论是课程的目标，还是课程内容的安排、进度的督促、结果的评价，都事实上以考试为准，又以科举考试的精神为准，因此可称之为以考试为导向的课程。将"课"作课试理解，这样的学校课程似又可以称为"课"程，也即"考程"。客观地说，该日程也是科举考试制度逐渐固化而对学校教育产生严重影响的产物（事实上，更早的时候，在未曾有科举考试时，《学记》阐述的"比年入学，中年考校"的设计，已体现出"课"程即"考程"的思想，即以考试来安排、引导、规范和评价课程的实施），而该日程出现后又推波助澜地扩大了应试导向的教育影响，这是毫无疑问的。

明清时期，在官私学校的教育中，课程实际上成为考程是十分普遍的现象。这既是科举考试制度制约学校教育的重要表征，也体现了重学的中国传统教育的固有特征。《清史稿·选举志一》记载国子监"祭酒、司业月望轮课'四书'文一、诗一，曰大课。祭酒季考，司业月课，皆用'四书''五经'文，并诏、诰、表、策论、判。月朔，博士厅课经文、经解及策论"，或赴两厢质问。从中可以看出清代国子监课程的大致情况，即课程依据科举考试科目的内容而定，科举考试考什么，学校就学什么；连学习和考试科目的先后关系也与科举考试一致（科举考试三场顺序为"四书"文、诗赋、策论），所以以"四书"文、诗为"大课"；以月课（考）、季课（考）督促学业，国子监祭酒和司业、博士等学官的职责主要在于课试。地方府、州、县学的情形更为严重，这些学校里进行的活动，只是为了督促生员学业而举行的岁试、科试一类的定期考试，地方官学事实上已经丧失学校职能。明清时期，中央和地方官学纳入科举制度体系，成为考试的预备场所。

官学如此，书院也未能脱出这一窠臼。明清时期，大量以考课为业的书院，其课程当然就是考程。如北京昌平的燕平书院几乎成了一所类似县学的书院，清道光二十四年（1844 年）章程规定："每月课期二次，初三日为官课，十八日为斋课。"分别由道州长官和书院山长主持。这是日常性学业考试。而每年初"开课"，则是甄别性考试，根据考试成绩定为正课、副课、外课，作为享受有等级的膏火钱的依据。其章程并未有有关书院办学宗旨、品格修养、课程内容、学习方法之类阐述，而对"课"（考试）及其相应待遇的规定则极尽其详。[①]办在杭州以学术为追求的著名书院诂经精舍也具有典型性。不少书院制订的章程和规约往往会规定一些管理方面的内容，而光绪年间制订的诂经精舍规约，全篇阐述的都是教育问题而不涉院务管理，分为"课程""学要""申戒""考校"，可以说是一份典型的培养方案。其中，"课程"规定为读经、读史、读群书、写小篆四个系列，"学要"阐述治学方法，"申戒"阐述品行规诫，"考校"规定考试与检查。在"考校"部分，首先阐述考试目的："稽其敏怠，设为劝惩。所以知至学之难易，而知其美恶也。"即了解学生学习态度，以作激励或警示；了解学生学习的困难与顺利之处，把握其资质的高下。考试又分为两种："综核"与"分

---

① 雷致亨.燕平书院章程［M］//邓洪波，主编.中国书院学规集成：第一卷.上海：中西书局，2011：5.

课"。前者从勤惰和得失两方面考核学生的"课程日记及所句读、评校、抄录、著述"；后者是日常性的"日省月试"，课经史、词章。如有准备应举业者听其所愿，但应端正认识，告诫学生即使是制艺文章，也是代圣人立言，足以看出人的学养，必须"取法先正"，端正态度和方法，去除庸滥。① 诂经精舍不排斥举业，但要求即使是从事举业也应建立在把握圣人学说的基础之上，而不能只以追逐利禄为务。这是它与当时众多书院的不同之处。但诂经精舍仍然是体现"课"程特点的书院，主要采用"课"的方式来促使学生完成书院设计的课程。当然，诂经精舍的理念、内容、方法是其他书院不可同日而语的。

尤其体现"课"程特点的还有"闱墨"，当时已经是冠冕堂皇、招摇过市的应试教材。"闱墨"是指明清时期乡、会试考官选编的中式者文字，多刻印成书，以为范文。应试读物并非明清时期首创，而像明清时期这样堂而皇之地传于士庶、授于学塾、售于坊间，却是前无古人的。应试教材的大行其道，从一个侧面表现了科举考试制约学校教育，即"课"程制约课程的事实。

八股文应试读本大约最早出现在明成化年间。明人郎瑛《七修类稿》说："成化以前，世无刊本时文。"杭州通判沈澄刊行《京华日抄》一册，"甚获重利"。之后，为各省所效法。时文读本大量流行于市起于弘治年间。正德、嘉靖、万历间的一百多年是明代出版业的繁荣时期，也是应试读物的鼎盛时期。清承明制，应试读物依旧十分流行。尽管清廷禁令甚严，而坊间八股读本往往屡禁难止，时文选本汗牛充栋。

有学者依据性质，将八股文应试读本分为选本与稿本两大类。选本

---

① 瞿鸿禨. 申订诂经精舍规约［M］// 邓洪波，主编. 中国书院学规集成：第一卷. 上海：中西书局，2011：312-315.

文非一家，类似于总集，编选者的用意在于广为推行；稿本文仅一人，类似于别集，多是作者自行选编修订。又由于读物的作者、选者不同，可以分为四种类别：程墨，为乡、会试主考官的拟作及挑选中式者之作；房稿，为房考官（阅卷官）挑选的各房进士之作；行卷，为举人本房应试之作；社稿，为地方官学生员（秀才）课试之作。[①] 这些考试读物被精挑细择出来，目的就在为应试者程式，让读者有所取法。

明清时期的一些八股文应试读本十分有名。选本方面，明代有艾南英的《明文定》《明文待》，钱禧、杨廷枢的《同文录》，马世奇的《澹宁居集》，黎淳的《国朝试录》，苏翔凤的《甲癸集》，周立勋、徐孚远的《古今业》，陈名夏的《五十六家》，《明史·艺文志》著录的《四书程文》；清代有乾隆时命方苞编、加批注的《钦定四书文》，黄宗羲编的《明文海》，俞长城的《百二十名家选》等。稿本方面，明代有王鏊的《守溪文稿》，唐顺之的《教学文》《吏部文》《中丞文》，以及归有光的作品等；清代有李光地的《榕村制义》，陆陇其的《陆稼书稿》，方苞的《抗希堂稿》，袁枚的《袁太史稿》等。

还有一些是总论时文的著述，属于讨论如何写作制艺的研究之作，是八股文写作的理论探讨之书，指导八股文原理。作者不乏学者名家，如有梁章钜的《制艺丛话》、阮元的《四书文话》等。尤其是阮著，或许是研究八股文最为完整、详尽的著述。其书运用历史上文论的基本范畴，具体探讨了作为一种新文体的八股文及其写作中的所有问题，堪称系统的八股文写作理论与实践教材。

尽管明清两代八股文应试读物数量难以确计，类型也多种多样，但受考生欢迎、能够畅行的无非以下数类：入门读本、程墨文选、书院课艺和名家文选。

---

① 商衍鎏.清代科举考试述录［M］.北京：生活·读书·新知三联书店，1958：244.

入门读本是为初学者而编，提供八股文写作的入门指导，内容无非讲述如何破题、承题、起讲之类作文技巧，也常常会列举一些示范文章的节选材料予以例证。如清咸丰年间曹晓庐的《十四层启蒙捷诀》，全书共两卷。卷一讲授破题、承题、起讲。如起讲的写法分为十四层：第一层全反，第二层先正后反，第三层先反后正，第四层对面，第五层旁面，第六层翻说，第七层横说，第八层竖说，第九高一层，第十低一层，第十一层前一层，第十二层后一层，第十三层退一层，第十四层进一层。在讲述每一层次的写作原理之后，都列举一个实例予以分析说明。① 这是十分典型的讲授八股文写作技巧的读本，讲究具体和实效是其特点，大凡能够流传的读本都具备这样的特点。

程墨文选的特点是作者身份特殊。"程"指程文，多是考试官自己所作的八股文；"墨"指闱墨，多是乡试、会试中式者的八股文章。程墨文选既有官方选本，也有私家选本。官方的通常是在乡、会试结束后，由礼部会同翰林院选定优秀文章刊印成书，附上试题、考官和中式者名录等信息，颁行天下尤其是各地官学，以为士子学习揣摩之用。私家选文通常与书坊合作或受雇，专事编选闱墨。《儒林外史》中的"马二先生"可称为职业选文家。私家选文的重要特点是讲究时效性，所编文选常是最新作品，且多为考试中符合标准的优秀答案，更具有针对性；由于乡、会试试题往往处在经常性的变动之中，选文也就能反映出这种变动，可以帮助考生揣摩考试动向和考官喜好。

明清时期，书院多定期举行各种层级的学业督促性考试，即谓之"课"。尤其是那些以课业为主的书院，更是注重考试。而那些经考试

---

① 曹晓庐.十四层启蒙捷诀［M］//龚笃清，龚昊，乌媛，编著.八股文话.长沙：岳麓书社，2020：3039.

写就的八股文章即称为"艺"，即制艺的意思。书院常常会挑选一些学生的时文佳作编纂成册予以刊印，供学生学习揣摩。这些选集就是书院课艺。书院编选课艺是比较普遍的现象，尤其是一些知名书院的课艺集子，常常得到广泛流传，产生较大社会影响。如金陵《尊经书院课艺》、开封《彝山课艺精选》等。书院课艺编选者通常是书院主持人或主讲，他们更多地从学生学习文章写作训练的角度考虑编选，目的是为后来的学生提供写作教学材料。这些文选也是一些范文，但其特殊之处在于，文章出自还在成长中的学生之手，文章的优缺点也正是学习者所具备的，所以更加贴近学生的学习实际，因而具有不可替代的训练价值。

　　名家文选既包括名家的稿本，也有一些名家的选本，或为一人之书，或为众人之作。名家文选不仅作者名气大，更因这些文章都是经过时间检验的精品之作，因此得到考生的崇拜和喜爱。商衍鎏在《清代科举考试述录》第七章中列举了明清时期的名家选本、稿本，数量巨大。[1] 清人梁章钜《制艺丛话》中附有明代到清道光年间名家制艺稿本，其中有李光地《榕村制义》、王步青《王巳山稿》、翁方纲《复初斋时文》、石蕴玉《石执如制义》等。[2] 向来文章无定式，八股文亦然，于是八股文写作还形成了不同流派，也体现于应试读物，有所谓江西派、桐城派、金坛王氏、宜兴储氏、考据派、云间派、娄东派等，各有特点。如宜兴储氏一派长于说理，又取云间派辞藻华丽、娄东派气势宏大之长，颇重词章；考据派受乾嘉时期朴学影响而长于经注、名物的考订。这些名家之作实际上是树立了八股文写作的标杆。

① 商衍鎏.清代科举考试述录［M］.北京：生活·读书·新知三联书店，1958：227-287.
② 梁章钜.制艺丛话·试律丛话［M］.上海：上海书店出版社，2001.

除了八股文应试读物外，还有一些其他应试读物。如试帖诗也编有备考试用的选本、稿本。清人毛奇龄编有《唐人试帖选》，纪晓岚编有《唐人试律说》《庚辰集》，并有稿本《我法集》《馆课存稿》。其他翁方纲、法式善等名家学者也都编（作）有试帖诗应试读物。

总体上说，应当对林林总总的应试读物持否定态度，因为这些读物传授的是写作技巧、应试法门，充分体现了明清时期以科举考试为目的的学习和教学状况，同时还体现了考生的侥幸求成愿望、书商选家的追逐利益意图。在历史上，尤其是明清两代，官方选编、私人刊刻、书商发行的各种各样读物教材不知凡几，数量极其庞大，然而，很多读物只是传授应试技巧，并无保存的价值和留存的生命力，事过境迁，很快为人所弃，这也是应试读物存世极少的原因所在。但也必须承认，八股文是一种格式化程度很高的文体，而这些读物很注意训练学习者掌握这种文体的方法，也还是触及了一些写作教学的基本原则和规律，值得认真研究与总结，给予全面的评价。

既然连程端礼编纂《程氏家塾读书分年日程》都必须面对求学的出路问题，将其最终目标定位在有能力应举，既然连诂经精舍这么一所以传授、研究汉学为宗旨的书院也必须接受学生准备应试的现实，那么对于其他绝大多数的普通学塾、书院来说，以应试为务也就不是什么稀罕的和应当加以指责的事了。可以想见，上述应试读物存在于甚至是像程端礼这样的家塾、诂经精舍这样的书院并不奇怪。"闱墨"成为这些学校中"四书""五经"等"圣人书"之外的另一类课程，也就十分自然。

分析中国传统学校课程体现出"课"程特点的原因，自是与中国悠久的考试传统有关，尤其是与隋唐以降科举考试制度的影响有关，同时，也与中国教育的重学传统有关。由于学校规定了课程，课程的完成基本靠学习者自己把握，而自我监督是一件十分艰难的事，于是"课"就成为督促学生、保障学业完成的工具和手段。

（二）是"六经注我"还是"我注六经"：一种新课程观

宋以后占主导地位的课程观是程朱一派的学说。在他们那里，课程与学习者之间的关系应当是这样的：课程是主导的，学习者是追随的。朱熹同时代人陆九渊对这种课程观提出批评。他认为，要真正去除使人丢失本心之弊而"存理""去欲"，正确的方法不是"添"（做加法），而是"减"（做减法）。他批评朱熹编写了很多教材，开出了很多课程，是徒然增加人的负担。他要做的是给人减负，引导人做自己的主宰，而不做课程和教材（圣人的教告）的附庸。当有人问陆九渊为何不著书时，他的回答是："六经注我，我注六经。"意思是说，"六经"文字是我心的注脚，我心的道理也说明了"六经"的训条。（那还有什么必要著书？）用他在《象山先生全集·语录上》里的话解释，就是"学苟知本，六经皆我注脚"。因此，重要的是修养心性，提升见识，锤炼意志，而系统地读书是次要的。

这样的思想为明代王守仁所继承和发展。他认为，既然"良知"为"我"所固有，那么"心即理"，何必要如此费时费力穷尽书本？自身的"良知"未致而一味外求，不啻在污水里寻找明珠。王守仁也重新评价了以"六经"为核心的经学课程。他比喻说："故六经者，吾心之记籍也，而六经之实则具于吾心，犹之产业库藏之实积，种种色色，具存于其家。"因此，林林总总的经籍并非今人价值判断的依据，依据"良知"的自我判断才是；那些不致其"良知"而一味从章句、文词中求"理"的人，无异于弃自家丰富的宝藏不懂得享用却在沿街托钵乞讨。王守仁不是不要以"六经"为核心的经学课程，而是重新评价了经学课程的价值和学习者与课程之间的关系。经学课程与学习者之间应当有怎样的关系？他认为："'六经'者非他，吾心之常道也。故《易》也者，志吾心之阴阳消息者也；《书》也者，志吾心之纪纲政事者也；《诗》也者，志吾心之歌咏性情者也；《礼》也者，志吾心之条理节文者也；《乐》也者，志吾心之欣喜和平者也；《春秋》也者，志吾心之诚伪邪正者也。"① 不仅是读经，其他如习字、学射、练琴等，也都不是让人去服从字、射、琴或学的过程本身，而是要让这一切都服从人，服从心，所谓"皆所以调习此心"，而不是让"文字夺却精神"。经学课程也好，其他任何课程也好，无非是帮助人致达"良知"而已。由于对儒家经典的重新评估，王守仁对经学课程也作了重新定位，他认为"六经皆只是史"，诸经不过是特定时代的产物，反映了那些时代的历史。这样的观点对当时和之后的教育思想发展产生了影响。如王世贞、李贽等都有这样的认识。尤其是清代章学诚明确提出并阐述了"六经皆史也"，将"六经"视为"先王之政典"，开始比较正确地定位了传统经学课程。

基于上述课程观，王守仁对传统学校课程提出了一些改革设想。正德十三年（1518年），王守仁为南赣巡抚平复农民起义后，令各县立社学，特颁《社学教条》让各学校教读执行。他提出社学课程的开设当以"童子之情"为依据，"必使其趋向鼓舞，中心喜悦，则其进自不能已"，② 他更为注重的课程是"歌诗""习礼""授书"。歌诗、习礼和授书的重点分别是歌、动和讽。总的原则可以概括为："无厌苦之患，而有自得之美。"③ 显然，这些主张和王守仁本人及后学的实践，表现出与朱熹截然不同的课程追求，多少具备了近代思想的因素。

① 王守仁.稽山书院尊经阁记［M］// 王阳明全集（新编本）［M］.吴光，钱明，董平，姚延福，编校.杭州：浙江古籍出版社，2010：271.
② 王守仁.训蒙大意示教读刘伯颂等［M］// 王阳明全集（新编本）.吴光，钱明，董平，姚延福，编校.杭州：浙江古籍出版社，2010：95.
③ 王守仁.教约［M］// 王阳明全集（新编本）.吴光，钱明，董平，姚延福，编校.杭州：浙江古籍出版社，2010：97.

（三）漳南书院：走到近代边上的学校课程规划

一般认为，近代课程与古代课程的主要区别在于，近代课程在传统的经学、史学、文学课程之外，有了有关自然、科学、技术和社会的内容；中国自身没有能够发展出近代学校课程。然而，考察教育历史，中国社会在明清时期出现了资本主义萌芽，在教育方面明显出现了一些前所未有的现象。在教育内容方面，明清之际一批实学教育家如顾炎武、王夫之、黄宗羲、颜元等，都明确反对宋明理学教育的空疏学风，倡导务实有用的课程内容和教育教学方法。尤其是颜元，他规划的漳南书院的课程内容和科目设置，已经带有明显的近代特征。

颜元对传统教育的批判是激烈的。他认为，当时教育最明显的弊病就是只在文墨世界下功夫，无论是训诂、清谈，还是性理、佛老，都是误世道、误苍生之术；传统的价值观也存在严重问题，正谊不谋利、明道不计功的义利标准，使人鄙弃事功，不务社会实利，而科举制度更是引诱士人为名利而学。颜元尤其强烈抨击程朱理学及其教育之害，提出"必破一分程朱，始入一分孔孟"。他并非真要回到孔孟去，而是借孔孟阐述自己的教育理想。他的教育理想就是改革学校，让学校能够培养出"实才实德之士"，以为国家之用。为实现这样的目标，颜元提出了"真学""实学"的教育内容主张。他从古代"六府""三事""三物"[①] 等思想资源中寻找教育内容变革的理论依据，宗旨就是务实、有用。颜元晚年接受他人之邀主办肥乡漳南书院，他为漳南书院所作的规划，充分体现了他的人才培养目标和学校课程构想。

---

① 据《书·大禹谟》，"六府"为"水、火、金、木、土、谷"，"三事"为"正德、利用、厚生"。据《周礼·地官司徒》，"三物"为"六德"（知、仁、圣、义、忠、和）、"六行"（孝、友、睦、姻、任、恤）、"六艺"（礼、乐、射、御、书、数）。

中国课程史

书院分为六斋，各斋课程内容为：

第一，文事斋：课礼、乐、书、数、天文、地理等科；

第二，武备斋：课黄帝、太公以及孙、吴五子兵法，并攻守、营阵、陆水诸战法，射御、技击等科；

第三，经史斋：课"十三经"、历代史、诰制、章奏、诗文等科；

第四，艺能斋：课水学、火学、工学、象数等科；

第五，理学斋：课静坐、编著，程、朱、陆、王之学；

第六，帖括斋：课八股举业。①

这里所说的"课"主要是指"以××为课业"。前已述及，古代学校检验课业完成的手段和方式是"课"（考试），所以这里的"课"又可以指课试。颜元对漳南书院六斋的设计，包括他当时所能接触到的和所能想到的所有知识领域，虽然明显受到宋初胡瑗分斋教学的课程设计影响，却包括更为广泛的知识内容，而且对知识的分类问题也有了更为丰富和深入的认识。尤其是颜元将大量科学技术知识列入课程内容的范围，而将理学、帖括这两斋置于其他各斋的对立面，表达了对其中所包含学问的鄙弃，甚至意欲最终将其关闭。可以清楚地看出，科学技术类知识、生产应用类知识在其全部课程设计中已占据主导地位。耐人寻味的是，六斋之首的文事斋虽以"文"名之，但已完全不同于传统教育中的"文"的概念（如孔子的"文"的概念）。传统教育中的"文"，多指文献，或指经籍训诂，也可指诗文辞章，而颜元之所谓"文"，已是在近乎"科学"的意义上使用，而其所谓"艺能"，则大体对应了"技术"。显然，其知识分类观念也已经与传统不同。文事、武备在六斋中居前二斋，似乎也敏锐地感受到国家发展的两个十分重要却又甚为薄弱的方面。

---

① 颜元.漳南书院记［M］//颜元集.王星贤，等，点校.北京：中华书局，1987：413.

因此，颜元教育思想中已经蕴含近代知识观和课程设置的萌芽。目前还难以考知颜元教育思想的由来，但既不能排除其思想受到明末清初由传教士所携之西学东渐带来的影响，也需关注中国社会已经出现的资本主义萌芽的潜在作用。很遗憾的是，漳南书院分斋设学规划未能得以实施，这使得颜元教育思想的时代意义颇受影响。规划毕竟只是规划，而且之后清政权统治下的教育，无论公私学校都不再有将颜元改革蓝图付诸实践的尝试，中国古代学校自发地走出传统社会的进程也就此戛然而止。

（四）渐次传入的西方科学教材

明清之际是继唐、元之后又一个基督教在中国传播的时期。万历十年（1582年）意大利人利玛窦（Matteo Ricci）来中国，1601年入京，其他传教士也陆续前来。西方传教士来华意在传教，而传教士中不乏在科学技术等方面深有造诣者，也是出于"学术传教"的策略，他们在传教的同时，也传入了天文历算和数学、物理学知识，带来了一些天体、地球等方面的仪器工具，打开了中国知识界部分学者的眼界，引发了他们学习西学的浓厚兴趣，其中的代表人物为徐光启、李之藻等人。在利玛窦与徐光启、李之藻等人的协作努力之下，于万历年间先后译（著）出了欧几里得《几何原本》（六卷，徐光启）、《浑盖通宪图说》（六卷，李之藻）等诸多西方科技经典。《浑盖通宪图说》是中国人介绍西方天文学的第一部著作。利玛窦著有《天学实义》，其下卷谈数的部分，是西方数学传入中国之始。

美国学者史景迁（Jonathan D. Spence）在谈到利玛窦来华后的西学译介活动时说过："他带到中国并逐步学会翻译和重新解释的那些文化基本上都是他于1572年末至1573年10月在佛罗伦萨耶稣会学院和随

后于 1573 年末至 1577 年在罗马学院文学院的所学的知识。"① 事实上，传教士带到中国的西方自然、人文社会科学类著作和教材相当之多。明天启年间刊印的《灵言蠡勺》，是由意大利耶稣会士毕方济（Francesco Sambiasi）口授、徐光启笔录的研究灵魂的著作；刊行于崇祯初年的《名理探》，是葡萄牙耶稣会士傅汎际（François Furtado）译义、李之藻达辞的逻辑学著作，也是第一部译介到中国的西方逻辑学著作；万历十二年（1584 年）刊印了利玛窦与同伴罗明坚（Michele Ruggieri）在广东肇庆于译员帮助下制成的中文标注《山海舆地图》，这是第一部引进到中国的世界地图，从刊印到万历三十四年（1606 年）的二十二年间，见于记载的地图版本即有十二种以上；天启年间在杭州出版的意大利教士艾儒略（Giulio Aleni）在中国教徒帮助下完成的《职方外纪》，是一部世界地图书籍；天启年间艾儒略与同是意大利教士的高一志（Alfonso Vagnoni）先后出版了介绍西方学校制度的《西学凡》和介绍西方幼儿教育的《童幼教育》；万历中，利玛窦在南昌出版《西国记法》，这是一部讲述记忆问题的心理学著作。其他有关吾言、文学、音乐、美术等学科也都有译介书籍出版。尽管这些代表西方自然和人文社会科学发展水平的新著种类和传播的范围还比较有限，但毕竟在中国传统知识体系中开始出现新知识，同时也开启了中国教材历史发展的新阶段。

从明清之际开始，中国的知识读物中越来越多地出现了来自西方的学问。崇祯二年（1629 年），李之藻在杭州出版了《天学初函》，收入各类西学书籍二十种，包括《西学凡》《职方外纪》《灵言蠡勺》等书，是中国第一套西学丛书。将若干种西学书籍汇为一帙，意图显然是为了

---

① 史景迁 . 利玛窦的记忆之宫——当西方遇到东方 [M]. 陈恒，梅义征，译 . 上海：上海远东出版社，2005：194.

方便人们阅读。虽然在当时中国的官办学校中未必正式开设西学课程而以之作为教材，但它们流传于士人而被作为学习材料是毫无疑问的。清乾隆年间编修《四库全书》，著录了《职方外纪》《坤舆图说》。这不仅说明西学书籍在流传，也表明中国官方对西方知识与学说的逐步接受。明清时期江浙地区的一些著名私人藏书楼，如常熟钱谦益的绛云楼、南京黄虞稷的千顷堂、杭州丁丙的八千卷楼等，也都收藏有传教士所著西学书籍。钱谦益《绛云楼书目》卷二"历算类"著录《西学凡》，卷四"天主教类"著录《天学初函》《职方外纪》等。丁仁《八千卷楼书目》卷八"史部地理类"著录《职方外纪》《坤舆图说》等书，卷十二"子部杂家类"著录《灵言蠡勺》等书。阮元《文选楼藏书记》卷二收入《职方外纪》等书。古代的私人藏书楼，其功能不仅在藏书，且往往兼有读书、编书、印书诸多功能。文人士大夫以阅读和藏有西学书籍为尚，说明中国传统的知识格局已经开始出现改变。

六、中国传统课程的特点

中国传统课程概念虽也是在"课业的进程"这一意义上使用，但在教学内容的选择、分类、组织、实施等众多方面都与近代课程概念不同，有学者归纳为："一是课程设置还没有完全科学的分科；二是课程内容特重人伦道德教育，占的比重过大；三是'劳心'与'劳力'相分离，脱离生产劳动；四是从安排形式上一般是单科独进，……而不是各门课程齐头并进；五是对在学年限、年级、年龄和程度，还没有严格的规定，没有建立起在课程上相互衔接的学校制度。"[1] 这五方面差别可归

---

① 吕达. 中国近代课程史论［M］. 北京：人民教育出版社，1994：11–12.

结为两个方面：一是教学内容，即课业；二是教学内容的安排，即课业进程。我们今天既用"课程"指称近代课程，也指称古代课程，然而古今课程概念内涵差异很大，如不注意区别，会造成理解上的混乱。对比近代和现代的课程概念，中国传统课程的若干特点如下。

（一）是伦理本位而非知识本位

《孟子·滕文公上》中孟子指出，夏、商、周三代的庠序学校"皆所以明人伦也。人伦明于上，小民亲于下"。这是中国第一次对学校教育目的作出概括。而在更早的《易经》中，就已提出伦理本位的教育目的。《易·涣》卦六三爻爻辞说："涣其躬，无悔。"意为洗去自身污垢，以喻人自新其德，自新其德自然不会有悔恨发生。紧接着《涣》卦六四爻爻辞又说："涣其群，元吉。"是指水流荡涤群众之污垢，也使更新，自然大吉。从"涣其躬"到"涣其群"，这种教育目的逻辑在后来的《大学》里表述为"大学之道，在明明德，在亲民，在止于至善"。从《易经》到孟轲又到《大学》，这些关于教育宗旨、目的的概括和论述也成为学校课程目标，影响不同历史时期课程内容的选择和确定。

就学校课程实践而言，早在孔子办学时，其教育内容即体现出强烈的道德伦理取向。《论语·述而》记载："子以四教：文、行、忠、信。"孔子是以文献、品行、忠诚、信实教育学生。所举四方面实际上是两方面，即文献典籍与道德品行。然而"文"主要是指前代流传下来的文献典籍，其中依旧包含大量道德、伦理、政治内容，可以说两方面重点实际上是一个方面，即伦理、道德。《论语·学而》还记载孔子对弟子提出学业要求的先后次序："弟子入则孝，出则悌，谨而信，泛爱众，而亲仁。行有余力，则以学文。"由此可见其课程目标：首先做一个道德品行符合社会要求的社会成员，其次才是学习文献典籍以提高文化知识水平。也就是出于此，孔子对前代流传下来的诸多文献典籍作了选择性整理，形成《诗》《书》《礼》《乐》《易》《春秋》六种教材，作为教授弟子的依据，也成为后代官私学校基本的课程与教材。

事实上，强调课程内容的伦理性不止自孔子始。《周礼·地官司徒》记载周代最高文教长官大司徒的职责为："以乡三物教万民而宾兴之。一曰六德，知、仁、圣、义、中、和；二曰六行，孝、友、睦、姻、任、恤；三曰六艺，礼、乐、射、御、书、数。"又记载负责教育"国子"的官员的分工：师氏"以三德教国子：一曰至德，以为道本；二曰敏德，以为行本；三曰孝德，以知逆恶。教三行：一曰孝行，以亲父母；二曰友行，以尊贤良；三曰顺行，以事师长。"保氏"乃教之以六艺：一曰五礼，二曰六乐，三曰五射，四曰五御，五曰六书，六曰九数"。这实际上是分别针对平民和贵族设计的两份课程方案，大同小异，都包含德行与艺能两部分，都体现出伦理本位的课程目标和内容取向。这一课程特点为孔丘所一脉相承，也为后世所一脉相承。

孔子之后，虽然不同历史时期有关教育目的的表述屡有变更，但注重道德人伦的本质未曾改变，以伦理为本位的传统学校课程性质也就未有大变化，只是汉代之后更加突出治术人才培养的需要。一如有学者指出的："在政治—伦理—教育的三位一体的传统文化结构系统中，教育被看作是特殊的政治，教学任务对于个体主要不是启智而是育德，对于国家主要不是培养发展生产所需的人才而是维护封建统治的士君子。"[1] "由先秦的孔孟至汉代的董仲舒、唐代的韩愈、宋代的朱熹，儒家的教学目的观逐渐形成包括进德、修业两大类型以及以培养德性知识和治国能力为主旨的内容体系。"[2] 不是说中国传统课程中没有自然学科

① 张传燧.中国教学论史纲［M］.长沙：湖南教育出版社，1999：34.
② 杨小微，张天宝.教学论［M］.北京：人民教育出版社，2007：72.

和社会学科内容，事实是早在春秋战国时期，中国就已经有比较丰富的数学和天文学知识，甚至还出现了以传授科技知识为主的私学，但始终未能成为学校教育主流。尤其是唐宋以降，官学体系中还出现了律学、书学、算学、医学等专门学校，军事、民政、水利等专门学问，[①] 但这些知识学问并未进入普通教育机构的课程得以传授，甚至大量此类知识并未进入学校教育过程，主要是在一些特殊家庭中通过父子相承、口耳相授的方式艰难传递。中国传统课程的这种状况延续至近代引进西方学校课程时。

（二）是文献本位而非学科本位

《国语·楚语上》记载了楚庄王时大臣申叔时为教育太子提出的一份颇为详尽的方案："教之春秋，而为之耸善而抑恶焉，以戒劝其心；教之世，而为之昭明德而废幽昏焉，以休惧其动；教之诗，而为之导广显德，以耀明其志；教之礼，使知上下之则；教之乐，以疏其秽而镇其浮；教之令，使访物官；教之语，使明其德，而知先王之务，用明德于民也；教之故志，使知废兴者而戒惧焉；教之训典，使知族类，行比义焉。"这个方案所列可以看成是培养太子所需修读的课程及其相应的课程目标，体现出强烈道德伦理色彩和治术训练特点。所列春秋、世、诗、礼、乐、令、语、故志、训典九门课程，绝大部分可以肯定为传世文献典籍，或是一种书，或是一类书。可见大致在公元前600年，[②] 存世古代文献无论是种类还是数量都为数不少，而这些文献典籍又都用作

---

① 见黄宗羲《宋元学案·安定学案》：胡瑗"立经义、治事二斋"。按：治事斋，又名治道斋。《程氏遗书》云："在湖州置治道斋，学者有欲明治道者，讲之中，如治兵、治民、水利、算数之类。"其后，清初颜元规划漳南书院也有类似设计。

② 楚庄王于公元前613年至公元前591年在位。

教材甚至列为课程，贯彻了服从贵族统治需要的教育目标。

申叔时说此话之后四五十年，孔子出生，又过四五十年，孔子办学大有成效。《史记·孔子世家》称："孔子以《诗》《书》《礼》《乐》教，弟子盖三千焉，身通六艺者七十有二人。"孔子继承西周"六艺"教育传统，"吸收采择了有用学科，又根据现实需要创设新学科"，虽仍袭用"六艺"之名，而其内涵已然不同。① 孔丘私学主要教授的新"六艺"，实为他从大量传统典籍中挑选、整理出的《诗》《书》《礼》《乐》《易》《春秋》六种经典，即"六经"。在孔子的私学中，"六经"同样既是六种教材，也是六门课程。尤其应当指出，从西周的"六艺"到孔子的"六经"这一转型，在中国传统课程变迁史上具有重要意义。"六艺"可称为古典分科课程，礼、乐、射、御、书、数等课程内容并不只是一种经典，而是相应的诸多知识的集合，在形式上与后来的分科课程更为接近。而"六经"则主要是以文献典籍为内容的课程，知识范围大大缩小了（甚至比申叔时的课程方案的知识范围还要小），在课程编制形式上，是以文献课程取代了古典分科课程，以文化课取代了实战课。孔子整理"六经"既是对古代典籍的一次大规模整理，也是对古代课程的一次根本性改造，由此奠定了中国传统学校在确定课程、选择教材方面的基本特点，即文献本位而非学科本位。

之后，西汉立五经博士，开办太学，所设课程、所用教材为《诗》《书》《礼》《易》《春秋》五经及其时人传本、注本，都为历史文献。唐代国子监主体学校国子学、太学、四门学的课程，是将《周易》《尚书》《毛诗》连同"三礼"（《周礼》《仪礼》《礼记》）、"三传"（《左传》《公羊传》《穀梁传》）合称为"九经"，是为专修课程，并明确将《孝经》《论语》列为通修课程；唐文宗开成二年（837 年）刻成石经颁布天下，

① 孙培青，主编. 中国教育史［M］.4 版. 上海：华东师范大学出版社，2019：33.

"九经"之外，又列入《孝经》《论语》《尔雅》，堪称国家课程。至宋代又增入《孟子》，遂成"十三经"课程体系。宋代理学家认为，应当为学习"五经"架设阶梯，于是从《礼记》中抽出《大学》《中庸》，与《论语》《孟子》一起组成"四书"，作为学习"五经"的铺垫。朱熹、吕祖谦又编了《近思录》，作为学习"四书"的铺垫。《近思录》—"四书"—"五经"遂成完整的经学课程阶梯。上述所有进入中国古代学校课程的都是具有极高权威性、处于中国传统文化核心位置的经典，"不妨把这种以文献为本位的课程编制称为文献课程。文献课程以传授经典著作本身为直接任务"。①

古代文献课程与近代以来的学科课程主要都属于间接经验，然而，文献课程所传递的间接经验是具有权威性质的文化遗产，这些古典文献经过历史的筛选逐渐积累下来，甚至成为一个民族的文化和思想的基本内核；而且，相比于学科课程知识，文献课程知识虽是间接经验，但其本身属于第一手材料，所反映的是经验概括者自身的经验。依据这第一手材料，便于研究相应时代的人与事；由第一手材料组成的文献课程，对于培养学习者的理智能力具有极大的益处，因为学习文献课程不啻与历史上最富有智慧的人直接对话。这也是为什么申叔时为教育太子要列出春秋、世、诗、礼、乐、令、语、故志、训典九种误程，孔子培养从政的"贤才"要整理出"六经"课程。对于中国古代以培养入仕人才为目的的教育而言，最好的课程除了在政事中历练外，就数历朝历代积累下来的政治和道德伦理文献了。当然，文献课程作为一种知识的构成，其缺陷也很明显，表现为知识容量过小，知识视野过于狭窄，学习效率过于低下，培养目标过于单一。不强调知识的系统性，不强调知识间的联系和结构，更注重对后人进行道德和政治规训，是古代文献课程与近

---

① 陈桂生. "教育学视界"辨析 [M]. 上海：华东师范大学出版社，1997：121.

现代学科课程的重要区别。因此，当中国进入近代社会、兴办新式学校后，文献课程为学科课程所取代，甚至退出历史舞台，是有其原因的。

（三）是综合课程而非分科课程

"综合课程"是现代课程的概念，有别于近代形成的按照科学分类划分的学科课程（分科课程），是对分科课程将学科划分过细造成知识割裂的补救。综合课程的特点是，将原来划分为不同学科的知识重新组织为一体，使学生获得统整的知识和概念，了解各门知识的相互关系。依所综合的学科知识数量、程度、方式的不同，又有不同的综合课程名目。相对于学科课程以系统知识为本位，综合课程或以儿童兴趣与需要为本位，或以人类社会活动为本位，以为知识的综合应用作好准备。综合课程是西方国家学校课程实践在经过近代"分"的阶段后，于近百年中由"分"走向"合"的结果。中国传统学校课程在相当长的历史时期里主要表现为综合的特点，却与现代综合课程异趣，姑且称其为古典综合课程。

如前所述，西周"六艺"——礼、乐、射、御、书、数是相应知识的分类集合，在形式上与后来的分科课程更为接近，可称为古典分科课程。孔子继承"六艺"传统，整理传世文献而形成"六经"，使课程的性质发生根本变化，即："六艺"代表六个不同的知识和技能领域，"六经"则是六种典籍，不具有分类的知识集合特点；相反，"六经"的每一经都包含诸多不同性质的内容，如政治、伦理、道德、历史等，是一种综合的知识集合体。《论语·阳货》记载孔子曾认真地告诫弟子："小子何莫学夫《诗》？《诗》，可以兴，可以观，可以群，可以怨。迩之事父，远之事君；多识于鸟兽草木之名。"孔子要求弟子学《诗》的理由在于，《诗》内容丰富，由此具备教育功能的多样性，《诗》对人的作用可以激发联想，有助观察，养成群性，抒发情感；从近处说，可以懂得事奉父母，从远处说，可以知道事奉君上，甚至还可以多多识得鸟兽草木之名，增长见闻。所以，文学、伦理、政治、自然无所不包，融于一体。恰如吕思勉所说：《诗》作历史研究，可知列国风俗和政治沿革；作博物学研究，可与子部书中动植物书籍相考证；作小学研究，包含训诂和音韵两部分，可称为中国最早的训诂书；作文学研究，读解文句，明其含义，知诗人抒发之由及作诗法。①

不仅是《诗》，其他各经也是如此。如《尚书》。吕思勉曾列举说："《尚书》中《禹贡》一篇，为言地理最古之书。""《尚书》《春秋》，同为古史。所谓左史记言，右史记事；言为《尚书》，事为《春秋》是也。""《尧典》……此篇关涉历法、巡守、刑法，可考古代典制。""《洪范》……乃我国最古之宗教哲学书也。"② 凡此种种，不一而足。事实上，"六经"中的每一经都具有综合的特点，只是综合的程度有所差异而已。

传统课程内容的综合性同样体现于童蒙教育。从秦时李斯《仓颉篇》、赵高《爰历篇》、胡母敬《博学篇》，到汉司马相如《凡将篇》、史游《急就篇》，再到南朝梁周兴嗣《千字文》，又到宋王应麟《三字经》等，这些蒙学教材从最初的字书到后来的识字教材，其中的每一本实际上就是一门课程。这些教材的主要任务是识字，然而又将一定数量的常用汉字组织成韵语，表达各种知识。如《急就篇》包含姓氏、服饰、农

① "治《诗》之法，凡有数种：（一）以《诗》作史读者。此当横考列国之风俗，纵考当时之政治。……（一）以为博物之学而治之者。《论语》所谓多识于鸟、兽、草、木之名也，此当精研疏注，博考子部有关动植物诸书。（一）用以证小学者。又分训诂及音韵两端，毛《传》与《尔雅》训诂多合，实为吾国最古之训诂书。……（一）以为文学而研究之者。当先读疏注，明其字句。次考《诗》义，观诗人发愤之由，……及其作诗之法。"（吕思勉.经子解题 [M] 上海：华东师范大学出版社，1995：21-22.）

② 吕思勉.经子解题 [M].上海：华东师范大学出版社，1995：30-33.

艺、饮食、器物、音乐、生理、兵器、飞禽、走兽、医药、人事，儿童在识字的同时，也学到自然和社会的诸多知识，可以说是一本以识字为主的综合性教材。后世以《三字经》《千字文》为代表的传统识字教材也沿袭了这种特点。① 即使是宋代起童蒙教材出现分化，形成各种专门用途的教材，如社会历史类教材《蒙求》、名物常识类教材《名物蒙求》、写作类教材《笠翁对韵》等，也都可以说是包含诸多门类知识的综合性教材和课程。②

可见，综合是中国传统课程内容的基本特点，既不孤立地呈现某一种知识，也不孤立地灌输道德，正所谓："明理演文，一举两得。"③ 也如清人张伯行在《朱子语类辑略序》正所说："论道而专求诸语言文字之间，则道晦矣；抑论学而不求之语言文字之间，则道亦泯矣。"

人们都认识到，不同编制方式的课程各有其长短得失。"学科课程的局限性，主要在于它拘泥于学科知识的逻辑程序，不符合学生学习时的心理程序。同时，学科课程是按学科分类的，而实践活动所需的是综合的知识。"④ 中国古典综合课程的长处是显著的，即体现出强烈的生活和实践导向。就以"四书""五经"为代表的经典课程而言，这些经典还原了古人的社会生活过程及其经验，这些经验未经割裂而具有完整性，最堪为后人效法，这也是从孔子到朱熹，历代贤者选编这些经典课程的主旨。再以"三百千"为代表的蒙学课程而言，古人在编纂这些蒙

① 如《三字经》有言："三才者，天地人；三光者，日月星；三纲者，君臣义，父子亲，夫妇顺。""曰水火，木土金，此五行，本乎数；曰仁义，礼智信，此五常，不容紊。"谈天说地，引出人伦纲常，将不同性质的知识融合得天衣无缝。
② 如以清李渔《笠翁对韵》为例，其卷上"一东"韵中的对句为："天对地，雨对风。大陆对长空。山花对海树，赤日对苍穹。雷隐隐，雾蒙蒙。日下对天中。风高秋月白，雨霁晚霞红。牛女二星河左右，参商两曜斗西东。十月塞边，飒飒寒霜惊戍旅；三冬江上，漫漫朔雪冷渔翁。"天上地下，可谓无所不包。
③ 程瑞礼.程氏家塾读书分年日程［M］.姜汉椿，校注.合肥：安徽古籍出版社，1992：31.
④ 陈桂生.课程实话［M］.上海：华东师范大学出版社，2010：50.

学读物，采撷和编排相关内容时，既考虑了儿童未来的生活需要，也揣度了儿童的认知特点和学习兴趣，生活"日用"是其主旨。因此，中国古代课程的综合性特点，有利于学习者综合地应用知识，这一点与现代综合课程实践不能说毫无相通之处。但也要指出，中国传统课程的综合性是在农业社会、自然经济和人伦社会、集权政治背景下的课程呈现方式，可称为原始的综合课程，与现代综合课程并不处于同一发展阶段，这是必须有清醒认识的。

（四）是"学程"而非"教程"

有学者指出："无论在东方还是西方，古代'课程'基本上都属为学生规定的'学程'；近代课程虽然也是为学生作出的规定，而从课程的实施角度来看，它主要由教师操作，更近于'教程'。"[①]决定古代课程学程属性的是古代的教学组织形式。古代基本上实行个别教学，在教与学的关系中，是以学生的学为主，教师的教可以说是因学而教。甚至可以说中国古代的教学乃至教育，说到底是一种学习。

《论语·述而》说："子以四教：文、行、忠、信。"《史记·孔子世家》称，"孔子以《诗》《书》《礼》《乐》教"。这里所说的"教"，其实都是指"教"学，即教学生学。"文、行、忠、信"四方面，除了"文"尚可教，"行、忠、信"诸项几乎都无法教，却可以在教师指导下去体验、去践行，即必须靠"学"。如《论语·雍也》记载孔子在回答鲁哀公问"弟子孰为好学"时说："有颜回者好学，不迁怒，不贰过。"而属于"文"的范畴的《诗》《书》《礼》《乐》各项，倒确实是可以教也需要教的，但孔子又是如何教的呢？说起孔子以"六经"教弟子，不能以为他是在频频升堂讲学，事实是他几乎不轻易开讲。《论语·学而》和《论语·八佾》记录了两则孔子教《诗》的"课堂实录"。

其一，"子贡曰：'贫而无谄，富而无骄，何如？'子曰：'可也。未若贫而乐，富而好礼者也。'子贡曰：《诗》云：'如切如磋，如琢如磨。'其斯之谓与？'子曰：'赐也，始可与言《诗》已矣！告诸往而知来者。'"

其二，"子夏问曰：'"巧笑倩兮，美目盼兮，素以为绚兮。"何谓也？'子曰：'绘事后素。'曰：'礼后乎？'子曰：'起予者商也！始可与言《诗》已矣。'"

从这两段问答可见，虽然开设了"六经"课程，而要想让孔子开讲，则需要学生自修到老师认可的程度；即使到了那样的程度，老师也不过是与之"言"，而且是以个别的形式。所以，孔子整理的"六经"并不是拿来"教"的，而是用来"学"的。

表面上看，汉代的情形似乎在否定上述观点，无论在官办的太学还是在私家主持的经馆，"五经"都在被教授。如，东汉时因学生数量过多，太学采用了大规模的集中教授，谓之"大都授"，学校还为之专门扩建讲堂。[①]《汉书·董仲舒传》记载董仲舒"为博士。下帷讲诵，弟子传以久次相授业，或莫见其面"。而据《后汉书·郑玄传》，东汉郑玄拜在素来"骄贵"的马融门下，"三年不得见，乃使高业弟子传授于玄"。"大都授""以久次相授"所授者"五经"也，"五经"难道不是"教程"吗？然而，汉代这种不能亲见老师的"授"经，倒更能说明弟子如欲掌握经和经说，主要靠自己"学"。或者如《后汉书·王充传》所记载的：王充"常游洛阳市肆，阅所卖书，一见辄能诵忆，遂博通众

---

① 《后汉书·光武帝纪》注引陆机《洛阳记》曰："太学在洛阳城故开阳门外，去宫八里，讲堂长十丈，广三丈。"

流百家之言"；或者如诸多太学生在学校苦读，将经书熟读成诵。① 由此作为晋见老师获其亲授的资本。所以，在汉代，"五经"依旧主要是拿来"学"的。

最早在"功课或者课业的进程"含义上使用"课程"一词的朱熹，对中国传统课程理念和实践都有重要贡献。他的那段著名的话，"书宜少看，要极熟。……人多看一分之十，今宜看十分之一。宽着期限，紧着课程"②，典型地反映了古人将"课程"理解为"学程"的特点。"宽着期限"是指完成特定任务的总时间宜尽可能宽给，"紧着课程"是指按计划在规定时间内应当完成的每一部分任务必须按时完成。这里的"课程"就是学习任务，就是读书。他又说："论读书之法。择之云：'尝作课程，看《论语》日不得过一段。'"③ 同样是将"课程"理解成读书，即读《论语》。朱熹力倡"四书"，曾经明确谈论学习"四书"的次第顺序："某要人先读《大学》，以定其规模；次读《论语》，以立其根本；次读《孟子》，以观其发越；次读《中庸》，以求古人之微妙处。"④ 这已是十分典型的"课程"设计，然而它分明也是"学程"。可资证明的事例还可以举出元程端礼《程氏家塾读书分年日程》。这是一份包括从入学发蒙到完成"小学"，进而学完"大学"的系统读书计划，甚至详细到每日、每周。它既是一份完整的课程方案，也附带有具体的课程表，但同样不是拿来教的，而是用来学的，它依旧是一份"学程"。这样的情形，终中国古代教育，基本未有改变。

指出中国传统学校课程是"学程"而非"教程"，意义何在？是为

---

① 两汉太学也倡导学生背诵经说。《汉书·儒林传·王式》："唐生、褚生应博士弟子选，诣博士，抠衣登堂，颂礼甚严，试诵说，有法。"《后汉书·儒林传上·张驯》：张驯"少游太学，能诵《春秋左氏传》"。

② 黎靖德，编.朱子语类［M］.王星贤，点校.北京：中华书局，1986：165.

③ 同上：434.

④ 同上：249.

了说明中国传统课程和教学的特点，即重"学"远甚于重"教"，将所有的"教"（教育、教诲等）都落实于"学"，将教育理解成"教"人学，于是，所有对人施加的影响就有了收效的可能。这种为学生规定的"课程"，从课业进程和施受方面而论，的确反映了个别化特点，更容易顾及学生的个别差异，也更容易促成学生的自修过程，孔子的"因材施教""举一反三"，《学记》所谓"长善救失"和"道而弗牵，强而弗抑，开而弗达"之类可贵思想，其生长的土壤即是以"学程"为特点的古代课程，这也体现出传统课程的优点所在。也必须指出，古代课程的重"学"取向虽与当代课程教学的价值追求有某种一致，但"不承认弟子个人需要、兴趣、愿望的价值，不诉诸弟子理性"，[①]又反映出传统教育的缺陷；同时，古代课程的个别化毕竟是在古代教育属于少数人的教育这一前提下实现的，这种个别化的普遍价值自然就存在问题；还有，将课程当作"学程"，把教学视为"教"学，表现出对"教"之道、"教"之术缺乏研究的问题。近代以"教程"为特点的课程，以其显著的效率优势超越了古代以"学程"为特点的课程，这是事实，但同时将古代课程的优点一并弃置不顾，也确是问题。

（五）是"课"程而非课程

"课程"作为一个词使用，或最早见于唐文宗《授李石平章事制》。这篇授职诏书在说明了为什么要晋升户部侍郎李石职位的理由后，勉励他道："尔当勤成务之规，率致君之道，内贞百度，外靖四方，参毗万机，课程庶绩。"[②]这里的"课程"作动词，意为"监督、考核"。唐

① 陈桂生.常用教育概念辨析［M］.上海：华东师范大学出版社，2009：93.
② 董浩，等，编.全唐文［M］.北京：中华书局，1983：737.

文宗要求李石辅助他处理朝政，监督和考核各种事务的办理。"课"字本义即"考查、考核"。《管子·明法》："故明主之治也，明分职而课功劳。""程"字本义为"度量之总名"，[①]后引申为"考核、衡量"。《礼记·儒行》："程功积事，推贤而进达之。"组成"课程"一词的"课"与"程"两个字都包含考核的含义，可见"课程"□的考核和考试蕴含。"课，试也"，以"课"（考核、考试）引领、督促课业之"程"（进程），成为中国古代课程的又一特点。

追溯中国古代将课程视为"课"程的现象，需要提到《礼记·学记》："比年入学，中年考校。一年视离经辨志，三年视敬业乐群，五年视博习亲师，七年视论学取友，谓之小成；九年知类通达，强立而不反，谓之大成。夫然后足以化民成俗。"这是一份相当具体而明确的"课"程，它规定了大学九年的学业，平时靠学生通过自己学习去完成这些学业，作为对学生学业的督促和检验，特别规定了隔年考试制度（"中年考校"）；考试要求又分为经业和德业两方面，随年级的升高，考试要求也相应提高。学生的学业目标显然就是早已确定的考试标准，这个标准事实上引导着学生的学业进程。这是一份以考试为导向的典型"课"程。学生在这样的课程中并没有多少自主空间，一切就是为了逐一应对这一年、三年、五年、七年、九年的"考校"，最终成为"化民成俗"者。在此过程中，是考试决定着学业进程，也即是"课"程决定着"学程"。事实上，古代的课程堪称"课"程。

如以汉代为例。汉代太学学生可多到上万，经馆收徒也可数千，虽采取大都授、以次相授的教学方法，但学生完成学业仍靠自学。"由于太学里没有严格的授课和年级制度，考试作为一种督促、检查学生学习，

[①] 《荀子·致士》："程者，物之准也。"注云："程者，度量之总名也。"又《说文》："十发为程，一程为分，十分为寸。"

衡量学生学业程度的手段尤受重视。"①尤其是考试的结果与太学生的出路相关，这就使得考试成为课业目标。《汉书·儒林传》记载，汉武帝时开办太学就作出规定："一岁皆辄课，能通一艺以上，补文学掌故缺；其高第可以为郎中，太常籍奏。即有秀才异等，辄以名闻。其不事学若下材，及不能通一艺，辄罢之，而请诸能称者。"在此规定下，可以想见的是学生的学业进程完全跟着每年一次的"课"（试）走（东汉时改为两年一"课"），太学生的经学课程为考试所定，实是"课"程。

前述认为"课程"一词形成于唐宋时期，原因何在？是与科举制度的实行和官学体系的完善有关。科举制度采取分科取士，"分科取士使围绕科举制度而进行的教学不得不在内容上分科，在安排上分段。尽管如前所述，分科分段教学的思想在《礼记》中就已经产生了，但是，由于科举制度的实行，这种课程概念无疑得到了深化。事实上，因为'课'的本义是考核，科举考试有时候就被称作'课士'，为了应付科举考试而进行的学习准备被称作'课业'，有关'课业'的安排被称作'课程'"。②所以，中国传统的"课程"概念是在科举制度的背景下被定义的，自然就深深地烙上了"课"（考试）的烙印。也有学者从科举制度下学校制度的视角讨论了这一问题："中国古代，自隋唐以还，实行科举制度，官学（称为'学校'）不属'养士之学'，主要是'取士之学'。学校在生员可不在庠、监生不在监的情况下，学官（教师）往往无生可教，谈何'教程'？私学（家塾、书院等）算是'养士之学'，不过，它也难以摆脱科举考试的影响。有志于应试的学子，主要参照科举考试的内容和方法（如口试、帖经、墨义、策问、诗赋等）攻读。

① 孙培青，主编.中国教育史［M］.4版.上海：华东师范大学出版社，2019：112.
② 章小谦，杜成宪.中国课程概念从传统到近代的演变［J］.华东师范大学学报（教育科学版），2005（04）：65-74.

如把科举的规定称为'校程'，那么，实际上是以'校程'决定'学程'。"① 这里所说的"校程"之"校"，意即"考校"，也即课试、考试。所谓"以'校程'决定'学程'"，是指以考试的内容和进度要求决定学习的内容和进度要求，也即所谓"课"程。

因此之故，将课程理解成"课"程，在中国古代社会后期是比较普遍的现象。王守仁在《牌行委官陈逅设教灵山》中说："亦或时出经书策论题目，量作课程；就与讲析文义，以无妨其举业之功。"② 这是直接以科举考试的内容和形式作为课程。清唐彪《父师善诱法·教法要务》："唐彪曰：先生教童子之法，其根基全在正二月间，此时宜屏绝外务，专心致志开导督责，令学生读书字句分明，课程悉循法度，此后训诲工夫俱易为力矣。"③ 这里说的"课程悉循法度"，不外乎考校之事。清代最高学府国子监也明确规定了"经义课程""制义课程""书体课程"等课程的要求，还规定了总的课程要求："课程登记：凡内、外班肄业生读书习字，自立日课册，逐条登记，每十日送助教等查阅，至朔望由博士呈堂。"④ 名义上，最高学府对学生的课程要求确实最为严格：每日学生自"课"，十日由助教"课"，逢初一、十五由博士"课"。太学生的课程是十足的"课"程。

（六）是由教材而课程而非由课程而教材

"由教材而课程而非由课程而教材"，说的是课程与教材的关系。

① 陈桂生.常用教育概念辨析［M］.上海：华东师范大学出版社，2009：90
② 王阳明.王阳明全集（新编本）［M］.吴光，钱明，董平，姚延福，编校.杭州：浙江古籍出版社，2010：671.
③ 陈元晖，陈学恂，主编，璩鑫圭，主编.中国近代教育史资料汇编：鸦片战争时期教育［M］.上海：上海教育出版社，1990：395.
④ 同上：130.

这是指在中国传统学校，往往是先有教材，再由教材发展转化为课程，而不是先确定了课程，再根据课程标准来组织、编写教材。课程与教材的这种关系，迥异于西方近代以来课程与教材发展的关系。有学者指出："有恰当的事实证明，在课程编制中，教科书是一个主要因素。教科书往往体现了各级学校的课程标准，规定了各级学校的教学方法。许多证据还表明，在未来相当长的时间内，教科书将是教师在课程工作中所使用的基本工具之一。"① 可见在现代教育的语境中，一般认为，教科书应当体现课程标准的要求，成为教师实施课程的基本工具，是课程决定教科书。而在中国古代，课程与教材的关系似乎正相反。

前已述及，"五经"成为课程、"四书"成为课程都体现了由教材而为课程的过程，最堪称典型的是《论语》的课程化经历。《论语》本是孔丘弟子们记录的老师的言行录，可以相信它也是孔门私家教材，用以教导后学。在孔丘第二、三代弟子手里实现了初步结集，先流传于邹鲁之士，渐次传播于更广大地区。由于秦和汉初的文教政策，《论语》被隔离在不同区域，形成以《齐论》《鲁论》《古论》为代表的区域性教材。随着汉代国家统一和儒术独尊，随着"五经"立于学官，《鲁论》逐渐成为官方教材，并以之为据，实现《论语》统一。成为国家通用教材的《论语》与《孝经》一起，进而成为国家课程，列于"五经"之末，② 作为修读专经课程"五经"的先修课程。到唐代，又成为学校通

① 格温·蔡斯.课程的主要问题——教科书［M］// 瞿葆奎，主编，陆亚松，李一平，选编.教育学文集：课程与教材（下）.北京：人民教育出版社，1993：86-87.
② 《通典》卷一三《选举一》保存了一份汉代选拔太学博士的保举状，其中列举对博士的经术要求是："通《易》《尚书》《孝经》《论语》，兼综载籍，穷微阐奥。"可见《论语》已成为太学课程。东汉灵帝熹平四年（175年）蔡邕等建议正定经本文字，以隶书石刻《鲁诗》《尚书》《周易》《春秋》《公羊传》《仪礼》《论语》七经，立于太学前，为最早的官定儒家经本，亦可视为国家标准教材和国家课程，《论语》厕身其中，"叨陪末座"。

修课程。[①] 宋代理学家重新解释《论语》，形成新《论语》教材，又以之与《孟子》《大学》《中庸》合成"四书"教材体系，进而又使之正式成为国家课程，甚至逐渐成为专经课程，超越"五经"的地位。[②] 可见在历史上，《论语》曾经两度在不同的意义上成为国家课程：第一次在汉代，经历了从私家教材到地方教材，再到流行教材，又到国家教材，最终到国家课程的过程，确立了作为"辅经"的课程地位；第二次在宋代，经历了从私家"四书"教材，到国家教材和国家课程的过程，确立了作为"专经"的课程地位。两次都经历了由教材而课程的蜕变。

类似《论语》这样由教材而课程的情形，在中国传统教育中寻常可见。如蒙学教材的代表"三百千"，其中每一种都是先成为十分成功的教材，后在教学实践中经过自然选择，形成系列，成为中国启蒙教育的经典课程，历千年而不变。

中国传统学校课程形成中"由教材而课程"的特点，其成因颇为复杂，与前述诸特点也颇相关。如伦理本位的社会更强调知识的权威性，更倾向于恪守前辈教训而忽略观念和知识的更新，前代经典因此受到重视和依赖，被选择确定为学校课程就是自然而然的事。又如中国传统学校课程的"学"程特点，使得学校并不怎么重"教"，而更为重"学"，"学"不过就是学生自己读书而已，所读之书也无非经典，教材（经典）与课程就成为一而二二而一的事，如此等等。中国传统课程的这一特点保证了学校课程的经典性，这样的课程为学生提供了最具有权威性的信息和对人的思想、道德、人格、性情最具有陶冶作用的材料，其"准

---

① 如唐代国子学、太学、四门学将诸经分为大经、中经、小经三种，实行分经教学，而要求《孝经》《论语》"兼通之"。（参见：孙培青，主编.中国教育史［M］.4版.上海：华东师范大学出版社，2019：166.）

② 程颐说："学者当以《论语》《孟子》为本。《论语》《孟子》既治，则'六经'可不治而明矣。"（程颢，程颐.二程集［M］.王孝鱼，点校.北京：中华书局，1981：322.）已显出重"四书"而轻"五经"之趋势。至明清，科举考试首场试以"四书"文，尤重"四书"甚明。

确"和"正确"完全值得依赖。此外，这样的课程虽是用来学的"学程"，却又不是专门从学生出发并为了学生的。最为关键的是，这样的课程知识量有限，且稳定性过强，更新速度缓慢，确也是问题。有学者指出，在一两千年间，中国无数学子皓首穷经，所穷的正是"十三经"及其注疏；历代编撰的蒙学课本中流传最广的"三百千"至今仍为人称道，"惟一套课本流传千年，那种教育况味到底如何，岂不值得深长思之吗"？① 这个问题提得颇有价值。

① 陈桂生.学校教育原理［M］.增订版.上海：华东师范大学出版社，2012：199.

如果不是 19 世纪西方列强侵略中国，中国会在什么时候开始工业化的进程？又会在什么时候建立起近代学校制度？这已是一个无法回答的问题了。事实是，鸦片战争使得中国的国门被迫打开，与工业化相伴随的西方学校制度也随之传入中国。在第一波仿效西方教育的潮流中，中国人创办了自己最早的新式学堂——洋务学堂。洋务学堂传授的内容已全然不同于中国传统学校，而其组织形式也是全新的。在此背景之下，中国学校的课程开始从传统向现代转型。

第四章

『科目』时期：近现代学科课程

一、近代学校课程出现在中国

虽然早在三百多年前，颜元就已提出学校教育应当追求实用的人才、实学的课程和实行的方法，但如果不是鸦片战争打开中国的国门，传统学校传授"三百千"和"四书""五经"以准备应举这样的局面还将继续维持。一旦国门打开，中国人看到的不仅是西方教育的富有成效，还有自身教育的巨大不足。最早提出仿效西方建立新式学校、改革科举、传授西学的，是冯桂芬、王韬、郑观应等早期改良派思想家。冯桂芬成书于 1861 年的《校邠庐抗议》，其中的《改科举议》《采西学议》等文中论述改科举、采西学的必要，其所谓"西学"，包括算学、重学、视学、光学、化学、舆地等多种西方近代自然科学。早期改良派的思想具有启蒙作用，对洋务派和维新派的教育改革都有影响。

（一）早期教会学校的课程与教科书

在新式学校教育方面作出示范的是教会学校。西方传教士随着列强的军舰大炮来到中国，他们在中国土地上陆续开办起诸多教会学校，教会学校成为传播西方宗教和文化的据点，同时也带来了新的学校课程。在鸦片战争之前，就有教会学校在中国本土开办，如马礼逊学校。鸦片战争之后，凭借着不平等条约，教会学校在中国竞相设立。最初教会学校的课程多由办校者自主，1877 年 5 月第一次在华基督教传教士大会召开后，逐步趋向统一。这些教会学校的课程一般包括宗教、外语、西学、中学。宗教是必读的主课，不及格不得升级，学生还须参加弥撒、做礼拜；外语，主要是开设英语，并越来越强化；西学，一般都开设数学、天文、地理和物理、化学等科技课程以及一些人文社会学课程，如

331

哲学、逻辑学、经济学等；中学则包含传统的经学、史学、诗文、策论等。可见，此时的教会学校课程还是一种中西合一、新旧合一的状态，不同文化背景的内容被组织进课程，却缺乏融合。

1864年创办的山东登州文会馆是一所包含小学（备斋）和中学（正斋）层次的教会学校，除了不设外语课程外，堪为教会学校课程设置的代表（见表4-1）。从所开课程可以看出，基督教课程占据首要地位，中国的"四书""五经"也占有较大比重，再有就是自然科学和社会科学课程。这份课程方案对中国文化相对有所兼顾，但其宗教性质也是毫无疑问的。教会学校的课程方案清楚地反映出当时中国教育主权受到侵犯、民众思想受到侵蚀的历史事实。但教会学校也在教育内容及其组织方面树立了样例，启发中国学校教育内容的近代转型。这一点可以从中国政府所办洋务学堂的教育内容上得到反映。

表4-1 登州文会馆课程规划表（1891年）

备斋	第一年	官话问答全（教义问答）；马太六章（《圣经·新约》若干章）；《孟子》（上）；《诗经》选读（一、二）；分字心算；笔算数学（上）
	第二年	以弗所罗哥西书（《圣经·新约》若干章）；《圣经》指略（下）；《诗经》选读（三、四）；《孟子》（下）；唐诗选读；笔算数学（中）；地理志略；乐法启蒙
	第三年	诗篇选读（《圣经·旧约》的一部分）；《圣经》指略（上）；《书经》（一、二）；《大学》《中庸》；读作文章韵诗；笔算数学（下）；重学；地理志略
正斋	第一年	天道溯源；《书经》（三、四）；《诗经》（全）；《论语》；读作诗文（后改读作策论经义）；代数备旨
	第二年	天路历程；《礼记》（一、二）；《书经》（全）；《孟子》；读作诗文；形学备旨；圆锥曲线；万国通鉴
	第三年	救世之妙；《礼记》（三、四）；《诗经》；《大学》《中庸》；读作诗文；八线备旨；测绘学；格物（力、水气、热、磁）；省身指掌
	第四年	天道溯源；《左传》（一、二、三、四）；《礼记》（一、二、三）；《书经》；读作诗赋文；量地法；航海法；格物（声、光、电）；地石学

续　表

| 正斋 | 第五年 | 罗马书（《圣经·新约》的一部分）;《礼记》（四）;《左传》（五、六）; 读作诗赋文; 代形合参; 物理测算; 化学; 二十一史约编; 动植物学 |
| | 第六年 | 心灵学; 是非学;《易经》（全）;《系辞》; 读文; 作文（七日二课）; 微积学; 化学辨质; 天文揭要; 富国策 |

资料来源：陈学恂，编.中国近代教育史教学参考资料：下册［M］.北京：人民教育出版社，1987：224-225.

此外，教会学校也带来了新式学校教科书。到 1876 年，在中国的教会学校数量大约有八百所，学生两万人左右。[①] 为了教学需要，教会成立了一些出版机构专事教材编译和出版，如英华书馆、墨海书馆、土山湾印书馆等，陆续编译出版了一些西式教科书。如墨海书馆出版有《光论》（1853 年）、《重学浅说》（1858 年）、《数学启蒙》（1853 年）、《代数学》（1859 年）等。这些应被看作近代最早介绍到中国的一批西式学校教科书。

1877 年 5 月，第一次在华基督教传教士大会在上海举行。大会决定成立"学校教科书委员会"（School and Textbook Series Committee），中文名称为"益智书会"，这是"教科书"这一名称第一次在中国出现。[②] 委员会议决编写初级和高级两套中文教科书。教科书科目包括：

1.初级和高级的教义问答手册，以直观教学课的形式，各分三册。2.算术、几何、代数、测量学、物理学、天文学。3.地质学、矿物学、化学、植物学、动物学、解剖学和生理学。4.自然地理、政治地理、宗教地理，以及自然史。5.古代史纲要、现代史纲要、中国史、英国史、美国史。6.西方工业。7.语言、文法、逻辑、心

---

① 孙培青，主编.中国教育史［M］.4 版.上海：华东师范大学出版社，2019：307.

② 陈元晖，陈学恂，主编，李桂林，戚名琇，钱曼倩，编.中国近代教育史资料汇编：普通教育［M］.上海：上海教育出版社，2007：171.

理哲学、伦理科学和政治经济学。8. 声乐、器乐和绘画。9. 一套学校地图和一套植物与动物图表，用于教室张贴。10. 教学艺术，以及任何以后可能被认可的其他科目。[①]

可以看出，学校教科书委员会所要编写的教科书与中国传统蒙学教材截然不同，表现在：分科编写，不同的科目之间已经形成体系；内容编排充分考虑到教学需要，尤其十分注重直观教学的要求，教材中附有图表；教材编写考虑到"教学艺术"的内容，即教学法的内容。因此，已经显示出明显的"教"材特点，而与中国古代蒙学教材的"学"材特点有了区别。

学校教科书委员会推动了在华教会学校的教科书编写，所编教科书也赠送给各地教区的私塾。据1890年傅兰雅（John Fryer）的报告，学校教科书委员会历年出版和审定教科书九十八种、一百八十九册，另有图表四十幅。教科书的科目、种类和数量情况见4-2。

表4-2 至1890年学校教科书委员会出版、审定教科书一览

科目		算学类	科学类	历史类	地理类	道学类	读本类	拼音类	其他	合计
出版	种	1	21	4	5	12	1	0	6	50
	册	1	25	15	5	16	3	0	9	74
审定	种	7	24	0	4	7	0	0	6	48
	册	10	62	0	4	20	0	0	19	115

资料来源：王树槐. 基督教教育会及其出版事业［J］."中研院"近代史研究所集刊，1972（02）. 朱有瓛，高时良，主编. 中国近代学制史料：第四辑［M］. 上海：华东师范大学出版社，1993：63.

注：表中的科学类包含理化、生物、矿物、工艺、生理卫生、医药等项；道学类包含哲学与宗教两项；读本类指 Chinese reader 而言；拼音类指罗马拼音书籍。

――――――――――

① 韦廉臣. 学校教科书委员会的报告［M］// 朱有瓛，高时良，主编. 中国近代学制史料：第四辑. 上海：华东师范大学出版社，1993：33-34.

清末"新政"时期，清政府颁布学制，兴办新式学堂，各地新学堂据以教学的教科书，有相当部分使用的是学校教科书委员会（1890年改组为"中华教育会"）出版和审定的教科书。

（二）洋务学堂对西方学校课程和教科书的引进

中国教育的近代转型起步于洋务派的教育改革，它使得中国传统教育主体中出现了近代教育形态。这是一个借鉴和移植的过程，学习的对象包括教会学校和西方国家的学校制度。从1862年京师同文馆创建，到洋务派开办三十多所洋务学堂，包括方言、武备和实业三类学堂，在此过程中引进了西方学校的近代课程和教科书。

1. 洋务学堂与西方教科书的引进

洋务学堂是按西方近代学校办学模式办理的新式学堂，课程设置基本上沿袭西方学校。如京师同文馆，开设之初，课程仅为外文与汉文，之后逐渐增加了西艺课程，1876年制订八年制和五年制课程规划时，课程体系方始完整。所开课程在外文之外，尚有各国地图、各国史略、数理启蒙、代数、格物、几何、三角、机器、微积分、航海测算、化学、天文测算、万国公法、地理金石、经济学等。这些课程的实施需要相应的教材。

京师同文馆的主要工作是教学和研究，此外还有两项辅助性工作，一项是为总理衙门提供翻译，另外一项就是翻译外国书籍供教学之用。虽然是辅助性工作，却十分重要。最初译书之事多由总教习和教习亲力亲为，后来学生也逐渐加入。据光绪二十四年（1898年）《同文馆题名录》记载，历年译书达二十九种，如有《万国公法》（总教习丁韪良译）、《格物入门》（总教习丁韪良著）、《化学指南》（化学教习毕利干译）、《法国律例》（化学教习毕利干译）、《星轺指掌》（副教习联芳、庆常译，总教习丁韪良鉴定）、《公法便览》（副教习汪凤藻、凤仪等译，总教习丁韪良鉴定）、《英文举隅》（副教习汪凤藻译，总教习丁韪良鉴定）、《富国策》（副教习汪凤藻译，总教习丁韪良鉴定）、《各国史略》（学生长秀、杨枢等译，未完）、《化学阐原》（化学教习毕利干译，副教习承霖、王钟祥助译）、《格物测算》（总教习丁韪良口授，副教习席淦、贵荣、胡玉麟等笔述）等。①

京师同文馆的主要任务之一是教学，因此所翻译的各科外文书籍主要用于教学，这一点当是没有疑义的。对照京师同文馆1876年拟定的课程规划表，上述书籍大部分可以找到所对应的课程，如外文、算学、格物、化学、地理金石、天文测算、各国史略、万国公法、富国策等；少数课程未见有翻译著作，如机器、航海等；另有少数翻译书籍超出课程规划的内容范围，如医学和药学。而在翻译书籍中，又体现出一些优势学科，如法学、天文学、化学、历史学等学科，都有比较丰富的译著。京师同文馆成为19世纪后期西方学校各科教科书传播的一个重要策源地。

京师同文馆之外，上海的江南制造局翻译馆是另一家翻译出版西方教科书的机构。据陈真编的《清政府创办和经营的几个军用工业》，同治四年（1865年）江南制造局开办，"并以立学堂、习翻译为制造之根本"。②同治七年（1868年）设翻译馆，八年，上海广方言馆移入江南制造局办学。与京师同文馆办学相似的是，上海广方言馆也是既以教学为主要任务，同时尽力开展翻译和引进西方书籍的工作。据甘

① 朱有瓛，主编.中国近代学制史料：第一辑上［M］.上海：华东师范大学出版社，1983：166-167.
② 同上：474.

作霖《江南制造局之简史》所记，当时广方言馆聘有多位邃于汉学的西方学者，如克兰雅、阿伦、傅兰雅等人，都是上午在广方言馆担任教习，下午去翻译馆译书。所译西文书籍数量较大，据称"包赅有专门学术之全部"，包括医学、化学、算学、天文学、矿学、矿务工程学、地质学、造船学、陆海军学、药学等。[①] 自江南制造局设置翻译馆起，出于有益于制造的考虑，先后延聘了为数众多的中外学者翻译西方相关书籍，如有徐寿、华衡芳、李善兰等中国学者。中外学者往往利用各自的语言和文化背景优势合作译书。如《格致启蒙》（林乐知、郑昌棪）、《格致小引》（罗亨利、瞿利来）、《微积溯源》（傅兰雅、华衡芳）、《声学》（傅兰雅、徐建寅）、《光学》（金楷理、赵元益）、《电学纲目》（傅兰雅、周郇）、《谈天》（伟烈亚力、李善兰）、《地学浅释》（玛高温、华衡芳）、《化学鉴原》《化学考质》《化学求数》（傅兰雅、徐寿）、《化学分原》（傅兰雅、徐建寅）。[②] 江南制造局翻译馆译介西学书籍的一个突出的特点是，中国学者的作用体现得更为充分，一批著名的中国学者既成就了译书事业，同时也为译书事业所成就。其中堪为代表的是徐寿、华衡芳、李善兰等人。他们成为继徐光启之后又一代精通当时西方数学和自然科学的著名学者，成为清末又一波西学东渐的促进者。

江南制造局翻译馆的译书，除了数量不少的自然科学书籍之外，更多的是兵法、制造、工艺等方面书籍。英人傅兰雅曾对译书馆所译书籍有过统计，指出译书最多的是兵法工艺、水陆兵法、造船、天文、行船、汽车零件等类，占已刊行书籍的 41%，未刊书籍的 80%。[③] 江南制

①　朱有瓛，主编.中国近代学制史料：第一辑上［M］.上海：华东师范大学出版社，1983：251.
②　史革新.江南制造局翻译馆和近代中国的西学传播［J］.文史知识，1986（09）：54-57.
③　吴洪成.中国学校教材史［M］.重庆：西南师范大学出版社，1998：207.

造局翻译馆的译书表现出明显的选择性特点，体现了 19 世纪下半叶以洋务派为主导的中国教育改革的指导思想，即偏重于学习西方的实用技术。

广方言馆译介西方书籍曾经兴盛一时，成为 19 世纪中国官方最大的翻译出版机构。据《江南制造局译书提要》著录，至宣统元年（1909 年）共计译出一百六十余种，一千零七十五卷。[①]一说江南制造局附设的翻译馆翻译格致、化学、制造等各种西文书籍，前后出版有一百七十八种。[②]其中不少书籍被洋务学堂和其他讲授西学的新旧学校用作教科书。尤其是清末颁布学制，令各地开办新式学堂，所需教科书往往推荐选用上海出版的，其中主要来自上海广方言馆。

2. 洋务学堂对西方近代课程的仿设

从 19 世纪 60 年代到 90 年代，洋务派创办了三十多所洋务学堂，洋务学堂的教育内容主要是"西文"和"西艺"。具有代表性的洋务学堂是创办于 1862 年的京师同文馆，这是最早的洋务学堂。京师同文馆最初是为培养外语人才而办，随着洋务事业开展，逐渐调整了培养目标，也兼授西洋格致之学，于 1866 年增设了天文、算学馆，后来又建立了中国最早的化学实验室、博物馆、天文台、格致馆。在英文外，还陆续增加了俄文、法文、东文（日文）馆。1876 年正式规定学生除学习外语之外，还要学习数、理、化、天文、地理、各国公法、各国历史等课程，京师同文馆事实上成为一所外语为主、兼习西学的综合性高等学校。1876 年，京师同文馆按八年与五年两种学制拟订了两份课程计划（见表 4-3）。八年制计划作为常规方案，兼修外文与科学，培养能

---

① 石鸥，吴小鸥，编著.百年中国教科书图说：1897—1949［M］.长沙：湖南教育出版社，2009：3.
② 朱有瓛，主编.中国近代学制史料：第一辑上［M］.上海：华东师范大学出版社，1983：474.

够通过洋文掌握各科而有所成就者；五年制计划为年龄较长，不再有精力学习洋文，借助译本学习西学者而设。

表4-3　京师同文馆八年制和五年制分年课程计划（1876年订）

年次	八年制课程计划	五年制课程计划
第一年	认字写字。浅解辞句。讲解浅书。	数理启蒙。九章算法。代数学。
第二年	讲解浅书。练习文法。翻译条子。	学四元解。几何原本。平三角。弧三角。
第三年	讲各国地图。读各国史略。翻译选编。	格物入门。兼讲化学。重学测算。
第四年	数理启蒙。代数学。翻译公文。	微分积分。航海测算。天文测算。讲求机器。
第五年	讲求格物。几何原本。平三角。弧三角。练习译书。	万国公法。富国策。天文测算。地理金石。
第六年	讲求机器。微分积分。航海测算。练习译书。	
第七年	讲求化学。天文测算。万国公法。练习译书。	
第八年	天文测算。地理金石。富国策。练习译书。	

资料来源：孙培青，主编.中国教育史［M］.4版.上海：华东师范大学出版社，2019：318.

京师同文馆对于中国近代教育而言具有象征意义。

其一，有学者认为，"京师同文馆的八年制课程与五年制课程，是我国近代教育史上分年课程设置的开始"。[①] 从八年制课程计划可以看出，京师同文馆重视外语学习，每年都有外语课程，并包含比较广泛的科学课程。所有课程的安排次序都作了精心设计，每一年都有新增课

---

① 吕达.中国近代课程史论［M］.北京：人民教育出版社，1994：55.

程，一些主干课程会跨年开设。分年课程是按照知识的性质和程度上的高低之分来编排开设的，不同于中国传统课程并不严格体现知识的不同程度。

其二，京师同文馆是中国近代教育史上分科课程的开始。八年制课程和五年制课程都是以分科形式组织和呈现知识的。如外语、历史学、数学、物理学、化学、天文学、地理学、法学、经济学、机械学等。在学科之下又分化为更次一级学科。如外语之下，分为识字、写字、解释辞句、讲解书文、文法、翻译等部分；格致之下，又分为力学、水学、声学、气学、火学、光学、电学等部分。[①] 分科课程是某一方面知识的分类集合，不同于中国传统课程自汉代以下基本就是文献课程，即一部经典就是一门课程，中国传统教育受人诟病，一个重要原因就是课程。

其三，京师同文馆是中国近代教育史上忽视中学课程的开始。京师同文馆开办之初，多招收八旗幼童，那时还须开设汉文课程。1866年增设天文、算学馆后，招收进士出身和举人、贡生，均为中学已成就者。或许是因此之故，两份课程计划均基本不列任何中学课程（五年制课程中仅"九章算法"一门与传统学问有关），对中国传统学术不免忽视太过。在这方面，同治二年（1863年）创办的上海广方言馆做的就不同。上海广方言馆开设的课程中，有经学课程《春秋左传》，史学课程《资治通鉴》，小学课程《养正遗规》《朱子全书》，以及算学课程《算经》。以往相当长一段时间里，近代新式学校中保留中国传统课程内容都被视为落后、保守的表现，作为应挨批评的理由，但从今天的眼光看，这样的看法值得重新评估。

---

① 朱有瓛，主编.中国近代学制史料：第一辑上［M］.上海：华东师范大学出版社，1983：73-79.

（三）维新派的课程实践与思想

维新派教育家对建设中国新式教育的要求更强烈，思想更明确，理论也更系统。在维新运动蓬勃发展的背景下，较之洋务学堂更为新进的新式学校也开始出现。维新派的课程实践主要是在维新变法之前，而他们有关学校课程的思想阐述贯穿在整个维新运动期间。

1. 维新派的学堂课程实践

为了培养变法人才，1890 年康有为在广州讲学，著《长兴学记》为学规。后将讲舍定名为万木草堂。学生百余人，以陈千秋、梁启超为学长。草堂的办学已经有了一些新教育理念，按梁启超的说法："其为教也，德育居十之七，智育居十之三，而体育亦特重焉。"[①] 康有为办学糅合了书院传统和新式学校教育内容。据梁启超回忆，在草堂学习期间，除了读中国古书之外，还读过许多外国译著，其户有不少上海江南制造局翻译馆所译声、光、化、电一类自然科学教科书。草堂开设的课程沿用了旧名称，分为义理、考据、经世、文字之学四类，确实也开设了孔学、佛学、周秦诸子学、宋明理学等传统学术课程，但四类课程中已经融入西方哲学、万国史学、地理学、数学、格致、外国文学、政治原理学、中国政治沿革得失、政治应用学、群学等西学和新学内容。万木草堂不是一所实施普通教育的学校，其办学目的在于培养维新变法人才，这使得草堂在学校体制上与中国传统书院相近似，然而在课程内涵上具备了一些新元素，除了地理、数学、格致等数学与科学科目，西方哲学、万国史学、外国文学等社会科目外，尤其体现在有关政治学的理

---

① 梁启超.康有为传［M］//陈元晖，陈学恂，主编，璩鑫圭，童富勇，编.中国近代教育史资料汇编：教育思想.上海：上海教育出版社，2007：174.

论与实践和中国政治历史的课程上，反映了维新派强调政学的课程思想，而与此前洋务派所办学校偏重科技教育迥异。另外，据梁启超评价，万木草堂在组织体制上不及泰西制度之万一，但办学精神并不逊色；如果说到音乐、兵式体操一些科目的开设，也属在中国的创举。所有这些，显示了维新派办学的特色和进步所在。

1897 年，维新变法趋于高潮，谭嗣同、梁启超在湖南长沙开办湖南时务学堂。李维格为西文总教习，梁启超自任中文总教习，并主持学校事务。在此之前，梁启超曾先后向湖广总督张之洞、杭州知府林启呈递《上南皮张尚书论改书院课程书》和《与林迪臣太守论浙中学堂课程应提倡实学书》，阐述"以政学为主义，以艺学为附庸"的学校课程主张，将万木草堂的办学思想表达得更为透彻。他认为，处于当今世界，中国若要自强，须以办学校为先；而欲办学校，则以政学为重。从梁启超的一贯思想看，其所谓以政学为重或"以政学为主义"，在当时主要是出于培养政治变革人才的意图，之后发展为提高人们的政治素养，以培养合格国民。按梁启超所拟《湖南时务学堂学约十章》，包括：立志、养心、治身、读书、穷理、学文、乐群、摄生八条，为学堂中每日功课所当做之事；经世、传教二条，为学成后所当为之事。这就明确规定了学生的品德、学业需要当下践行的和未来成就的诸要求。时务学堂吸取西方近代学校的课程设置方式，将课程分设为人人应当通习的普通学和每人各占一门的专门学两种。普通学含诸子学、经学、公理学和中外史志以及格算诸学之粗浅者；专门学含公法学（包括内公法：宪法、民律、刑律；外公法：交涉、公法、约章）、掌故学、格算学。学生入学的半年内专修普通学，之后开始兼修专门学。所设课程可以分为中学与西学两大部分，中学包括经学、子学、史学，西学包括外语、西方社会政治学说和算学、格致、天文、舆地等自然学科。中学和西学课程逐日间隔修习。较之万木草堂，时务学堂有继承，也有发展。如时务学堂的课程设置强调政学，是对万木草堂的继承，而进一步强化政法类课程则是其发展，体现了突出时政教育、培养政治人才的明确意图。有学者指出，时务学堂"是一所新型的中等学校"。如它已有了分科教学的思想和实践，已有了必修课和选修课的做法，课程计划里已经纳入课外活动，等等。① 然而，如果对其所设课程加以考察，可以看出它的不典型性。时务学堂既带有普通中学的课程特点（如设有算学、格致等），也体现了中等专门学校的一些设科特点（如专门学类中开设法学科目）。时务学堂的不典型性与其办学目的和培养目标有关。维新派的改革主张及其迫切的人才需要，决定了他们不可能从从容容地举办一所缓效的普通学校，万木草堂、时务学堂的非典型性是必然的。而事实上，当维新派教育人物站在国家未来长远发展的立场上思考教育和办学问题时，都提出了十分专门的办学计划，即制定学制，兴办普通学校教育，开发民智，以提升国家实力。

康、梁所办的这两所学堂已经不是旧式书院，但在课程内容方面存在将中西思想文化进行附会组织的情形，在课程的组织和实施方面又与书院有颇多相似处，学堂无论在课程内容还是办学组织方面，都带有新旧杂糅的特点，但它们在中国近代学校和学校课程发展史上有着重要意义。

2. 维新派的课程思想

洋务派抱着富国强兵"速成"的目的兴办新式教育，所办学堂多为专门学科，并未办普通学校，更未建立近代学制，这是其重大缺陷。真正提出实施普通教育，建立近代学制的是以康有为、梁启超、严复为代表的维新派教育家。他们洞察当时世界竞争的根本所在，提出"开民

---

① 吕达.中国近代课程史论［M］.北京：人民教育出版社，1994：99-101

智"主张和普及教育思想，进而提出建立近代学制的设想。基于此，他们关于学校课程的阐述中，对西方教育制度的学习和借鉴程度更加深入，中国近代学校课程的雏形由此出现，并推动中国近代学校及其课程建设的革故鼎新。

维新派教育家的重要贡献是提出建立系统的学制，并以之为据兴办学校。康有为在1898年"百日维新"期间向光绪帝进呈的《请开学校折》中，借鉴西方学校体制，设计了一个包含小学、中学、专门学校和大学在内的学校系统。乡立小学，课程为文史、算术、地理、物理、歌乐，七岁以上孩童必须入学，学习时限为八年。县立中学，十四岁入学，深化小学课程，并授外语与诸实用学科。中学分初等科与高等科两个阶段，各二年，初等科毕业可升入专门学校或高等科；专门学校或中学高等科毕业，可升入省府立专门高等学校或大学。大学开设经学、哲学、律学、医学等科，专门学校分设有农、商、矿、林、机器、工程、驾驶等科。[①]这是中国近代按照学制体系设计中小学校课程的最初尝试，其中还涉及中学阶段的初等科和高等科分段，中学高等科的普通高中与专门学校的分科，都是非常有远见的设想。中国的普通中学真正实现初级中学与高级中学的划分，高中阶段分为普通高中和专门（职业）学校，是在二十五年以后。

梁启超的贡献在于依据西方心理学研究中有关儿童青少年年龄与身心发展的学说，把教育划分为不同的阶段，制订《教育期区分表》，将人的受教育过程分为幼儿期——家庭教育与幼稚园期（5岁以下）、儿童期——小学校期（6—13岁）、少年期——中学校期（14—21岁）、成人期——大学校期（22—25岁），从身体、知、情、意、自我意识等方

---

① 陈元晖，陈学恂，主编，璩鑫圭，童富勇，编.中国近代教育史资料汇编：教育思想［M］.上海：上海教育出版社，1997：139-141.

面介绍各个年龄阶段学生的发展情况和特征，并介绍日本学者根据人的身心发展阶段性特征来确定学制的阶段和年限的做法。这是中国最早系统介绍西方有关理论学说，使当时人们能够有依据地认识学校教育及其课程规划。梁启超对于儿童教育有着明确的发展意识和阶段意识。他在《变法通议·论幼学》中比较了中西儿童教育在内容安排和教学原则、方法上的差异，具体表现在是否注重循序渐进、学习兴趣和理解学习等方面，认为：西方是"先识字，次辨训，次造句，次成文，不躐等也"，中国则是"未尝识字，而即授之以经。未尝辨训，未尝造句，而即强之为文"；西方注意运用儿童喜闻乐见的方式激发学习兴趣，中国则相反，且还"妄施朴教"；西方教育重视学习中的理解，中国的教育偏于记性。中国虽早有《学记》对教学之道有所认识，但到近世极尽丢失。[①] 通过比较，梁启超说明了教学内容如何进行组织，以怎样的方式教授，结果就会大不一样。他强调应当从儿童的教学用书入手改革儿童教育，要求教学内容和教学原则方法对于儿童应该是可以理解的、能够激发兴趣的、循序渐进的。梁启超认为，应当新编的儿童教学用书，包括：（1）识字书——选实用的字，进行合理编排，使之尽快识得两千常用字；（2）文法书——教儿童会联字成句、联句成篇；（3）歌诀书——借鉴古代经验，将各种切用知识编成韵语；（4）问答书——与歌诀书相配合，歌诀助记忆，问答助理解；（5）说部书——文言合一，兼采俚语俗话，通过故事形式，训练阅读能力；（6）门径书——于列儿童应读书目，指引阅读门径；（7）名物书——即字典、工具书。梁启超关于儿童教学用书的主张主要还是集中在语文学科方面，但涉及课程内容和教学方法，对后世有启发意义。尤其是有关儿童教学用书的观念，已经与传

---

① 陈元晖，陈学恂，主编，璩鑫圭、童富勇，编．中国近代教育史资料汇编：教育思想［M］．上海：上海教育出版社，1997：208-209.

统教育有了根本性不同。

对中国近代课程思想发展作出重要贡献的学者中，严复尤其值得关注。严复最早提出并阐述了培养德、智、体兼备的真国民，基本确立了中国近代教育的目标体系，这也成为他提出学校课程思想的基础。在处理学习西方与维护自身民族文化关系的问题上，他说，社会如同完整的有机体，社会群体一旦形成，就会具有其体用功能。西方社会是"以自由为体，以民主为用"，所以是体用不分、体用一致，是一个整体。由此而言，体与用是不可割裂而论的。这就蕴含着对倡导"中体西用"观念的不以为然，表现出重建中国文化本体的思想倾向。这样的主张自然包含着他对西学作为知识的价值的肯定。

1898 年 9 月，严复在北京通艺学堂作《西学通门径功用说》的演讲，认为各种学问从功用目的上考察，可以分为"专门之用"和"公家之用"两种。"专门之用"仅仅属于这一学科本身，如算学用以计算，三角用以测量，等等；"公家之用"即各个学科都具有一些共同性，如"炼心用事"，也成为它们的共同目的。所以，求学问者不能只以"专门之用"为目的，还须以"公家之用"为追求。进而，严复将近代科学按照从基础到应用的层次，分为"玄学""玄著学"和"著学"三大类。玄学，即名学（逻辑学）和数学，属于思维和工具学科。不从事玄学则无从审知事物的必然之理，但玄学过于抽象，又不合适偏执。玄著学，即如物理学、化学等学科，属于基础理论科学，通过显示和说明事物的因果关系，而为应用学科提供一般原理。著学，即如天学、地学、人学、动植之学、生理之学、心理之学、群学（如政治、经济、法学、史学等社会科学）等，属于应用科学，是用前述学科之公理来考察专门事物而形成的学问。各种各类学科联为一体，相资为用，交叉发明，尤其是名学、数学和物理学、化学等各种基础理论学科渗透到学术的方方面面，成为近代科学的重要特点。严复认为，西学还是一个方法的体系，通过观察、实验、归纳、演绎等方法的运用，使学术不断发展更新。[①] 这样的观点实际上批判了洋务教育将体与用分割为二，仅仅仿用西方技术，却忽视那些有益于思维训练、方法应用的基础学科，认为这种做法是片面的和功利的。同时，也涉及如何理解学问的有用性，以及什么学科知识是有用的这些学校课程的基础性问题。

严复有关科学分类与结构关系的思想，也是他关于知识分类及其体系和学校课程框架的设计。在这样的课程架构中，科学与据主导和基础的地位，与传统课程截然不同。中国传统学校课程中几乎没有科学技术的地位；康有为和梁启超的学校教育构想中虽有科学内容，但他们更强调西学中的"政"，而严复更强调西学中的"艺"，甚至认为西艺是西政之本。所以严复呼吁将自然学科列为学校课程，认为这已经刻不容缓。

（四）维新运动期间的普通学堂课程与教科书

在维新运动的推动下，尤其是在甲午战争后民族危机愈加深重的刺激下，19世纪90年代中后期，兴办新式学堂形成热潮。这些学堂与洋务派办的洋务学堂的一个最大区别就是以普通学堂为多。由于是身份不同的办学者所办，这些学堂的办理缺乏规划，随机散在，尤其在学制、课程等方面，可以说是各行其是。然而，这些学堂开始了中国近代普通中小学校课程建设的最初实践。为了落实新的课程计划，一些学校的教师和办学者开始了新编教科书的尝试，编纂出一批各具特点的新编教科书，虽然这批教科书带有明显的中西合璧、新旧兼陈的过渡性特点，但也成为这一时期中国教育改革的亮点。

---

① 严复.西学通门径功用说［M］//陈元晖，陈学恂，主编，璩鑫圭，童富勇，编.中国近代教育史资料汇编：教育思想［M］.上海：上海教育出版社，2007：315-318.

1. 维新运动期间的普通学堂课程

维新运动时期出现了一批新型的普通学堂，促进了中国近代学校课程的发展。这类学堂中知名的有：钟天纬创办的上海三等公学（1896年）、严复协助张元济创办于北京的通艺学堂（1896年）、徐树兰捐资兴办的绍兴中西学堂（1897年）、谭嗣同发起创办的浏阳算学馆（1897年）、上海的宁波籍商人叶成忠出资兴办的澄衷学堂（1899年）等，较为著名也更具代表性的是盛宣怀创办的北洋西学堂和南洋公学。

1895年，津海关道盛宣怀奏准在天津创办中西学堂，又称北洋西学堂。内设头等学堂（大学专科程度）和二等学堂（中学程度），头等、二等学堂各分四个班（即年级），两个等级的学堂学制各为四年，共八年。其中，二等学堂开设的课程见表4-4。

表4-4　天津中西学堂二等学堂课程（1896年）

第一年	第二年	第三年	第四年
英文初学浅言	英文文法	英文讲解文法	各国史鉴
英文功课书	英文字拼法	各国史鉴	坡鲁伯斯第一年
英字拼法	朗诵书课	地舆学	格物书
朗诵书课	英文尺牍	英文官商尺牍	英文尺牍
数学	翻译英文	翻译英文	翻译英文
	数学并量法启蒙	代数学	平面量地法

资料来源：盛宣怀.拟设天津中西学堂禀（附章程、功课）［M］//朱有瓛，主编.中国近代学制史料：第一辑下.上海：华东师范大学出版社，1986：498-499.

由于天津中西学堂的二等学堂实际上是为升入头等学堂而开设的，相当于预科性质，并适当招收读过"四书"并通"五经"中一二经的学生，所以从课程表上看，西学课程中英文课程数量较多，且十分系统，其他西学课程包括数学、代数、测量、各国历史、舆地等科；中学课程未具体开列出，实际上是开设"四书"、经史及策论等课程，从学校八名教习中就有四名汉文华教习来看，中学课程应有相当数量。有学者认为，天津中西学堂是甲午战争之后中国举办的第一所新型普通学校。①天津中西学堂以分科课程的形式开设西学课程，所于课程体现了基础性，并实行年级制，确是一所新型学校。但也必须指出，这所学校初办时实际上是为头等学堂而设，是头等学堂的预备学堂；学堂章程虽言明汉文课程不做八股文，专做策论以备考试经济之学，表达了批评和改革八股考试的进步立场，但也深深留下了旧式学校的一些印记，与洋务学堂如京师同文馆的课程目标颇有相似之处。

1896 年盛宣怀又奏请获准在上海仿天津中西学堂办理南洋公学，先设师范院，后逐年开办了外院（师范院附属小学，供师范院学生教育实习之用）、中院（中学程度）、上院（大学程度，分设内政、外交、理财各专门）和特班。外院程度大致在高等小学（三年），分为四班，每班三十人；课程有读经（孝经、"四书"、左传）、修身、国文、算学（笔算、珠算）、史学、舆地、体育以及理科（自然现象、生理、简单理化）、习字、图画、体操（柔软体操、兵式体操）、唱歌、手工等。中院课程包括国学、史地、外文（英文、法文）、数学。随年级增高而逐步增加世界史地、博物、理化、法制经济等课程，绝大部分用英文教材。②

这两所新式学校最早在形式上采用西方近代学校体制，将学校分为相互衔接、逐年递升的小学、中学、大学三个等级，还附设有师范学

① 吕达.中国近代课程史论［M］.北京：人民教育出版社，1994：120.
② 盛宣怀.奏为筹集商捐开办南洋公学折（附章程）［M］//陈元晖，陈学恂，主编，汤志钧，陈祖恩，汤仁泽，编.中国近代教育史资料汇编：戊戌时期教育.上海：上海教育出版社，2007：268-273.

校，尤其是在南洋公学，在一所学校中完整形成了近代三级学制的架构。就培养目标而言，两所学校着眼于普通教育，与洋务学堂培养专门人才、维新学堂培养政治骨干都有不同。就课程而言，小学、中学、大学课程的阶段性区分更为明确和清晰，阶段之间的衔接和联系也有更多考虑；所设课程更加考虑基础性，内容比较全面，所涉及的知识比较广泛，传统学校课程中过于偏重伦理道德教育的现象虽仍存在，却也有所改变；所有课程都以分科的形式加以组织，传统的文献课程基本不复存在；从所设课程的名称看，中国传统文化作为独立、专门的课程在课程计划中也已不复存在，这在当时和以后相当长的时期被视为一种进步，不过在今天，这是一个值得反思和可以再加评价的问题。值得一提的是，1897年，也就是南洋公学办学第二年，公学外院为所设课程新编教科书《蒙学课本》，被认为是中国近代自编教科书的开始，产生了很大影响。此外，南洋公学还编纂出版《笔算教科书》《物算教科书》《本国初中地理教科书》等新编学校教科书。可以说，南洋公学外院、中院的课程设置，较之天津中西学堂的课程明显更进了一步，更称得上是普通中小学校的课程。

可以说，维新运动时期出现的一批新式学堂是尝试将早期改良派与维新派学者提出的学制设想付诸实践，对于中国近代学校和课程发展来说意义重大。

2. 自编新式教科书的兴起

19世纪60—90年代的三十余年里，中国新式教科书的编纂大致循着教会学校和洋务学堂两条道路发展。前者依据教会在中国办学的实际需要，所编纂的主要是中小学校的教科书；后者根据洋务学堂的办学需要，所编译的主要是各种洋务学堂的教科书。近代中国学校教科书编纂实践真正取得进步，是在维新派教育家提出开民智、兴学校的维新教育改革时期。当时，民间与官方都开始了兴办普通中小学校的尝试，适应办学需要，诸学校中一些接受过新式学校教育的教师和学者开始了编纂新式教科书的探索。

中国近代最早自编教科书始于1897年南洋公学编的《蒙学课本》。[①]1897年南洋公学成立外院（小学程度），分设国文、算学、舆地、史学、体育五科，由师范生分班教学。师范生陈懋治、杜嗣程、沈叔逵等人出于教学需要，尝试编纂了《蒙学课本》，共三编[②]（一说为师范生朱树人编纂）。[③]由于当时西方的教育学、教学法理论已经在中国传播，这批年轻的师范生显然是学习了一些新思想、新理论，便运用于教科书编写。三编中，初编以识字为主。按作者在《蒙学课本初编编辑大意》中所说，其编纂原则在于：其一，"是编专取习见习闻之事物，演以通俗文字，要使童子由已知达于未知而已"。[④]其二，并非孤立地识字，而是强调联字成句，贯彻以语言习惯为依据、由联字而缀句而成文的编排方式。所以，各课内容通常分为单字与课文两部分，先列出若干单字，再将这些单字联缀成课文。如据1901年由上海商务印书馆代南洋公学第一次印行的《新订蒙学课本》初编上：[⑤]

---

① 关于中国最早的学校教科书，历史上多有学者评说，意见较为一致，即认为系南洋公学所编《蒙学课本》。见：蒋维乔记南洋公学外院自编的教科书［M］//朱有瓛，主编.中国近代学制史料：第一辑下.上海：华东师范大学出版社，1986：540.吴研因.旧小学语文的回顾与批判（油印稿）［M］//李伯棠，编著.小学语文教材简史.济南：山东教育出版社，1985：21.石鸥、吴小鸥："我国自编新式教科书的雏形始自光绪二十三年（1897年）南洋公学编写的《蒙学课本》。""成为我国近代自编教科书之始端。"（石鸥，吴小鸥，编著.百年中国教科书图说：1897—1949［M］.长沙：湖南教育出版社，2009：5.）

② 南洋公学蒙学课本初编编辑大意［M］//朱有瓛，主编.中国近代学制史料：第一辑下.上海：华东师范大学出版社，1986：540.

③ 石鸥，吴小鸥，编著.百年中国教科书图说：1897—1949［M］.长沙：湖南教育出版社，2009：6.

④ 舒新城，编.近代中国教育史料：第二册［M］.上海：中华书局，1928：245.

⑤ 石鸥，吴小鸥，编著.百年中国教科书图说：1897—1949［M］.长沙：湖南教育出版社，2009：6.

第一课（公名字）：

天 地 日 月 山 水
天地　日月　山水

第二课（公名字）：

花 草 树 木 梅 柳
花草　树木　梅柳

第五十一课（状动状字）：

皆
日月星云皆在天　山水草木皆在地

第五十二课（状动状字）：

高 疾 远
鸟能高飞　马能疾驰　蛇能远行

可以看出，《蒙学课本》初编是循着字—词—句—文的语言顺序设计课文的。这样的课文编排既体现了传统语文教学中对句训练的思路，却又有所不同，尤其是按照字性、词性的分类进行语言学习和训练，按照识字—组词—联句—成文的训练要求设计课文，体现了西方语文和语文教学的影响。

二编课文多为文章片段，共编为一百三十课。选择贴近儿童日常生活的"家人琐屑之谈，几席凡近之语"，编为故事六十课，物名实字三十课，浅说琐记三十课，通用便函十课。为了体现有针对性地对儿童进行教育的意图，编者将故事课文按德育、智育、体育的主题分为三大部分，属于德育的三十课，属于智育的十五课，属于体育的十五课；物名实字和浅说琐记课文重在增加学生知识，兼学习表达；通用便函课文则明确以学习简单的写作为目的。

全书课文的编排体例也作了细致考虑，采用组合式编排，即每故事两课编入物名实字、浅说琐记各一课，形成一个个类似单元的组合。最后五十课时，则在每个类单元中再加入一课通用便函。如二编第一课的课文，单字和课文分别是：

禽 兽 燕 雀 鸡 鹅 牛 羊 犬 豕 之 属 曰 善 飞 走 翼
足 有 故

燕雀鸡鹅之属曰禽，牛羊犬豕之属曰兽，禽善飞，兽善走，禽有二翼，故善飞，兽有四足，故善走。①

每课最后附有思考题若干，围绕课文内容设问，或关乎课文大意，或旁涉与课文有关的内容，起到帮助学生理解掌握和扩大视野的作用。

三编也编为一百三十课，编纂体例与二编大致相似，增加了入塾劝勉、通用书信等内容，体现出教育层次的提高和书面表达能力训练加强的意图。

对这套《蒙学课本》，研究者都肯定它是中国近代最早的自编教科书尝试，但也认为它还不符合真正意义上的教科书标准。如认为，其内容包含语文、修身、常识等诸多方面，并非完全分科的教科书；也有认

---

① 朱有瓛，主编.中国近代学制史料：第一辑下［M］.上海：华东师范大学出版社，1986：542.

为，它没有按严格的学年、学期编写，且没有配备相应的如何使用教科书的教学参考书籍，等等，所以只能称之为现代意义的教科书的雏形。① 但也必须看到，沿用至今的中小学校教科书的一些基本要素，在这套教科书中大致都已出现，尤其是这套教科书体现了明确的教学法思想。

3. 各具特色的自编教科书尝试

随着民间兴办新式学堂的日渐增加，稍后于南洋公学的《蒙学课本》，一些学校结合相关课程的教学需要，陆续进行一些编纂教科书的尝试。从这些留存下来的中国近代早期教科书中，可以看出相应的课程内容与结构设计。

（1）上海三等公学《字义教科书》

1896年，曾任职于江南制造局翻译馆、执教于上海格致书院、一度为湖北自强学堂监督的钟天纬创办上海三等公学，内设蒙馆、经馆两等，另设师范。蒙馆以识字为主，以为讲书和作文打下基础；经馆重经文，兼学英语，以期接轨天津中西学堂。如果比照天津中西学堂分设头等、二等的体制，那么经馆和蒙馆则实际为三等、四等学堂。所设师范，以"新法教授"训练师资为目的，希望由此改善传统私塾教学的低效、落后。② 钟天纬在《学堂宜用新法教授议》一文中坦承，"新法教授"来自西方，并不深奥，不过是循序渐进、由浅入深的方法。就小学生学习语文而言，具体的做法是先讲拼法调音，次讲文法字义，粗通文理后进一步增加阅读量，三年即可做到文理贯通。有研究者认为，

---

① 石鸥，吴小鸥，编著.百年中国教科书图说：1897—1949［M］.长沙：湖南教育出版社，2009：6.
② 三等公学总章程［M］//陈元晖，陈学恂，主编，汤志钧，陈祖恩，汤仁泽，编.中国近代教育史资料汇编：戊戌时期教育.上海：上海教育出版社，2007：279-281.

南洋公学师范生所编《蒙学课本》也是得钟天纬教授法的启示，改进而来。①

为了将"新法教授"贯彻于小学语文课程的教学，钟天纬专门编纂了《字义教科书》（又名《蒙养镜》）。他在教科书的序中说，启蒙为育才之始，蒙之义为昧，得镜照耀，昧者获明。这套教科书就是这样一面明镜。钟天纬认为，教儿童读书的关键在于识字，通常的做法是一味要求多读书，而不先解决识字、解义问题，因而低效。《字义教科书》就是由识字、解义出发，按照"先字义，次喻言、智慧、格致，终之以经余、史约"的顺序，分为十二册，顺序为字义、歌谣、喻言、故事、智慧、格言、女鉴、经余、格致、史略、文粹、词章。《字义教科书》卷一即为"字义类"，将汉字从语法意义上进行分类，分为实字、形容字、称谓字、动作字、发语字、帮助字、接连字、语助字、呼声字九类，共分九章。其中第一章"实字"分为三十一课，将实字分为天文、时令、地理、山水、国姓、宫室、人伦、人品、形体等三十一类，每课讲解一类实字。如第七课《人伦》，编入表现各种人伦关系的实字八十个，包括：

父、母、宗、族、祖、考、高、曾、伯、仲、叔、侄、姊、妹、弟、兄、爷、娘、爹、妣、哥、姐、儿、孙、嫡、庶、姬、妾、夫、妇、友、朋、婆、媳、姑、嫂、翁、婿、舅、甥、妻、孥、姻、娅、姨、婶、长、昆、奴、婢、媪、媵、男、女、眷、亲、师、徒、保、傅、厮、仆、君、臣、孺、嫠、奶、姆、主、客、戚、宾、妯、娌、娣、姒、媒、妁、婚、姻。

① 瞿立鹤.清末教育西潮——中国教育现代化之萌芽［M］.台北：教育编译馆，2002：599.

每一个实字组一个词，如：父_子_，母_父_，姊_阿_，妹_子_，等等。

显然，将汉字进行语法分类，据以编写教科书的篇章，并从单字入手，脱离文章进行识字和组词的教学，钟天纬的《字义教科书》已经脱离中国传统蒙学教材的编纂原则。这是一种采取集中识字的方法进行识字教学的教科书，其按照汉字的语法分类和识字、解义兼组词的识字教法并不十分注重生字出现的语境，表现出按照西方语言文字规律来进行识字教学的教材编写思路，对中国传统语文启蒙教育是一个颠覆。此类识字教科书的出现，开了中国近代集中识字教学的先河，也为后世识字教学中的集中识字与随文识字之争埋下伏笔。

（2）无锡三等公学堂《蒙学读本》

1898年，俞复等人开办了无锡三等公学堂。俞复、丁宝书、杜嗣程、吴眺等教师边教学，边着手编写教科书。他们每日选编课文一篇，令学生抄读，并在课中提出若干问题，让学生笔答，效果甚佳。作者们深受鼓舞，边教边编，又通过教学试验其适用与否。到1902年，编成《蒙学读本》共七编，每编五十至八十篇课文不等，并报请官厅备案，载明为"寻常小学堂读书科生徒用教科书"。这是一套从形式到内容都很有可取之处的教科书。教科书主要是用作语文教学，对其他方面也有所兼顾，如有初步的自然知识和中外历史、地理知识等。教科书的编排力求遵循儿童心理发展的特点，体现出循序渐进、由浅入深的编排原则。第一至三编是初小的国文体裁，编得较为出色，以小学低年级学生的"游戏习惯之事"确定题材，将击球、捕蝉、钓鱼等儿童喜闻乐见之事，以讲故事的形式，并附以图画，编成课文，希望通过所有这些手段激发起儿童的学习兴趣。这就造就了教科书的一大特色——图文并茂，形象生动，趣味盎然。第一编之后还附有"字类备温"，将全书共四百余单字分为名字、代字、动字、静字、状字、介字和联字等七类，以便学生识读、温习、掌握和运用。第二、第三编的每课课文之后，还列出二三则问题，意在启发和帮助学生思考和理解。不少课文还继承了传统蒙学教材的编写形式之长，采用整齐的韵文形式。如第三编第二课："祝我国，巩金汤。长欧美，雄东洋。陆军海军炽而昌，金球翻映龙旗光。帝国主义新膨胀，毋谓老大徒悲伤！印度灭，波兰亡，请看我帝国，睡狮奋吼剧烈场。"

教科书的第四编颇似修身课本，是以故事的形式，按照一定的主题，将中国历史上哲人、圣者诸多历史人物有关修身的思想言行编成文章，以作为儿童仿效的榜样。第五编专以启发学生智育为主。主要选用古代诸子书中涉人的智慧的寓言故事编成课文，每课都设为问答，对课文条分缕析，意在借此养成儿童的思维习惯，训练其思维能力。如第一课由成语"刻舟求剑"故事编成，围绕着剑在何时、从哪里、又在何处落水设问，帮助儿童寻找到正确的求剑方案。第六编是记叙文，课文除一二十篇出自《资治通鉴》之外，多半为新撰。选用《资治通鉴》的课文多是名篇，如《赤壁之战》《淝水之战》等。本编课文既注重对儿童记事和状物的描写、表现能力的训练，又注意对儿童议事、说理的表达能力的训练，前半部分偏重修辞，后半部分偏重说理与议论。第七编专为议论文，课文也多为新撰，小半选自《史记》、《汉书》、《资治通鉴》、《左传》、《国语》、先秦诸子、唐宋及近代名家之作。

较之当时其他新编教科书的尝试，《蒙学读本》还有诸多重要创造，如附有"文法书"，类似于教学法参考书，甚得教育界欢迎；不仅图文并茂，而且课文用楷体字书写，配有精美的人物、动物、植物、景物图画，有书、画、文三绝之称。一经付梓，不胫而走，三四年间已经印至十余版。"从形式到内容在当时都是比较好的"，① 成为 20 世纪初最受教育界欢迎的教科书。

---

① 李伯棠，编著.小学语文教材简史［M］.济南：山东教育出版社，1985：21.

（3）上海澄衷学堂《字课图说》

1899 年，在上海的宁波籍商人叶成忠发起创办的澄衷学堂正式开学。学堂原专为在上海的宁波籍贫苦子弟而设。聘蔡元培为代理校长。胡适、竺可桢为学堂最早的毕业生。不少著名学者曾经在校讲学。这是一所按照近代学校制度办学的学校。1902 年设为初等小学和高等小学，后又设中学，一度开设师范和商科，20 年代增设高中。澄衷学堂在中国近代教育史上留下重要印记的是学校编纂出版的《澄衷蒙学堂字课图说》（简称《字课图说》）。

学校认识到传统教材的不足，如无论是教学方法还是教育目标，都有违学生的实际：不是以学生日常生活的行为习惯去提出要求，而是告知以高远空洞而难以做到的目标；不是采用如孔子那样的循循善诱之术，而是一味对学生严加管束以建立权威。[①] 教员沈颐、刘树屏等希望在注意儿童心理特点基础上编纂一套小学语文教科书。《字课图说》四卷八册，共选 3 000 多个汉字，按语法分类为名字、动字、静字、状字、虚字，依次排列。每类中又将意义相关的字编排在一起，如天文、地理、人事、物性等，例如：倭、韩、暹、安等为地理（国家）名；芒、回、显等为光学名，吸、力、结、重、散等为力学名，都为物理学名词。每一个字基本上都先按切音方法注音，次组词，后释义，释义是将政治、历史、地理等方面的知识糅为一体。例如"安"字：

　　於寒切。音案，平声。平稳也，又定也。平安，安吉。

　　安南在亚西亚东南，接近中国云南省。面积二十二万方里。本为中国属地，甲申以后遂为法国所据。近来法国权势愈重，虽有国王，不能成自主国焉。

---

① 朱有瓛，主编. 中国近代学制史料：第一辑下［M］. 上海：华东师范大学出版社，1986：830.

较之当时几种小学教科书,《字课图说》具有独到之处。如,全书生字按语法分类排列,每类之中又按意义相关的原则分别汇编;引进注音教学,每字先注音,再释义,释文凸显所教字的各种语境,以强化字词的运用和语言的训练。《字课图说》的一个重要特点是图文并茂,名字、动字很多都配有图画,通过形象来解释字义。如在"倭""韩"两字下,绘有日本和朝鲜及东海地图;"暹""安"两字下,是东南亚半岛及中国南海、印度洋地图。文字用楷书写就,绘画则是工笔,"犹如一本字帖和画帖"[①],学生不但学习识字,也可以受到书法与绘画的艺术熏陶。

《字课图说》出版后产生了很大的影响,一时出现了不少类似形式的教科书。直到清末学制颁布后,仍旧有此类教科书陆续问世。

其实,19世纪末20世纪初民间兴起的自编教科书热,编者相互之间显然受到影响,表现出一些共同特点,如大多是按照西方语言文字的理念来思考和设计汉语言文字教科书的编写,把单字从文句中析出,予以单独释义,明确其字(词)性,然后在此基础上再组词、拼句。这样,传统语文教材中所体现的集中识字、识字学文、使用韵语等做法开始解体,传统识字教材如"三百千"则逐渐被放弃。[②]然而,直到此时,陆续新编的小学教科书尚未对年级、学期、课时作出设计和规定,也缺乏教法的配套设计。虽然这些教科书已经与传统的以"三百千"为代表的蒙学教材完全不同,但仍无法称之为近代意义上的教科书,这与当时中国尚未建立和推行近代学制有关。

从上述曾经产生重要影响的近代早期学校教科书中可以发现一个现象,即这些教科书都是属于语文学科性质的教科书,或者兼涉思想品

---

① 石鸥,吴小鸥,编著.百年中国教科书图说:1897—1949[M].长沙:湖南教育出版社,2009:8.
② 李伯棠,编著.小学语文教材简史[M].济南:山东教育出版社,1985:23.

德、社会、中国史地等科目。这说明，中国在兴办新式学校的过程中，中小学校的课程大部分都没有传统的资源可以利用，必须通过引进、模仿西方既有的课程和教材体系，而唯有语文及相关课程却不同。一是无法通过简单引进、模仿的方式来建设；二是中国本身有着丰厚的历史积淀和资源可供借鉴；三是当时中国一些接受了西式教育的学者，大多受过完整的传统文史训练，也有可能利用传统文化的材料，按照西方学校课程和教科书的要求进行探索尝试。这一现象对我们有启发，应当引起重视。

二、近代学制建立背景下的普通中小学校课程

20 世纪伊始，中国即再次遭遇八国联军之难。1901 年 1 月，慈禧以光绪帝名义颁布"预约变法"上谕，揭开了清末新政的序幕。清政府出台了一系列改科举、兴学校的措施，各地开明官绅也纷纷响应政府兴学号召，开办了诸多新式学堂。随之而来的问题是需要有一个统一的学制系统和相关办学规则来规范办学，清政府着手制订学制。清末法定学制起始于《钦定学堂章程》的制订，完成于《奏定学堂章程》的颁布。近代中国学校课程也在此过程中得以确立和成熟。

（一）学制蓝图中的学校课程

1902 年 8 月颁布的《钦定学堂章程》（"壬寅学制"）[1] 主系列规定，

---

[1] 有关《钦定学堂章程》的相关文件，可参见：陈元晖，陈学恂，主编，璩鑫圭，唐良炎，编.中国近代教育史资料汇编：学制演变［M］.上海：上海教育出版社，2007：241-296.

初等教育十年，分为蒙学堂四年、寻常小学堂和高等小学堂各三年。蒙学堂的宗旨是使儿童有浅近知识和调护身体，小学堂的宗旨是传授道德知识和一切有益身体之事。中等教育设中学堂四年，宗旨是"为高等专门之始基"。高等教育六年，分为高等学堂或预科三年（设政、艺两科）、大学堂三年（设政治、文学、格致、农业、工艺、商务、医术七科，科下分专业），大学堂之上设大学院。此外，与高等小学堂、中学堂、大学堂平行的有简易实业学堂、中等实业学堂和高等实业学堂、师范馆等。

"壬寅学制"虽然未实施，但其中对各级学校课程作出的完整规定依旧有其独特的历史意义。

第一，规定了从蒙学堂到大学堂各级学校的课程体系，包括课程目标和课程门目、课程分年、课程周时刻诸表，以及相应的教授法。如此完整地对一个国家各级各类学校的课程及课程实施作出明确规定，这在中国是第一次。

第二，"壬寅学制"相对更为接受西方学校课程科目设置观念，课程门目表规定：蒙学堂设置修身、字课、习字、读经、史学、舆地、算学、体操八门，小学堂设置修身、读经、作文、习字、史学、舆地、算学、体操八门，中学堂设置修身、读经、算学、词章、中外史学、中外舆地、外国文、图画、博物、物理、化学、体操共十二门，奠定了中国中小学校课程架构基础，尤其是中学阶段的课程架构，更是被长期沿用。

第三，各段学堂章程中开列课程分年表，按学年逐年规定每门课程内容实施要求和要点。如寻常小学堂三年的舆地课：第一年地球大势，第二年本乡、本县各境，第三年本府各境；高等小学堂三年的舆地课：第一年本省各境，第二、第三年本国各境。还列有课程一周（星期）时刻表。有学者认为，这是中国近代最早由国家颁布的课程标准和课程规划。①

第四，从蒙学堂到中学堂，对每门课程的内容要求作出十分明确的循序渐进的整体设计。如算学课，蒙学堂从第三年起授数目之名；寻常小学堂第一年授加减乘除，第二、第三年为授减乘除繁数；高等小学堂第一年授度量衡及时刻之计算，第二年授分数、小数，第三年授比例；中学堂第一年授平面几何、直线，第二年授平面几何、面积、比例，第三年授立体几何、代数、加减乘除、分数，第四年授代数、方程。其他各学段延续设置的课程也是如此设计。这是中国近代第一次系统、完整地接纳西方学科知识体系，接受西方学科课程的知识组织方式。

第五，课程规划中有关中学与西学关系的处理，确实体现了"中体西用"精神。小学与中学阶段所设课程中，至少修身与读经两门学科体现了传统道德、思想、政治教育的意图。如修身科，蒙学堂教以孝悌、忠信、礼义廉耻、敬长尊师、忠君爱国，寻常小学堂取《礼记·曲礼》、朱子《小学》等书的内容授之，高等小学堂授以性理通论、伦常大义，中学堂据《论语》《孝经》讲授人伦道德之要领。再如读经科，蒙学堂第一年《孝经》《论语》，第二年《论语》《孟子》，第三年《孟子》，第四年《大学》《中庸》；寻常小学堂第一年《诗经》，第二年《诗经》《礼记》，第三年《礼记》；高等小学堂第一年《尔雅》《春秋左传》，第二年《春秋左传》，第三年《春秋左传》《公羊传》《穀梁传》；中学堂第一年《书经》，第二年《周礼》，第三年《仪礼》，第四年《周易》。从蒙学堂到中学堂毕业，依传统"四书"—"五经"的顺序将"十三经"读讫，几如旧学，不能说传统文化教育不充足。但在中学堂，周学时外国语科课程数可以达到九小时，远超读经课程的三小时，对外国语的强调又显

① 吕达.中国近代课程史论［M］.北京：人民教育出版社，1994：153.

得十分突出，赞之者认为这是对传统教育内容的一个重大突破，[①] 但似也为"壬寅学制"未被清政府当局接受埋下了由头。

（二）第一个被实施的近代国家课程规划

"壬寅学制"的制定比较仓促，缺陷不少，颁布后顾多非议，尤以时任湖广总督张之洞的意见为最系统，加之主持编制者张百熙向以偏好西学而遭人批评。于是，学制虽颁布，却未得实行。张百熙、荣庆、张之洞三人奉命重新拟制学制方案。1904 年 1 月颁布的《奏定学堂章程》（"癸卯学制"）中，张之洞等人关于办学宗旨有一个著名的说明："无论何等学堂，均以忠孝为本，以中国经史之学为基……以西学瀹其智识，练其艺能，务期他日成材，各适实用，以仰副国家造就通才、慎防流弊之意。"[②] 这一指导思想更为鲜明地体现了"中体西用"的追求，也成为当时各级各类学堂设计课程目标的根本精神。学制的三系列定为初等小学堂五年，高等小学堂四年，中学堂五年，高等学堂或大学预科三年，大学堂三至四年，大学堂之上为通儒院。与高等小学堂、中学堂、高等学堂或大学预科及大学堂平行的分别有师范预科和实业预科、初等师范学堂和初等实业学堂、优级师范学堂和高等实业学堂。对"癸卯学制"作说明的《学务纲要》称，大中小学堂宗旨一贯，但侧重不同：初等小学堂意在使国民"淑性知礼，化为良善"；高等小学堂、普通中学堂使入学者"通晓四民皆应必知之要端，仕进者有进学之阶梯，改业者有谋生之智能"；高等学堂、大学堂意在讲求专门之学，为国家储养人才。[③]

① 吕达.中国近代课程史论［M］.北京：人民教育出版社，1994：153-154.
② 张百熙，荣庆，张之洞.重订学堂章程折［M］//陈元晖，陈学恂，主编，璩鑫圭，唐良炎，编.中国近代教育史资料汇编：学制演变.上海：上海教育出版社，2007：258.
③ 舒新城，编.近代中国教育史料：上册［M］.北京：人民教育出版社，1961：199-200.

各级学堂这些具体办学目标也成为课程设置的依据。

如果将"癸卯学制"与"壬寅学制"的学校课程作比较，可以看到两者之间有继承，也有差异，反映了决策者对教育的不同理解和要求，这种差异又影响了近代教育改革的进程。如以中学堂课程一星期时刻表为例（见表4-5、表4-6）。

两个学制的中学堂课程之间的继承关系很清楚，表现在课程的门数都是十二门，科目除了在"癸卯学制"的课程中增加了"法制及理财"，并将物理与化学合并外，其他基本相同。然而，差异也十分明显。如"壬寅学制"中课时数前三位的分别是外国文、算学和读经、词章、中外史学、中外地理（四门并列），分别占总课时数的24%、16%和8%、8%、8%、8%；"癸卯学制"中课时数前三位的分别是读经讲经、外国语和算学、中国文学，分别占总课时数的25%、20%和11%、11%。读经（讲经）课比例从8%骤增至25%，得到极大加强，外国语、算学课则削弱明显。加之中国文学课占11%，较之词章课的8%也有增加。为了加强读经（讲经）课，几乎其他所有课程课时数都有减少。如果以外国语、算学、博物、理化代表西学的课程，以读经、词章（中国文学）代表中学的课程，那么西学和中学占课程总时数的比例，在"壬寅学制"中分别为52%和16%，在"癸卯学制"中则分别为41%与36%。显然，"壬寅学制"偏重西学十分明显，"癸卯学制"相对偏重中学。如果按照后来分文理科的标准，除去修身、图画、体操，以读经（讲经）、中国文学、外国语、历史、法制及理财为文科课程，以地理、算学、博物、物理及化学为理科课程，在"壬寅学制"中两者分别占48%和36%，在"癸卯学制"中分别为64%和25%。可见原已不占优势的理科课程更为削弱，已经严重失衡。这种情形显然与制定学制及课程方案的指导思想有关，即"中体西用"思想。一如《学务纲要》中所指明的："中小学堂宜注重读经以存圣教"，理由是"外国学堂有宗教一

表4-5 "壬寅学制" 规定的中学堂课程及周课时表

学 年	学 科												总 计
	修身	读经	算学	词章	中外史学	中外地理	外国文	图画	博物	物理	化学	体操	
第一年	2	3	6	3	3	3	9	2	2	2	0	2	37
第二年	2	3	6	3	3	3	9	2	2	2	0	2	37
第三年	2	3	6	3	3	3	9	2	2	0	3	2	38
第四年	2	3	6	3	3	3	9	2	2	0	3	2	38
四年周课时合计	8	12	24	12	12	12	36	8	8	4	6	8	150
四年周课时约占比	5%	8%	16%	8%	8%	8%	24%	5%	5%	3%	4%	5%	100%
四年周课时量顺序	7	3	2	3	3	3	1	7	7	12	11	7	

资料来源：《钦定中学堂章程》第二章第三节《中学堂课程一星期时刻表》，据舒新城，编.中国近代教育史资料：中册［M］.北京：人民教育出版社，1961：499.

表4-6 "癸卯学制"规定的中学堂课程及周课时表

学年＼学科	修身	读经讲经	中国文学	外国语	历史	地理	算学	博物	物理及化学	法制及理财	图画	体操	总计
第一年	1	9	4	8	3	2	4	2	0	0	1	2	36
第二年	1	9	4	8	2	3	4	2	0	0	1	2	36
第三年	1	9	5	8	2	2	4	2	0	0	1	2	36
第四年	1	9	3	6	2	2	4	2	4	0	1	2	36
第五年	1	9	3	6	2	2	4	0	4	3	0	2	36
五年周课时合计	5	45	19	36	11	11	20	8	8	3	4	10	180
五年周课时约占比	3%	25%	11%	20%	6%	6%	11%	4%	4%	2%	2%	6%	100%
五年周课时量顺序	8	1	4	2	5	5	3	7	7	10	9	6	

资料来源:《奏定中学堂章程》第二章第五节《各学科程度及每星期教授时刻表》,据舒新城,编.中国近代教育史资料:中册[M].北京:人民教育出版社,1961:512-514.

门"。^①这是将儒家经典视同西方国家的宗教，企望让学生从小熟读儒家诸经，奠定传统价值基础。西方科学知识在中学课程中的位置因此受到严重挤压。以今日观点看，中小学课程中多保存一些传统文化内容未尝不可，甚至还可以说十分必要，问题是出于怎样的目的保存、保存什么。由于教育宗旨的思想出现了问题，在清末最初制定的学校课程中，这两方面显然都存在问题。

在"癸卯学制"中，初等小学堂和高等小学堂的课程也体现了与中学堂课程相似的特点，尤其是小学教育阶段对读经的强调。

如五年制初等小学堂，共开设八门课程，一至五年级的周课时都是三十课时，每门课的课时数也一样。具体课程和课时为：修身二课时，读经讲经十二课时，中国文字四课时，算术六课时，历史一课时，地理一课时，格致一课时，体操三课时。^②读经讲经课的课时数占全部八门课程总课时数的40%，比重很大。

再看四年制高等小学堂，共开设九门课程，一至四年级的周课时都是三十六课时，每门课的课时数也一样。具体课程和课时为：修身二课时，读经讲经十二课时，中国文学八课时，算术三课时，中国历史二课时，地理二课时，格致二课时，图画二课时，体操三课时。读经讲经课的课时数占全部九门课程总课时数的33%，所占比重同样不低。修身课时不变，算术减少了课时且减少幅度较大（减50%），别的科目课时都有所增加。另外有一项规定颇有新意，即规定可视地方情形，加授手工、农业、商业等科目作为任选，欲升入中学堂的学生，可不必要求。^③

① 舒新城，编.近代中国教育史料：上册［M］.北京：人民教育出版社，1961：202.
② 舒新城，编.中国近代教育史资料：中册［M］.北京：人民教育出版社，1961：421-424.
③ 同上：436-439.

"癸卯学制"小学阶段的课程设计问题在于，读经讲经课程课时数过多，整个小学阶段九年，计划将"四书""五经"全部读完，与传统私塾教育的课程安排完全一样。出现这种情形的根本原因在于近代中国社会的体制、价值观未发生根本性变化，而西方模式的小学课程已有一套完整的内容安排，于是小学固有的教学科目需要落实，中国传统社会政治、伦理道德观念又尤其需要保证，唯一的办法就是压减西学科目的课时，以保证中学科目。

"癸卯学制"的小学课程设计也有颇多可以肯定之处。如小学课程的科目设置整体考虑了初等小学堂和高等小学堂的连贯性，课程内容的组织明显体现循序渐进原则。如语文科目，初小开设"中国文字"，高小开设"中国文学"，体现了从识字为主向阅读、写作为主的过渡；历史和地理科目的内容安排遵循从乡土到县府，又到国家，再到外国的组织逻辑。即使是读经讲经课，也提出"切于实用，勿令学童苦其繁难"，不能说一无是处。

"癸卯学制"的颁布标志着普通教育尤其是中小学校的地位在学制上得到确立。作为第一个被实施的法定学制，"癸卯学制"中有关学校的课程方案，对后来学校的建设和发展有深远影响。

（三）学制建立与清末新编教科书

1902年和1904年先后颁布的"壬寅学制"和"癸卯学制"，确定了学制系统和办学标准，在此背景下，全国各地中小学校如雨后春笋般涌现。学制也明确规定了各级学堂的课程规划、科目和标准，并有意识地推动官方和民间的教科书编写和出版。为了有效实施课程，需要按照课程方案有目的、有计划地编纂各年级、各科目的教科书和教学用书。商务印书馆等一些社会出版机构对即将到来的学校建设热潮作出了敏锐反应，积极进行各科教科书编写和出版。学校教科书事业进入一个新阶段，也有力地支持了清末学堂的课程建设与实施。

1. 商务印书馆的教科书编纂与出版

在中国近代学校教科书编纂和出版事业发展中，商务印书馆扮演着重要角色。商务印书馆创办于 1897 年，创办者夏瑞芳等人都曾就读于教会学校。清末学制颁布后，激发起全国的办学热，急需大量适用教科书，而既有新编教材及转译外国（日本）教科书都已不能满足需要。商务印书馆审时度势，全面开展了配合新式学堂兴办的教科书编写。中国近代教科书编写进入到一个新阶段的标志性作品，是商务印书馆编写出版的"最新教科书"系列。不少学者都肯定这套教科书对于中国学校教科书事业现代化进程的价值，指出它是第一套遵循国家课程方案（清末学堂章程）要求编纂的教科书，是第一套按课程门类、分学年学期、分级分册编写的教科书，是第一套同时配套有分科分级的教学用书的教科书，[①] 完全符合现代教科书的要求。其中最具有代表性的是《最新国文教科书》。

《最新国文教科书》的编写，首先做的工作是研究。编者张元济、高梦旦、蒋维乔、庄俞等人，首先结合自己早年启蒙读书时的经历和感受，研究了已经出版的各种教科书，归纳出其中的基本问题，包括：语言文字方面的（如生字多、生字的笔画多、过早学习虚字、句子长而无味），思想方面的（如脱离学生需要、脱离社会需要），材料内容编排方面的（如搬用国外事物不合国情、内容与季节时令脱节），等等。确定了编写须遵循由简到繁、由易到难、由少到多、由浅入深、适当重复、

---

① 石鸥、吴小鸥，编著.百年中国教科书图说：1897—1949［M］.长沙：湖南教育出版社，2009：59.

注意联络等原则。如课文选字，笔画、生字量、课文字数等都随课数和册数逐步增加；每课生字都须在各课中重复出现两次以上；用字须是常用字。又如课文内容选材广泛，融入各科知识，包括有理科、历史、地理、修身、实业、家事、卫生、政治、杂事等，并要求内容编排上交互错综，前后联络。每一册课文都设计有练习、问答、联字、造句等各种课后训练内容，并遵循汉字笔法，为训练学生写字编有习字帖。[①] 另外，还编有教员使用的《最新国文教科书教授法》。

《最新国文教科书》初小第一册于 1904 年 12 月出版，第二至第十册在两年内陆续编就出版，收到相当好的社会效果。之后又续编高小八册，于 1908 年全部竣工。之后，编纂者又按学科陆续编出了各科教科书及相应的教授法，均冠以"最新"名称。如有用于小学阶段的《最新修身教科书》《最新格致教科书》《最新理科教科书》《最新笔算教科书》以及珠算、地理、历史、农业、商业等教科书，用于中学阶段、以"最新中学教科书"为统一书名的《植物学》《生理学》《代数学》《热学》《磁学》《声学》《力学》《静电学》《用器画》以及《矿物学》《平面几何》《立体几何》《三角》《英文》《万国舆图》等教科书。由此形成了一套学科、年级比较齐全，包括教、学两方面用书的中小学教科书，很好地适应了清末学制颁布之初各地办学的需要。之后，考虑到中国地区差异悬殊，人口数量巨大，文化水平不一，商务印书馆在"最新教科书"基础上进行再加工，出版了"简明教科书"系列。又专为贫寒子弟、失学人员编辑了"简易课本"。编写者认为，"最新教科书"出版后，其他书局的启蒙读本逐渐不复流行，而新编的教科书则多模仿其书体裁，"最新教科书"系列也奠定了商务印书馆在中国近代学校教科书建设、

---

① 蒋维乔.编辑小学教科书之回忆［M］//张静庐，编.中国出版史料补编.北京：中华书局，1957：139-142.

发展中的地位。事实是，清学部于1906年第一次审定初等小学教科书，得以颁布的共一百零二种，商务印书馆的即有五十四种，可见其影响。自此，新编学校教科书取代了各种蒙学读物。①

清末学制颁布前后的民间教科书编写并非商务印书馆一家，众多民间书商看到了巨大的机会，纷纷投入教科书编纂与出版，仅上海一地就有二十多家出版机构参与其事，文明书局、开明书局、点石斋书局、彪蒙书室等是其中比较知名者。民间教科书的编纂、出版，为清末兴学提供了充分的课本支持，也探索和积累了大量教科书编写经验，其历史作用应予充分重视。

清末学制颁布前后，以商务印书馆为代表的民间教科书编写与出版表现出以下特点：与清政府颁布的学制法令中中小学校课程方案所规定的课程设置相一致，按课程科目分科编写；所编教科书按学段、年级和学期分册，形成连续性，具有完整性；教科书课文内容的选择和编排注意日常性、直观性和可接受性，注意遵循循序渐进原则；重视教科书的教法指导，各科教科书都配有专门的教授法书籍；对传统蒙学教材编纂形式和内容都有不少借鉴。可以认为，中国近代意义上的学校教科书已经基本成形，并形成了自己的风格和特点。

2. 官方统编教科书

随着统一的学制体系的建立和推行，新式学堂在全国各地普遍建立，政府对学校教育事业的控制也逐渐加强，学校教科书的编纂出版逐渐由民间主导转变为官方参与并逐步进行控制。在1904年颁布的《奏定学务纲要》中，关于学校教科书问题有明确规定，主要精神为：制定统一的教科书目录，作为编写教科书的依据；教科书须有详细的教授节

---

① 李伯棠，编著.小学语文教材简史［M］.济南：山东教育出版社，1985：32.

目，对教科书讲授时间、程度、次序等作出规定；令京外官私书局全力编辑，可采取分担任务的方式迅速编写，也允许个人按目录编写；在官编教科书未出版之前，各地中小学堂急需使用，允许各科教员自编讲义；所有私家编纂课本都须呈学务大臣审定……① 可以看出，当局对教科书编纂出版态度积极，举措谨慎，并配合促进措施，基本形成了学校教科书管理的政策架构，即由政府主导，民间、个人参与编纂和出版，国家审定，学校选用，自编为主，适当引进。

《奏定学堂章程》是以"中体西用"为指导思想，十分注意控制学生思想，而对教科书编写的控制是其重要途径。1906年学部编译图书局成立，这是学部属下专门编纂和审定学校教科书的机构，清末官编教科书主要出自其中。图书局的任务是编纂统一国用的学校教科书，延请王国维、罗振玉、严复等著名学者为编辑，保证了所编纂教科书具有较高水平。也就是从图书局成立后的次年起，中国近代第一套由中央政府官方组织编纂的统编各科教科书及其教学用书陆续编成出版。这套教科书也是中国近代教科书事业发展的一个标志，清政府意识到它的重要性，所以非常注意突出其作为统编教材的权威性和形式上的统一性，体现在教科书的开本、版式、装帧、印制等都比较大方，每册教科书扉页和扉页背面都竖排印有"学部第一次编纂 × 等小学 × × 教科书"和"× × 年 × × 月学部图书局印行"字样。② 这套教科书确实体现了时代精神和教育理念，在编写过程中，认识到面向儿童的教科书宜简不宜繁、宜实不宜虚、宜变换不宜故常，注意从儿童习见习闻的事物出发激发其学习兴趣，以体现智育、德育和体育发展的教育宗旨，并切合未来社会生活需要。国文教科书中编入了不少知识性内

① 舒新城，编 . 中国近代教育史资料：上册［M］. 北京：人民教育出版社，1961：213.
② 石鸥，吴小鸥，编著 . 百年中国教科书图说：1897—1949［M］. 长沙：湖南教育出版社，2009：75.

容，如《初等小学国文教科书》第四册第四十八课讲解吸烟的害处，第六册第四十二课是"显微镜"等。但是，由于受清末教育宗旨的羁绊，教科书中还是存在诸多与时代、与儿童身心发展相悖的问题。如《初等小学修身教科书》第三册第一课课文题目为《尊孔》，内容则是"孔子，圣人也，学者宗之"，显得与小学二年级学生的生活比较疏离。尤其是教科书的语言采用浅近的文言文，与日常生活语言存在距离。

受时代的影响，也因上述教科书存在的不足，宣统年间学部编译图书局编辑出版了《简易识字课本》《国民必读课本》《官话课本》等以教育普及为意图的教科书。1909 年，清学部奏定《简易识字学塾章程》，以为年长失学和贫寒子弟无力入学者设学受教育，学制年限为一、二、三年不等，三年毕业可升入初等小学堂。这实际上是一种半脱产扫盲性质的学校，图书局编成的《第一种简易识字课本》《第二种简易识字课本》就是为了满足这一需要。相比上述学部第一次编纂初等小学教科书，《简易识字课本》最显著的特点就是语言浅白、通俗，内容贴近生活，便于学习，在文化教育水平相当落后的清末，这成为它最大的优点。如第一编第六十二课，课文内容是讲授生活用具的词语："布衣，皮靴，手巾，眼镜。油灯，蜡烛，羹匙，水瓢。"第六十九课讲授生活习惯："衣服要洁净，身体要端正，说话要安详。"这要比学部第一次编纂初等小学教科书的课文内容明白、可亲、有用多了。尤其应当肯定的是课本的第一编第一课，内容为"天地人"三个字，字下的页面上画了一个儿童立在天地之间，颇有意境。①这套识字课本在为容选择和语言表达方面整体表现出的特点，使它得到当时和后人的认可，而"天地人"更是成为标志性课文。有现今的研究者习惯于据此将清末教科书统称为"天地人教科书"。

---

① 石鸥，吴小鸥，编著. 百年中国教科书图说：1897—1949［M］. 长沙：湖南教育出版社，2009：87.

（四）"教授"：教学概念的近代表达

清末颁布的学制有关学堂课程的规定中，都有对教学法的规定。如《钦定小学堂章程》第二章《功课教法》规定，小学堂班额不超过六十人，每班设教习一名，按日负责分科目教学，实行包班制。另设副教习一名辅助之。[①]《奏定初等小学堂章程》中，有关教学的规定更加明确。如第二章《学科程度及编制》的第十、十一、十二、十三节共四节是有关教学的规定，如第十一节："凡教授儿童，须尽其循循善诱之法，不宜操切以伤其身体，尤须晓以知耻之义；夏楚只可示威，不可轻施，尤以不用为最善。"又如第十二节："凡教授之法，以讲解为最要，讲解明则领悟易。所诵经书本应成诵，万一有记性过钝实不能背诵者，宜于试验时择紧要处令其讲解。常有记性甚劣而悟性尚可者，长大后或渐能领会，亦自有益。若强责背诵，必伤脑力，不可不慎。"[②]虽然有关教授之法言之未详，但已经提出了原则性要求。按学制要求，学校教学以班级授课的方式进行，教师要使全班学生落实课程要求，注重并讲究教授法就是十分必要也是重要的一个环节。在此情形下，"教授之法"成为学校和教师必须认真掌握的职业技能。

"教授"一词早在《史记·仲尼弟子列传》中就已经出现，"子夏居西河教授，为魏文侯师"。在汉唐太学中，很多博士被称为教授。宋代以后，中央和地方官学、府学的教师有时也被称为教授。中华民国建立后，《大学令》中规定大学设立教授和助教授等职位。在一些佛教教育中也用"教授师"来代表具足戒仪式中"三师"（传戒师、羯摩师、教授师）之一，即对受戒者教授坐、作、进、退等威仪规矩的僧人。例如

---

① 舒新城，编.中国近代教育史资料：中册［M］.北京：人民教育出版社，1961：409-410.
② 同上：426.

《六祖坛经》中记载神秀大师为教授师。教授在传统教育中有传教授业的意思，主要指传授学问的过程，也代指传授学问的人。

近代以来，西方学制和教育观念从日本引入中国，"教学法"一般译为"教授法"，对应德文 Didaktik，英文 didactics。"教授学"指研究教授之法及教材配列处置等方法的学问。赫尔巴特学派用德文"Didaktik"指教育学中关于教学法的内容。"Didaktik"来源于拉丁语"Didactica"。例如夸美纽斯的《大教学论》（*Magna Didactica*）在民国时期被翻译成《大教授学》，寓意"将一切事物教给一切人的普遍的艺术"。Didactica 就是指教学的科学或艺术，后来在英语中被译为 method of teaching 或 general method。在翻译教学这一概念时，一般用"教授"来代指教学的形式、教学行为等概念。

教学的这些概念与日本教育学相关概念的引入密切相关。1901年，王国维等学者在《教育世界》上译介日本学者立花铣三郎、牧濑五一郎等的教育学著作，代表赫尔巴特教育学在我国的引入。赫尔巴特（Johann Friedrich Herbart）是德国著名的哲学家、教育家和心理学家。1806年，他出版《普通教育学》，标志着近代教育学的诞生。教育史家鲍尔生（Friedrich Paulson）认为："在很长的时期里，人们便把'赫尔巴特理论'和'科学教育理论'作为同义词。"[1] 作为科学教育学的代表，赫尔巴特在《普通教育学》中提出了"明了—联想—系统—方法"的教学过程，经过赫尔巴特后学莱因（Wilhelm Rein）等人的改造，改为"预备—提示—联系（比较）—总结—应用"，称为"五段教学法"。这一教学法对我国影响深远。

清末"新政"时期，受到甲午海战失败的刺激，举国向东成为时代特色。对于教育学来说，赴日留学的兴起，使得引介日本教育学著作

---

[1] 弗·鲍尔生.德国教育史［M］.滕大春，译.北京：人民教育出版社，1936：165.

成为这一时期的主要特点，也使得教育学在初创时期就带有"舶来品"的印记。赫尔巴特教育学是这一时期日译教育学作品的主流。1901年，由罗振玉发起、王国维主编的《教育世界》作为我国第一本教育杂志，以较多篇幅介绍了赫尔巴特的教育理论，其中多为日本学者的著述（见表4-7）。

表4-7 《教育世界》译介的赫尔巴特教育理论和活动的著作

作 者	书 名	期 号	时 间	备 注
立花铣三郎	《教育学》		1901年	王国维译
汤本武比古	《教授学》		1901年	
牧濑五一郎	《教育学教科书》	第29、30号	1902年	王国维译
加纳友市、上田仲之助	《实用新教育学》	第24、25号	1902年	
大濑甚太郎、中川延治	《教授法沿革史》	第25—28号	1902年	
吉田熊次	《新教育学释义》	第84—85号	1904年	
长谷川乙彦	《教授原理》	第93—95号	1905年	
吉田熊次	《兰因氏之教育学》	第134—138号，第140—142号	1906—1907年	
熊谷五郎	《大教育学》	第147、149、150、152、153、155、156、157号	1907年	
富永岩太郎	《大教授法》	第144—148、153、156号	1907年	

这些日本学者的著作系统介绍了赫尔巴特的"五段教学法"。通过《教育世界》的译介，"五段教学法"成为风靡一时的教学理念。晚清政府在学制条文中也申明了教学法的重要性，使得教学过程初步具有了标准。王国维等学者还通过《教育世界》的具体专栏，分析赫尔巴特教育

学的哲学、生理学和心理学基础，也引发《教育杂志》《中华教育界》等当时一大批杂志介入到教学法的引介中，促进了人们对赫尔巴特教学法的进一步了解。

随着大量日本教育学作品的引介，赫尔巴特教学理论对我国的影响日益加深。这一时期，学者们大都用"教授"来表达'教学'的含义。1903 年，时中学社出版了朱孔文编写的《教授法通论》，这是最早的国人自编的教授法教材。朱孔文在书中介绍赫尔巴特的教学过程为"预备、提示、比较、概括、应用"五个步骤；其书以目的—材料—方法为基本框架，重点介绍"教授"的定义、目的、材料和方法。书中模仿日本教学论的成分很多，如关于"教授之方法"，有教段、教式、方法等。朱孔文认为教授法应该"一是我国的教授法，而非外国教授法；二是国民教授法，而非个人教授法；三是活用教授法，而非死煞教授法"，[①] 一定程度上反映了当时国人仅仅是将教学论看作一门解决学校教学实际问题学科的"急功近利"的普遍心态！[②]

缪文功于 1906 年编写了我国第一部教育学教科书《最新教育学教科书》。在该书第三章，作者介绍了赫尔巴特的"五段教学法"："一预备，二提要，三比较，四总括，五应用。"他认为："五段教授，近日所盛行。而预备之先用目的指示法，目的指示者用集中法，使儿童注意新教材，并唤起与旧教材之关系，导之以追求心、研究心。尽于各部分中指示各部分之目的，宜简短明了，而得其要，既得其要，则五段法可次第施之。"[③] 在介绍了"五段法"的大要后，他还将其与《孟子》中的齐宣王问霸一章进行比附，阐发具体含义。

① 朱孔文.教授法通论［M］.台北：时中学社，1903.
② 肖朗，肖菊梅.清末民初教学论的知识结构、特征及其影响——以教材文本分析为中心［J］.社会科学战线，2013（01）：217-224.
③ 缪文功.最新教育学教科书［M］.上海：文明书局，1906：35.

蒋维乔是近代著名的教育家、出版家，他积极参与了商务印书馆"最新教科书"的编纂工作，对教育学、教学法的引介贡献很大。配套"最新教科书"的出版，蒋维乔广搜日本之教授书加以研究，化"五段教授法"为三段，增添练习、问答、联字、造句等方法，按册编辑。这类教学法教材发行量大，影响广泛。1909年，蒋维乔编的《新教育学》中详细介绍赫尔巴特五阶段教学过程观：预备—提示—比较—总结—应用。该书采用总论与分论并行结构。"总论"主要介绍有关教授学原理的内容，包括教授的目的、种类、内容、意义及普遍方法；"分论"主要介绍各学科和科目的教学方法。在此基础上，他依托商务印书馆创办小学师范讲习所，进行教学法的推广。他先后编写了《学校管理法》《心理学讲义》等书，促进了赫尔巴特教育学的推广。

当代有学者总结了历史上以"教授"表达近代教学概念的过程。认为，这首先意味着教学概念的成熟。"教学"能够表达"教师的教和学生的学的共同活动"，这一教育近代化的过程主要得益于班级授课制的推行。在传统教育中，"教学"一般表达教导、培养、教育、教书之义，教与学是相对应的概念，例如"礼闻来学，不闻往教"等。近代教育用"教授"表达教学概念，"教授"是及物动词，包含赫尔巴特所说的由教授者给予、被教授者接受的教育内容。[①]1902年，《钦定学堂章程》中规定师范学堂设有教授法课。在1910年《学部奏颁布初等小学堂教科书折》中，学生用书被称为"教科书"，教师教学用书被称为"教授书"。在此期间，《教育世界》杂志广泛引介西方教育学概念，"教授法"开始成为流行概念。

这一时期，教育著作的翻译和编纂中主要以"教授法"一词来介绍

---

① 章小谦，李屏.改"教授法"为"教学法"考［J］.华东师范大学学报（教育科学版），2005（02）：87-95.

教学法，其实质就是对赫尔巴特教学法的介绍或改进。传统教育主要以个别教学为主，不注重教材的单元化和教法的分化。赫尔巴特教育学引入中国以后，建立在观念、统觉和兴趣等心理学原理上的教学法，使得教学过程更加简单和易于操作，缓解了个别教学向班级授课制过渡过程中引起的教学混乱，新方法在各类新式学校得到初步应用。在这一时期的学校课程实践中，教授法越来越成为课程和教材的一个不可分离的组成部分。

（五）清末中学的文实分科与课程变迁

在"癸卯学制"实施五年后的 1909 年 5 月，清学部奏请将中学堂课程分为文科与实科，获准后曾短暂实施。

学部奏请的理由是：其一，中学阶段与小学阶段在教育上存在差异。小学阶段的目标是"养其人伦之道德，启其普通之知识"，为今后的多样化发展奠定基础。中学则不同。中学生"年龄已长，趣向已分"，应当遵循学生的志向，把中学课程分为文科与实科，使学业各有注重，专长各有成就，"志在从政者则于文科致力为勤，志在谋生者则于实科用功较切"。其二，有志于深造的中学生将升入大学，而大学是分科的，经科、法政、商科、文学科归于文科，格致科、农科、工科、医科归于实科。"学文科者当求文学之精深，学实科者尤期科学之纯熟。"然而，文学既艰难，科学又繁重，要想在中学五年兼通两者，并不容易。考察各省中学堂毕业生，除极其个别者各科皆优外，绝大部分学生或优于文学，或长于科学。从有利于适应大学教育的考虑，应当在中学阶段区分文科与实科。其三，中外古今的实践经验证明，分科培养是人才造就的有效做法。如宋代胡瑗的分斋教学制度。尤其是近世德国学术号为极盛，其中学堂制度即是文科、实科分堂肄业。所

379

以，"远稽湖学良规，近采德国成法"，结合学校实际，中学堂分文科、实科实在有其必要性。"与其于升学之时多所迁就，何如于入堂之始早为区分；与其蹈爱博不专之讥，何如收用志不纷之效。"①

据课程改革方案，中学堂五年学制不变，所开设的十二门课程数量和门类也不变，发生变化的是课程设置，即将课程根据偏重于文科或实科的不同，形成两组，各由主课与通习课组成。文科组以读经讲经、中国文学、外国语、历史、地理为主课，而以修身、算学、博物、理化、法制理财、体操为通习课；实科组以外国语、算学、博物、物理、化学为主课，而以修身、读经讲经、中国文学、历史、地理、法制理财、图画、手工、体操为通习课。主课课时数较多，通习课课时数较少。主课的目的在体现个性发展要求，通习课的目的在完善知识和素质结构（见表4-8、表4-9）。

表4-8　1909年中学文科类课程表

单位：课时/周

学　科		一年级	二年级	三年级	四年级	五年级	五年课时合计	约占总课时百分比
主课	读经讲经	10	10	10	10	10	50	28%
	中国文学	7	7	6	6	6	32	18%
	外国语	6	6	6	6	6	30	17%
	历史	3	3	3	3	3	15	8%
	地理	3	3	2	2	2	12	6%
	小计	29	29	27	27	27	139	77%

① 舒新城，编.中国近代教育史资料：中册［M］.北京：人民教育出版社，1961：517-520.

学　科		一年级	二年级	三年级	四年级	五年级	五年课时合计	约占总课时百分比
通习课	修身	1	1	1	1	1	5	3%
	算学	3	3	3	3	3	15	8%
	博物	1	1	0	0	0	2	1%
	理化	0	0	2	2	2	6	3%
	法制理财	0	0	1	1	1	3	2%
	体操	2	2	2	2	2	10	6%
	小计	7	7	9	9	9	41	23%
共计		36	36	36	36	36	180	100%

资料来源：学部奏变通中学堂课程分为文科实科折（宣统元年三月）[M]// 舒新城，编.中国近代教育史资料：中册.北京：人民教育出版社，1961：517－520.

表 4-9　1909 年中学实科类课程表

单位：课时 / 周

学　科		一年级	二年级	三年级	四年级	五年级	五年课时合计	约占总课时百分比
主课	外国语	10	10	8	8	8	44	24%
	算学	6	6	6	6	6	30	17%
	博物	6	6	0	0	0	12	7%
	物理	0	0	8	0	0	8	4%
	化学	0	0	0	8	8	16	9%
	小计	22	22	22	22	22	110	61%
通习课	修身	1	1	1	1	1	5	3%
	读经讲经	3	3	3	3	3	15	8%

学　科		一年级	二年级	三年级	四年级	五年级	五年课时合计	约占总课时百分比
通习课	中国文学	3	3	3	3	3	15	8%
	历史	1	1	1	1	1	5	3%
	地理	1	1	1	1	1	5	3%
	法制理财	0	0	0	1	1	2	1%
	图画	2	2	2	2	2	10	6%
	手工	1	1	1	0	0	3	2%
	体操	2	2	2	2	2	10	6%
	小计	14	14	14	14	14	70	39%
共计		36	36	36	36	36	180	100%

资料来源：学部奏变通中学堂课程分为文科实科折（宣统元年三月）［M］//舒新城，编．中国近代教育史资料：中册．北京：人民教育出版社，1961：517-520.

　　有学者认为，1909年短暂实施的中学文实分科还有两个更重要的背景，即对"癸卯学制"的中学堂章程实施情况不满意和对德国的崇拜。[①] 也有学者认为文实分科是"中体西用"思想的另一种表现，即学生既要学西学，又不能减中学，造成课业的难以承受之重，于是采取学科分化的做法予以解决。[②] 除此之外，还有一些原因也不可忽视，如：注意到学生个体发展的差异性问题，期望通过分科进行因材施教；凸显实科，希望能够在中学教育中加强科学训练，以

① 吕达．中国近代课程史论［M］．北京：人民教育出版社，1994：217.
② 王伦信．清末民国时期中学教育研究［M］．上海：华东师范大学出版社，2002：92-94.

期更多培养科学人才，求得国家富强。清末短暂实行文实分科，体现了对中小学校课程的认识和理解水平在提高，所以，课程设计的复杂程度也在提高。

中学堂文实分科课程在设计和实施中也存在较大的问题。如文科与实科课程在安排上畸轻畸重，尤其是文科课程，主课与通习课时数之比竟至 77：23，通习课中算学、博物、理化三门课的课时数仅占总课时的 12%；而在实科课程计划中，算学、博物、物理、化学四门课的课时占总课时的 37%，文科课程计划中的算学、博物、理化完全成了点缀；文科主修课中的读经讲经、中国文学、历史、地理四门课的课时数占总课时数的 60%，而实科通习课中的这四门课的课时数只占总课时数的 22%，后者不足前者的一半。可见文实两科的课程程度相差之大，客观上有助长学生畏难实科课程之嫌，也使学生一旦修习文科或实科后即难以转修，文科学生转修实科更难。又如，文实分科的课程计划带有高等学校的某些特质，而当时中国的中学堂实际上只是初中程度，学生的基础知识获得和基本技能训练并不充分，让学生选科进而分科容易出现偏颇，甚至耽误其发展。又由于注重课程分科，主课的程度较原来有提高，而其他一些基础性课程的水平因受忽视必然会有所降低，对学生的未来就业不利，对升学也不见得有益。此外，文实分科在实施中也面临师资和管理水平、经费和设施不适应等困难。

凡此种种，中学堂文实分科课程改革并不理想，不能说得到切实推行。1911 年 1 月学部根据各地反映提出改订方案，问题得到一定程度的改善，后因清政权终结而未得延续。尽管如此，中学堂文实分科课程改革是一个开端，开中国近代以来普通中学教学中文实（理）分科和选科的先河也开了文实（理）科分分合合的先例，这种状况甚至延续到百年之后的今天。

（六）近代学校课程制度在中国初步建立

从京师同文馆建立，中国出现自主办理的新式学校，到辛亥革命结束帝制，恰好半个世纪。其间，中国近代学校课程经历了从无到有的过程。教会学校将西方近代学校课程带来中国；洋务学堂开始了中国近代新式学校课程实践的历史，尤其是形成了"中体西用"的课程模式。维新运动期间，维新派教育家整体构思了学校制度及其课程，尤其是提出普通中小学校的课程设想，并结合维新运动开展办学实践，在旧式书院中纳入了新式课程知识。其间，也陆续出现了一些新式中小学校，这些学校也都不同程度地引入了西式学校课程。所有这一切，烘托出中国整体举办新式学校、实施新式学校课程的社会气氛。进入 20 世纪，晚清政府推行教育改革，建立起系统的学校体制，也使得新式学校的课程得以全面建立，中国学校课程总体上告别了传统模式，进入新的历史阶段，即与西方国家主导的学校课程模式接轨的阶段。当代学者盛朗西将中国语文学科的形成过程概括为"从读经、字课、作文、习字等科说到国语科"，[①] 相当准确。语文学科的形成过程也许在所有学科中最具有代表性，可以从中透视其他学校课程的形成情形。在近代课程形成进程中，中国的学校课程出现了一系列重要转变，表现在如下三个方面：

其一，从伦理本位转变为知识本位，即课程价值导向的变革。从西周开始，中国传统学校的教学内容体现出浓厚的人伦道德色彩，所提出的"六德""六行"和"六艺"教育，重心在道德人伦。孔子整理传统文献典籍，形成以"六经"为核心的课程内容，偏重道德、人伦和政

---

① 盛朗西. 小学课程沿革 [M]. 福州：福建教育出版社，2008：44−78. 盛朗西此书，是一部 1902—1932 年的小学分科课程史，追溯民国时期小学九科课程的形成过程。其中国语、社会两科的形成过程相对更为复杂，又以国语为最。表明在历史文化传统积淀更为深厚的学科领域里，建立近现代学科相对更为困难和曲折。

治，并提出"行有余力，则以学文"的课程实施原则。之后，孟子提出教育目的在于"明人伦"，更加明确了课程目标所在。汉代实行"独尊儒术"的文教政策，建立以经学教育为主导的学校制度，"五经"和相关的儒家典籍成为学校课程的核心。到宋代，"四书"兴起，与"六经"等典籍共同组成新的经学课程体系。在由汉至宋期间，虽也经历了东汉鸿都门学倡导文学尺牍，南朝陈在儒学之外兴办了玄学、文学和史学，唐代中央和地方官学设立律学、书学、算学和医学等，宋代开办了武学、画学等，但经学教育仍是整个学校教育的主导，注重道德、伦理和政治的课程特点更加凸显。到了近代，中国学校的课程内容发生了根本性改变，虽然清政府以"中体西用"为教育指导思想，在学校课程设计中体现出强势的传统道德、伦理和政治意志，但课程中越来越占据优势的是来自异域、体现西方近代科学乃至社会发展成果的各领域的知识内容，经学课程的主导地位逐渐式微，并最终随着封建专制王朝退出历史舞台而失去独立的课程地位，演变为修身、社会、文学、历史、地理等课程中的知识或内容。伦理本位的古代学校课程与中国传统社会的政治、文化特质有关，身、家、国、天下一体的人的完善观念，学习—教育—政治一体的社会治理观念，决定了教育对道德和伦理的注重。当中国进入近代社会后，内外部条件的剧变，使得原有的教育形态失去了生存土壤，知识本位的课程就成了自然选择。

其二，从文献课程到学科课程，即课程组织形态的变革。除了"六艺"时代外，中国传统学校课程多来自文献典籍，课程并不是将知识经过分类，形成互相独立的不同科目，而是依据一定的政治和道德标准，选择前代传世的经典形成知识传授体系，即文献课程。孔子整理古典文献形成的"六经"就是这样的文献课程。汉代尊崇儒术，不仅依照儒家学者的建议立学，也将前代流传下来、集中体现儒家思想价值的先秦文献"五经"设为太学课程，其中包括后世不同学派的学者对"五经"所作的解释，是文献课程。与此同时，为适应统治者需要，一批儒家文献被选定为官方学校的课程，如原来只是在一定地区和范围内私人讲学和民间流传的《论语》《孟子》《孝经》等典籍，逐渐被确定为学校经学教育辅助性课程，都是文献课程。唐代整理编纂完成的《五经正义》，以及之后完成其他四经的注疏，也是文献课程。宋代理学家专门选择《论语》《孟子》《大学》《中庸》编成"四书"课程，又与"五经"配套，构建成新经学课程体系，同样是文献课程。这样的学校课程产生方式体现了中国传统教育的特点，即要求青年一代更多地学习和继承前辈经验。要达成这样的目的，最好的方式就是尽可能听取前辈的教诲，而这些历经筛选留存下来的经典就是最理想的教材乃至课程。文献课程的优点在于它的经典性。这些经历了时间考验的经典是特定时代的思想和文化精华，十分有益于陶冶人的性情，培育人的思想，能对学生的成长产生积极有效的作用；其缺陷则在于内涵相对狭窄、形式单一，与学生的生活和社会环境存在脱节等。这样的传统课程若不加改造，显然难以适应工业化时代人的培养和知识传授的需要。工业化社会不仅要求人有比较广泛的自然和社会知识，而且要求提高教育效率，文献课程显然不能适应这样的时代需要。将一个未来社会成员所需要的知识分门别类地加以重新分类、组织，形成若干科目，显然是更加有效的知识传授和人的培养方式。

其三，从"学程"到"教程"，即课程性质和功用的变革。《学记》记载《尚书·兑命》的有关论述可以证明，早在殷商时期，中国传统教育即表现出偏重学习的特点。到孔子那里，这一特点尤其明显。孔子整理"六经"主要不是给自己用来讲学的，而是提供给学生学习的。《论语·学而》和《论语·八佾》记录了孔子与子贡和子夏的两段对话，对话中两位弟子都引用了《诗》中的诗句，孔子表扬他们"始可与言《诗》已矣"，说明两位弟子先已大致学懂了《诗》，并能够活用。孔子的教学并不见得以开讲为主，而主要是让学生自己学，教学主要表现为学生在自学基础上的提问，老师应对。在孔子那里，课程不是用来教的，而是用来学的，可称为"学程"。对课程的这一理解和运用，在后世很长一段时期基本如此。朱熹所谓"宽着期限，紧着课程"的"课程"，是指"看书"的进度。这个"课程"，既可以指读一部书在一段时间里的进度，也可以指一日里所读书或所做功课的进度，都是学生根据进度要求自己学。清代官学的课程更是十分明确地体现"学程"的性质。《钦定国子监则例·六堂训课》规定了各种课程的学习要求。如："经义课程：凡内班肄业生讲求经义，每有心得及疑义，自行札记，三日一次呈助教等批析，朔望呈堂，分别优劣。外班札记，于朔望面缴助教等批阅，次期呈堂。"[①] 很清楚，国子监的经义课程主要由学生自己讲求，教师只是答疑、批阅和判等，并不"教"些什么。而在近代，随着学制颁布和新式学堂大批兴办，中国教育的一大重要发展就是教学法和教学理论兴起。在清末学制规定的中小学校课程方案中，专门开列了"功课教法"的部分，对课程的总要求和每门学科的教学要求作出规定。因之，大量国外教授法论著被引进中国。《奏定初级师范学堂章程》还规定在第三学年开设"教授法"课程。之后，各学科教授法教材、讲义也编撰出版。如商务印书馆 1916 年出版蒋维乔编《教授法讲义》，通论之外的分论部分，即分修身、国文、算术、历史、地理、理科、手工、图画、唱歌、体操、农业及商业、英语等各科教授法。课程讲究教法，而不讲究学法，甚至连教法最初也叫作"教授法"，学校课程自然就成为"教程"。课程由古代的"学程"转变为近代的"教程"，是学习西方教育的结果，也是中国教育要走近代发展道路的结果。课程成为"教

---

① 陈元晖、陈学恂，主编，璩鑫圭，编. 中国近代教育史资料汇编：鸦片战争时期教育［M］. 上海：上海教育出版社，2007：134.

程"，可以克服古代课程知识比较狭窄、单一，学习比较低效的不足，但也因此丢弃了传统课程有利于培养学习能力的优点。

因此，中国学校课程由传统向近代的转变，一方面充分体现出近代课程的优越性，另一方面也丢失了传统课程之所长。

三、民国的建立与普通中小学校课程改革

中华民国的建立给教育带来新气象。新文化运动的启蒙特性更是深刻影响了学校课程的发展。20世纪二三十年代，中国的学校课程建设与欧美国家的联系程度进一步加深，无论是价值理念，还是课程内容的选择和组织、课程的实施和管理，都取得很大进展，学校课程内涵不断丰富。

（一）民国初年的普通中小学校课程

中华民国临时政府成立后，与政治上的民主共和相适应，教育也革故鼎新。教育总长蔡元培执掌教育部，于1912年1月发布了《普通教育暂行办法》和《普通教育暂行课程标准》，表达了以民主共和精神建设民国教育的愿望。当年9月2日，教育部公布了"注重道德教育，以实利教育、军国民教育辅之，更以美感教育完成其道德"的教育方针；9月初，教育部正式公布民国学制系统框架，至次年8月，又陆续公布各级各类学校一系列法令、规程，形成了一个完整的学制系统，称为"壬子癸丑学制"。民初学制分为三段四级。初等教育七年，分初小和高小两级，初小四年，高小三年；中等教育设中学四年；高等教育不分级，设预科、本科、大学院。《普通教育暂行办法》提出诸多改革学校

课程举措，如：规定初等小学可以男女同校；各种教科书务合共和民国宗旨，清学部颁行者一律禁用；小学读经科一律废止．小学手工科应加注重；中学校为普通教育，文实不必分科。[①]体现出一些新思想、新理念。同时颁布的《普通教育暂行课程标准》，规定了初等小学校、高等小学校、中学校和师范学校课程与各学年各科教授周课时数（即教学计划）。[②]

从表4-10、表4-11、表4-12可以看出，民国初年中小学校课程设置较之清末有了显著变化，特点十分明显。其一，最显著的改变是，中学和小学都取消了读经讲经课，体现了民国政权的政治追求。其二，注意到各个教育层级的差异，注意课程设置的适切性。如，初等小学取消了历史、地理、格致等课程，增加了图画、手工、唱歌等课程，高等小学开始开设外国语课程。其三，更多关注学生的身心特点和发展需要，开始注意依据这些特点施教。如，初等、高等小学和中学都开设了图画、手工、唱歌（音乐）课程。其四，对中小学课程的性质和定位的认识更加准确。如，将原来初等小学的中国文字、高等小学和中学的中国文学统一改为国文，将中学的算学改为数学。其五，考虑到学生未来的生活和就业需要。如，小学和中学都开设裁缝，高等小学开设农、工、商业，中学开设家政。其六，顾及女性的身心和角色特点，有专门为女子设置的课程，如中学阶段女子加家政、裁缝。尤其是1912年12月公布的《中学校令施行规则》中还首次专门制订了供女子中学校采用的课程表。[③]上述民国初年政府出台中小学校课程标准，也在不同程度上体现了民国初年的教育宗旨。但是，民国初年的"壬子癸丑学制"在

---

① 朱有瓛，主编．中国近代学制史料：第三辑上［M］．上海：华东师范大学出版社，1990：2.

② 同上：3-5.

③ 同上：352-355.

表 4-10 清末与民初初等小学课程比较

	修身	读经讲经	中国文字	算术	历史	地理	格致	体操	图画	手工	裁缝	唱歌
"癸卯学制"初等小学课程①	修身	读经讲经	中国文字	算术	历史	地理	格致	体操				
"壬子癸丑"制初等小学课程②	修身		国文	算术				游戏体操	图画	手工	裁缝	唱歌

注：① 视地方情形，尚可加设图画，手工之一科或二科。② 视地方情形，加设图画、手工、唱歌之一科或数科；女子加裁缝。

表 4-11 清末与民初高等小学课程比较

	修身	读经讲经	中国文字	算术	中国历史	地理	格致	图画	体操	手工	唱歌	外国语	农、工、商业
"癸卯学制"高等小学课程①	修身	读经讲经	中国文字	算术	中国历史	地理	格致	图画	体操				
"壬子癸丑"制高等小学课程②	修身		国文	算术	中华历史	地理	博物理化	图画	体操	手工	唱歌	外国语	农、工、商业

注：① 视地方情形，加设手工一科或二科。② 唱歌、外国语、农、工、商业为视地方情形加课，预备入中学堂的学生可不加。

表 4-12 清末与民初中学课程比较

	修身	读经讲经	中国文字	外国语	历史	地理	算学	博物	物理及化学	法制及理财	图画	家政	体操	手工	裁缝	音乐
"癸卯学制"中学课程①	修身	读经讲经	中国文字	外国语	历史	地理	算学	博物	物理及化学	法制及理财	图画		体操			
"壬子癸丑"制中学课程②	修身		国文	外国语	历史	地理	数学	博物	理化	法制经济	图画	家政	体操	手工	裁缝	音乐

注：① 法制及理财缺之亦可。② 家政、裁缝为女子加课。

各学段的年限设置上并不合理，尤其是中学阶段甚至被压缩至四年，整个教育的导向发生偏差。在此基础上设计的中学课程，已隐含不能适应实际发展需要的严重问题。

（二）"从天到人"：以课程为标准的现代教科书成形

辛亥革命推翻了君主专制制度，建立了共和体制的旧民主主义国家，中国社会也发生了根本性的变化。民国建立后，开展了一系列适应资产阶级要求的教育改革，奠定了中国现代教育的基础，又经过新文化运动的思想洗礼，迎来了 20 世纪二三十年代的教育快速发展时期。在此历史背景下，学校教科书事业取得新的成就，中国现代教科书基本成形。

1. 民国初年的教科书政策

民国初建，在所推出的教育改革举措中，重要的一条就是废除清末"忠君""尊孔"的教育宗旨。蔡元培在《对于教育方针之意见》中指出，"忠君与共和政体不合，尊孔与信教自由相违"，所以必须去除，代之以培养"健全国民"的教育方针，对学生普遍实施资产阶级的道德教育、实利教育和军国民教育。[①] 蔡元培出任民国首任教育总长，1912 年1 月教育部即颁布《普通教育暂行办法》和《普通教育暂行课程标准》，这是中国的资产阶级以中央政府名义发布的最早的纲领性教育文件。之后，又陆续颁布了民国学制和一系列学校教育法令规程。在这些文件中，关于学校教科书问题主要作出了两方面规定，即除旧与布新。一是明确要求各种教科书必须符合共和精神、民国宗旨。《普通教育暂行办

---

① 蔡元培. 对于教育方针之意见［M］// 陈元晖，陈学恂，主编，璩鑫圭，童富勇，编. 中国近代教育史资料汇编：教育思想. 上海：上海教育出版社，2007：682-688.

法》中明令，清学部颁行的教科书一律禁用，凡民间通行的教科书，其中如有尊崇清朝廷及旧时官制、军制的课文，以及避讳、抬头字样，应由各书局自行修改，送交教育部及本省有关部门备查。意在清除帝制的影响。二是提出新的体现共和精神的课程方案和标准。《普通教育暂行课程标准》对小学、中学和师范学校的课程作出了规定。如初小科目为修身、国文、算术、游戏、体操等；高小科目为修身、国文、算术、历史、地理、数学、博物、理化、图画、手工、体操、游戏，以及视地方情况开设的唱歌、外语、农工商科等；中学科目为修身、国文、外国语、历史、地理、数学、博物、理化、图画、手工、音乐、体操等。[①]这些教学科目成为教科书编纂的依据。《教育部公布审定教科用图书规程》也规定，教科书编辑应依据《小学校令》《中学校令》《师范学校令》中有关学校教科的设置。

上述规定成为民国建立后学校教科书编写的指导。由于当时教科书编写的主要力量是各民营出版机构，有关政策颁布后，这些机构闻风而动，忠实执行了国民政府的政策精神，开展学校教科书编写和出版。如陆费逵等人迅即在上海成立中华书局，新开炉灶，完全按新的时代精神编纂出一套"新中华教科书"。有学者认为，中华书局编撰出版的《中华小学国文教科书》"虽属粗制滥造，但它却是符合所谓共和政体的，所以它一出版，就使商务印书馆相形见绌"。[②]而成立于清末并活跃一时的老牌出版机构商务印书馆，也迅速遵行《普通教育暂行办法》第十四条规定，对原有教科书作较大修改，并于封面加上"中华民国"字样，印行应市。同时迅速组织力量，按民国教育方针的精神和课程标准的要求，编写出小学、中学、师范学校各科教科书，以"共和国教科

① 朱有瓛，主编.中国近代学制史料：第三辑上［M］.上海：华东师范大学出版社，1990：1-6.
② 李伯棠，编著.小学语文教材简史［M］.济南：山东教育出版社，1985：35.

书”的名称问世。民国时期教科书编纂和出版的竞争开始了。国民政府早期的教科书政策是放手让民间出版机构组织编纂，而政府主要通过审定来予以掌控。而对于编纂和出版者来说，教科书编纂既是全新的进步文化建设事业，又是有利可求的商业活动。这就促使教科书编纂和出版出现了蓬勃发展的局面。从学校教科书编写的角度，这也反映了当时的社会民心所向，反映了人们对共和国家的向往。

2. 教科书的繁荣

作为一个新兴的资产阶级政权，民国成立之后确实迎来了教科书事业的繁荣发展，表现为民间出版机构的活跃和竞争局面的形成。民国初年一些有影响的教科书编纂出版机构基本上集中在上海，具有代表性的有商务印书馆、文明书局、中国图书公司和后起的中华书局等。俞复等人创办的文明书局在清末就出版了数量相当可观的中小学教科书。民国成立之后，俞复等一批作者适应新形势，编撰出版了标明“新”字的系列小学教科书，如《新国文》《新算术》《新历史》《新理科》等。张謇发起的中国图书公司在清末也出版了大量初小、高小教科书，尤以高小史地教科书最为著名，还出版了教育学、心理学、教育史和一些学科教法、教育科学理论书籍，成为其特色。适应民国成立的新形势，中国图书公司也出版了《新国文教科书》《新历史教科书》《新修身教科书》等初小、高小教科书。民国初年乃至整个民国时期，在学校教科书出版方面影响最大者，当推商务印书馆和中华书局。

民国初建，商务印书馆对清末所编教科书匆匆作了修改以应时需，而最先推出适合共和政治体制需要的教科书的是中华书局。几乎与新的资产阶级共和国诞生同时，陆费逵等人脱离商务印书馆，于1912 年 1 月在上海创建中华书局，2 月即陆续推出初小、高小、中学、师范学校各学段和国文、算术、历史、地理、理科等各科的课本六七十种，名为"中华教科书"。① 初小国文课本第一册首页即印有南京临时政府的五色国旗，鲜明地表达了这套教科书对时政的敏感，也使之成为令读者感到新鲜的新型教科书，一经出版即大受欢迎，令商务印书馆之前出版的教科书相形见绌。"中华教科书"的政治立场是全新的，如《中华中学历史教科书》的编辑宗旨所表达的：发挥民族精神，伸张民权；注重进化，尤其注意生活进步和科学发明；关注东西洋历史与我国的关系，关注世界大势；多选取饶有兴趣的史实材料，便于教师教授、学生领悟。值得注意的是在"中华教科书"小学系列中，出现了《中华高等小学英文教科书》，这是近代小学英语教科书第一次出现。② 实际上，民初颁布的"壬子癸丑学制"并未硬性规定要在小学开设外国语课程，只是提出各地可视地方情形加设外国语等科目。

为了适应新的政治形势并与异军突起的中华书局相抗衡，以挽回劣势，商务印书馆迅速采取行动，组织力量着手编纂"共和国教科书"。编纂者清楚地意识到，新编教科书必须充分适应已经发生巨变的社会政治制度。1912年4月，《教育杂志》刊发商务印书馆的《编辑共和国小学教科书缘起》，表达了教科书编辑宗旨：

（一）注重自由平等之精神，守法合群之德义，以养成共和国民之人格。（二）注重表彰中华固有之国粹特色，以启发国民之爱国心。（三）注重国体政体及一切法政常识，以普及参政之能力。（四）注重汉、满、蒙、回、藏五族平等主义，以巩固统一民

① 石鸥，吴小鸥，编著．百年中国教科书图说：1897—1949［M］．长沙：湖南教育出版社，2009：96-101.
② 同上：101.

国之基础。（五）注重博爱主义，推及待外人、爱生物等事，以扩充国民之德量。（六）注重体育及军事上之知识，以发挥尚武之精神。（七）注重国民生活上之知识技能，以养成独立自营之能力。（八）联络各科教材，以期获教授上之统一。（九）各科教材俱先选择分配，再行编辑成书，知识完全详略得宜。（十）各科均按照学生程度，循序渐进，绝无躐等之弊。（十一）关于时令之材料，依阳历编次。（十二）各书均编有详备之教授法，以期活用。（十三）书中附图画及五彩图，便与文学相引证，并以引起学生兴趣，而启发其审美之观念。（十四）初等科兼收女子材料，以便男女同校之用。①

这十四条编辑宗旨所包含的信息量很大，对教科书应当具备的思想、政治和道德标准，知识传授、技能训练和未来生活准备的要求，教材的选择、组织、联系、编排、图文关系、适切时令、教授法等规范，都有明确阐述，可以说是商务印书馆在进入民国时代后的教科书编纂宣言，也可以看成是整个民国初年学校教科书编纂的宣言，表现了中国现代在教科书编纂方面所达到的认识水平，其重要性不言而喻。

基于这样的认识，商务印书馆于 1912 年秋编成"共和国教科书"，这是继清末"最新教科书"之后又一套比较完善的教科书。"共和国教科书"具体到每一科每一册，总书名为"共和国教科书"，分科名为《新修身》《新国文》等，有初小《新国文》《新修身》《新算术》《新珠算》等十一种，高小《新国文》《新修身》《新算术》《新理科》《新历

① 陈元晖，陈学恂，主编．李桂林，戚名琇，钱曼倩，编．中国近代教育史资料汇编：普通教育[M]．上海：上海教育出版社，2007：678.

史》《新地理》等十九种，中学《国文读本》《国文读本评注》《修身要义》《法制概要》《代数学》《平面几何》《平三角大要》《物理学》《化学》《矿物学》《中学英文法》等二十三种。另外还配套出版有小学教员用书十六种，中学教员用书九种。①

从实际情况看，这套教科书由于注意体现时代精神，注意遵循儿童的学习心理，注意贴近儿童生活，文字表述更加浅短，图文结合更加恰当，取得了很好的市场效果。如《新国文》初小第一册第四十四课：

> 人面上 有眉 有目 有鼻 有口
> 舌在口内 耳在两旁

第四十七课：

> 米多少 用斗量 布长短 用尺量
> 米十升 为一斗 布十寸 为一尺

第二册第二课：

> 午饭时 天气热 黑云起 大雨至
> 电光闪闪 雷声隆隆

初小《新国文》（八册）出版后一再印刷，大致使用到1916年。人们发现，清末商务印书馆的"最新国文教科书"初小第一册第一课是

---

① 石鸥，吴小鸥，编著.百年中国教科书图说：1897—1949［M］.长沙：湖南教育出版社，2009：102-109.

"天、地、日、月"，《简易识字课本》第一册第一课是"天、地、人"，而《共和国教科书·新国文》初小第一册第一至第三课是"人、手、足、刀、尺"，于是将国文教科书的这一时期称为"从天到人"时期。①这一称呼带有风趣的意味，但从中确能看出国文教学认识和理念变化的轨迹，即注意以字的笔画繁简来选字、编文，注意以教材的语句多少为序来编排课文，注意以是不是儿童常见的事物为序来组织课文。这些特点也可以看成是整个教科书编纂变革的缩影。

之后几年里，商务印书馆又陆续出版商业学校教科书如《商业学》《商业历史》《商业地理》《商业算术》《商业簿记》等十九种，出版蚕业学校教科书如《蚕体病理生理》《蚕体解剖》《养蚕法》等，适应了民族工商业发展对人才培养的需要；出版修身、国文、笔算、珠算一套四种单级教科书及其教师教授用书，适应采取复式教学的学校所需；出版国民学校教科书，适应成人教育学校所需。这些教科书很好地适应了民国建立后教育发展的新趋向。

1912 年 1 月 1 日，陆费逵创建中华书局时发出《中华书局宣言书》，提出"教科书革命"的口号，认为立国的根本在教育，教育的根本在教科书；教育不革命，国家的根基不可能巩固，教科书不革命，教育的目的不可能达成。中华书局抢先推出的"中华教科书"系列，在力图体现民国精神这点上，堪称革命。但由于在编纂过程中，共和国未来的大政方针尚未成形，加之这套教科书的目的是突袭市场，与商务印书馆争锋，因此，与共和政体相关的民主政治内容体现得并不充分，在教科书的编纂方面也因是急就之作而很是粗疏。当商务印书馆的"共和国教科书"问世，"中华教科书"就更显劣势。1912 年 10 月，参与了南京临时政府教育改革的范源廉主持编纂的"新制中华教科书"陆续

① 李伯棠，编著.小学语文教材简史［M］.济南：山东教育出版社，1985：40.

面世。① 这套教科书更多地体现了民主政治的精神，体现了民国教育宗旨。如在《新制中华国文教科书》初等小学校课本的编辑旨趣中，比较完整地阐述了民国政治主张和教育宗旨，与商务印书馆所阐述的共和国教科书编写宗旨的十四条大同小异，但格外强调对民国教育宗旨的遵从，可以说在教科书编写理念上，中华书局已经不再落后。

"新制中华教科书"以秋季为一学年始业，分为初小、高小、中学和师范四类，学科门类齐全。除了体现民主政治内容，注意体现每一科目内容和形式方面的特殊性也是其突出特点。如《新制中华国文教科书》（初等小学校用）不仅遵循教育宗旨，阐发共和与自由平等思想，提倡国粹以启发学生爱国心，也注意兼采西方内容，传递世界知识，注重国民常识和奠定立国参政基础。从语言文字的角度看，课文的文体以应用为主，生字的出现则区别轻重缓急而编排有序，大量采用寓言童话以合儿童心理特点。再如《新制中华理科教科书》规定选入教学材料须遵循的要点：一为对于人类有关系者，二为在科学上足为代表者，三为生态及生活上足以显明者，四为适合时令而容易得到实物者。可见，"新制中华教科书"的编纂思想和实践体现得颇为成熟。还需要指出的是，《新制中华算术教科书》（初等小学校用）已开始采用横排版式，从右到左翻页，而每页课文是从左到右横排阅读，这是教科书版式上的重要变化。② 自此以后，横排版日益普及。

（三）蔡元培的课程思想

讨论中国近代课程思想和实践，蔡元培是一个难以绕过的人物。

---

① 石鸥，吴小鸥，编著.百年中国教科书图说：1897—1949［M］.长沙：湖南教育出版社，2009：116-123.
② 同上：119.

蔡元培的历史贡献不只在于规划了整个民国的教育，包括学校课程，还在于他是清末中国学校课程的最初思考者和规划者。时代方一进入20世纪，他就从国家和社会发展考虑，提出了一个完整的学校课程方案。

1. 清末学校课程的最初设想

戊戌变法失败后，年轻的蔡元培强烈地意识到，中国要实现变革，须得广泛培养革新人才，仅靠少数人奔走呼号无济于事，而此时的清廷也已经无可指望。于是他毅然辞去翰林院编修之职，于1898年秋南下从事教育和革命活动。从此开始，他由一个王朝的储臣逐渐转变为王朝的掘墓人。

蔡元培回到故乡绍兴，担任绍兴中西学堂监督（总理）。1901年夏到上海，受邀出任澄衷学堂代理校长。澄衷学堂编有著名的教材《字课图说》，学堂兴办不久又改设为初等小学、高等小学，之后又开设中学。当年9月，蔡元培又被聘为南洋公学经济特科班总教习。也就是在绍兴和上海办学期间，蔡元培对各级各类学校课程进行研究，参考国外相关论述，撰写了《学堂教科论》一书，由杜亚泉主持的上海五马路普通学书室于1901年10月出版。蔡元培在书中首先列举和阐述科举考试制度下中国学校、教育、社会、国家表现出的六种弊端，引用英国教育家斯宾塞（Herbert Spencer）有关知识分类学说，参酌中国传统以《汉书·艺文志》为代表的学术分类思想，提出了学堂教科规划，也即各级各类学校的课程计划。这反映了在学制产生之前，中国学者对新式学校以什么为教的初步设想。在书中，蔡元培提供了《学级总表》《普通学级表》《女子普通学级表》《师范速成科学目表》，比较明确地设想了普通教育、女子普通教育、师范教育的学校课程及科目（见表4-13、表4-14）。

表 4-13 学级总表

	一	二	三	四	五	六	致用
普通	初级	二级	三级	四级			
专门					教育学 专门学	幕僚 教育学	普通学教习 专门官 专门学教习
实业		农工学	商学		医学 星学		农工 商 医 天文士

资料来源：蔡元培.学堂教科论［M］//高平叔，编.蔡元培教育论集.长沙：湖南教育出版社，1987：30.

注：原表即无表头。

表 4-14 普通学级表

大别名	初级（六岁起）	二级（八岁起）	三级（十一岁起）	四级（十四岁至十七岁）
名	官话	解字 造句 切音记号	解字 短章 文法	论说 论理学 外国语
理		数学	代数初步 几何初步	代数 几何
		全体学浅说 动植物学浅说	矿物学 地质学	全体学 动植物学
	卫生浅说	卫生	物理浅说	物理学 气候学 生理学
			无机化学	有机化学
	嬉游	体操	体操	体操
群	对亲长伦理	家庭乡党伦理	国民伦理	伦理通理
		地理略说 外国地志略	本国地志 交涉各国地志	本国地志沿革略 外国地志

大别名	初级（六岁起）	二级（八岁起）	三级（十一岁起）	四级（十四岁至十七岁）
群			国政纲要	本国历史 外国政略 外国史略
				法学纲要 计学纲要
道				心理学纲要 哲学纲要 宗教学纲要
文	实物画	图画	图画	自在画
		正书　籀篆　象形	正书　小篆	行书　草书
	伦理诗歌、景物诗歌（皆用官话长短句）	伦理及景物诗歌（浅易文言）	伦理诗歌、改治诗歌（浅易文言）	伦理及政治诗歌（文言仿作）
			伦理小说	伦理及政治小说

资料来源：蔡元培.学堂教科论［M］//高平叔，编.蔡元培教育论集.长沙：湖南教育出版社，1987：31.

由于当时清末学制还未颁布，人们对学制和近代学校的认识还是相当粗陋的。从表4-13、表4-14可见，首先，当时的蔡元培初步形成了普通教育、职业教育、专业教育、高等教育等概念。如表4-13"学级总表"中，他将教育（学校）区分为"普通""专门"和"实业"，并表示："自普通初级以至专门，积十余学年，固有寒微之家迫不及待者，宜自普通初二级后调入实业学堂……卒业以后，足以寺生计而不匮矣。"又说："学者质性不同，理论实际各有所长……专门学卒业以后，专天于实际者，宜试之于幕僚，而后授以官；长于理论者，宜进之以教育学，而后任教习，如是则无旷职、无弃材矣。"[①] 当然，他对学校培养目

----

① 蔡元培.学堂教科论［M］//高平叔，编.蔡元培教育论集.长沙：湖南教育出版社，1987：32.

标的认识尚处在形成过程中。

其次，蔡元培初步形成了近代学制和学校中的年级、学段（中小学）等观念。如规定了六岁入学，所设计的普通教育的四级学习年限分别为二年、三年、三年、三年，与后世中小学校的年龄和年限设计已颇为接近。尤其是将这四级教育的性质明确定位为"普通"教育，表明了对这个阶段教育目的、任务的理解，即基础性、通适性。

其三，蔡元培按自己对知识分类与性质、学生发展与差异、社会需要与实际的理解，结合西方学校教学科目和中国传统文化，设计了各级普通学校的课程、科目和实施顺序。在表4-14"普通学级表"中，他将普通学校的课程分为五类，这五类课程的名称分别取用中国传统学术概念来表达。"名"即语言文字类课程，包括普通话、汉字结构、注音符号、造句、短文、文法、论说、逻辑学、外语，贯穿于四学级，由浅入深，循序渐进，他认为语言文字是工具，是各科基础。"理"是指现象的学科，可以理解为理科，包括数学、物理、化学、矿物学、地质学、动植物学、体操等课程，偏重在第三、四学级开设。"群"是指与社会人群有关的知识和学科，包括伦理、中外地理、中外历史、政治、法学、经济学等课程，偏重在第三、四学级开设。"道"包括心理学、哲学、宗教等课程，处于知识学问的最高层次。"文"是指艺术类课程，包括绘画、书法、歌唱、小说。这样的课程体系结构，已显露蔡元培"五育"思想的端倪。所有这些课程科目已经大致体现此后中小学课程的基本学科，只是设科较混杂，不够严谨。

除此之外，蔡元培草拟了《女子普通学级表》，初级、二级的课程男女相同，三级、四级课程中增加了一些体现女性特点和教育要求的课程。《师范速成科学目表》将学目分为名学、理学和群学三类，实际上是指语文、理科和文科。每一类专业的课程又分通科和专科，通科课程包括教育、伦理和历史，专科课程即各自的专业课程。

蔡元培这份课程方案对后来清末学制的课程方案是否产生影响，究竟产生什么样的影响，尚难轻易下结论，但其课程方案颇具创意且有远见，却是可以认定的。另外，蔡元培《学堂教科论》一书还透露出中国近代课程史上的一个重要信息，即在正式和普遍地使用"课程"一词前，曾经是用"教科"来指称课程的。

2. 对民国课程的规划

中华民国建立后，蔡元培任首任教育总长，他立即着手对封建君主专制的旧教育进行改造，在此基础上建立中国的资产阶级民主教育。作为中华民国教育的总设计师，蔡元培领导民国教育部制定并发布了《普通教育暂行办法》和《普通教育暂行课程标准》。之言，蔡元培发表《对于教育方针之意见》①，率先对民国教育方针的整体构想进行理论上的系统探讨。在此基础上，将他所设想的中华民国教育方针表述为军国民教育、实利主义教育、公民道德教育、世界观教育、美感教育，主张"五育并举"。蔡元培的"五育并举"思想，成为民国初年制定民国教育方针的理论基础，实际上也是他学校课程思想的教育哲学基础。

所谓军国民教育，是19世纪末20世纪初年中国流行的一种教育主张。人们有鉴于中国近代以来屡遭外强欺侮的经历，希望借此培育国民的强健体魄和尚武精神，对外抵御强敌，对内防制军阀。蔡元培认为，军国民教育并非理想社会的教育，但处于中国当时境况，则不得不实行之。

所谓实利主义教育，也是当时颇为流行的一种教育思潮。尤其是当

---

① 蔡元培. 对于教育方针之意见［M］//陈元晖，陈学恂，主编，璩鑫圭，童富勇，编. 中国近代教育史资料汇编：教育思想. 上海：上海教育出版社，2007：682-688. 以下凡引用亥文材料和观点，不再一一注明。

时中国实业不发达，经济不发展，亟须密切教育与国民经济的关系，使教育促进国家经济发展和人民生活改善。蔡元培认为，当今世界之争不仅在武力，尤在财力，倡导实利主义教育，意在使人民生计成为普通教育的核心。

所谓公民道德教育，蔡元培认为，可以培养受教育者的道德、精神，其内涵无外乎自由、平等、博爱等西方道德观念，也与传统的仁义、忠恕相通，成为人的身体发展（军国民教育）和智力发展（实利主义教育）的统领和调和，差不多可以看成是教育的"最终之鹄的矣"。

但是蔡元培认为，即使实现公民道德教育，还不是教育的完成，因为上述三种教育都受制于现实政治，属于现象世界，而教育需要最终超越现象世界而臻于实体世界，于是提出世界观教育和美育。

所谓世界观教育，是指超越现实政治，摆脱人我之分和现世得失，实现人的永恒价值的教育，这是蔡元培的独创。他认为，现世之幸福，临死而消灭，人如果仅仅追求这样的幸福，不是人生价值的充分体现。人应当立足于现象世界，去不懈追求人在实体世界的实现。

所谓美感教育，即主张通过美的陶养作用，陶冶人的情感，净化人的心灵，帮助人超越利害关系和人我之分，引导人的精神进入实体世界，实现世界观教育。就此而言，美感教育成为连接现象世界与实体世界的桥梁。1917 年，蔡元培提出"以美育代宗教说"，就是延续了其美感教育的论述思路，希望借助美育消弭人们对宗教的执念而导致的纷争与仇恨。

蔡元培认为，"五育"不可偏废。从构成上说，军国民教育、实利主义教育、公民道德教育，为隶属于政治之教育；世界观教育、美感教育，为超越政治之教育。"五育"及其相互关系，是可以从诸多方面进行验证的。其一，可以从中西教育的历史得到验证，如中国古代的"六德""六行""六艺"教育，西方从古希腊教育到赫尔巴特。其二，可以从心理学得到验证："军国民主义毗于意志，实利主义毗于知识，德育兼意志情感二方面，美育毗于情感，而世界观则统三者而一之。"毗，即靠近。其三，可以从教育学得到验证："军国民主义为体育，实利主义为智育，公民道德及美育皆毗于德育，而世界观则统三者而一之。"其四，可以用人的身体作比喻：军国民主义教育是筋骨，用以自卫；实利主义教育是胃肠，用以营养；公民道德教育是呼吸循环系统，用以周贯全体；美感教育是神经系统，用以传导；世界观教育是心理作用，附着于神经系统，使之无迹可寻。蔡元培反反复复用各种学说和现象比喻"五育"，无非想说明一点，即为什么"五育"是统一的，是不可偏废的，在教育实施中，"五育"理所当然应当"并举"。"五育并举"是为了育人，是为了养成完整人格和共和精神，这是以往中国历史上从未有过的一种新人。

蔡元培构建"五育"理论体系，是为了为教育事业确定宗旨，进而有针对性地开展教育和教学活动。在《对于教育方针之意见》一文最后，蔡元培阐述了"五育"与课程的关系。他说："本比五主义而分配于各科，则视各教科性质之不同，而各主义所占之分数，亦随之而异。"意谓学校各科课程与"五育"有着各各对应的关系，但视各科课程的性质而对应关系的程度存在差别。进而，蔡元培逐一论述了"五育"及其与学校各科课程的关系。

国语、国文科。从形式上看，依其文法论，属于实利主义教育；依其文词论，则属于美感教育。从内容上看，各育所占比重：军国民主义教育10%，实利主义教育40%，德育20%，美育25%，世界观5%。

修身科。属德育，也参有美育和世界观教育。

历史、地理科。属实利主义教育。但其叙述内容，也涉及各育。如记历史的英雄、地理的险要，可属军国民主义；记美术家和美术沿革及各地风景，属美育；记圣贤，述风俗，属德育；论述历史之有时期与无始终，地理之有涯涘与无方体都可导世界观教育。

算学科。属实利主义教育。但数为纯抽象概念，以数为万物之原，是一种世界观；而几何学，可以资美育。

物理、化学科。属实利主义教育。原子电子，小莫能破，莫知其所由来，莫穷其所究竟，都可引导世界观教育；而视听之所接触，可以资美育。

博物学科。从应用方面说，为实利主义教育；从观感方面说，为美育；研究进化过程，可以养德育；体验造物之万能，可以导世界观教育。

图画科。属美育。但其内容包含各种教育。

唱歌科。属美育。但其内容包含各种教育。

手工科。属实利主义教育，也可以兴美育。

游戏科。属美育。

体操科。兵式体操，属军国民教育；普通体操，兼美育与军国民教育。

蔡元培讨论教育方针所涉各育与各科课程之间的关系，目的本是论证"五育并举"的教育宗旨中"五育"及其相互联系的合理性，同时也阐发了他的学校课程的教育哲学基础观。其所论虽显得直白、简单、粗疏和机械，却说明了中小学校各科课程开设的教育依据，指出了各科课程包含多方面教育价值的可能性，只有在设计课程计划时充分考虑到这种可能性，才会使课程发挥应有的教育效果。他的论述对学校课程的设计和实施有提示作用，具有很强的现实意义和实践指导价值。当我们在学校教育的实施中设计课程计划时，当我们在认识和确定每一门课程的作用和目标时，蔡元培的课程观可以提供启示。

1912 年 5 月，蔡元培在向参议院发表政见演说时提出，教育方针宜分为两方面，一曰普通，一曰专门。"在普通教育，务顺应时势，养成共和国民健全之人格。在专门教育，务养成学问神圣之风习。"①这是指出普通教育和专门教育的原则性目标。所谓普通教育，是指中小学校及中等以下职业学校、社会教育之含有普通教育性质者和特殊教育；所谓专门教育，是指大学及高等专门学校、留学、社会教育之含有专门性质者。蔡元培的这一划分，也概括地阐述了各级各类教育的性质、目的和任务，为承担各级各类教育任务的学校开设课程提供了原则性意见。

（四）黄炎培的倡导和陶行知的改革

新文化运动和五四运动的思想启蒙也折射于教育界，引发了人们思想观念的改变。其中，黄炎培倡导学校课程采用"实用主义"和陶行知改"教授法"为"教学法"，是开风气之举，影响了之后年代的教育走向。

1. 黄炎培倡导学校课程采用"实用主义"

1913 年 10 月，黄炎培在《教育杂志》第五卷第七号刊文《学校教育采用实用主义之商榷》，文章从当时中国教育的现状出发，探讨中国建立新式学校制度以来的实效和问题，进而提出对策性建议。从文章所揭示的情况看，虽然当时中国兴办新式学校时间不长（从京师同文馆算起，刚满半个世纪；从颁行学制算起，刚满十年），可是学校教育的种种弊端已经充分显露，甚至已成积习。黄炎培的文章是以"商榷"的姿态提出除旧立新的主张，说明了他的谨慎，也反映了他所面对的困难。

---

① 蔡元培.向参议院宣布政见之演说［M］//陈元晖，陈学恂，主编，璩鑫圭，童富勇，编.中国近代教育史资料汇编：教育思想.上海：上海教育出版社，2007：689.

黄炎培指出，十年来，我国的思想界不能说没有开拓、没有进步，"而独至物质文明，则奄然无生色"。[①] 也就是说，清末推行教育"新政"，实施近代学制以来，中国教育在思想理念上已获得进展，但在实际建设方面却难以令人认可。黄炎培实际上已经指出问题所在：思想背离生活，理论脱离实际。他说，按照教育的要求，所谓德育，应当归于实践；所谓体育，应当便于运用；所谓智育，应当授以必需的普通知识技能。而实际情况又如何？就以知识教育而论，学生能作论说文字，而通常往来问候的书函或不能达意；学生能说拿破仑、华盛顿之名，而亲友之间互相称谓或不能书写；学生学习算术已达一定水平，而度量工具却不能使用；学生学习理科知晓了植物名称，而院内草木却不能分辨。尤其严重的是，今日之学子往往受学校教育年岁越深，厌苦家庭鄙薄社会的思想愈烈，与之格格不入的情状也愈明显，在学校所获得的那些知识技能也就愈难以表现，显得特别碌碌无用。

为了说明问题的关键所在，黄炎培重点指出了培养中小学校教师的师范教育和教育科存在的弊端。他引用友人的话说："近见师范教育有一种危机，请研究之。某师范某科三年毕业，问其课程，则修身讲伦理学；国文读极高深之古文；教育科心理学一大本，讲述时黑板上列举外国人名无数，叙沿革极详；教育理论，仅总论一篇，已印有二十页之讲义；博物则用中学校教科书之最详密者；理化大讲方程式；算术外又学代数，滔滔论因子分解法二三周。而调查其成绩，则伦理学名词难记；心理学概念、观念不能区别，意志二字不能解释；教育理论但知外国人名，而学说之取义未明；理化方程式，但记外国文记号，氧气性质如何，居室通气法如何，均未能明；代数算术习题，均待教师板

① 黄炎培.学校教育采用实用主义之商榷［M］//陈元晖，陈学恂，主编，璩鑫圭，童富勇，编.中国近代教育史资料汇编：教育思想.上海：上海教育出版社，2007：789.

演而抄之。"① 所有这一切，都是由于学校教育出了问题，问题就在于"专事注入，不顾生徒之程度与其来学之目的"；如果连师范生都是受的"不顾程度不问目的之教育，转而施诸将来之小学校生徒，教育前途，尚可问乎？"如果对这一切因循而不变，那么"学校普而百业废，社会生计绝矣"。② 学校教育完全走向了自己的反面。黄炎培并非危言耸听。

教育实践中存在的问题促使黄炎培提出解决方案。他以小学各科为例，论述学校教育尤其是课程如何体现"实用主义"，即建立起联系学生生活和社会实际，以实际运用为导向的学校课程。黄炎培列举的小学各科课程包括修身、国文、历史、地理、算术、理科、图画、手工、体育、外国语十门，他逐一举例说明。修身，注重偶发事项及相应的做法；国文，课本材料"全取应用的"，如作文多作记事、记物、记言体裁，书法注重行书；历史，近世大事择要教授外，不讲系统，多授职业界名人故事；地理，多用图画，少用文字，多动手制作；算术，演算命题多用实事或实物，练习使用各种度量衡器；理科，材料一以人生普通生活所接触、所需用为准，多利用随机材料，不必讲究逻辑顺序，教授注重直观，一定要有实验，尤应多进行校外教授及修学旅行；图画，虽简单形体也参用实物写生，鼓励联络其他科目；手工，宜联络图画科，仿制实物，材料与方法需求其他科目策应；体育，采用"锻炼主义"，视地方情形，学习生活必需之特种运动，"陆则骑马，水则游泳"等；外国语，注重会话。③

可以将上述设想视为黄炎培对小学课程的改革方案，其中所包含的

①② 黄炎培.学校教育采用实用主义之商榷［M］//陈元晖，陈学恂，主编，璩鑫圭，童富勇，编.中国近代教育史资料汇编：教育思想.上海：上海教育出版社，2007：790-791.
③ 同上：791-792.

实用主义精神也适用于中学乃至各级各类学校。这一方案主张破除原来课程的学科逻辑，不求内容的系统性，也不求内容编排的顺序，一切以是否有用为转移。这样的课程方案是激进的，显然受到美国进步教育运动思想的影响。黄炎培所指出的中国教育的问题是存在的，但他的解决方案则走过了头。如果按其设想，非但不能解决存在的问题，还会走向另一个极端，即学生缺失基本文化知识和技能，同样也难以胜任社会和生活的要求。黄炎培的愿望是无可非议的："打破平面的教育，而为立体的教育。……渐改文字的教育而为实物的教育。"[①] 作为倡言者，黄炎培振臂一呼，引领了时代教育改革和探索潮流，推动了中国教育借鉴美国实用主义教育思想的转型，从 20 世纪头十年中后期起到 20 年代中国中小学校及其课程改革的诸多尝试，都可以看到黄炎培的影响。而黄炎培自己也是由此出发，从对普通教育课程改革的思考转向职业教育领域的求索。

2. 陶行知改"教授"为"教学"

中国近代的教学概念形成于办理新式学堂、按班级授课的过程中。那时有了"班"的概念，一名教师同时面对数十个学生，如何教就成为一个大问题。与此同时，还模仿西方制度，订立课程计划，分科授课。课程表与班级授课制的结合，形成了制度化的教育，也使中国人认识到，在这种情境下的教与过去在私塾、书院、各级官学中进行的教，已经不一样了。这一切，最初发生在洋务派办理洋务学堂的过程中，之后又在各种新式学堂的办理中不断重复。于是，教学的新概念逐步形成了，使用"教授"一词来表述这一新概念。如 1898 年《总理衙门筹议

---

① 黄炎培.学校教育采用实用主义之商榷［M］//陈元晖，陈学恂，主编，璩鑫圭，童富勇，编.中国近代教育史资料汇编：教育思想.上海：上海教育出版社，2007：689，792.

京师大学堂章程》第三章《学生入学例》："第七节：于前三级学生中，选其高才者作为师范生，专讲求教授之法，为他日分往各省学堂充当教习之用。第八节：西国师范生之例，即以教授为功课。故师范学堂，每与小学堂并立，则以小学堂生徒，命师范生教之。"① 从"教授"这个词与其所表达的概念内涵来看，还是比较确切的。它把教学过程强调为教—授，由此所表达的在教学过程中教学双方何者主动何者被动不言而喻。实际上，这也是采用班级授课制的必然结果。于是，人们很习惯地用"教授"来表达教学。

　　1902年颁布的《钦定蒙学堂章程》中，尽管表明蒙学堂"养重于教"，但还是用"教法""教授"表达对六至十岁的儿童施加影响的过程。如第二章的标题叫作"功课教法"，条文中则规定，"凡教授儿童，须尽其循循善诱之法，不宜操切而害其身体"，"凡教授之法，以讲解为最要，诵读次之"，"凡儿童每一时教授中……"② 1904年初颁行的《奏定初等小学堂章程》《奏定高等小学堂章程》中，也都是用"教授"表达教学，所有科目的教学都叫作"教授"，甚至连读经讲经科也是"其要义在授读经文"，即也是"教授"的，而不是习读的。

　　到了清朝末年，学生用书被称作"教科书"，教师教学用书被称作"教授书"，详细指导教师教学称为"教授细则"。1910年1月《学部奏颁布初等小学堂教科书折》说到："臣等督率编纂各员晰夕从事……总计初等小学完全科修身教科教授书十二册，简易科修身教科教授书六册，完全科国文教科教授书十二册，算学教授书教授细则十册，珠算教科教授书八册，手工、图画、体操三种教科书共三十七册，通共成

① 陈元晖，陈学恂，主编，汤志钧，陈祖恩，汤仁泽，编．中国近代教育史资料汇编：戊戌时期教育［M］．上海：上海教育出版社，2007：233-234.
② 陈元晖，陈学恂，主编，璩鑫圭，唐良炎，编．中国近代教育史资料汇编：学制演变［M］．上海：上海教育出版社，2007：291-293.

书九十三册。"①"教授"成为官方表达教学概念的术语。由此可以推见，中小学校也是如此表达的。

教育学术界又是如何表达教学概念的？也是一样。如张子和编、商务印书馆出版的《大教育学》，全书共七编，第五编为《教授论》，共九章，分别为：教授之意义及目的；教授之心理以及理论基础；教材之选择及分类（修身、语学、历史、地理、理科、数学、图画、手工、音乐、游戏、体操、裁缝）；教材之排列法（直进法、圆周的循环法、中心统合法）；教授细目教案及日程表；关于教授法之三条件；形式的阶段（教授概括的知识阶段、教授事实的知识之阶段、教授技能的教科之阶段）；教式（注入式、开法式）；教态。②检索20世纪上半叶中国学者撰写的教学法著作，差不多以20年代初为界，之前都称"教授法"，之后则称"教学法"，界限比较分明。如王国维著、教育世界社1905年版《教育学》，第三篇第四章为"教授"；缪文功著、文明书局1906年版《最新教育学教科书》，第三章为"教授"；杨昌济著《教育学讲义》（1914年未刊油印本），第二篇"方法论（一）教授论"；舒新城编、商务印书馆1920年版《实用教育学》，第一编中有"教授之能力"一章。直到王炽昌编、中华书局1922年版《教育学》，其中的教学部分不再出现"教授论"这样的表达。之后，仅见孙振编纂、商务印书馆1926年版《教育学讲义》中是"教学"与"教授"并用，就几乎未再见使用"教授"一词了。教学法、各科教学法专门论著的表达方式，情况也是大同小异。

发生这种变化是在新文化运动和五四运动期间。将"教授"改为

① 陈元晖，陈学恂，主编，李桂林，戚名琇，钱曼倩，编.中国近代教育史资料汇编：普通教育[M].上海：上海教育出版社，2007：55.
② 张子和.大教育学[M].福州：福建教育出版社，2009.

"教学"的倡言者是陶行知。

陶行知自述，自他回国后，看见国内学校里"先生只管教，学生只管受教"的情形，就认定有改革的必要。而这种情况又以大学为最严重。"导师叫作教授，大家以被称教授为荣。他的方法叫作教授法，他好像是拿知识来赈济人的。"所以"主张以教学法来代替教授法"。为此，还在南京高等师范学校校务会议席上辩论两小时，未能得到通过。① 然而，陶行知信念不改，执着于实现其教育理念。

1918 年，陶行知在南京高等师范学校教育研究会作"教育研究法"的演讲。他在演讲中说到，教育者如果要比较两种"教授法"的优劣，那么课堂设备、课本教材、时间、教师、学生年龄、性别、家境等各项条件都相同，然后施以不同的教法，就可以知道结果。他也是使用"教授法"的旧表达。但他又明确表示，"尝思教员二字，殊属不妥。盖人师之责，不在教学生，而在教学生学。故本会之精神，亦当在学而不在教"，② 强烈地表达他的坚持和教与学应当统一的思想。

1919 年 2 月，陶行知在《时报》的《教育周刊》上发表《教学合一》一文，表示："现在的人叫在学校里做先生的为教员，叫他所做的事体为教书，叫他所用的法子为教授法，好像先生是专门教学生些书本知识的人。他似乎除了教以外，便没有别的本领；除书之外，便没有别的事教。而在这种学校里的学生除了受教之外，也没有别的功课。先生只管教，学生只管受教，好像是学的事体，都被教的事体打消掉了。论起名字来，居然是学校；讲起实在来，却又像教校，这都是因为重教太过，所以不知不觉的就将他和学分离了。然而教学两者，实在是不能分

---

① 陶行知.教学做合一［M］//方明，主编.陶行知全集：第 1 卷［M］.成都：四川教育出版社，1991：125.

② 方明，主编.陶行知全集：第 1 卷［M］.成都：四川教育出版社，1991：272.

离的，实在是应当合一的。"① 这是陶行知"正式提出并论证了教学应该合一的主张"，也是他"第一次用白话文撰写的教育论文，在陶行知教学思想发展史上具有里程碑式的意义"。②

五四运动前后，陶行知在他发表的文章和演讲中积极倡导和使用"教学"和"教学法"，来表达他对教学概念的理解，表述主张，很快引起教育界的反响。1919 年《新教育》第二卷第四期刊发黄炎培《小学校用白话文的研究》，文中援引各地学校对是否使用白话文进行教学的意见，其中有两所附小的赞同理由是"用白话文可以节省教学的时间"。1919 年《教育杂志》第十一卷第十二号刊发叶公复《教学白话文的研究》，其中有"鄙人关于革新文学的智识，非常浅薄，不过为了教学的关系，稍有些实验，不妨写出来，请诸大教育家指正"这样的话。越来越多的教育界教师、学者开始使用"教学"一词，也表明他们在教学概念理解上发生的变化。陶行知在《教学做合一》一文中还颇有意味地表示，五四运动期间，他趁南京高等师范学校同事无暇坚持，将全部课程计划中的"教授法"一律改成"教学法"，似乎也在表达他的坚持。

据研究，"从 1920 年到 1923 年，'教学'与'教授'两词并用，但是'教学'的使用频率越来越高，而'教授'的使用频率越来越低，到 1923 年，'教学'基本上取代'教授'，成为表达教学概念的通用词语"。1922 年在讨论新学制方案时，江苏教育会提交的方案中就已经有"教学法"的提法。1923 年 5 月 29 日教育部训令第 195 号《实施新学制中小学校进行补充办法》，关于高中设立条件的第二条表述为"教员资格及教学成绩是否适于高中程度"，"标志着在全国范围内'教学'已

① 方明，主编.陶行知全集：第 1 卷［M］.成都：四川教育出版社，1991：21.
② 章小谦.传承与嫁接：中国教育基本概念从传统到现代的转换［M］.南昌：江西人民出版社，2004：192.

经取代‘教授’"。[①]这样的判断基本符合事实。各种教育学著作中有关教学概念的表达情况已如上述，而各种教学法、各科教学法专门论著的表达情况也大致如此。从朱孔文编《教授法通论》（时中学社 1903 年版）、蒋维乔编《教授法讲义》（商务印书馆 1916 年版），到范寿康编《各科教授法》（商务印书馆 1923 年版），是所见最晚仍在使用"教授法"的。从罗廷光编《普通教学法》（商务印书馆 1927 年版）起，似就再也未见教学法论著中使用"教授法"了。

也许难以断言以"教学"取代"教授"是陶行知的一己之功，但可以相信的是，无论在教育学界还是实践界，与陶行知有同样认识者一定不在少数，正因如此，才能在短短五年间完成了一个重要教育概念表达的转变。这又不仅仅是概念表达的转变，实际上是对概念理解的重要明确。这一变化既是现实中教育思想与实践不断更新进步的结果，也包含着对中国教育传统中某些积极要素（如重学的思想传统）的重新理解和发现。对教学概念理解和表达上的变化，影响了 20 世纪 20 年代起中国教育思想和实践的进程。陶行知改"教授"为"教学"，其中所蕴含的有关教学概念的理解，也影响了之后年代学校的课程改革。

（五）"新学制"下的中小学校课程改革

清末民初的学校建设总体上是模仿的结果，在经过十多年的实践之后，中国的现代学校制度及学校课程与经济和社会发展不相适应的情况日益凸显。当时中国的发展呈现出一些新的趋势和特点。尤其是

---

① 章小谦.传承与嫁接：中国教育基本概念从传统到现代的转换［M］.南昌：江西人民出版社，2004：193-194.

"一战"期间及战后，中国的民族资本主义工商业得到迅速发展，又以江苏、浙江、广东等东南沿海地区更为突出。经济发展对学校的人才培养数量和规格都提出了新要求；再加新文化运动兴起，民主、科学等新思想、新观念逐步深入人心，形成教育权利、个性发展、尊重儿童等诉求。既有的学校制度和课程设置已不能满足时代进步的要求，当时有人批评学校教育的这种不适应是"三不管"："不管社会的需要，不管地方的情形，也不管学生的个性。"[①] 如何使教育适应社会进步？如何促进不同个性的学生发展？如何让不愿升学和没有能力升学的学生能够在学校获得一定的职业准备？什么样的学制和课程体系才是有利于教育目标实现的？如何给予各地方能因地制宜地办好学校的余地？诸如此类的问题成为人们探讨的焦点，改革呼声愈益强烈。在"新学制"颁布之前，甚至早在新文化运动兴起时和五四运动前，教育界就已在酝酿改革，一些改革的倡议和探索，不仅启发了时人，也为之后的改革作了铺垫。

1. "新学制"下的中小学校课程标准

1922 年 11 月《学校系统改革案》（即"壬戌学制""新学制"）颁布。与学制改革同步，全国教育会联合会发起组织新学制课程标准起草委员会，着手中小学校课程改革。当年 10 月和 12 月，《小学校毕业标准》《小学校课程简表》《初级中学必修科目名称表》《初级中学必修科目学分表》《初级中学最低限度标准》《高级中学公共必修科及普通科分组必修科目》和《学分分配表》等文件先后拟定。1923 年，经反复讨论和修订，于 6 月发布《中小学课程标准纲要》。虽非政府发布，但因起草机构的权威性和"新学制"的名义，这个纲要成为各地学校开设课

① 朱叔源.改良现行学制之意见［J］.中华教育界，1920，10（03）：78-81.

程的依据。《中小学课程标准纲要》被认为是中国第一个依据现代教育科学、体系严整的中小学各科课程标准。之后 1929 年的暂行课程标准、1932 年的正式课程标准，都以之为基础。

《中小学课程标准纲要》规定的小学和中学各科课程为：

小学取消修身，设公民、卫生；改手工为公用艺术，改图画为形象艺术；初小的卫生、历史、公民、地理合为社会科；设自然园艺科；改国文为国语（含语言、读文、作文、写字）；改体操为体育。小学上课以分钟计：初小前二年每周至少为一千零八十分钟，后二年每周至少为一千二百六十分钟；高小每周至少为一千四百四十分钟。

中学实行分科选科制。初中分设社会（含公民、历史、地理），言文（含国语、外国语），算学，自然，工艺（含图画、手工、音乐），体育（含卫生、体育）六科，为必修科目。另有选修科目（主要为职业科）或补习必修科目。上课以学分计，每周上课一小时为一学分。修完一百八十个学分得予毕业，其中必修科目一百六十四学分，其余为选修科目学分（见表 4-15）。

高中阶段采取综合中学制度，分设普通科与职业科。普通科分为两组，第一组偏重文学和社会科学，第二组偏重数学和自然科学；职业科分为师范科、商业科、工业科、农业科、家事科和其他（见表 4-16）。普通科课程由公共必修科目、分科专修科目和纯粹选修科目三部分组成。公共必修科目包含若干门课程，是高中学生应受普通教育的最低限度，普通科的第一组、第二组和职业科师范、商业等各科，均须必修；分科专修科目也包含若干门课程，又分必修与选修两种，是普通科第一组和第二组区分之所在；纯粹选修课由各地方酌情设置，学生也可根据性向所近经批准选修。上课以学分计，三种课程修满一百五十分得予毕业。其中，公共必修科目约占 43%，分科专修科目不少于 37%，纯粹选修科目不超过 20%（见表 4-17、表 4-18）。

表 4-15 "新学制"初级中学课程及学分分配表

学科	社会			言文		算学	自然	工艺			体育		选修	合计
	公民	历史	地理	国语	外国语			图画	手工	音乐	卫生	体育		
学分	6	8	8	32	36	30	16		12		4	12	16	180
百分比	3.33%	4.44%	4.44%	17.8%	20%	16.7%	8.89%		6.67%		2.22%	6.67%	8.89%	100%

资料来源：第一次中国教育年鉴 [M]．上海：开明书店，1934：422. 另参考：王伦信．清末民国时期中学教育研究 [M]．上海：华东师范大学出版社，2002：100.

表 4-16 "新学制"高级中学分科结构

普通科			职业科			
第一组	第二组					
1	第一组	第二组	1	2	3	4	5	6
文学和社会科学	数学和自然科学		师范科	商业科	工业科	农业科	家事科	其他

资料来源：吕达．中国近代课程史论 [M]．北京：人民教育出版社，1994：303.

表 4-17 "新学制"高级中学普通科第一组课程与学分分配表

科目	(一)公共必修科目						体育			公共必修科目学分合计	(二)分科专修科目							(三)纯粹选修科目	毕业学分总数
	国语	外国语	人生哲学	社会问题	文化史	科学概论	卫生法	健身法	其他运动		（甲）必修					（乙）选修	分科必修科目学分合计		
											特设国文	心理学初步	论理学初步	社会学之一	自然科学或数学之一				
学分	16	16	4	6	6	6	10			64	8	3	3	4至少	6至少	32或更多	56至少	30或更少	150
百分比	10.7%	10.7%	2.67%	4%	4%	4%	6.67%			42.7%	5.33%	2%	2%	2.67%	4%	21.3%	37.3%	20%	100%

资料来源：王伦信.清末民国时期中学教育研究［M］.上海：华东师范大学出版社，2002：101.

中国课程史

表4-18 "新学制"高级中学普通科第二组课程与学分分配表

科目	(一)公共必修科目						体育			公共必修科目学分合计	(二)分科专修科目						(乙)选修	分科专修科分合计	(三)纯粹选修科目	毕业学分总数
	国语	外国语	人生哲学	社会问题	文化史	科学概论	卫生法	健身法	其他运动		(甲)必修									
											三角	几何	代数	解析几何大意	用器画	物理 化学 生物 选修二科(每科6学分)				
学分	16	16	4	6	6	6	10			64	3	6	6	3	4	12至少	23或更多	56至少	30或更少	150
百分比	10.7%	10.7%	2.67%	4%	4%	4%	6.67%			42.7%	2%	4%	4%	2%	2.67%	8%	15.3%	37.3%	20%	100%

资料来源：王伦信.清末民国时期中学教育研究［M］.上海：华东师范大学出版社，2002：101.

2. 中小学校课程设置的新变化

与之前学制相比，"新学制"一个很大变化是缩短小学年限，取消大学预科，延长中学年限，使中小学衔接，中学与大学关系改善，各级学校的课程因此得到合理安排。其中尤以中学的改革最有亮点。中学从民初学制的四年，延长到六年，并分为初中和高中两段。这样，中学课程的设计也就成为整个"新学制"各年段中最具有亮点的部分。参与"新学制"及其课程计划研制的廖世承曾说，之前的中学课程比较呆板，建立初高中分段体制后，中学课程"可以有一种新气象"。①

其一，中学学制延长并合理地分段，使得课程设置能够达到尽可能完备的程度。还相应制订了系统详尽的课程标准，对各学科的目的、内容、方法和最低学业标准作出了明确规定，使教学有所遵循。其二，重视职业教育。表现在初级中学设置以职业训练为内容的选修科目，高级中学采用综合中学制度，分别设置普通科与职业科并予以沟通，而职业科所涉范围也较前代更广泛，呼应了社会生产和经济的需要。其三，改革旧有课程，增设相当数量新课程。如小学、初中都以公民课取代了修身课，高中开设了人生哲学、社会问题、文化史、科学概论、心理学、社会学等课程，反映了时代的文化、思想、科学、学术的发展动态；国文改为国语，又体现了新文化运动对白话文和"言文一致"的倡导；以体育课取代体操课，并赋予其卫生、健身、运动的内涵，使得学校教育中与德育、智育相应的"体育"，不仅在观念上也在课程上建立起来。其四，在课程设置和要求上取消了男女差别。其五，在课程的编制方面作了有益的尝试。如初中课程分为社会、言文、算学、自然、工艺、体

---

① 廖世承先生对一九二二年学制的看法［M］//朱有瓛，主编. 中国近代学制史料：第三辑下. 上海：华东师范大学出版社，1992：802.

育六大门类，有综合课程的意味。其六，课程设置充分考虑学生的选择需要。初中课程计划规定了必修科目和选修科目，高中课程计划更规定了公共必修科目、分科专修科目（其中又分必修和选修）和纯粹选修科目，在保证达成基本要求的前提下，最大可能地提供了课程选择机会。其七，中学课程采用了分科选科制和学分制，使得课程与教学具有弹性，既顾及学生的个别差异，也有利于各地学校因地制宜。其八，课程设置在具有灵活性的同时，也注意坚持必需的学业要求。如初中课程的必修科目体现以普通教育为主的导向；高中无论何种科都必须修读统一的公共必修科目的规定，有坚持高中基本学业要求的意图。

"新学制"的中小学校课程改革亮点在中学，问题也集中在中学，尤其是高中。首先，课程设计的理念过于理想化，多从应然的立场设计课程，强调个性和选择过多，造成课程实施困难。高中课程方案中，与选修科目相比，公共必修科目学分数量占42.7%，嫌不足；所开设的不少课程十分新颖，时代气息浓厚，但要开出这些课程，对学校而言挑战很大；课程方案中课程门类很多，层次复杂，无论必修科目还是选修科目都嫌繁复，造成难开、难教、难学、难管；高中采取综合中学制度，一所学校兼设普通科与职业科，对课程的开设和实施更增加一层困难。[①] 其次，为适应个性发展，高中普通科分为第一组、第二组，两组的分科专修科目和纯粹选修科目比重达到57.3%，课程设置差异过大，造成学生难以在两组之间改学；由于公共必修科目本就偏文科，而第一组的分科专修科目也偏文科，理科课程总共只有十二学分，只占总学分数的8%，造成了第一组课程在文理两方面的畸重畸轻，从学生的全面发展考虑实在不是个好方案。最后，课程方案的指导思想是考虑地区与学校的差异性，给各地各校留有伸缩余地，但在学校领导、管理人员和

① 吕达.中国近代课程史论［M］.北京：人民教育出版社，1994：311-312.

教师专业训练存在不足的情况下，又易造成课程开设和实施不能达标甚至造成工作混乱。

（六）"新学制"课程标准引发的课程改革"钟摆"

1922年"新学制"的课程标准强调灵活性，显得"柔化"，而1929年修订的课程标准更强调统一，明显"硬化"。到1930年代中期起又加以修订，增加灵活性，似乎又显出柔性。1922年后的二十多年里，中小学校课程改革和调整呈现"钟摆"态势。

1. 强调统一性和提高程度

"新学制"整体上的优点与缺陷同样表现在学校课程方面。其优点是不"呆板"，比较灵活，能够兼顾学生、学校和地区的个别需要。其缺点则是散漫而难以掌握统一标准，不能保证课程尤其是选修科目的质量与水平。加之国民党掌握政权后，需要加强对学校教育的控制，推行党化教育。1928年教育部着手制订中小学校课程标准，并于1929年8月公布了幼儿园、小学、中学三个课程暂行标准。试行后又加修订，于1932年先后颁布《小学课程标准》和《中学课程标准》。如同钟摆一样，如果说"新学制"的课程标准在思想理念上是摆向了灵活、开放的一端，此时则摆向了相反的方向。

从表4-19、表4-20可以很明显地看出，强调统一是1929年《暂行课程标准》的基本精神。高中不再分设文理组，理由是文理分组制度给各地各校留下了随意分科（第一组更易于建设）、随意设置选修科目的空间，造成高中毕业生基本训练不足、重文轻理、学生理科水平低下而对文法学科趋之若鹜等弊端。基于此，强调课程的一元化就成为选择。主要举措就是放弃文理分组，避免学生过早分流；减少课程名目，

表 4-19 1929 年《暂行课程标准》初中课程设置与学分分配表

科目	党义	国文	外国语	历史	地理	算学	自然科	生理卫生	图画	音乐	体育	工艺	职业科	童子军	总计
学分	6	36	20或30	12	12	30	15	4	6	6	9	9	15或5	0	180
百分比	3.33%	20%	11.1%或16.7%	6.67%	6.67%	16.7%	8.33%	2.22%	3.33%	3.33%	5%	5%	8.33%或2.78%	0	100%

注：外国语定为英语，前两年为必修，每学期 5 学分；第三年为选修，每学期 5 学分。工艺包括农业、工业、家事，各校任择其一。职业科由各校酌定，必修 5 学分，第三年不修外国语者普选 10 学分。

资料来源：王伦信．清末民国时期中学教育研究［M］．上海：华东师范大学出版社，2002：102．

表 4-20 1929 年《暂行课程标准》高中课程设置与学分分配表

科目	党义	国文	外国语	算学	本国历史	外国历史	本国地理	外国地理	物理	化学	生物学	军事训练	体育	选修科目	总计
学分	6	24	26	19	6	6	3	3	8	8	8	6	9	18	150
百分比	4%	16%	17.3%	12.7%	4%	4%	2%	2%	5.33%	5.33%	5.33%	4%	6%	12%	100%

资料来源：王伦信．清末民国时期中学教育研究［M］．上海：华东师范大学出版社，2002：102．

强化基本科目和基本训练。相应地，初中选科制课程结构被放弃，高中选修科目的学分比例被压缩至 12%，与"新学制"课程选修科目高中第一组的 40%、第二组的 35%，已不可同日而语。在课程价值方面也充分体现统一的意图。以党义取代公民，必然削弱原来公民课中有关政治、经济、法制、伦理等方面的知识内容，思想灌输的用意明确；初中的党童军课，高中有六学分的军事训练，思想控制的用意也很明确。1929 年的《暂行课程标准》奠定了后来国民政府课程调整和改革的思想与理论基础。

强调统一的课程改革趋势在进入 20 世纪 30 年代后得到延续并更为强化。1932 年教育部先后正式颁发《小学课程标准》和《中学课程标准》。就中学而言，规定初中课程为公民、体育、卫生、国文、英语、算学、植物、动物、化学、物理、历史、地理、劳作、图画、音乐，以及后来补入的童子军训练；高中课程为公民、体育、卫生、军训、国文、英语、算学、生物学、化学、物理、本国历史、外国历史、本国地理、外国地理、论理、图画、音乐。无论是课程标准还是具体每门课程，都显得平实，体现了改革者的指导思想，但也将选科制、文理分组、学分制和初中的综合学科、高中的综合中学制等诸多课程探索举措尽数废弃。1932 年的课程标准强调划一和专深，被认为是一个"最为硬化"的方案。这样的课程改革反映了当局控制教育、控制学生的意图，但也体现了提升教育水平以求人才涌现、实业崛起、国家强大的愿望。

2. 突破划一模式

1932 年学校课程标准的主要问题可以说是"统得过死"和程度过高，实施后很快暴露出学生课业负担过重的问题。1936 年教育主管部门又颁布了修正的课程标准。新课程标准在课程的门数和科目上没有变化，但减少了课时数，以减轻学生课业负担。另一些变化也耐人寻味。其一，从高二起分甲乙两组。甲组算学不降低旧有标准但增加课时，乙组算学降低旧有标准并减课时，所减课时用于增加国文、英语课时，增加论理课程。其二，从高三起开设商业、会计、应用文书、农艺、园艺等简易职业科目，选修者分别减去甲乙两组增加的课时，以利修读。这又恢复了课程适应个性发展需要的原则，学校课程变革之摆开始往回摆动。

1940 年，正当中国全民族抗战和世界反法西斯战争处在最艰难的时候，国民政府教育主管部门又对中小学校课程标准作出修订。修订的原因：其一，为适应抗战对中学教育的要求，体现"战时须作平时看"的方针，原则上维持学制和课程的平时模式，也适应战时环境，适当改订教育制度和课程、教材；其二，对于 1936 年所作的课程修正，仍感到不能满足。[①] 另外，中国自 20 世纪 20 年代以来持续的中小学校课程探索，其主要精神是突破划一模式，适应学生和社会需要，尊重个别差异，倡导主动学习，这些因素共同促成学校课程改革朝着破除僵硬体制的方向展开。

1940 年重新修正的课程标准，中学课程的门数和科目变化并不大。初中开设公民、体育、童子军、国文、算学、博物、生理及卫生、化学、物理、历史、地理、劳作、图画、音乐；高中开设公民、体育、军事训练或军事看护、国文、外国语、算学、生物、矿物、化学、物理、历史、地理、劳作、图画、音乐。变化的是学时数再得减少和实行分组选修。初中阶段的教育宗旨非必为升学做准备，所以在各学年都分甲乙组，每周设三课时选修课时。不准备升学者可选甲组，用这三课时选修国文、历史、公民、职业科目，准备升学的选乙组，则增加三课时的英语。

高中阶段文理分组进一步扩大。高二年级起实行分组。分组科目

① 王伦信. 清末民国时期中学教育研究 [M]. 上海：华东师范大学出版社，2002：108.

较 1936 年又有增加，为国文、外国语、算学、化学、物理五科。如高二年级上述五科的周课时数，甲组为：国文四，外国语五，算学五，化学五；乙组为：国文六，外国语六，算学三，化学四。高三年级，甲组为：国文四，外国语六，算学五，物理五；乙组：国文六，外国语七，算学三，物理四。甲乙两组其他课程则完全相同。又在高三阶段酌设简易职业科。此外，还加重了军事训练（军事看护）课程，体现了服务抗战的目的。

显然，1940 年的课程标准是进一步对 1932 年比较刚性的中学课程的调整。1948 年国民政府在风雨飘摇之中再一次也是最后一次出台了修订课程标准，延续了 1940 年的思路。其中的初中和高中部分更为明确地列出各年级的选修时数，并降低学业程度，注重与日常生活的联系，文理分组再度被取消。

综观历次中小学校课程标准的变革，从"新学制"的开放灵活，到 1929 年收紧课程选择空间，再到 1932 年强调划一的高度刚性，又到 1936 年的松动减负，以及 1940 年增加分化程度和选择余地，到 1948 年的有收有放，张弛更替，几度起落，成为一种现象。造成这一时期中小学校课程变革频繁摆动的原因十分复杂，其中既有中学阶段教育本身比较复杂的原因，也有学校教育之外社会和时代环境复杂多变的原因，还有理论和理想的美好状态与现实国情之间的关系问题，值得认真研究和反思。

四、不断丰富的现代学校课程内涵

1922 年"新学制"颁布，标志着中国教育在受美国实用主义教育思想影响的同时，也形成了自主探索的成果。就学校课程发展而言，适应儿童和社会发展需要成为课程改革和建设的主旨。如中学实行三三分段和分科选科制，以儿童、生活、活动为中心的课程实践，核心课程、活动课程等的尝试等，学校课程发展不断丰富。

（一）教学法取向改变

清末新教育推行以来，大致经历了两个比较鲜明的阶段，首先是赫尔巴特教育学的引入，其次是随着杜威（John Dewey）教育思想的介绍，进步主义的教育思想和教育实验在我国展开，教学过程开始注重学生的主体地位。就每一个阶段来说，教学法也有相应的变化。例如赫尔巴特教育学引入之前，我国就有较长时间的集体教学经验；赫尔巴特学说引入后，清末洋务学堂的班级授课制度与赫尔巴特教育学的教师中心、教材中心、课堂中心的理念实现了初步的融合。新式教学法在引入的早期还非常机械刻板，传统教学法尚未完全退出课堂。随着学生主体地位意识的普及，启发式教学等传统教育中的精华再次获得重视。随着杜威访华和大量留美学生的宣扬，实验主义教育学在我国兴起，"做中学"成为新式教学法的突出特点。设计教学法、道尔顿制、文纳特卡制等新的教育方法丰富了中小学校的教学法。

从新式教育推行的过程来看，伴随着几次学制的颁行，经学在学校课程中比重逐渐被压缩。在高等教育中，文、理、农、工、商、法、医这些学科取代了经、史、子、集的学术分类方法，新的课程要求新的教学方法。在基础教育阶段，国文、修身、公民、历史、地理等现代学科也完全不同于以"教材代课程"的传统教育，教材的编纂和课程的设置完全不同于传统教育中的逻辑。随着"壬寅学制""癸卯学制"的颁布，教学内容和方法在学制中有相应规定。在"壬寅学制"颁布前，中小学教学中，尤其是传统私塾，一般采用混合教学，各个年龄阶段的学生集中在一个教室上课，还没有按照学生学习程度分班的概念。学制颁布后，按照年级分班，每一年级配备专门教师，班级的学生数量、教授内容、教学时间都有了具体的安排。

"五段教学法"传入我国以后，也实现了相应的变通。俞子夷就主张教学法改革的重点应该是建立一套教程序，按照赫尔巴特的教学阶段分类对课堂教学进行研究。他以国文教学为例，制定了事物教学、目的指示、课文大意、新字解释、课文讲读、讲读练习、段落大意、文体结构、应用练习等步骤，分别属于预备、提示、整理和应用四个阶段。[①]在当时教师使用的教授教科书中，课程案例都是按照"五段教学法"来设计的，《教育杂志》等刊物也积极征集全国优秀教案进行推广，使得"五段教学法"流行起来。教师在教学过程中，先以问题为引入，是课程预备阶段；然后确定课程目标，提示学生作答；教学过程中，联系学习内容进行知识迁移，最终布置作业，进行练习应用。"五段教学法"使教师面对新式课程和教材不再迷茫，教师可以按照这个程式设计课程，极大地提高了教学效率。实施过程中，最突出的问题就是很多教师机械地套用"五段教学法"，将教学变成程序性的过程，甚至在几遍教学后，竟然可以不用备课而讲授，造成教学的陈陈相因。

赫尔巴特教育学传入中国后，当时中小学教师奉之如圭臬。虽然实际上有三段法、五段法等变通，但是其原理以赫尔巴特学派为依归。萧承慎在总结民国教学法时认为："五段教学法对于小学教授用书之影响最大且久，直至十一年（1922年），尚未能脱出其范围。"[②]中学教育阶段一般采用灌输式教育，教师教学生就像师傅带徒弟一样，将自己所知传授给学生，不管学生要不要学，懂不懂，只管教。课堂之上，教师

---

① 董远骞，施毓英，编.俞子夷教育论著选［M］.北京：人民教育出版社，1991：478.
② 萧承慎.教学法三讲［M］.福州：福建教育出版社，2009：74.

讲，学生听；教师做，学生看；教师写字，学生抄录；教师查成绩，学生背诵默写。这样的教法，教师主动，学生被动；教师用力多，学生收效小；教学过程中，教材、教法都是教师本位的。尽管赫尔巴特学派的教学法促进了传统教育与现代教育的更迭，使得基础教育的教师有了方便的教学模式，但是其弊端也越来越明显。

美国进步主义运动兴起后，儿童成为教育活动的中心，采用活动课程、"做中学"的理念开始为我国学界所接受。蔡元培在担任教育总长、出席万国教育会议期间多次提及杜威的教育思想。1919年，杜威应北京大学、江苏省教育会、南京高等师范学校等单位邀请访华，陶行知、胡适、蒋梦麟等杜威的弟子开始广泛宣传杜威的实验主义教育思想。《教育杂志》《中华教育界》《东方杂志》《民国日报》等大量报刊刊登杜威的演讲与论著，杜威的《民主主义与教育》《我的教育信条》《学校与社会》《儿童与课程》《我们怎样思维》《明日之学校》等大量作品被翻译出来，郑晓沧、孟宪承、俞庆棠、刘伯明、朱经农、陶行知等一大批知名学者参与翻译杜威作品。1919年，江苏省第二师范学校将杜威在华演讲编印出版。1920年，《晨报》将杜威在北京的演讲编纂成《杜威五大演讲》。这些作品广泛影响了当时的教育学界。

王炽昌的《教育学》、孟宪承的《教育概论》、吴俊升的《教育概论》等当时知名的教育学著作和教材中开始出现"儿童的发展""学习的功能""社会的适应""教育即生长""教育即生活""学校即社会"等杜威的教育理念。杜威的学生克伯屈将其"问题教学法"改造成"设计教学法"，试图设计一种"像生活"的教育，在中国广泛推行。这些变化符合五四运动后教育界对民主、科学的向往。实验主义宣扬民主自由，批判以赫尔巴特教育学派为代表的传统教育学，主张生活和社会紧密联结，符合当时的教育追求。这些新思想加上杜威学生的大力宣传，使得教学方法开始走向"做中学"的实验主义。

相比陶行知的"生活教育"，陈鹤琴的"活教育"是"做中学"的另一个典型。陈鹤琴是中国近代学前教育理论和实践的开创者，他创办了中国第一所实验幼稚园——鼓楼幼稚园。在教育探索过程中，他吸收了杜威的相关教育理念，提出"活教育"的教育理论。有关"活教育"的教学论，陈鹤琴提出和阐述了"做中教，做中学，做中求进步"这一作为"活教育"方法论的教学指导性原则。① 他将"活教育"的教学分为四个步骤：实验观察—阅读参考—发表创作—批评研讨。② 实验观察是教学的第一步，是从直接经验中来获得知识。同时他也不排斥间接知识，通过阅读参考来获得间接知识，弥补实验观察的不足。儿童通过实验观察和阅读参考获得的知识经验要通过加工整理，以故事、报告、讲演的方式表达出来，培养儿童的创造力。儿童得到的结论要通过集体讨论，以便相互启发，进一步完善。四个步骤以"做"为基础，实现学生的主动学习。

从整个晚清民国时期来看，赫尔巴特学派的教育学始终占据重要位置。正如当时一些学者所指出的："通都大邑之国，省立小学校，多行新方法；县、市所立之小学校，以及乡村小学，均行旧方法。"③ 尤其是在教学阶段分类模式上，"五段教学法"成为影响极其深远的教育模式。杜威实验主义教育学的引入，使得教学过程中学生的地位得到重新认知，活动课程和以学生为中心的教学设计成为教学过程需要考虑的首要内容，各种新式教学法无一不是重新发现学生，尊重学生的主体地位，设计教学法、道尔顿制、导生制、文纳特卡制等是其中的典型。

---

① 王伦信.陈鹤琴教育思想研究［M］.沈阳：辽宁教育出版社，1995：245.
② 北京市教育科学研究所，编.陈鹤琴全集：第4卷［M］.南京：江苏教育出版社，1991：368.
③ 侯鸿鉴.四十年来江苏教育之回顾［J］.江苏教育，1932（09）：10-14.

（二）课程改革变奏中的学科中心主调

在 20 世纪上半叶中国的教育改革和发展中，特别不可忽视的一点是西方课程理论的影响愈益扩大。尤其在民国建立后，各种西方课程理论和实践模式不同程度地出现在中国学校课程实践中。从民国各个历史时期的学校课程标准可以看到这一点。如就课程类型而言，提供给学生的课程规划常常由不同类型的课程构成。课程的分类可以有多种不同方式。如根据课程的组织方式分类，有学科课程、相关课程、融合课程、广域课程、核心课程和活动课程；根据课程的价值观分类，有学生中心课程、社会中心课程和学科中心课程。以此分类方式考察民国学校课程发展的历程，可以发现一些特点与趋势。

1909 年之前，俞子夷在川沙县（今属上海市浦东新区）青墩小学任教，采用复式教学。小学高年级开设有理科和史地，理科实际上就是自然常识，史地近似后来的社会。他的教学往往是"同时、同科目而异教材，材料来源就从本地习见的入手，不必限定自然、地理、历史的基本观念"。[①] 于是白扁豆、南瓜、野花、杂草、鱼、蛇等乡村里常见的动植物都成了教材。俞子夷显然打破了学科的区分，采用的是不十分规范的融合课程。之后，民国初年的暂行课程标准中，高小的中国历史和地理合设为中华历史地理，博物、物理、化学合设为博物理化，初中的物理和化学合设为理化。博物、物理、化学合设为自然出现在"新学制"初中、高中文理组和 1929 年的初中课程规划中。然而，即使是这些以综合的名义设置的课程，在实际开设中是不是实现综合确实是个问题。1914 年 10 月 13 日，黄炎培参观北京高等师范学校附属小学，听了一节高小二年级理科课，内容是"森林之效用"。黄炎培认为，教师

[①] 俞子夷. 二十年前乡村学校生活里的我［J］. 教育杂志，1927（12）：69-81.

完全应当大量例举校舍、校具等眼前器物，证明森林的益处，可惜教师并未这样做。言下之意是说，教师未将课程实施真正"综合"起来（见表4-21）。查检其课程标准，博物中的植物、动物、矿物，物理化学中的物理与化学，也基本上是单独开设的，甚至还不如俞子夷的小学高年级自然课的内容融合程度。由此看来，民国中小学校课程中的融合课程有些名不符实，其实质仍旧是学科科目课程。

表4-21　1914年北京高等师范附属小学高等二年级理科课程教案

班次学科	高等二年级　理科	
教科	森林之效用	时间
准备物	森林挂图一幅	
目的	使知森林对于吾人之关系及其保护法	
教授方法	预备 ① 房屋器具舟车等物用何物造作（木材） ② 此等木材由何物得来（森林） ③ 森林既与吾人有极大关系，吾人对之应如何（保护） 教授 （甲）森林对于吾人之利益 ① 供建筑用。② 供制造器具用。 ③ 供薪料用。④ 可获收果实及繁殖鸟兽等许多副产品。 ⑤ 调和气候。⑥ 清洁空气。 ⑦ 可免旱灾。⑧ 减少水患。 （乙）森林之保护法 ① 禁止滥伐。② 栽培苗木。 ③ 除去害虫。④ 保护益鸟。 应用 ① 森林有何利益。② 本校门外土堆上树木颇多，其材可作何用。 ③ 对于本校空气有无关系。④ 应如何保护。	
备考		

资料来源：黄炎培. 黄炎培记北京高等师范附属小学（1914年10月13日）[M] // 陈元晖，陈学恂，主编，李桂林，戚名琇，钱曼倩，编. 中国近代教育史资料汇编：普通教育. 上海：上海教育出版社，2007：591.

注：高等二年级即高小二年级，即小学六年级。从这份教案看，此校高小理科课程还是有相当程度的融合的。

1929 年 8 月，陈鹤琴主持制定的《幼稚园课程暂行标准》由教育部发布全国，经试行后，教育部于 1932 年正式颁布《幼稚园课程标准》。这个标准是陈鹤琴及其同仁在南京鼓楼幼稚园实验的结果。课程范围包括音乐、故事和儿歌、游戏、社会和自然、工作、静息、餐点七个科目，而这些科目的实施，按标准制定者的设计，"应该打成一片，无所谓科目。打成一片的方法，应该以一种需要的材料（应时的如三月的植树节，十月的国庆，秋天的红叶，冬天的白雪等；在环境内发现的如替玩偶做生日，公葬某种已死的益鸟，开母姊会，等等），做一日或两三日内作业的中心；一切活动都不离乎这个中心的范围"。[①] 显然，这个幼稚园课程标准所倡导的课程属于核心课程，或称问题课程，是以所要解决的问题为核心，将多门学科结合起来的一种课程形态。在鼓楼幼稚园实验开展之初，陈鹤琴一度走得更远。最初他提出：一切课程都是儿童自己的，不是教师、父母或其他人的装饰品和利用的工具；一切课程是当时当地儿童自发的活动；教师的责任是回答儿童的询问及提供各种需要的材料；注意儿童身体的健康、动作的活泼，不希望儿童受呆板的束缚。[②] 这是废止了通常幼稚园课程的分科形式，是让儿童根据自己随时而发的兴趣和需要，自由选择和组织知识和经验，以解决与其生活密切联系的问题。陈鹤琴最初设想的幼稚园课程显然属于活动课程，或曰经验本位课程。实验的效果是儿童欢乐尽性，教师情绪高涨，园里充满生气。但问题也随之而来：课程取决于儿童的兴趣，而儿童的兴趣随时会改变，教师备课就成为困难；教师忙于应付儿童当前需要，不易有另外的途径使之更有效、更迅速地进步，只是停留在原来水平上；难

---

① 宋恩荣，章咸，主编，中央教育科学研究所教育史研究室，编.中华民国教育法规选编：1912—1949［M］.南京：江苏教育出版社，1990：233.

② 北京市教育科学研究所，编.陈鹤琴全集：第 2 卷［M］.南京：江苏教育出版社，1989：146.

以引起那些怕羞、怯懦、新来的儿童兴趣；儿童变得骄蛮，注意力难以集中。之后一度回到分科课程老路。又经反复探索实验，形成新的课程构思：活动中心主题为显性线索，学科作为隐性线索融合于其中。课程达成了计划性与灵活性、教师作用与学生主动的统一。鼓楼幼稚园的课程探索从更为激进的活动课程退回到更稳妥的核心课程。[①] 这是民国时期学校课程探索十分典型的一例。

20世纪20年代以后，类似这样以儿童为中心、以活动和经验为本位、关注社会和生活、力图破除学科中心的课程实践并不少见。但也可以发现，类似的课程探索以在幼儿园和小学阶段为多，年段越高就越是以科目为本位、以学科为中心，高中阶段尤然。在整个20世纪二三十年代，无论初中还是高中，类似社会和自然一类有着综合面目的课程，实际上只是表象，课程实施中往往是学科本位。必须承认，民国建立后的二十余年里，中国的教育界对中小学校课程问题十分重视，作了很多有益的探索和尝试，但并未改变科目本位课程和学科中心课程的格局。

（三）"从人到狗"：教科书编写的再次转型

随着新文化运动的开展，民主与科学的呼声日益高涨，以杜威为代表的美国实用主义教育学说在中国得到传播，各种教学改革与探索层出不穷，也影响到教科书的编纂。1913年，黄炎培发表《学校教育采用实用主义之商榷》一文，提出以"立体的教育"替代"平面的教育"，改变"文字的教育"为"实物的教育"，即学校须"授以生活所必需之普通知识技能"。文中，黄炎培还以小学为例，专门讨论了各科课程与教

---

① 北京市教育科学研究所，编.陈鹤琴全集：第2卷［M］.南京：江苏教育出版社，1989：146.
王伦信.陈鹤琴教育思想研究［M］.沈阳：辽宁教育出版社，1995：120-125.

材如何以实用为目的来实现改良。①1915 年前后，小学教学实践中出现了"自学辅导主义"的探索，主张小学三年级以上学生以自学为主，遇有困难则由教师辅导。"自动主义"在各科教学都有尝试，成为中小学教育中的一种时尚。显然，时代在变化，教育也在变化，在这样的背景下，教科书也应当有所改革，中华书局的"新式教科书"应运而生。

1. 新文化运动影响下的教科书编纂

从 1915 年下半年起，中华书局陆续编辑出版了"新式教科书"，编辑宗旨即是实用主义和自学辅导主义。编纂者将这两点直接理解为国民教育的目的所在。1916 年 1 月出版的《中华教育界》第五卷第一期刊有《新式教科书编纂总案》一文，文章中突出强调"新式教科书"各科课本都采用当时教育界"公认为最进步之教育方法"，那就是"自动主义"。自动主义在不同的学龄阶段有不同的要求，体现于教科书，于初小阶段采用"练习主义"，以期培养儿童自主研究之基础；于高小阶段采用"自学辅导主义"，以期养成儿童自主研究之习惯。从各科目来看，国文科大量采用新文学作品或翻译作品，偏重人生问题和社会问题的讨论；英语科注重常用语的训练；社会科目鼓励学生自学；自然科目注重实验。② 教科书也注意贯彻实用主义，具体表现是，"其修身教科书强调躬行实践，国文教科书按有系统的组织法排列，算术教科书扩充了数法，历史地理教科书均以国民教育为本位，理科教科书注意生活所必需之知识和工业科学之基础"。③

中国课程史

---

① 黄炎培.学校教育采用实用主义之商榷［M］//陈元晖，陈学恂，主编，璩鑫圭，童富勇，编.中国近代教育史资料汇编：教育思想.上海：上海教育出版社，2007：788-792.

② 石鸥，吴小鸥，编著.百年中国教科书图说：1897—1949［M］.长沙：湖南教育出版社，2009：127.

③ 王建军.中国近代教科书发展研究［M］.广州：广东教育出版社，1996：238.

　　需要指出的是，《新式国文教科书》在每一册最后都附有四课白话课文，作为本册课本的"附课"，有别于正课课文均为浅白的文言文。如第一册附课中有一篇课文："那一位给衣裳你穿？那一位给饭你吃？那一位很疼爱你？你仔细想，不是你的父亲吗？"[1]从果文内容看，完全可以讨论，但从文体看，确实表现了编纂者的勇气和用心，这些附课白话文课本表达了教科书编纂者颇为先进的语文理念。'新式教科书"出版后受到欢迎，到1922年，这套教科书印刷基本上都达到五十次左右。中华书局的"新式教科书"吸收最新理论和方法作为编纂指导，注意贴近儿童生活，体现社会进步，自然应当肯定。但也要看到，编纂者对理论和方法的理解并不全面，也不深入，这与教科书编纂者的素养大有关系。

　　在中华书局的教科书事业高歌猛进之时，商务印书馆也在寻找教科书编纂新的突破口。1915年12月商务印书馆出版"实用教科书"系列，包括小学课本九种及教授用书九种以及中学课本。这套教科书多聘请北方著名小学校长和优秀教师编写，且以"实用"为名，也是出于教科书更体现实用主义的考虑。而商务印书馆教科书编纂再次取得突破，是在五四运动后推出的"新体教科书"和"新法教科书"。

　　在新文化运动的影响下，国语运动发展成一场全国性的运动，影响所及，学校教科书的编纂也深受其益。受国语运动影响而诞生的教科书新形态，又有力地支持和促进了国语运动乃至新文化运动。国语运动所倡导的"言文一致"和"国语统一"，深刻影响了当时教科书（尤其是语文教科书）的编纂，促进了教科书的转型。在新文化运动和教育普及思潮推动下，商务印书馆将国语运动的成果迅速转化为学校教科书，体

---

[1]　石鸥，吴小鸥，编著．百年中国教科书图说：1897—1949［M］．长沙：湖南教育出版社，2009：127．

现在各科教学中，尤其使语文教学发生重要转变，语文教科书由"国文"转变为"国语"，奠定了后世语文学科的基本格局。

1919 年 8 月，商务印书馆出版了由庄适编纂、黎锦熙校订的《新体国语教科书》八册，又逐步推出各科的"新体教科书"。这是第一套系统的白话文教科书，语文教科书由"国文"改变为"国语"也自此开始。[①]商务印书馆在响应国语运动，编纂新语体教科书方面又先着一鞭，开了风气。

在全国性的国语运动推动下，1920 年 1 月，北洋政府教育部正式通令全国，改"国文"课为"国语"课，从当年秋季起，先将小学一、二年级的国文改为语体文（白话文），期望收"言文一致"之效。同年 4 月，教育部又作出规定，到 1922 年为止，凡国民小学各种教科书一律废止文言文，改为语体文。不久，教育部颁布使用新式标点符号的通令。由此，文言文教科书逐渐退出历史舞台。因此，人们将 1920 年作为"国文"与"国语"两个教科书阶段的分界。[②]

商务印书馆响应教育部的通令，迅即编纂了一套体现新的教育改革精神的"新法教科书"，于 1920 年 4 月起陆续出版，不仅继续采用语体文，而且采用了新式标点，在教科书、教授法之外，还编有自习参考教材供师生使用，再次开了教科书编纂的先例。由于"新法教科书"编纂在教育部规定下达之后，有更为充裕的准备时间，编纂队伍中还充实了一批优秀学者，保证了这套教科书达到一定的水准，有着十分鲜明的特点。具体表现在三方面：

其一，主要采用语体文，内容贴近儿童生活，课文更为通俗易懂。

① 石鸥，吴小鸥，编著.百年中国教科书图说：1897—1949［M］.长沙：湖南教育出版社，2009：139.
② 唐千千，杜成宪.从"国文"到"国语"：一字之差背后的学科变革［J］.现代教育论丛，2023，249（01）：41-53.

如《新法国语教科书》第一册的若干课文：

> 第一课：一二。
> 第十课：这本书，是他的，不是我的。
> 第三十课：书里有图，大家看，看了图，就得认字。
> 第四十课：小弟弟，在母亲怀里；看见我鞠躬，他也鞠躬。①

其二，紧随形势发展，时代感强。如吴研因所编、1920 年 6 月出版的《新法历史教科书》高等小学学生用第二册，选入了 1917 年俄国十月革命的内容。

其三，注重教学法研究，充分体现注重学生、注重启发、注重动手和探究的新教育理念。如《新法理科教授书》，每一课都从教学目的开始，按准备、指示、谈话、演述、探究、整理、参考、质疑答案等环节依次进行。以第一册第一课《衣食》为例，目的是"述衣食的功用和各类"；准备须有棉纱、布、蚕丝、绸、米、麦、菜、豆、鱼、肉；指示、谈话、演述主要建议从哪些方面入手讲课；探究的问题有：布为什么有粗细？绸为什么有厚薄？米怎样可以煮饭？麦怎样可以做面？菜豆为什么可以叫素菜？鱼肉为什么可以叫作荤菜？最后的质疑答案列出深入思考研讨甚至论辩的问题，如：衣服可以保护身体有什么证据？②

可见，商务印书馆"新法教科书"的变革已经不限于语言问题（使用白话文）、内容问题（选用贴近生活实际的材料），尤其重要的还有教育教学问题（以时代精神育人，研究有效地教和学）。教科书越来越体

---

① 李伯棠，编著.小学语文教材简史［M］.济南：山东教育出版社，1985：45.
② 石鸥，吴小鸥，编著.百年中国教科书图说：1897—1949［M］.长沙：湖南教育出版社，2009：143.

现出现代意义。

正如之前数次上演过的教科书编纂出版两强相争一幕，紧随商务印书馆"新法教科书"之后，1921 年中华书局开始编辑出版"新教育教科书"，陆续到 1922 年出齐。国民学校课本用语体文编写，高小课本则语体文和文言文混用。国语课本有注音字母。如国民学校《新教育国语读本》第三册第一课课文：

> 这本新书从今天起，早晨同我进学校；晚间同我回家；真是我的好朋友。

第二课课文：

> 我们学校的功课，国语时间最多，我最欢喜；还有体操一科，我也欢喜。①

浅白易懂，亲切平和，娓娓道来，教育的意图含而不露。

"新教育教科书"反映时代的教育精神和理念，各科课本都强调反映时代进步、激励爱国精神、注重生活需要、启发儿童智能、培养职业基础等教育追求。如国民学校用《国语读本》"注意常识及世界大势并略予以新发明新思潮之精神"；《算术》课本"注重生活上必需之知识及计算，注重暗算及理解，养成精密之思考力"；《历史》课本"注重国家的社会发明的材料，以启发儿童进化之思想"；《地理》课本"注重世界大势的应用教材，以启发儿童进取之思想"；《历史》《地理》都兼及国

---

① 石鸥，吴小鸥，编著 . 百年中国教科书图说：1897—1949［M］. 长沙：湖南教育出版社，2009：145.

耻的内容，以启发儿童卧薪尝胆之思想；高等小学校《理科》课本"注重人生生活必需教材，于应用观察以期易于了解，兼养成职业之应用企业之思想"。① 各科教科书的目标表达了编纂者对相应课程目标的理解，也反映了当时时代的教育追求。

新文化运动时期形成的白话文教科书，对中国教科书的发展而言具有极其重要的意义。其一，教科书的话语方式改变了，使得教科书真正能够走近儿童，走进儿童，教育的效果就会发生巨大变化。教科书话语的改变，也会连带影响学校教育话语的改变，教师与学生之间、学生与学生之间交流方式的改变，带来整个学校教育的改变。其二，教科书话语的改变，使得教科书内容的丰富有了极大的可能，大量新文化运动时期产生的白话文作品和翻译作品都可以十分便捷地被选用，文章的体裁也不断多样，各种应用文体的作品也可以得到选用。其三，教科书话语改变后，教师如何教、学生如何学就成为必须专门研究和探讨的新课题，促进了学校教学的改革。其四，教科书话语的改变，使得教科书编纂本身成为必须进行研究的问题，中国之前几千年的教材话语传统已难以完全保存和延续，但中国历史和文化又是以传统话语承载的，历史和文化传统如何借助新的话语方式传承，新旧话语方式如何在教科书中共存相融，都成为需要解决的重要课题。

2. "从人到狗"：中国现代教科书的基本定型

1922 年 11 月教育部公布《学校系统改革案》，即"新学制"，又称"壬戌学制"或"六三三学制"。1923 年 6 月，全国教育会联合会议决并公布《中小学课程标准纲要》。相比较清末和民初的两个学制，1922年"新学制"在制度改革方面举动很大，也就影响到教科书编纂发生较

---

① 石鸥、吴小鸥，编著.百年中国教科书图说：1897—1949 [M].长沙 湖南教育出版社，2009：144.

大变革。变革主要表现在如下方面：其一，年段结构上的改变，即按"六（四二）三三"分段编纂各科教科书；其二，科目分设上的改变，即按《中小学课程标准纲要》规定的科目及科目性质编纂教科书；其三，教科书内容和形式上的改变，即无论是语言表述还是材料选择，都更多地受到当时美国教育思想的影响。由此，中小学校教科书得到极大的丰富，无论是种类还是数量，都有很大增加。"新学制"实施后，虽经1928年较大修订和20世纪30年代的数次调整，但整个年段结构和教学科目设置基本未变。所以，到20世纪20年代上半期，中国现代学校教科书可以说已经基本成形。

"新学制"在制订完成和颁布的过程中，相配套的教科书编纂已经开始。一俟"新学制"颁布，适应"新学制"课程需要的新教科书就立即推出，依然是中华书局和商务印书馆两家占得先机，并成为代表。中华书局从1922年开始陆续出版适应"新学制"课程要求的系列教科书"新小学教科书"和"新中学教科书"。"新小学教科书"包括《公民课本》《国语课本》《学识课本》等，"新中学教科书"包括《初级古文读本》《本国地理》《世界地理》《算术》《几何学》《平面三角法》《植物学》《矿物学》等。[①]

商务印书馆也组织力量编写了"新学制教科书"系列，于1923年2月起陆续出版，被称为编书历史上最完善、最进步的课本。[②] 这套教科书涵盖了当时中小学校开设的课程，如小学阶段有《公民教科书》《社会教科书》《国语教科书》《作文教科书》《算术教科书》《常识教科书》《自然教科书》《地理教科书》《卫生教科书》《商业教科书》《农业

---

① 石鸥，吴小鸥，编著.百年中国教科书图说：1897—1949［M］.长沙：湖南教育出版社，2009：162-171.

② 同上：172-192.

教科书》等；初中阶段有《国语教科书》《自然教科书》《乐理教科书》等，甚至还第一次出现了《人生地理教科书》；高中阶段有《解析几何学》《天文学》《本国史》《西洋史》《本国地理》《社会学》《论理学》。此外，商务印书馆还编纂出版了其他系列的教科书。

这一时期的教科书充分体现了"新学制"提出的一些教育精神。

第一，十分注意教科书的内容密切反映时代精神和生活实际。如中华书局"新小学教科书"《公民课本》初小的开篇内容就是"总理遗嘱"，意在加强对小学生进行思想政治教育。初小《公民课本》第五册的头五篇课文题目分别为：《家用的分配》《邮政储金》《用钱要记账》《活泼的精神》《蔬菜比肉好》，涉及的方面颇为广泛，且都与生活密切相关，尤其是重视从小对儿童进行理财教育。

第二，十分注意教科书的内容及其语言表达方式贴近儿童身心特点，力图用儿童的语言、儿童的视角来编写课文。如商务印书馆的《新学制国语教科书》初小第一册若干课课文：

第一课：狗，大狗，小狗。

第二课：大狗叫，小狗跳，大狗小狗叫一叫，跳两跳。

第三十课：两只脚，踏踏踏。嘴里唱，扛拉拉。路上看见好姐姐，头点点，手拉拉。转过身来，走到花树下。眼睛看看花，耳朵听说话。

第四十课：猫欢喜，一只老鼠到嘴里。狗欢喜，两根骨头丢下地。鸡欢喜，三个小虫一把米。羊欢喜，四面都是青草地。人欢喜，五个朋友在一起。[①]

---

① 李伯棠，编著.小学语文教材简史［M］.济南：山东教育出版社，1985：46.

可见，教科书内容的选材和表达具有强烈的儿童文学色彩，富有童趣，充满想象力。清末商务印书馆编纂的《最新国文教科书》第一册第一课是"天地日月"，辛亥革命后商务印书馆编纂的《共和国国文教科书》第一册第一课是"人手足刀尺"，有人把这一阶段的小学语文教材称为"从天到人"时期。商务印书馆从1921年开始编辑，1924年完成的《新学制国语教科书》第一册第一课是"狗，大狗，小狗"，因此又有人把这个阶段的小学语文教材称为"从人到狗"时期。① 这一说法虽带有讽刺，但也说出了这一时期小学语文教科书乃至整个教科书编写的特点，就是用儿童喜闻乐见的内容和话语方式（鸟言兽语）来呈现教材。

第三，体现时代的变革特征，在中小学教科书编写中，强调课文内容的知识性得到充分的体现。中华书局1923年出版发行的新学制适用《新小学教科书常识课本》初级第四册，总共有课文三十二课，题目如下：

《学级自治会》《蜘蛛结网做甚么？》《萤火虫》《客来了》《鱼》《怎样烹调？》《熟食的起源》《陶器瓷器的制法》《衣服的发明》《怎样洗衣？》《呢绒是怎么做的？》《作风的苦痛》《庆祝双十一》《山中有些甚么？》《河的利益多》《秋天的野花》《花草预备过冬》《雾》《保护眼睛》《保护耳朵》《种菜》《乌鸦、喜鹊、麻雀》《露和霜》《冻疮》《蒙被睡觉的害处》《有用的火》《灯的种类》《暖室的卫生》《对待邻人》《警察先生》《勇敢敏捷的救火队》《水和冰》②

三十二课课文涉及的知识面颇为广泛，自然知识、社会知识、生活知识都有涉及，也比较贴近儿童的生活，内容编排上也尽量相互关联，并注

① 李伯棠，编著.小学语文教材简史［M］.济南：山东教育出版社，1985：49.
② 石鸥，吴小鸥，编著.百年中国教科书图说：1897—1949［M］.长沙：湖南教育出版社，2009：165.

意与节日时令相吻合。

第四，体现课程标准对学校课程设置方面的变革要求。一些相关科目的教科书编写也作了有益探索性尝试。中华书局 1923 年编辑出版的初中课本《新中学教科书初级混合理科》，尝试将理科各科知识打通，进行混合编次，使理科常识融为一体。全套教科书分为三编，每一编以若干学科为中心，其他学科的相应知识以此为中心进行编排。三编的中心分别为：第一编生理卫生，第二编动物植物矿物，第三编理化。① 不论这种教科书在实际使用中的效果如何，其编纂确有创造性，值得肯定。再如，同年出版的中华书局《新小学教科书常识课本》第四册第三十二课《水和冰》，课文是这样写的："寒冷的风，把柔软的水，冻成坚硬的冰。太阳的热，又把坚硬的冰，融成柔软的水。水有甚么用处？冰有甚么用处？"② 小学常识课文究竟该怎样编写，完全可以讨论，从这样富有个性的常识课文，多少可以看出编写者不落窠臼的编写意图。

到 20 世纪 20 年代前期，中国近现代学校教科书编纂趋于成熟。主要体现在：其一，依据政府颁布的课程标准开展教科书的研究和编纂，在科目、目标、内容要点、编辑形式等方面都注意体现课程要求；其二，采用白话文编写课文内容已经成为共同的认识和行动，并在语言表达和运用方面开展了各种有益的尝试，基本形成了中小学校教科书的总体语言风格和有所区别的学科风格；其三，强调教科书要贴近儿童生活，力图用儿童的视角和儿童的话语方式，写符合儿童特点的内容，以适应和满足儿童本性发展的需要；其四，明确意识到从有利于教的方面考虑教科书的设计和编写，教法成为教科书的重要组成部分。

---

① 石鸥，吴小鸥，编著．百年中国教科书图说：1897—1949［M］．长沙：湖南教育出版社，2009：168．
② 同上：165．

（四）课程实施：教学探索形成热潮

历数中国近代教育改革，教学法的改革是其中最突出的方面。伴随着如火如荼的西方进步主义教育运动，设计教学法、道尔顿制、文纳特卡制、葛雷制、德克乐利教学法、导生制等西方教育方法被介绍到我国。舒新城、廖世承、俞子夷、李廉方、陈鹤琴、陶行知、赵廷为等教育名家都参与到教学法的引介和实验中，其中，设计教学法、道尔顿制、文纳特卡制、导生制等比较典型，影响较大。

1. 设计教学法

设计教学法（Project Method）是美国著名教育家克伯屈（William Heard Kilpatrick）提出的。克伯屈是杜威的学生，他秉承杜威教育理论的精华，创设出以实用主义思想为指导的一种教学方法。设计是指学生自己计划，运用他们已有的知识和经验，通过自己实际操作，在实际情境中解决实际问题。克伯屈认为，设计是自愿的活动——以自愿决定目的，指导动作，并供给动机的活动。[①] 设计过程要使学生充分地参与到学习情境中，充分运用学习心理学原理，并提供学习中的理论因素和责任心。学习过程中，直接得到的知识和技能为主学习，由相关联系而得到的知识和技能为副学习，所获得的一些情感反应，如态度、理想等，称为附学习，三者共同组成广义教学。

克伯屈根据机能主义的观点，将学习看成刺激—反应连接的形成与巩固。学习过程必须有志向和兴趣，否则学习没法展开。有效的学习必须是儿童自愿的，他在设计教学法中突出了学习动机的作用。克伯屈认为教育就是生活本身，不应该是为未来生活做准备。设计教学法就是在

中国课程史

① 瞿葆奎，主编．孟宪承文集·卷二·教育概论［M］．上海：华东师范大学出版社，2010：80.

儿童自愿的基础上设计一种生活方式，也即经验的持续不断的改造。克伯屈认为自愿的学习才是内的学习，也要求内的教材，内的学习是应付困难所必需的活动。外的学习则是外在权威规定的活动，是一种记忆的材料。教材的编纂要按照经验的、发现的和学习的顺序，这是一种心理的顺序，而不应该是一种逻辑的顺序。教材编写应该以儿童实际经验为起点，采取混合编制，废止分科教材。克伯屈还将设计教学法分为自愿、计划、实行、评判四个阶段，完成志愿活动。

1916 年开始，上海、南京等地一些小学开始实行教材中心联络法，以某一门教材的问题为中心，选择和设计相应的教材。以乡土课程为例，选择文艺、游戏、唱歌、工艺等科目。1919 年，俞子夷在南京高等师范学校附属小学试行设计教学法。1920 年，沈百英、顾西林在江苏省立第一师范学校附属小学进行试验。设计教学法推崇儿童本位，学生想学什么，老师就教什么。[1]1920 年，南京高等师范学校开始实施"分系设计法"，通过设立观察、故事、游戏、手工、体育等"系"，将算数、识字等科目融入其中，用设计教学法教学，建立了学科课程与活动教材的联结。1921 年，全国教育联合会推广设计教学法，通过教师培训等风靡全国。1922 年，南京高等师范学校附属小学完全废除课程表，打破学科界限，按照学生在活动中发现的问题来设置课程。这些方法在各类教育杂志发表，引起了设计教学法研究的高潮。1927 年以后，在国民政府推行党化教育和教育经费严重不足的情况下，设计教学法的探索逐渐走向衰落。

2. 道尔顿制

道尔顿制（Dalton Plan）由美国教育家帕克赫斯特（Helen Parkhurst）

---

[1] 沈百英.江苏一师附小初年级设计教学的实施报告（未完）（附图表）[J].教育杂志，1922（01）：1-18.

1920 年在马萨诸塞州道尔顿中学创行，故名。这一教育实验改班级授课制为个别教学，改教师讲授为主为学生自学研究为主。1914 年，帕克赫斯特到意大利研究蒙台梭利教学法，将"自由"作为第一原则，追求通过设置特定的活动，让学生养成自己处理自己的事情，自己克制自己的习惯。接受杜威的"学校社会化"主张后，帕氏进一步将"合作"作为教学法的第二原则，将学校视为社会学的实验室，学校是其中的实验者，学生在其中过团体生活。道尔顿制的具体过程是通过一定的原则制定作业，比如引起学生兴趣，以问题为中心，通过演绎法编制纲要，突出学科要点。根据具体时间段编制作业内容，学生按照自己的意愿与教师签订契约，完成某一阶段的工作。这就是教学法的第三条原则："计划"。学生的作业室称为实验室，通过学生自我决定、自我计划、自我实行，养成自我教育的能力。每个作业室有一到二名教师负责辅导，并记录学生的相关情况。

道尔顿制实施后，被《泰晤士报》介绍到英国，有两千多所学校跟进，英联邦国家加拿大、印度等也开始响应。1921 年，《教育杂志》"欧美教育新潮"栏目专门介绍道尔顿制。随后余家菊、舒新城等学者开始发表论文详细阐释，其中以舒新城最为突出。经过舒新城、廖世承等教育家的宣扬，上海吴淞中学、东南大学附属中学等学校的试行，道尔顿制在中国风靡一时。

1922 年秋，担任吴淞中国公学中学部主任的舒新城开始推行道尔顿制。他提出教室不是教师"教"的地方，而是学生"学"的地方。他在《教育杂志》开辟"道尔顿制专号"，探索教育改革方法。到 1925 年，已经有五十多所学校试行道尔顿制。同年，应中华教育改进社邀请，帕克赫斯特访问中国，先后到八个省份的多所学校演讲，促成中华道尔顿制联合会的成立。廖世承在东南大学附属中学进行实验时，引进教育测量方法，根据学生智力测验和学业能力测验进行分班，并且对采用道尔顿制的班级和采用班级授课的班级进行教学效果的对比研究。从实验结果来看，道尔顿制与传统班级授课学生相比，学业成绩不分伯仲，但是教师的数量和经费至少增加三分之一。[①] 廖世承的实验结果削弱了道尔顿制的吸引力。在随后的教育实验过程中，很多学校为了克服道尔顿制过于注重书本知识的不足，开展了相应的改革。江苏一女师附属小学运用设计教学法来消除道尔顿制的弊端。张乃如将设计教学法、道尔顿制、葛雷制融合起来形成协动教学法。随着实验的进行，俞子夷、邱椿等很多学者开始批评道尔顿制费时多而成效少。1926 年以后，除北京艺文中学外，其余学校的实验基本中止。

帕克赫斯特认为，道尔顿制是一种简单而经济的学校改组法，从本质上来说，是一种使"教""学"的程序互相谐和的教育改组，使学生和教师"他们两方面时间与精力的浪费都可以减至最少限度"。[②] 道尔顿制力图做到学校的社会化，并把教授和学习关系起来。整个教学过程，学生自己安排学习进度，教师以辅导者的身份去帮助学生。其具体教学过程为：创设情境—确定目的—（引起动机）—实施计划—评价结果；道尔顿制推崇自由、合作和时间预算，对于学生融入问题情境的学习有很大的好处。但是，道尔顿制存在实验成本较高，学生对教学内容的重要性和教学进度难以把握等突出问题，最终走向失败。

道尔顿制的理论基础是蒙台梭利的儿童"天性内发""个体自由"等观念。然而它夸大了儿童学习的主观能动性，让小学生仿照大学研究院学生进行自由学习，实际实行过程中，学生逃学，不能完成契约，学生间的合作缺乏，这些都是其内在的缺点。当然，道尔顿制拓展了传统教育中个别教学的形式。舒新城曾在家乡溆浦县郋梁书院度过愉快的童

---

① 廖世承，编.东大附中道尔顿制实验报告［M］.上海：商务印书馆，1925：173−176.

② 林勤.个别作业与道尔顿制［M］.舒新城，译.上海：中华书局，1931：24.

年，书院自由的学习氛围，师生之间的亲密关系都给他留下很好的印象，这些都是他热衷引介道尔顿制，对传统的个人教学法情有独钟的原因。在培养学生的自学能力、弥补传统课堂完全以教师的教为中心的缺陷等方面，道尔顿制是有可取之处的。

3. 文纳特卡制

文纳特卡制（Winnetka System）也叫适应个性教学法，是美国教育家华虚朋（Carleton Wolsey Washburne）创立的。华虚朋在密歇根湖畔文纳特卡小镇的公立学校教学期间，探索适应儿童个别差异的教育方式，认为教学应该给儿童提供一种优美快乐的生活，充分发挥其个性，养成儿童普通必需的知识和技能，实现个体的社会化。为实现这些目标，首先要形成儿童将来生活必需的知识和技能，例如阅读、写作、计算等。其次需要创造的和社会的活动，使儿童能力和社交意识得到发展，例如表演、美术、音乐等。据此，把课程分为两类。第一类是学科课程，目的在于掌握"日常必须"。在上午对学生进行个性化教学。第二类是活动课程，目的在于养成良好个性和社会意识。在下午对学生进行团体生活训练。①

文纳特卡制在实施过程中，首先要自编教材，通过调查统计，根据社会需要和儿童身心发展，选择相应的材料，组成教学单元，设计相应的程序和作业以利于学生自学。作业之后有自正材料，便于学生自我订正。一个单元学习熟练以后，老师进行测验，通过后再去学习下一个单元。在对儿童教室进行分配时，考虑他们的社会年龄，将最能在一起生活的儿童编成一个班级。② 在课程设置中要尽量使儿童表现自己，在

中国课程史

---

① 熊明安，周洪宇，主编. 中国近现代教育实验史 [M]. 济南：山东教育出版社，2001：235.
② 瞿葆奎，丁证霖. "文纳特卡制"在中国 [J]. 教育研究与实验，1986（01）：61-67.

各种手工活动，演讲比赛中增强团体生活能力。文纳特卡制打破班级模式，根据学生完成的作业单元确定他们所达到的年级。并与其他相同水平学生进行匹配。

从 1928 年开始，《教育杂志》《教育研究》等杂志刊登文纳特卡制的研究文章。中华儿童教育社的《儿童教育》杂志设"文纳特卡号"专号。1931 年，华虚朋到中国各地讲学，引起很多学者关注。从具体实验来看，河南省立开封第二小学、厦门大学教育学院附设实验小学、福州实验小学等少数学校进行了相关实验，相比设计教学法和道尔顿制，文纳特卡制的影响较小。河南省立开封第二小学是在感到道尔顿制不合时宜以后，改为试行文纳特卡制。文纳特卡制追求以儿童为本位的自主学习，但是儿童的学习能力尚弱，识字、计算等都需要教师讲解，完全让儿童自主学习不切实际。上述三所实验学校因国情原因没有设计团体的社会化课程，而个别教学中怎样获得系统性的知识体系等，都是其天然弊端。从实验过程来看，教师作为辅助者仅仅起到课程诊断作用，大大弱化了教师在教学中的作用，不符合我国教育的国情。从其发展来看，实验效果并不明显，因此很快走向衰落。

4. 导生制

导生制（Monitorial System）又叫"贝尔—兰卡斯特制"，是由英国国教会牧师贝尔（Andrew Bell）和公益会教徒兰卡斯特（Joseph Lancaster）创立的一种教学组织形式，曾在英国和美国流行数十年，为英、美两国普及初等教育作出过贡献。实施导生制，教师上课时先选择一些年龄较大或较优秀的学生进行教学，然后由这些学生做"导生"，每个导生负责把自己刚学的内容教给一组学生。导生不但负责教学，还负责检查和考试，成为教师的助手。这一模式类似于汉代经学教育中的及门弟子与著录弟子相互授受。在民国教育实验中，主要有晏阳初的定县实验和陶行知的"小先生制"两种类似的创新模式。

晏阳初从耶鲁大学毕业后赴法国进行华工教育，开展华工"千字文"教学。为解决师资不足问题，他引入导生制，让第一期毕业的35名华工充当后来学员的教师。这种尝试对于这些毕业生来说也大有好处，不但增强了他们进一步学习的兴趣，也使得后学者得到激励。回到国内开展平民教育时，他尝试引入这种方式。由于当时文盲众多，开展平民识字教育成为最急迫的任务，他从流行的报刊中筛选常用文字，编订教材《平民千字课》。在日常管理中，将农民分成不同的队，每四个分队组成一个中队，两个中队组成一个大队，然后让队长、副队长担任导生，负责经济、管理、卫生等任务，起到了较好的教学效果。晏阳初还推动在家庭、社会、学校中都形成一种"学业传习"的风气，让农民在任何场所都可以实施和接受教育。

陶行知在教学过程中感慨于中国文盲众多，师资不足，推行"即学即教"的"小先生制"。在晓庄学校被当局查封后，大量教师不能回校任教，在校的小学生自发组织起来推选校长，自己办学，自己教，自己学，成为儿童自动学校。陶行知听说后非常高兴，作诗祝贺："有个学校真奇怪，大孩自动教小孩。七十二行皆先生，先生不在学自如。"[1]学生们在回信中提出问题：为什么只能大孩教小孩，难道不能小孩教小孩？陶行知受此启发，提出"即知即学"的"小先生制"。陶行知认为"小先生制"能够解决普及教育中存在的师资奇缺、经费匮乏、谋生与教育难以兼顾、女子教育困难等矛盾，是穷国普及教育的钥匙。

除了上述影响比较大的教学方法，社会化教学、德克乐利教学法、莫里森教学法等西方比较流行的教学法实验，都曾被学者介绍到我国，

---

① 华中师范学院教育科学研究室，主编. 陶行知全集：第4卷［M］. 长沙：湖南教育出版社，1984：186.

但都没有在具体学校中开展实验。在民国的教学法改革中，还有值得一提的是开展各种心理和教育测量，为教育实验提供了科学的依据。现代教育学的重要改变就是具有了伦理学和心理学的基础，五四运动对民主与科学的推崇，在当时的教育实验中都有所体现。陆志韦修订的《皮纳西蒙智力测验》、萧孝嵘的《墨跋量表》、艾伟的汉字测验等各种学业能力、智力、心理测量的开展，为教育活动提供了科学的依据。

（五）陈鹤琴与陶行知：课程价值观的探索

1913年黄炎培的《学校教育采用实用主义之商榷》一文，针对当时中国中小学校教育中存在的问题，呼吁教育改革刻不容缓。他关注学校课程改革，提出"中小学科目教材，皆须改革、使切合实用"。具体的设想是，将职业教育贯穿于各级各类教育，由此采改造学非所用的学校教育，同时改革各科教学。

显然，黄炎培反对科目本位课程，希望打破学科。由此而言，他是主张融合课程的。从课程哲学的角度看，他强调各科知识的选择都以有用为原则，他对体育课程的定位——"令习生活必需之特种运动"，反映了他的课程哲学——对社会的适应和改造。他对旧有教育的批评和对未来教育的设想可以说明这一课程思想："教育者，教之育之使备人生处世不可少之件而已。"既然教育是为未来社会生活做准备，自然要求提供实现这一目标的学校课程。黄炎培的课程哲学反映了中国民族资本主义崛起、大工业生产形成过程中对教育的要求和教育作出的回应，这种课程观在当时也并不少见，反映了中国课程思想的发展进步。

1. 陈鹤琴"活教育"的课程思想

经新文化运动的滋养，又经以杜威为代表的美国实用主义教育思想的推动，中国在20世纪20年代逐渐形成儿童本位的教育思想和学生中心的课程哲学。杜威的"教育即生活""教育即生长""学校即社会""儿童是中心""从做中学"等理念为人们所耳熟能详。在杜威教育思想影响下，中国的中小学校和幼儿园教育中，综合课程、核心课程乃至活动课程受到重视。

陈鹤琴的幼儿园课程实验体现了这种课程哲学，虽然鼓楼幼稚园实验初期和成熟期在课程形态上有较大变化，但儿童中心的理念未改。之后陈鹤琴受陶行知"生活教育"理论的影响开展"活教育"探索，并在20世纪40年代形成"活教育"理论体系，在教育理念上有较大转变，表现为教育上强烈的社会意识。从"活教育"的目的论——"做人，做中国人，做现代中国人"，可以清楚地看到这一点。陈鹤琴认为，做"人"不易，做"中国人"不易，做"现代中国人"尤其不易，这是从抽象到具体阐述教育目的的丰富内涵。学会"做人"，是指个体作为区别于动物的社会的人，如何处身于社会群体，建立起理想的人际关系，融入社会，进而参与到改进社会中去，追求个人及人类的幸福。这里所说的学会"做人"之"人"，是从最一般意义上说的人，是抽象的人，而人是生活在特定的社会历史环境中的。于是，陈鹤琴进一步提出"活教育"的更高一层目的——学会"做中国人"。因为生活在中国，做一个中国人与做一个别的国家的人就有不同，不同在于中国人有自己的历史、文化，中国人的命运息息相关。学会"做中国人"，就必须爱生养自己的土地，爱自己国家悠久而光辉的历史，爱命运与共的同胞，要为之努力奋斗。陈鹤琴不满足于此，他再进一步提出"活教育"的最高一层目的——学会"做现代中国人"。因为生活在现代中国，有着更为特殊的时代和社会含义：列强的欺凌和压迫仍未摆脱，国家和民众的落后状况仍未改善，救国图强的使命和科学民主的启蒙需要"现代中国人"来承担。由此，陈鹤琴提出"现代中国人"的五方面要求："要有健全的身体""要有建设的能力""要有创造的能力""要能够合作""要服务"。就这样，陈鹤琴从普遍而抽象的人类情感和认识理性出发，逐层赋予教育以民族意识、国家观念、时代精神和现实使命等含义，使教育目标逐步具体、明确、丰满起来，表达了他对人的发展、教育与社会变革的思考与追求。由此可见，陈鹤琴教育目标具有强烈的民族性、社会性和现实性，也就决定了他所主张的教育的价值导向，有助于我们理解和把握他的课程思想。

然而，具体到"活教育"的课程论，情况又有不同。"大自然、大社会都是活教材"是陈鹤琴对"活教育"课程论的概括性表述。他解释说："活教育的课程是把大自然、大社会做出发点，让学生直接向大自然、大社会去学习。""去向活的直接的'知识宝库'探究讨论。"[①] 这里很关键的一点是说"去向活的直接的'知识宝库'探究"，表明了他对课程内容的范围和知识获得方式的主张。他的主张是针对以书本为主的传统教育而发的。传统的课堂教学将书本看成是唯一的教育资料，学生谓之"读书"，教师谓之"教书"，把读书和教书看成是学校教育活动的全部内容，学校成为"知识的牢狱"。只有通过"活教育"，到大自然、大社会中去寻找"活教材"，才能真正消除传统教育的严重弊端。

陈鹤琴并不否认书本知识的作用，只是认为过去的"书本主义"教育不仅脱离自然，脱离社会，也脱离儿童生活，要将儿童培养成适应现代社会、国家和世界的人，必须扩大和丰富对自然、社会的了解，还必须以儿童自身的经验为根据。也就是要创造机会让儿童读取自大自然、大社会的"直接的书"，即让儿童在与自然、社会的直接接触中，在亲身观察和体验中获得经验和知识。这样获得的知识不仅真实、亲切，而且能激发儿童的学习兴趣和研究精神。

---

① 北京市教育科学研究所，编．陈鹤琴全集：第4卷［M］．南京：江苏教育出版社，1991：364-365.

尽管陈鹤琴主张从自然和社会中直接获取经验，但他并不绝对强调经验而决然否定书本。尽管"活的""直接的"知识要"大大优于"书本知识，但只要恰当地使用，"书本是有用的"，问题是不能像通常那样"把书本做为学校学习的唯一材料"。[①] 传统教育造就了不少菽麦不分、媸妍不辨的书呆子，这些人并不是因为读了书才成为书呆子的，只是因为一味读书而不去读大自然、大社会这本"真正的书"。因此，"活教育"并不摒弃书本，只是强调历来为教育所忽视的自然和社会。书本知识应是现实世界的写照，应该能够在自然和社会中得到验证，并能够反映儿童的身心和生活特点。所以，自然、社会、儿童生活、学校教育内容应是一个有机联系的整体。

"活教育"的课程来源于自然、社会和儿童生活本身，课程的组织形式也必须符合儿童的活动和生活的方式，符合儿童与自然、社会环境的交往方式。陈鹤琴早年从事幼儿园教育实践探索，其理论依据就是，儿童生活是整个的，是一种活动过程，尤其是在学前和小学教育阶段，儿童并没有形成知识的分科概念，如按学科分类的形式组织课程，必将与儿童的生活和认识习惯相背离。因此，"活教育"的课程采取活动中心编制或活动单元组织，即能够体现儿童生活整体性和连续性的五组活动（"五指活动"），包括健康活动（包括体育和身心卫生等）、社会活动（包括公民、史地、时事等）、科学活动（包括数、理、化、生等）、艺术活动（包括音、美、工艺等）、文学活动（包括诗歌、故事、童话、谜语等）。

儿童活动代替课堂教学成为学校教育的基本形式，它追求的是完整的儿童生活。所谓"五指"，是比喻五种活动犹如一只手的五根指头，是相连的整体。但是，陈鹤琴也越来越清醒地意识到，一味地强调让儿

① 北京市教育科学研究所，编.陈鹤琴全集：第6卷［M］.南京：江苏教育出版社，1992：301.

童在自己活动中获得经验，是一条不能走通的路，于是他很现实地在活动课程的基点上逐步收敛，探索一个能够兼顾儿童的认知特点、生活需要与未来社会需求的适当的结合点。正如鼓楼幼稚园课程实验的最终成果《幼稚园课程标准》所体现的课程思想特点——活动中心主题为显性的表现，学科知识作为隐性内容融合于其中。同时，儿童本位是课程的显性表现，社会中心则隐含其中。这也是陈鹤琴的"活教育"课程哲学，是他在新法与旧制之间——儿童与社会之间、生活与知识之间、活动与学科之间找到的一条折中之路。

2. 陶行知"生活教育"的课程思想

在学校课程问题上，陶行知虽然没有像陈鹤琴那样明确以"课程"的名义讨论问题，但他不仅有自己的课程哲学，而且事实上更具影响力。陈鹤琴不讳言他的"活教育"理论受到陶行知"生活教育"思想的启发。

1921 年，陶行知在金陵大学暑期学校作《活的教育》的演讲，批评"死的教育"，倡导"活的教育"。之后，他多次发表对"死教育"的批评，认为在这样的教育之下，学生是"读死书，死读书，读书死"，教师是"教死书，死教书，教书死"。陶行知要表达的意思很明确，所谓书的死与活，在语言形象生动的陶行知那里是一种比喻。一是指读（教）什么书，也就是所读（教）的书是有用还是无用；二是指怎么读（教）书，也就是读（教）书的方式是有效还是无效；三是指为什么而读（教）书，也就是读（教）书的目的是有意义还是无意义。在陶行知那里，答案很清楚。他在《活的教育》的演讲中，"用鱼儿水中游，鸟儿林中唱，花草春日发来比喻活的教育"[①]，这是洋溢生

---

① 蒋纯焦. 教育家陶行知研究［M］. 济南：山东人民出版社，2016：134.

机的教育，天天进步的教育，充满希望的教育。他在演讲中说道，活的教育有三层含义：第一，"要承认儿童是活的，要按照儿童的心理进行"；第二，"要用活的人去教活的人"，"拿活的东西去教活的学生"，"要拿活的书籍去教小孩子"；第三，要事先设定计划，然后一步步去实现。[①] 陶行知还用三组英文来表达对"活的教育"的理解，即 Education of life，Education by life，Education for life。直译为：教育为生活所固有，通过生活来教育，为了生活而教育。陶行知实际要表达的意思应该是：教什么应该出于生活的需要，怎么教应该注意生活的状况，为什么教应该根据生活的目的。陶行知在作这一演讲时，其"生活教育"思想尚未形成，但已表达了"生活教育"的一些基本精神。陶行知这一思想所要解决的问题，正是当年黄炎培提出的问题，也是后来陈鹤琴努力要解决的问题。

据陶行知自述，其"生活教育"思想产生于 1919 年，那一年他发表《教学合一》的文章，发表《生活教育》的演讲。[②] 1927 年起陶行知在晓庄学校，先后发表了《生活工具主义之教育》《教学做合一》《在劳力上劳心》《生活即教育》等演讲，形成"生活教育"理论的纲领性命题——"生活即教育""社会即学校""教学做合一"，标志着陶行知"生活教育"理论的形成。三个纲领性命题都与学校课程问题有关，涉及课程是什么、课程在哪里、课程怎么学等问题。

"生活即教育"这一命题是陶行知"生活教育"思想的主旨，也是其课程思想的主旨。陶行知认为，生活与教育不是等同的，二者的关系是，生活决定教育，教育改造生活。关于"生活即教育"的定义，他有

---

① 陶行知. 活的教育 [M] // 方明，主编. 陶行知全集：第1卷. 成都：四川教育出版社，1991：403–415.

② 陶行知. 教育生活漫忆 [M] // 中国陶行知研究会，编. 陶行知教育思想理论和实践. 合肥：安徽教育出版社，1991：85.

过很多阐述。如："从定义上说，生活教育是给生活以教育，用生活来教育，为生活向前向上的需要而教育。从生活与教育的关系上说，是生活决定教育。从效力上说，教育要通过生活才能发生力量而成为真正的教育。"[①] 说明了"生活教育"的作用、内容与目的，也体现了"生活教育"的课程观——"到处是生活，即到处是教育"[②]，也就意味着到处有课程。

关于"生活即教育"，陶行知认为，首先，生活含有教育的意义。原因在于生活的矛盾是无时不在、无处不在的，生活也就随时随地产生教育作用。从生活的横向展开来看，过什么生活也便是在受什么教育；从生活的纵向发展来看，生活伴随人的始终，教育也就伴随人的始终。所以，人们应当积极投入到生活中去，在生活的矛盾和斗争中去选择和接受"向前向上"的"好生活"。就此而言，人过什么生活，就受什么教育；一个人的生活和人生，也就是他的课程。平时人们常说，要读好人生这本教科书，要上好生活这门课程，就是在这个意义上说的。这一说法既包含以生活和人生为教材、为课程，在生活中学、向生活学，也包含为了面对和解决生活和人生的问题与挑战而去学习专门的课程。

其次，实际生活是教育的中心。用陶行知的话说，生活教育是生活所原有、生活所自营、生活所必须的教育，教育不能脱离生活。这是由于与之相对的还有一种教育，那就是以书本、以文字为中心的"老八股"和"洋八股"的教育，这种教育之过在于没有认识清楚书本和文字只不过是生活的工具，把书本和文字当成教育本身，把读书当成教育本身，以为读书之外无教育，这就走错了路。生活的画面十分广阔，意

---

① 陶行知.谈生活教育——答复一位朋友的信［M］//方明，主编.陶行知全集：第12卷.成都：四川教育出版社，2005：238.
② 陶行知.普及现代生活教育之路［M］//方明，主编.陶行知全集：第3卷.成都：四川教育出版社，1991：246.

味着教育的画面同样十分广阔，什么样的生活内容都可以成为教育的内容。所以，人们应当从书本、从文字中走出来，走向无限广阔的生活天地，去寻找适合未来更好生活的课程和教材。

最后，生活决定教育，教育改造生活。生活决定教育，表现为教育的目的、原则、内容、方法都由生活决定，为生活所必需；教育改造生活，意味着教育必须也能够改变生活，推动生活进步。教育不仅对社会、政治具有改造作用，也改造着每一个人的生活。"教育的作用，是使人天天改造，天天进步，天天往好的路上走。"[1] 所以，生活决定教育和教育改造生活相辅相成。既要在一般的生活里找出教育的特殊意义，发挥教育的特殊力量，也要在特殊的教育里找出一般的生活联系，形成对一般生活普遍而深刻的影响，使生活提高到教育所瞄准的水平。所以，生活不等同于吃喝拉撒、穿衣睡觉，教育也不等同于学到知识、学会演算，还有着更高的境界和追求。在这样的含义下，我们应当为学生创设什么样的课程，值得思考。

"社会即学校"说的是教育会在何处发生的问题，也包括可以在什么地方找到课程的问题。在陶行知看来，学校的课程当不止学科知识、书本知识，甚至学校的课程当不止在学校之内。按其"社会即学校"的思想，在传统的"学校即社会"的主张下，学校里的东西太少，所以必须反过来主张"社会即学校"，"教育的材料，教育的方法，教育的工具，教育的环境，都可以大大增加，学生、先生也可以更多起来"。[2] 陶行知认为课程的资源在学校之外，在生活之中，但他所说的生活并非泛泛的日常生活，而是指对社会进步有促进作用的内容。

① 陶行知．新教育［M］// 方明，主编．陶行知全集：第 1 卷．成都：四川教育出版社，1991：312.
② 陶行知．社会即学校——答操震球问［M］// 方明，主编．陶行知全集：第 2 卷．成都：四川教育出版社，1991：506.

1926 年底，陶行知在《试验乡村师范学校答客问》中就有关课程的问题解释说：

> 试验乡村师范的课程与平常学校有什么不同的地方？试验乡村师范的全部课程就是全部生活，我们没有课外的生活，也没有生活外的课。约略分起来，共有五门：一、中心小学生活教学做；二、中心小学行政教学做；三、师范学校第一院院务教学做；四、征服天然环境教学做；五、改造社会环境教学做。[①]

中心小学实为晓庄师范的附属小学，第一院是指晓庄师范招收同等程度在职人员的部分。

从这五门课程，大致可以看出陶行知对晓庄师范学校课程的规划，即"中心小学生活教学做"代表的是教育专业课程。中心小学是晓庄师范的实习和实验基地，按照"教的法子根据学的法子，学的法子根据做的法子"的原理，师范学校教育课程的一切都以中心小学的教学需要为准则。"中心小学行政教学做"代表的是学校行政管理课程，一个未来乡村学校教师同时也是这所学校的管理者。"师范学校第一院院务教学做"代表的是师范学生的生活课程，即文牍、会计、庶务、烧饭、种菜等各种事务性工作，也是"正课"。乡村学校教师应当能够应对和处理所有乡村教育生活的事务，"不会种菜，不算学生"，"不会烧饭，不得毕业"。"征服天然环境教学做"和"改造社会环境教学做"代表的是专业课程，应当包括自然与社会两方面，可以从师范学校入学考试内容约略推知其大致。考五样东西：农事或土、木工操作；智慧测验；常识测

---

① 陶行知.试验乡村师范学校答客问［M］//方明，主编.陶行知全集：第 1 卷.成都：四川教育出版社，1991：106.

验；作国文一篇；三分钟演说。所有课程都是为了实现一个目标：培养乡村小学教师。陶行知为晓庄师范设计的课程规划，所有课程都不以科目的形式出现，甚至都没有学科名称，而是完全依据一个未来乡村小学教师所要面对的学校工作来设计的。其用意在于改变传统学校课程内容或是形式脱离中国乡村教育实际需要的状况，寻找能够与本土和乡土融合的课程内容与形式，体现了其"社会即学校"的用意。

1932 年陶行知在上海创办山海工学团，所提出的乡村工学团"六大训练"——普遍的军事训练，普遍的生产训练，普遍的科学训练，普遍的识字训练，普遍的运用民权训练，普遍的人和改造训练，也可以看作一套课程规划方案。这套方案与晓庄师范学校的课程方案一脉相承，也有调整和发展。较之晓庄师范学校的散漫，山海工学团的"六大训练"更为集中，更具备课程的特征。晓庄师范学校和山海工学团的课程似乎很难归类。从课程组织的角度看，或许近似问题课程；从课程哲学方面考察，或许可以视为社会中心课程。可能不应以严谨的课程理论的标准来评判陶行知的课程思想，应当看到它对于现代教育初建的农业中国的重要意义，看到它在探索中华民族的教育思想理论过程中的重要意义。陶行知认为，在"学校即社会"的主张下，学校里的东西仍旧太少了，学校如同鸟笼，学生如同笼中鸟，所以需要拆除学校与社会之间的"高墙"，把学校的一切伸张到大自然中，把"鸟儿"从鸟笼中解放出来，任其自由翱翔。

"教学做合一"说的是教育如何落实的问题，也包括课程如何实施的问题。"教学做合一"的命题在陶行知生活教育理论中具有至关重要的地位。据他自述，正是"教学做合一"的形成，才使其教育思想从"教育即生活"转变成"生活即教育"，而晓庄师范学校的"基础就是立在这五个字上"的。其含义是，教的法子根据学的法子，学的法子根据做的法子。事情怎么做就怎么学，怎么学就怎么教。"教学做是一件事，不是三件事。我们要在做上教，在做上学。在做上教的是先生，在做上学的是学生。"① 教与学都以做为中心。从陶行知对教学做三者论述的逻辑关系考察，做是学与教的起点和依据。他对"教学做合一"作过不少诠释和阐述，但其要点在于：

其一，将"做"解释为生活需要。"教学做合一"就是从学生的生活需要（也可以是生产劳动需要、某种问题解决的需要等）出发，进行学，开展教。陶行知认为，这是对注入式教学的否定。注入式的教学法是以教师的教、书本的教为中心的"教授法"，既不顾学生的学，更不顾学生的和社会生活的需要。如果从做出发来确定如何学，又从学出发来确定如何教，就不仅是一种启发式的教学，而且还是因材施教的教学，而因材施教又意味着从课程到教法都是从学生出发，都是个性化的了。

其二，将"做"解释为教。"教学做合一"要求"有教先学""有学有教"。所谓"有教先学"，即"以教人者教己"，或者说教人先教自己。陶行知曾经将此作为晓庄师范学校的根本教育方法之一，提出晓庄的学生也应该是教人者，教人者要先将所教材料"弄得格外明白"，先做好学生。教人者还要"为教而学"，即明了所教对象为什么而学、要学什么、怎么学。所谓"有教有学"，即"即知即传"，要求做到会者教人学，能者教人做，不保守，不迟疑，不间断，践行"小先生"。

其三，将"做"解释为行。行也是一种学。之所以要"教学做合一"，是因为"行是知之始"，行是知识的重要来源，也是创造的基础，身临其境，动手尝试，才有真知，才有创造。传统的教育历来把读书、听讲当成"知之始"，以为是知识的唯一来源，习之既久，导致不肯行，

---

① 陶行知. 教学做合一［M］// 方明，主编. 陶行知全集：第二卷. 成都：四川教育出版社，1991：126.

不敢行，终于不能行，也就一无所知，甚至一无所成。

"教学做合一"的方法论原则如何体现于课程和教材的改造？

关于课程，尽管陶行知说过，一切课程都是生活，一切生活都是课程，似有泛化课程的倾向，但他在学校课程的实践中（如在晓庄师范学校和后来的育才学校）依然提出了具体的课程编制计划，意在遵循学生的需要和可能，培养学生的"生活力"，尤其是晓庄师范学校的课程计划，尝试破除学科知识体系的旧课程传统。

关于教材，陶行知并非一概否定教材，认为教材只是一种载体，关键是看它承载了什么。他比喻说，课本是碗，教材是用碗盛上饭，知识点则是饭粒，散在桌上的一粒一粒米饭吃起来很困难，端碗吃饭才方便，所以教材必须有，关键是如何让教材从"读的书"变为"用的书"。①

——————————

① 以上关于陈鹤琴、陶行知课程和教材思想的阐述，参考了孙培青主编的《中国教育史》相关章节，具体参见：孙培青，主编.中国教育史［M］.4版.上海：华东师范大学出版社，2019：471-485.

班固. 汉书［M］. 颜师古, 注. 北京: 中华书局, 1962.

北京大学出土文献研究所, 编. 北京大学藏西汉竹书（壹）［M］. 上海: 上海古籍出版社, 2015.

北京市教育科学研究所, 编. 陈鹤琴全集: 第 2 卷［M］. 南京: 江苏教育出版社, 1989.

北京市教育科学研究所, 编. 陈鹤琴全集: 第 4 卷［M］. 南京: 江苏教育出版社, 1991.

北京市教育科学研究所, 编. 陈鹤琴全集: 第 6 卷［M］. 南京: 江苏教育出版社, 1992.

陈鼓应, 主编. 道家文化研究: 第 3 辑［M］. 上海: 上海古籍出版社, 1993.

陈桂生. "教育学视界" 辨析［M］. 上海: 华东师范大学出版社, 1997.

陈桂生. 常用教育概念辨析［M］. 上海: 华东师范大学出版社, 2009.

陈桂生. 课程实话［M］. 上海: 华东师范六学出版社, 2010.

陈桂生. 孔子授业研究［M］. 修订本. 上海: 上海教育出版社, 2020.

陈桂生. 学校教育原理［M］. 增订版. 上海: 华东师范大学出版社, 2012.

陈梦家. 殷墟卜辞综述［M］. 北京: 中华书局, 1988.

陈梦家. 中国文字学［M］. 北京: 中华书局, 2006.

465

陈侠.近代中国小学课程演变史［M］.福州：福建教育出版社，2007.

陈侠.课程论［M］.北京：人民教育出版社，1989.

陈祥龙.作圣之基——《论语》教本研究［D］.上海：华东师范大学，2014.

陈学恂，编.中国近代教育史教学参考资料［M］.北京：人民教育出版社，1987.

陈学恂，总主编，张瑞璠，主编.中国教育史研究：先秦分卷［M］.上海：华东师范大学出版社，2009.

陈学恂，总主编，王炳照，郭齐家，主编.中国教育史研究：宋元分卷［M］.上海：华东师范大学出版社，2009.

陈元晖，陈学恂，主编，璩鑫圭，童富勇，编.中国近代教育史资料汇编：教育思想［M］.上海：上海教育出版社，2007.

陈元晖，陈学恂，主编，高时良，黄仁贤，编.中国近代教育史资料汇编：洋务运动时期教育［M］.上海：上海教育出版社，2007.

陈元晖，陈学恂，主编，汤志钧，陈祖德，汤仁泽，编.中国近代教育史资料汇编：戊戌时期教育［M］.上海：上海教育出版社，2007.

陈元晖，陈学恂，主编，璩鑫圭，唐良炎，编.中国近代教育史资料汇编：学制演变［M］.上海：上海教育出版社，2007.

陈元晖，陈学恂，主编，李桂林，戚名琇，钱曼倩，编.中国近代教育史资料汇编：普通教育［M］.上海：上海教育出版社，2007.

陈子展.诗经直解［M］.上海：复旦大学出版社，1983.

程颢，程颐.二程集［M］.王孝鱼，点校.北京：中华书局，1981.

程端礼.程氏家塾读书分年日程［M］.姜汉椿，校注.合肥：安徽古籍出版社，1992.

程舜英，编著.两汉教育制度史资料［M］.北京：北京师范大学出版社，1983.

崔允漷，主编.课程·良方［M］.上海：华东师范大学出版社，2007.

戴震.孟子字义疏证［M］.北京：中华书局，1982.

邓洪波，主编.中国书院学规集成［M］.上海：中西书局，2011.

董浩，等，编.全唐文［M］.北京：中华书局，1983.

董远骞，施毓英，编.俞子夷教育论著选［M］.北京：人民教育出版社，1991.

杜成宪，郑金洲，主编.大辞海：教育卷［M］.上海：上海辞书出版社，2014.

杜成宪，主编.孟宪承全集·孟宪承讲录（一）·孟宪承讲录（二）·孟宪承谈话录［M］.孙培青，记录整理，张礼永，编校.上海：上海人民出版社，2022.

杜成宪，主编.孟宪承全集·中国古代教育文选［M］.孟宪承，选编，孙培青，注释，王红艳，编校.上海：上海人民出版社，2022.

杜成宪，主编.中华大典·教育典·教育制度分典［M］.上海：上海古籍出版社，2012.

段玉裁.说文解字注［M］.上海：上海古籍出版社，1988.

范文澜.中国通史简编（修订本第一编）［M］.北京：人民出版社，1964.

方明，主编.陶行知全集［M］.成都：四川教育出版社，2005.

高亨，周易大传今注［M］.济南：齐鲁书社，1979.

高亨，周易古经今注［M］.北京：中华书局，1984.

高时良，译注.学记［M］.北京：人民教育出版社，2018.

耿红卫.王筠作品中的教育思想［M］.太原：山西人民出版社，2018.

顾宏义.宋代《四书》文献论考［M］.上海：上海古籍出版社，2014.

郭沫若.甲骨文字研究［M］.北京：人民出版社，1952.

郭沫若.两周金文辞大系图录考释［M］.上海：上海书店出版社，1999.

郭沫若.殷契粹编［M］.北京：科学出版社　1965.

郭庆藩.庄子集释［M］.王孝鱼，点校.北京：中华书局，1961.

郭沂.郭店竹简与先秦学术思想［M］.上海：上海教育出版社，2001.

国学整理社 . 诸子集成：全八册［M］. 北京：中华书局，1956.

韩大伟 . 中国经学史·周代卷——孔子、《六经》与师承问题［M］. 唐光荣，译 . 北京：社会科学文献出版社，2018.

韩大伟 . 中国经学史·秦汉魏晋卷——经与传［M］. 黄笑，译 . 北京：社会科学文献出版社，2019.

韩大伟 . 中国经学史·南北朝、隋及初唐卷——文献学的衰落与诠释学的崛兴［M］. 童岭，陈秋，李晔，译，徐兴无，刘雅萌，校 . 北京：社会科学文献出版社，2023.

胡曾 . 新雕注胡曾咏史诗［M］. 四部丛刊本 . 上海：商务印书馆，1936.

黄绍箕，柳诒徵 . 中国教育史［M］. 福州：福建教育出版社，2011.

黄宗羲 . 宋元学案［M］. 全祖望，补修，陈金生，梁运华，点校 . 北京：中华书局，1986.

荆门市博物馆，编 . 郭店楚墓竹简［M］. 北京：文物出版社，1998.

孔祥骅 . 孔子新传［M］. 上海：华东师范大学出版社，2009.

黎靖德，编 . 朱子语类［M］. 王星贤，点校 . 北京：中华书局，1986.

李伯棠，编著 . 小学语文教材简史［M］. 济南：山东教育出版社，1985.

李塨 . 李塨集［M］. 陈山榜，等，点校 . 北京：人民出版社，2014.

李隆基 . 大唐六典［M］. 李林甫，注，广池千九郎，校注，内田智雄，补订 . 西安：三秦出版社 .

李焘 . 续资治通鉴长编［M］. 上海师范学院古籍整理研究室，上海师范大学古籍整理研究室，点校 . 北京：中华书局，1980.

李想 . 德教之本——《孝经》作为教材和课程的历史考察［D］. 上海：华东师范大学，2022.

梁启雄 . 韩子浅释［M］. 北京：中华书局，1960.

廖世承，编 . 东大附中道尔顿制实验报告［M］. 上海：商务印书馆，1925.

林勤 . 个别作业与道尔顿制［M］. 舒新城，译 . 上海：中华书局，1931.

林庆彰，主编 . 中国经学史论文选集［M］. 台北：文史哲出版社，1992.

刘秀霞.坤道传承:《列女传》中的女性形象研究［D］.上海：华东师范大学，2020.

罗竹风，主编.汉语大词典［M］.上海：汉语六词典出版社，1995.

吕达.中国近代课程史论［M］.北京：人民教育出版社，1994.

吕思勉.经子解题［M］.上海：华东师范大学出版社，1995.

马承源，主编.上海博物馆藏战国楚竹书（一）［M］.上海：上海古籍出版社，2001.

孟祥庚.人伦之始——《诗经》课程与教材的历史考察［D］.上海：华东师范大学，2021.

缪文功.最新教育学教科书［M］.上海：文明书局，1906.

欧阳修.欧阳修全集［M］.李逸安，点校.北京：中华书局，2001.

皮锡瑞.经学历史［M］.北京：中华书局，1959.

钱穆.论语新解［M］.北京：生活·读书·新知三联书店，2002.

清华大学出土文献研究与保护中心，编.清华大学藏战国竹简（壹）［M］.上海：中西书局，2012.

屈博.《孟子》教本研究［D］.上海：华东师范大学，2015.

瞿葆奎，主编，陆亚松，李一平，选编.教育学文集：课程与教材［M］.北京：人民教育出版社，1993.

阮元，校刻.十三经注疏［M］.北京：中华书局，1980.

商衍鎏.清代科举考试述录［M］.北京：生活·读书·新知三联书店，1958.

沈灌群，毛礼锐，主编，孙培青，韩达，编.中国教育家评传：第一卷［M］.上海：上海教育出版社，1988.

沈灌群，毛礼锐，主编，李国钧，廖增瑞，编.中国教育家评传：第二卷［M］.上海：上海教育出版社，1989.

沈灌群，毛礼锐，主编，陈本铭，金立人，编.中国教育家评传：第三卷［M］.上海：上海教育出版社，1989.

沈善洪，王凤贤．中国伦理学说史：上卷［M］．杭州：浙江人民出版社，1985．

盛朗西．小学课程沿革［M］．福州：福建教育出版社，2008．

司马迁．史记［M］．裴骃，集解，司马贞，索引，张守节，正义．北京：中华书局，1982．

施良方．课程理论［M］．北京：教育科学出版社，1996．

石鸥，吴小鸥，编著．百年中国教科书图说：1897—1949［M］．长沙：湖南教育出版社，2009．

史游．急就篇［M］．颜师古，注，王应麟，补注．上海：商务印书馆，1936．

宋恩荣，章咸，主编，中央教育科学研究所教育史研究室，编．中华民国教育法规选编：1912—1949［M］．南京：江苏教育出版社，1990．

舒新城，编．近代中国教育思想史［M］．福州：福建教育出版社，2007．

舒新城，编．中国近代教育史资料［M］．北京：人民教育出版社，1961．

睡虎地秦墓竹简整理小组，编．睡虎地秦墓竹简［M］．北京：文物出版社，1978．

孙培青，编．隋唐五代教育制度文献集成［M］．上海：上海教育出版社，2021．

孙培青，编．隋唐五代教育教育论著选［M］．上海：上海教育出版社，2022．

孙培青，李国钧，主编．中国教育思想史［M］．上海：华东师范大学出版社，1995．

孙培青，主编．中国教育史［M］．4版．上海：华东师范大学出版社，2019．

孙培青．隋唐五代教育研究［M］．上海：上海教育出版社，2021．

孙诒让．墨子间诂［M］．孙以楷，点校．北京：中华书局，1986．

R.W.泰勒．课程与教学的基本原理［M］．施良方，译．北京：人民教育出版社，1994．

谭戒甫．墨经分类译注［M］．北京：中华书局，1981．

唐兰.中国文字学〔M〕.上海：上海古籍出版社，2005.

唐明贵.论语学史〔M〕.北京：中国社会科学出版社，2009.

王国维.观堂集林〔M〕.北京：朝华出版社，2018.

王建军.中国近代教科书发展研究〔M〕.广州：广东教育出版社，1996.

王进锋.殷商史〔M〕.上海：上海人民出版社，2015.

王利器.颜氏家训集解〔M〕.上海：上海古籍出版社，1980.

王伦信.陈鹤琴教育思想研究〔M〕.沈阳：辽宁教育出版社，1995.

王伦信.清末民国时期中学教育研究〔M〕.上海：华东师范大学出版社，2002.

王明建.囿于传统的突围：语文科课程早期现代化研究〔D〕.上海：华东师范大学，2013.

王聘珍.大戴礼记解诂〔M〕.北京：中华书局，1983.

王世舜.尚书译注〔M〕.成都：四川人民出版社，1982.

王文宝，主编.中国儿童启蒙名著通览〔M〕.北京：中国少年儿童出版社，1997.

王先谦.荀子集解〔M〕.北京：中华书局，1988.

王阳明.王阳明全集（新编本）〔M〕.吴光，钱明，董平，姚延福，编校.杭州：浙江古籍出版社，2010.

王祎.王祎集〔M〕.颜庆余，整理.杭州：浙江古籍出版社，2016.

王宇信，宋镇豪，孟宪武，主编.2004年安阳殷商文明国际学术研讨会论文集〔M〕.北京：社会科学文献出版社，2004.

王蕴智.殷商甲骨文研究〔M〕.北京：科学出版社，2010.

王中江.简帛文明与古代思想世界〔M〕.北京：北京大学出版社，2011.

王晫，张潮.檀几丛书〔M〕.上海：上海古籍出版社，1992.

吴刚平，郭文娟，李凯，主编.课程与教学论〔M〕.上海：华东师范大学出版社，2023.

吴国武.经术与性理——北宋儒学转型考论〔M〕.北京：学苑出版

社，2009.

吴宣德，主编.中华大典·教育典·教育思想分典［M］.上海：上海古籍出版社，2012.

武汉大学中国文化研究院，编.郭店楚简国际学术研讨会论文集［M］.武汉：湖北人民出版社，2000.

萧承慎.教学法三讲［M］.福州：福建教育出版社，2009.

熊承涤.中国古代学校教材研究［M］.北京：人民教育出版社，1996.

熊明安，熊焰.中国古代教学活动简史［M］.重庆：重庆出版社，2013.

熊明安，周洪宇，主编.中国近现代教育实验史［M］.济南：山东教育出版社，2001.

徐雉.中国学校课程沿革史［M］.上海：太平洋书店，1929.

徐梓，王雪梅，编.蒙学便读［M］.太原：山西教育出版社，1991.

徐梓，王雪梅，编.蒙学歌诗［M］.太原：山西教育出版社，1991.

徐梓，王雪梅，编.蒙学须知［M］.太原：山西教育出版社，1991.

徐梓，王雪梅，编.蒙学要义［M］.太原：山西教育出版社，1991.

徐梓.蒙学读物的历史透视［M］.武汉：湖北教育出版社，1996.

许谦.读四书丛说［M］.蒋金德，点校.杭州：浙江古籍出版社，2015.

颜元.颜元集［M］.王星贤，等，点校.北京：中华书局，1987.

杨伯峻.春秋左传注［M］.北京：中华书局，1981.

杨伯峻.论语译注［M］.北京：中华书局，1980.

杨伯峻.孟子译注［M］.北京：中华书局，1960.

杨锡璋，高炜，主编.中国考古学：夏商卷［M］.北京：中国社会科学出版社，2003.

杨玉厚，主编.中国课程变革研究［M］.西安：陕西人民教育出版社，1993.

阴崔雪.基于甲骨文的殷商学校教育研究［D］.上海：华东师范大学，2019.

阴崔雪.中国最早的课程：六艺的起源发展研究［D］.上海：华东师

范大学，2023.

尹逊才.从"词章"到"语文"——由名称演变看语文课程内容的递嬗［D］.北京：北京师范大学，2009.

余书麟.中国教学法史［M］.台北：编译馆，1987.

曾毅.20世纪中国语文教育批评研究［D］.上海：华东师范大学，2006.

曾枣庄，刘琳，主编.全宋文［M］.上海／合肥：上海辞书出版社／安徽教育出版社，2006.

张传燧.中国教学论史纲［M］.长沙：湖南教育出版社，1999.

张建文.中国基础教育课程史论［M］.北京：人民出版社，2011.

张静庐，编.中国出版史料补编［M］.北京：中华书局，1957.

张立文，主编.朱熹大辞典［M］.上海：上海辞书出版社，2013.

张政烺.张政烺文史论集［M］.北京：中华书局，2004.

张子和.大教育学［M］.福州：福建教育出版社，2009.

章小谦.传承与嫁接：中国教育基本概念从传统到现代的转换［M］.南昌：江西人民出版社，2004.

赵伯英，万恒德，选注.家塾教学法［M］.上海：华东师范大学出版社，1992.

郑鹤声，郑鹤春，编.中国文献学概要［M］.上海：上海书店，1983.

中华书局编辑部.新编诸子集成［G］.北京：中华书局，1982.

中华书局编辑部.新编诸子集成续编［G］.北京：中华书局，2009.

中华书局编辑部.十三经清人注疏［G］.北京：中华书局，1982.

周密.癸辛杂识［M］.吴企明，点校.北京：中华书局，1988.

朱孔文.教授法通论［M］.台北：时中学社，1903.

朱谦之.老子校释［M］.北京：中华书局，1984.

朱维铮，编.周予同经学史论著选集［M］.上海：上海人民出版社，1983.

朱维铮，主编.中国经学史基本丛书：尚书大传［M］.伏生，撰，郑玄，注，陈寿祺，辑校.上海：上海书店出版社，2012.

朱熹．四书章句集注［M］．北京：中华书局，1983．

朱彝尊．经义考［M］．北京：中华书局，1998．

朱有瓛，主编．中国近代学制史料：第一辑上［M］．上海：华东师范大学出版社，1983．

朱有瓛，主编．中国近代学制史料：第一辑下［M］．上海：华东师范大学出版社，1986．

朱有瓛，主编．中国近代学制史料：第三辑上［M］．上海：华东师范大学出版社，1990．

朱有瓛，主编．中国近代学制史料：第三辑下［M］．上海：华东师范大学出版社，1992．

朱有瓛，高时良，主编．中国近代学制史料：第四辑［M］．上海：华东师范大学出版社，1993．

车载．论孔子的"学而不厌"［J］．学术月刊，1962（09）：34-42．

杜成宪．以"学"为核心的教育话语体系——从语言文字的视角谈中国传统教育思想的重"学"现象［J］．华东师范大学学报（教育科学版），2010（03）：75-80．

杜成宪．中国传统课程特点刍议［J］．河北师范大学学报（教育科学版），2015（01）：20-27．

杜成宪．为"六经"配"四书"——宋代新经学课程体系的构建［J］．全球教育展望，2018（01）：35-45．

杜成宪，阴崔雪，孙鹏鹏．童子凭什么读"四书"？——古代《小学》终，至'四书'"的课程设计探由［J］．全球教育展望，2018（10）：77-89．

杜德栎．《学记》学习原则浅析［J］．陕西师大学报（哲学社会科学版），1991（04）：38-43．

丁念金．学与教之关系的本体论分析［J］．教育学报，2006（01）：36-42．

樊亚峤，靳玉乐．儒家课程思想的"精神自由"取向及其启示［J］．

教师教育学报，2017（01）：1-7.

　　高时良 . 朱熹教学论的辩证思维［J］. 课程·教材·教法，1991（06）：6-9.

　　江浦 . 从"论语"看孔子的教学活动和孔门的师生关系［J］. 江汉学报，1962（07）：33-38.

　　姜国钧 . "课程"与"教学"词源小考——兼与章小谦先生讨论［J］. 华东师范大学学报（教育科学版），2006（04）：68-71.

　　蒋纯焦，杜成宪 . "道尽高，言尽醇"——写在教育家张载诞辰1000周年［J］. 教育研究，2020（12）：40-47.

　　李宝庆，靳玉乐 . 课程改革：道家哲学的观点［J］. 教育研究，2005（12）：32-37.

　　李国钧 . 论王夫之的教学思想［J］. 上海师范大学学报（哲学社会科学版），1979（03）：93-98.

　　李慧仙 . 我国古代教学的组织形式和方法［J］. 西南民族学院学报（哲学社会科学版），1997（05）：116-119.

　　刘奉光 . 六艺研究［J］. 青海师范大学学报（哲学社会科学版），1999（03）：32-36.

　　刘铁芳 . 教育研究的中国立场［J］. 湖南师范大学教育科学学报，2020（01）：1-7.

　　毛礼锐 . 儒家的"教学论"初探［J］. 北京师范大学学报（社会科学版），1979（06）：61-69.

　　邱椿 . 王夫之论学习法和教学法［J］. 北京师范大学学报（社会科学版），1961（04）：57-70.

　　瞿菊农 . 中国古代蒙养教材［J］. 北京师范大学学报（社会科学版），1961（04）：45-56.

　　邵鹤亭 . 先秦儒家论学习方法［J］. 北京师范大学学报（社会科学版），1963（02）：73-80.

石鸥.关于基础教育课程改革的几点认识［J］.教育研究，2005（09）：28-30；96.

王晖.庠序：商周武学堂考辨——兼论周代小学大学所学内容之别［J］.中国史研究，2015（03）：5-27.

王炳照.试论孔子教学思想中的辩证法因素［J］.华南师范大学学报（社会科学版），1985（02）：88-93.

王伦信.从纸的发明看媒介演进对教育的影响——技术向度的中国教育史考察［J］.华东师范大学学报（教育科学版），2007（01）：78-85.

王伦信.从印刷术的应用看媒介演进对教育的影响——技术向度的中国教育史考察之二［J］.华东师范大学学报（教育科学版），2008（04）：88-95.

王伦信.简牍的普遍应用与春秋战国时期教育的转型［J］.南京师大学报（社会科学版），2013（02）：90-96.

吴杰.孔子的课程理论和《学记》所设想的教学进程［J］.东北师大学报（哲学社会科学版），1981（01）：81-87.

吴霓.试析元代教学思想的特异性［J］.西南师范大学学报（人文社会科学版），1991（03）：50-55.

吴亮奎.彰显教学论研究的中国气派［J］.中小学教师培训，2008（02）：37-41.

吴亮奎.在课程与教学变革背景下读老子哲学［J］.现代教育论丛，2008（02）：22-26.

吴晓玲.法自然：理解中国古代课程与教学思想的文化语境［J］.教育理论与实践，2012（10）：52-56.

熊承涤.中国古代课程教材研究引论［J］.课程·教材·教法，1985（03）：39-42.

徐鸿.孔子教学过程的心理学思想初探［J］.心理学报，1988（01）：79-86.

徐辉.中西古代课程源流——"六艺"、"七艺"教育的产生及其特点[J].课程·教材·教法,1997(04):53-56.

徐继存.西方课程与教学理论中国化的方法论考察[J].当代教育科学,2007(C1):29-31;43.

徐雁平.《读书分年日程》与救"科举时文之弊"[J].南京师大学报(社会科学版),2012(03):123-130.

许梦瀛.《学记》的教学论与教师论[J].河南师范大学学报(哲学社会科学版),1991(02):97-101.

杨启亮.先秦道家教学思想辨析[J].教育科学,1991(03):53-56.

杨启亮.儒学教学思想发展及其文化思考[J].齐鲁学刊,1992(04):92-96.

杨启亮.课程改革中的教学问题思考[J].教育研究,2002(06):49-53.

杨启亮.追求合适:课程与教学变革中的"同"与"异"[J].当代教育科学,2006(21):3-6.

杨启亮.课程与教学变革中的继承与借鉴[J].教育研究与实验,2007(06):25-28.

杨启亮.守护家园:课程与教学变革的本土化[J].教育研究,2007(09):23-28.

杨启亮.课程与教学变革中的模仿与创新[J].教育发展研究,2007(11):48-52.

于述胜.探寻中国教育研究的民族话语[J].当代教育科学,2004(23):6-10.

俞启定.试论孔子教学活动中的英才教育特色[J].孔子研究,1990(01):65-70.

张华.走向儒学课程观[J].全球教育展望,2004(10):34-38.

张传燧.魏晋南北朝教学思想述要[J].贵州师范大学学报(社会科学版),1991(04):93-98.

张传燧 . 先秦教学思想的理论体系及其特色［J］. 高等师范教育研究，1994（03）：67-72.

张传燧 . 中国传统学习理论浅论［J］. 教育理论与实践，1994（05）：6-10.

章小谦，杜成宪 . 中国课程概念从传统到近代的演变［J］. 华东师范大学学报（教育科学版），2005（04）：65-74.

章小谦 . 中国古代教学概念的演变——从字源的角度看［J］. 现代大学教育，2017（04）：30-38.

图书在版编目（CIP）数据

中国课程史 / 杜成宪著. — 上海：上海教育出版
社，2024.12. — ISBN 978-7-5720-3259-2

Ⅰ. G529

中国国家版本馆CIP数据核字第20248HP795号

责任编辑　董　洪
书籍设计　陆　弦

ZHONGGUO KECHENG SHI
中国课程史
杜成宪　著

出版发行　上海教育出版社有限公司
官　　网　www.seph.com.cn
地　　址　上海市闵行区号景路159弄C座
邮　　编　201101
印　　刷　山东韵杰文化科技有限公司
开　　本　700×1000　1/16　印张 32.25　插页 5
字　　数　420 千字
版　　次　2024年12月第1版
印　　次　2024年12月第1次印刷
书　　号　ISBN 978-7-5720-3259-2/G·2900
定　　价　148.00 元

如发现质量问题，读者可向本社调换　电话：021-64373213